제2판

유아교육과정

김용숙 박지영

양서원

머리말

"무엇을 가르칠 것인가? 어떻게 가르칠 것인가? 왜 가르쳐야 하는가?"에 대한 답을 얻기 위해 제일 먼저 신중하게 고려해야 하는 것이 교육과정이다. 국가수준에서 계획하고 그 구성이 되는 교육목적과 목표, 교육내용과 평가에 관한 사회적 협의가 이루어질 때 교육의 성과는 극대화될 수 있고, 근본적인 교육 목표에 도달할 수 있을 것이다.

놀랍게도 우리나라 유치원 교육과정이 40년 동안 10번 바뀌었는데 이것을 긍정적으로 본다면 경제성장이 급격히 진행되어 가는 시대의 흐름에 따른 변화에 맞추어 개혁의지가 투철한 발전적 시책이라고 볼 수 있다. 정부는 교육과정의 개정 시기를 헌법처럼 고수하지 않고 수시 개정체제로 전환함으로써 중앙집권식 행정체제, 불합리한 행정체제를 불식시키고 시 · 도교육청과 지방교육청, 각 유치원의 재량권을 넓혔다고 볼 수 있다.

이러한 상황에서, 많은 문제점들이 당면과제로 떠오르고 있다. 우선 시급하게 개선되어야 할 것은 유치원 · 어린이집 격차 해소 문제, 유아교사 양성 문제, 3-5세 누리과정과 초등학교 교육과정과의 연계 문제, 0-2세 표준보육과정과 3-5세 누리과정과의 연계성을 고려하는 것이라고 생각한다. 따라서 이 책에서 주로 다루고자 하는 문제는 유아교육과정의 기본을 이해하고, 교육의 변천사에 따른 유아교육의 질적 향상을 도모하는 것이다. 이를 위해 다음과 같이 논하였다.

제1장에서는 유아교육의 개념과 구조에 대해 서술하였다. 제2장에서는 교육과정 운영을 위한 연간교육계획, 월간교육계획, 주간교육계획, 일일교육계획안에 대한 운영의 실제를 제시하였다. 제3장에서는 유아교육이 제기하고 있는 당면과제(인권교

육, 공동체교육, 전환기교육, 유 · 초 연계교육, 유아교육기관 격차 해소 방안)를 중심으로 서술하였다. 제4장에서는 고대와 중세의 유아교육에 대한 관심과 근세 유아교육 선구자들의 교육사상과 교육사조의 흐름에 대해 서술하였다. 제5장에서는 교육과정의 개발을 위해 전제되어야 할 기초적 배경이론과 그 기초이론을 바탕으로 교육과정의 구성 절차에 따른 학자들의 주장을 소개하였다. 제6장에서는 유아교육과정의 개념을 정리한 다음 유아교육과정에 대하여 성숙주의, 행동주의, 구성주의 입장에서 접근하는 방법과 모형을 제시하였다. 제7장은 유아교육 프로그램에 대한 연구의 동향과 프로그램 유형의 실제를 제시하였다. 제8장에서는 우리나라의 유치원 설립과 법률적 근거를 중심으로 교육과정의 내용과 방법을 분석하여 제시하였다. 제9장에서는 우리나라 국가수준의 4차 표준보육과정과 2019 개정 누리과정 내용을 소개하였다.

제10장에서는 영유아를 이해하기 위한 평가방향과 우리나라 영유아보육과 교육의 질적 향상을 도모하기 위하여 국가 및 지방자치단체가 수행하고 있는 유치원 평가와 어린이집 평가제에 대해 서술하였다.

끝으로 본 저서를 집필하는 데 기도와 사랑으로 도와주신 부모님과 사랑하는 딸 다미, 그리고 소중한 자료를 제공해준 행복한울타리유치원과 이 책의 출판을 담당해주신 양서원 여러분께 감사드린다.

2021년 2월 김용숙, 박지영

차례

CURRICULUM FOR EARLY CHILDHOOD EDUCATION

제 1 장

유아교육의 구조

이 장에서는 유아교육의 성격과 본질을 음미하고 유아교육의 방향을 암시하는 내용을 전개하였다.

제1절 유아교육 내용의 구조

유아교육 성격, 교육대상, 교육본질을 근거로 유아교육의 개념을 밝히고, 유아교육이 구성되는 구도와 체계를 제시하였다.

제2절 유아교육기관(유치원과 어린이집)

유아교육기관의 특성을 이해할 수 있도록 유치원과 어린이집의 특징과 설립유형에 대한 내용을 제시하였다.

제1절 유아교육 내용의 구조

유아교육의 내용은 어린이를 대상으로 하기 때문에 심신의 조화로운 발달을 위한 전인교육을 시행하는 것을 목적으로 하는 교육이다. 이러한 유아교육은 교육이나 학문의 세계에서 유아를 인식하기 시작한 것이 근래의 일이고 교육이 체계적으로 제도화되는 과정에서 가장 짧은 역사를 가지고 있는 분야이다. 이 절에서는 유아교육 내용의 구조를 이해하기 위하여 유아교육의 개념은 가르치는 교육내용과 유아교육의 성격, 유아교육의 대상, 유아교육의 본질을 살펴본다. 그리고 유아교육의 구조에서는 교육내용이 '자유감이 넘치는 교육적 의도'가 가득 채워진 내용이 되지 않으면 안 된다. 따라서 교육내용의 구조화란 장기간에 걸친 유아들의 놀이과정을 교사와의 관계 속에서 분석하고 검토하여 교육계획을 세울 때 교육의 구조가 명백해지는 것이다.

1. 유아교육의 개념

우리나라 교육에는 「교육기본법」과 「유아교육법」에 따라 교육하도록 규정되어 있다. 「교육법」 제2조에는 교육의 이념이 제시되어 있으며 「유아교육법」 제13조에는 교육부장관이 유치원 교육과정 내용을 정하도록 규정되어 있다. 이를 근거로 시 · 도교육청에서는 지역실정에 적합한 기준과 내용을 정할 수 있고 단위 유치원은 국가수준 교육과정을 운영해야 한다. 따라서 이와 같은 규정에 따라 유치원교육과정은 국가수준에서 기준을 정하고 문서화함으로써 시행되고 있다고 볼 수 있다.

유아교육의 개념을 이해하기 위해서는 유아교육의 성격, 유아교육의 대상, 유아교육의 본질을 이해해야 할 것이다. 첫째, 유아교육 개념의 특수성에 대하여 임재택(1992 : 15~19)은 교육대상, 교육장소, 교육형식, 교육방법의 네 가지 측면을 다음과 같이 제시하고 있다. 유아교육의 개념은 교육대상을 어떻게 규정하느냐에 따라 달라진다. 유아교육 대상은 0세부터 8세까지의 유아와 부모(가족 포함)를 대상으로 이루어지는 교육이라고 규정하고 있다. 둘째, 유아교육의 개념은 교육장소를 어떻게 규정하느냐에 따라 달라진다. 유아교육은 가정과 같은 비공식적인 기관뿐만 아니라 유아원, 유치원, 보육시설, 초등학교 저학년 등의 공식적인 교육기관에서 이루어지는 교육이어야 한다고 규정하고 있다. 셋째, 유아교육의 개념은 교육형식을 어떻게 규정하느냐에 따라 달라진다. 교육의 대상이나 장소에 따라 정도 차이는 있지만 비형식적 교육과 형식적 교육이 병행되어야 한다고 주장하고 있다. 넷째, 유아교육의 개념은 교육의 방향이나 목적을 어떻게 규정하느냐에 따라 달라진다.

유아교육의 개념을 이해하기 위한 위의 네 가지 입장을 유아교육과 유아교육과정, 유아교육의 성격, 유아교육의 대상, 유아교육의 본질 등을 다음과 같이 살펴본다.

가. 유아교육과 유아교육과정

유아교육과정(Early Childhood Curriculum)이란 유아를 위해서 제공하고 가르치는 내용을 의미한다. 우리는 교육을 흔히 "바람직한 인간행동의 변화"라고 정의한다. 이때 '바람직함'은 한 국가나 사회가 지향하는 이상, 신념, 이념, 가치에 해당하는 것이고 '인간행동'이란 외형적 행동뿐만이 아니라 내면적 행동까지 포함한다. '계획적인 변화'란 교사가 수업목표에 따라 학습내용을 선정, 전개, 평가하는 일련의 교수-학습을 의미한다. 그러나 이러한 계획적인 교수-학습과정은 학습자의 의도성보다는 교사의 의도성이 너무 강하게 작용한다는 점에서 사전에 철저하게 계획되고 구조화된 교육방법이어야 한다. 교육을 통해 긍정적인 변화를 가져올 수 있으려면 학습자중심의 비구조화된 교수-학습방법이 강조되어야 한다. 그러므로 유아교육은 바람직한 유아의 성장과 발달을 돕는 모든 과정의 총체라고 정의할 수 있다.

그러면 유아교육과정이란 무엇인가? 교육과정의 개념은 그 시대적 변천과정 및 학자들의 제 견해 등의 여러 측면에서 고찰해 볼 수 있다. 그러나 이것은 교육과정이 중점적으로 강조하는 특성에 따른 분류라고 할 수 있기 때문에 보다 포괄적인 개념으로 정리해 보기도 한다.

즉, 유아들에게 무엇을 가르칠 것인가 하는 교육목표를 설정하고 그 목표를 달성하기 위해 필요한 학습경험을 조직하며 그 결과를 활용하기 위한 평가의 과정을 포함하는 교수활동이다.

유아교육과정의 대상은 출생에서 초등학교 저학년에 해당하는 0세에서 8세까지 아동을 대상으로 하기 때문에 그 교육대상이나 형태에 따라 많은 가변성을 지니고 있다. 그래서 유아교육과정은 유아교육프로그램이란 용어와 대치되어 사용되고 있다(Leeper, 1979). 또한 알미(Almy, 1975)의 견해에 의하면 프로그램이란 학교 안에서뿐만 아니라 교실을 넘어서 가정과 지역사회로 연장될 수 있는 모든 계획적 경험을 포함한다고 하였다. 유아교육과정에서 이러한 견해는 유아교육기관에서 제공하는 계획적인 경험뿐만 아니라 가정과 지역사회에서 제공하는 모든 경험까지 포함한다. 즉, 표면적 교육과정과 잠재적 교육과정의 의미를 모두 지닌 포괄적인 개념이다. 그러므로 유아교육과정이란 유아의 바람직한 성장과 발달을 돕기 위한 교수목표의 설정과 학습경험의 설정 및 평가를 포함하는 모든 경험의 총체라고 정의할 수 있다.

나. 유아교육의 성격

유아교육의 방향은 유아들의 흥미나 필요를 충족시켜 주는 과정을 통해 성장 · 발달을 위한 전인교육인 동시에 평생교육의 일환이어야 한다고 주장한다.

이와 같은 관점에서 볼 때 유아교육이 가지고 있는 성격은 광범위하고도 다양한 비체계적인 구조를 가지고 있는 것이다. 유아교육의 성격을 이해하려면 먼저 유아에 대한 근본적인 이해가 선행되어야 한다.

첫째, 영유아기 결정적 시기(critical period)를 이해하여야 한다. 이 시기 안에 갖게 되는 여러 가지 다양한 경험은 인격 형성과 발달에 기초한다고 볼 수 있다.

- 기초성: 영아 초기의 발달은 후일 발달의 기초가 되며 지속적인 영향을 미친다.
- 적기성: 발달에는 그 발달이 일어나는 최적기가 있으며 그 시기를 놓치면 교육의 효과가 적어진다.
- 누적성: 발달은 쌓여져 가는데 발달현상에서 생기는 결손은 교정하기 힘들기 때문에 초기 발달이 더욱 중요시된다.
- 불가역성: 발달의 최적기를 놓치게 되면 그 이후에 이를 보완하거나 교정하기는 거의 힘들다. 이처럼 인간의 성장은 다른 동물에 비하면 상당히 긴 시간에 걸쳐 성장이 이루어지고 있다. 특히 유아기는 로렌츠(Lorenz, 1957)가 말하는 결

정적 시기(critical period)에 해당된다. 이 시기에는 어떠한 양육과 교육을 받느냐에 따라 행동이 각인(imprinting)되기 때문에 영유아기 교육의 의미가 크다고 볼 수 있다.

둘째, 영유아기는 정서적인 안정감이 정착되어야 한다. 영유아는 따뜻한 보육과 교육을 통해 정서적인 안정감과 기본적인 신뢰감이 형성되도록 잘 돌보아주고 심신을 보호해주어야 한다. 또한 이 시기에는 감각기관을 통하여 사물을 인지하는 학습에서부터 점차 전조작기의 단계를 거쳐 직관적 사고기로 이행하는 인지발달 시기이므로(Piaget) 풍부한 감각경험을 통해 신체발달과 더불어 지적, 정서적, 사회적인 기능을 습득할 수 있도록 배려하여야 하며, 이를 위한 유아교육의 교수-학습방법은 감각에 기초하여 구체적이고 직관적인 방법으로 진행해야 한다.

셋째, 유아기는 놀이를 통한 학습 환경이 필요하다. 유아교육기관에서 운영하고 있는 교육과정을 초·중등학교의 교육과정과 비교하여 볼 때 초등교육과정은 교과중심의 구조로 이루어진 반면 유아교육과정은 놀이가 학습이고 학습이 놀이화 될 수 있도록 강조하고 있다. 또한 교육과정은 생활중심, 활동중심에 의한 전인교육을 강조하고 있다. 전인적 성장을 위해서는 타고난 잠재능력을 바탕으로 신체, 언어, 인지, 정서, 사회성 발달이 조화롭게 이루어질 수 있도록 환경을 조성해야 한다.

넷째, 인권교육의 장이 되어야 한다. 영유아들이 행복하게 자랄 수 있도록 개개인의 발달권과 교육의 기회를 제공하여야 하고 심신이 나약한 아이들도 개개인의 권리가 존중되어야 한다.

이런 의미의 유아교육은 좁은 의미에서 볼 때, 교육기관(유치원이나 어린이집) 중심의 교육을 의미하며 넓은 의미로는 가정, 유아교육기관, 사회에서 이루어지는 비형식적인 교육까지도 포함한다고 할 수 있다.

다. 유아교육의 대상

유아교육 대상 연령에 대한 논의는 시대, 나라 그리고 학자에 따라 다소간 차이가 있다. 역사적으로 보면, 고대 희랍시대에 플라톤(Platon)과 아리스토텔레스

(Aristoteles)는 태어나서 3세까지를 '요람기', 4세부터 6세까지를 '유희기'로 규정하고 이 시기의 유아들에게는 기초교육을 강조하였다. 17세기에 들어와서 코메니우스(Comenius)는 6세까지의 유아를 대상으로 하는 '모친학교(School Matema)'를 제시하였다. 19세기에 와서 유치원(Kindergarten)을 창설한 프뢰벨(Fröbel)은 4세에서 6세까지의 유아를 교육대상으로 하였다.

현대에 와서, 모리슨(Morison)은 출생에서 8세까지를 유아교육의 대상으로 보았고, 스포덱(Spodek)은 출생부터 초등학교 저학년까지를 유아기로 보았다. 따라서 미국에서는 유아교육이 초등학교 내에 K학급으로 자리잡고 있으며 영국에서는 초등학교 내에 유아교육 학급(reception class)이 포함되어 있다.

우리나라의 경우, 「유아교육법」에서는 유치원 교육의 대상을 3세에서 5세 유아를 대상으로 하고 있으며 보육시설 관련법규인 「영 · 유아 보육법」에 의한 '영유아'라 함은 6세 미만의 취학 전 유아를 말하고 있다. 그리고 임재택(1992 : 19)은 유아교육의 개념 규정에서 유아교육의 대상을 0세부터 8세까지로 규정하고 있다.

이러한 추세는 유아교육의 대상을 출생에서부터 8세까지로 규정하여 유아교육과 초등학교 교육과의 연계성을 고려하는 한편, 태교의 중요성이 부각됨에 따라 보호와 양육의 성격을 지닌 비형식적 교육과 제도적이고 체계적인 형식적 교육의 양면성을 띠고 있다. 따라서 발달에 적합한 보편적 지식을 모든 유아에게 일관되게 적용시키기보다는 유아의 발달수준과 흥미에 따라 적합하게 교육할 것을 강조해야 한다.

라. 유아교육의 본질

유아교육은 부모가 양육하는 가정의 테두리를 벗어나 사회제도로서 자리잡게 된 데에는 여러가지 사회적인 요인이 복합적으로 작용하고 있다. 여기에는 현대사회가 경제발전을 중요시하면서 복합적인 사회개혁과 변화에 대응할 교육수준의 향상과 여성의 사회진출 내지 경제활동 등이 중요한 원인으로 부각되면서 유아교육의 중요성을 재인식하고 강조하게 된 것이다.

오늘날 유아교육의 개념을 여러 가지 다양한 각도에서 다양하게 정의하고 있다. 가정교육, 사회교육, 유아교육기관중심교육, 보상교육, 조기교육, 영재교육 등에서 유아교육 개념을 혼용하고 있기 때문에 본질적 개념이 희석되어 유아교육에 대한 가치 인식이 희박해지고 있는 것이다. 그렇지만 유아교육은 무엇이며 어떤 형태이어야 하는가를 몇 가지 측면에서 밝힐 필요가 있다. 이와 같은 교육의 본질에 대해 장영희(1998)는 다음과 같이 다섯 가지 항목을 제시하였는데 유아교육의 중요성이라고 할 수 있는 본질에 대하여 항목에 따라 논의하려고 한다.

1) 유아교육은 출발점 교육이다.

유아교육의 장은 크게 보면 어린이와 교사가 서로 마주하고 접촉하면서 생활하는 곳이다. 물론 가정생활과는 달라서 유치원은 또래와의 삶이 이루어지는 집단교육의 장이 된다. 즉, 가정교육과는 달리 교육적 의도를 포함한 장으로서의 놀이이고 생활이다. 이러한 명제를 풀어 가기 위해서는 유아기 발달적 특성을 살린 '놀이의 생활화'와 '자율성이 허용되는 교육적 의도'가 가득 채워진 교육내용으로 이루어져야 한다. 이와 같은 유아기의 모든 경험은 이후의 인성 형성에 중요한 기초가 된다. 즉, 유아기의 경험이 갖는 기초성, 적기성, 누적성, 불가역성 등으로 설명되는 유아기 경험의 특성들은 인간발달의 틀이 된다는 점에서 그 중요성이 인식되어야 한다는 것이다.

이와 같은 입장에서 유아교육은 유아의 조기 재능교육과는 개념상 구분되어야 한다. 문자, 외국어, 예능 등 특정 분야의 교육을 일반적인 생활연령보다 빠른 시기에 배우게 하여 유아기 고유의 '놀이 문화'가 사라지고 유아기 상실이라는 심각한 교육문제가 일어나기도 한다. 이러한 부모들의 심리를 '초능력아 심리(superkid psychology)'라고 엘킨드(Elkind)는 경고하고 있고(Elkind, 1978), 또한 헌트(Hunt)는 유아의 발달단계에 맞지 않는 자극이나 훈련을 지나치게 강조하면 유아는 오히려 학습에 대한 흥미를 잃거나 수동적인 태도를 갖게 되어 역효과가 일어나고 불행에 빠뜨리는 일이 많다고 지적하였다(Hunt, 1961). 그러므로 인성의 기초가 형성될 수 있는 적합한 교육환경과 경험을 제공하는 것이 무엇보다도 중요한 유아교육의 본질이 되는 것이다.

2) 유아교육은 아동중심 교육이어야 한다.

유아교육에서 중요시되어야 하는 것으로는 어린이의 주체성, 자주성을 존중하는 일이다. 이것을 바꾸어 말하면 어린이 스스로가 의사 표시할 수 있는 권리를 갖는 존재로서 그 권리를 보장하는 일이다. 그것은 개인의 존엄성을 보장하는 교육이고 어린이의 촉진력{empowerment = em(en: ~가운데, ~속에) + power(힘)}을 길러주는 일이다. 이는 자신의 내면에 힘을 비축하게 하여 그 힘을 발휘할 수 있도록 하는 일이다.

과거에는 사회 속에서 외부로부터의 힘에 의해 약자 취급을 받은 여성, 장애인, 소수민족 등이 개개인의 가능성을 가지고 행동하는 힘을 지닌 존재라는 것을 인정하는 것에 의의가 있었다.

국가적인 교육과정 속에 촉진력(empowerment)을 표면에 내세운 것이 뉴질랜드 교육과정이다. 오랫동안 억압되어 왔던 원주민 '마오리'의 언어를 소중하게 생각하고 복합 민족국가, 다문화 이해를 추진하는 국가 건설의 기초로서 '데와리기(Te Whariki: 짜넣은 매트의 상징 · 은유)'가 1996년에 만들어졌다(그림1-1 참조). 이 교육과정의 기본원리 속에는 촉진력(empowerment)이 확실하게 자리 잡고 있다. 여기에서는 '어린이가 스스로 배우고 성장하는 힘을 준다.'라고 정의하고 있다. 이를 통해 어린이를 힘이 넘치는 능동적인 존재라고 보고 실천하려고 하는 패기를 느끼게 한다.

촉진력은 '~해라'에서 '~해보자' '~하면 어떨까'라고 하는 사고의 전환방법이다. 그러나 '유아의 주체성, 자발성을 지나치게 존중하는 과정에서 혹시 버릇없는 아이로 기르게 되는 것은 아닌가 하는 의문을 품을지 모른다. 그것은 어린이에게 자기결정권이나 판단력이 없다는 관점에 서 있거나, 무엇이든지 어린이에게 내맡겨서 '그렇지만 어린이가 정한 것이기 때문에'라고 하는 책임회피나 방임 때문일 수도 있다. 촉진력은 무질서하고 무책임한 인간으로 성장하기 위한 힘이 아니다. 이것은 앞에서 밝힌 바와 같이 자신을 주장하고 스스로 통제하면서 타인과 협동할 수 있는 힘을 말하는 것이다.

다음으로 어린이의 학습과 발달의 분야를 나타내는 것 가운데 '공헌(contribution)'이 표시되어 있다. 어린이 개개인이 갖추고 있는 힘이나 배경을 존중할 뿐만 아니라 타인과 사회에 공헌하는 일이다.

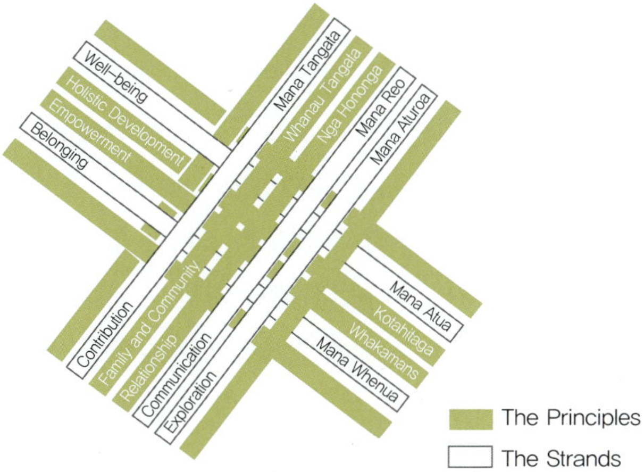

The Principles 커리큘럼의 중핵이 되는 원리			
Empowerment Whakamans 촉진력	Holistic Development Kotahitaga 총체적인 발달	Family and Community Whanau Tangata 가족과 지역사회	Relationship Nga Hononga 관계성
유아에게 학습하고 성장하는 힘을 부여한다.	부분으로 나누지 않고 오히려 통합적, 전체적으로 학습한다.	보다 넓게 어린이의 가족이나 지역사회와 연대한다.	사람, 환경, 물체 등과 상호 관련시켜 공동으로 학습한다.

The Strands 여러 가지 학습과 발달의 분야를 나타낸 것				
Well-being Mana Atua	Belonging Mana Whenua	Contribution Mana Tangata	Communication Mana Reo	Exploration Mana Aturoa
어린이의 건강과 복지가 지켜지면서 길러진다.	어린이들과 그 가족은 친밀한 관계를 느낀다.	학습의 기회는 평등하고 각각이 개인으로서 존중된다.	모든 종류의 언어나 상징(음성언어, 문자언어, 그리기, 기록하는 것)을 사용하는 것을 권장한다.	노는 것, 또 새로운 경험으로 사물을 생각하고 만들어 낸다.

GOALS PRINCIPLES와 STRANDS에 입각한 학습프로그램을 위한
명확한 방향성을 갖춘 117개 달성목표

그림 1-1 뉴질랜드 유아교육 커리큘럼
(Te Whariki의 구조와 구성)

유아들이 또래집단에서 개인이 존중되면 대등한 느낌을 이심전심으로 갖게 되고 놀이 속에서 서로 공헌하게 된다. 상대의 아이디어를 받아들여 놀이를 전개해 가는 경우가 많다. 예를 들면 자유놀이시간이나 실외 모래놀이 장에서 개개인의 아이디어가 다른 유아의 놀이에 공헌하는 일은 유치원 현장에서도 자주 볼 수 있는 일이다.

교사와의 관계에서 어린이가 공헌하고 있다고 느끼는 경우도 흔히 볼 수 있다. 당번이 되어 점심 준비를 하는 일, 쓰레기 줍기나 화단 손질, 짐 들어주기 등 아주 사소한 것에서도 어린이가 스스로의 자신의 존재를 인정받고 있다는 것을 통해서 삶의 힘을 쌓아 가는 것이다. 여기에서 삶의 힘을 쌓아 간다는 것은 어떤 과제를 수행할 때 자신의 존재나 세계(사람이나 사물)와의 연계를 느낄 때 살아 있다는 것을 실감해 가는 것이다. '사는 힘'이란 희망을 가지고 걸어가는 힘이고 행복의 추구라고 말할 수 있다.

사회에 대해서도 어린이는 공헌할 수 있는 힘을 갖추고 있는 것이다. 유치원 주변이나 지역에서 다함께 환경미화에 나서는 일은 어린이가 사회에 공헌하는 일이 된다. 이처럼 삶의 힘을 육성하는 것은 어린이 개개인의 생명이 존중되고 '삶'을 세계와의 연계 속에서 풍요롭게 해 가는 것이다. 삶의 힘을 육성한다고 하는 것을 생각해보면, 교사 자신에 대한 삶의 방식에 대한 물음이라고 할 수 있을 것이다.

3) 유아교육은 발달에 적합한 놀이교육이어야 한다.

놀이 이론의 고전『호모루덴스』(놀이하는 인간, 1974)의 저자 호이징하(Heusinger)는 인간의 존재와 행위양식의 본질 규명에 도전하는 의미의 저서를 내었고 여기에서 인간은 '호모사피엔스'나 '호모파베르' 쪽이기보다는 '호모루덴스' 쪽에 더 가까우며 모든 인간은 놀이를 통하여 인생과 세계를 표현한다고 보았다. 그러므로 인간이 집단을 이루어 공동생활하는 자체가 놀이 형식을 가지고 있으며 인간 사회에 있는 모든 활동에는 놀이가 내포되어 있는 것이라고 보았다. 그는 심리학이나 생물학에서 놀이를 남아도는 생명의 발산이나 모방, 자기통제 훈련 등의 목적에 유효한 것이라고 하는 일면성의 해석을 비판하면서 모든 형태의 문화는 그 최초의 단계에서 놀이의 성격을 가지고, 의례, 법률, 시문(詩文), 예술, 기술, 지식, 학문도 놀이 속에서 하나의 놀이로서 발전해 왔다고 한다. 따라서 놀이는 문화의 한 요소가 아니고 문화 그 자체라고 믿고 있는 것이다.

호이징하가 문화를 성립시키는 일로서 놀이에 주목하고 있는 것은 흥미 깊은 일이다. 호이징하는 철학자 니체(Nietzsche) 사상의 영향을 받아서 놀이에 관해 연구하였다. 니체가 '신의 죽음'을 고한 시대에는, 근대의 사회를 지탱해 온 전통적인 질서가 붕괴하기 시작하여 진리나 도덕적 가치의 개관적인 근거를 인정하지 않는 허무주의(Nihilism) 사상이 퍼졌다. 호이징하로서는 외부의 목적에 사로잡히지 않는 자발적이고 창조적인 놀이야말로 인간생활의 근본적인 일이라고 생각하였다. 당시의 허무주의를 극복할 단서로서, 즉 새롭게 사물의 의미를 낳게 하고 세계 질서를 다시 편성하는 것으로서의 의미를 갖는 것이 놀이라고 하였다.

유아가 교실에서 학습활동을 통해 얻어지는 것은 대상세계(교육내용)의 의미와 관계를 구성하는 인지적 실천(세계 만들기)과 그 인지적 과정을 통해서 사람과의 관계를 만드는 사회적 실천(친구 만들기), 그리고 그 과정을 통해서 자기를 구성하고 그 존재가치를 찾는 윤리적 실천(자기 찾기)이라는 세 가지가 통일적 복합체라고 할 수 있다. '놀이를 통한 학습'은 유아들의 구체적인 놀이가 어떤 학습의 인지적 실천, 사회적 실천, 윤리적 실천에 연결되는 가능성을 가지고 있는가를 통찰하고 탐구하는 교육자의 사고양식을 나타내고 있다고 말할 수 있을 것이다. 아이들이 무엇인가를 배우고 있을 때 그 경험에서 배우는 내용의 의미가 구성될 뿐만 아니라 교사나 친구와의 관계가 재편되고 그 아이 자신의 정체성(identity)을 찾게 되는 것이다. 이와 같은 세계는 타자와 자기에게 관계되는 학습의 실천은 어린이의 놀이 속에 가능성으로 준비되어 있다고 할 수 있다. 의미를 낳는 일로서 놀이를 볼 때, 예를 들면, 아이들의 판타지(fantasy) 즉, 상상 이야기는 단순한 공상만이 아닌 것을 알 수 있다. 판타지는 아이들이 현실 문제를 해결하기 위해 복수의 문맥을 횡단하면서 발견한 것을 짜 맞추어서 대상의 의미 세계를 새롭게 낳는 일이라고 생각된다(Paley, 1981). 판타지에서는 인간과 동물, 아이와 어른, 자연과 인공, 자기와 세계라고 하는 관계에서 세계를 따로 보는 자명한 범주라는 것은 있을 수 없는 것이다. 아이들은 상상 이야기를 통해 몇 가지 것들을 연결시키면서 과학적으로 대상을 탐구하거나 문학적으로 해석하거나 또래들이나 교사와의 관계를 쌓아 가고 있는 것이다.

또 놀이는 아이들의 의사소통(communication)을 반복해서 구성하고 그것이 옮겨 가는 과정에서 아이들 자신의 변용을 가져오게 된다. 상대와 주고받는 것이나 대상을 해석하는 일에 틈이나 불합리한 것이 생겼을 때 놀이가 흔들리고 불안정하게 되면 아이들은 자신의 감정이나 의식이나 생각을 고쳐먹고 그들의 새로운 활동의 세계를 다시 만들어 간다. 아이들은 무수한 의사소통으로 엮어 나가는 놀이 속에서 자기의 모습을 만들어서 구겨버리고 또 새롭게 모양을 만드는 끊임없는 자기 만들기 과정도 경험하고 있다. 유아의 자발적인 활동으로서의 놀이는 '심신의 조화가 잡힌 발달의 기초를 배양하는 중요한 학습'이다. 유아는 놀이를 통해서 과제해결의 법칙을 쌓아 가는 것이다. 이것이 브루너(Bruner, J. S., 1966)가 말하는 발견학습 과정을 통해서 직관적 사고가 발달해 가는 것이다.

4) 유아교육은 교육내용이 통합적으로 운영되어야 한다.

유아교육에서의 학습은 각 생활영역을 다룰 때 교과영역처럼 각각 분리해서 가르치는 것이 아니라 유아의 흥미와 발달단계의 수준에 따라 주제를 선정하고 그 주제를 중심으로 각 생활영역을 통합하여 다룰 때 효과적으로 이루어진다. 이기숙(1992)은 유아교육의 통합적인 접근은 신체적, 정서적, 사회적, 언어적, 인지적 발달영역을 통합시키며 여러 교과영역과 흥미영역의 통합을 이루는 것이라고 하였다.

5) 유아교육은 바람직한 인간으로 성장할 수 있는 전인교육이다.

일찍이 칸트(Kant)는 인간은 교육을 통해서 비로소 인간다운 인간이 된다고 하였고, 어린 아이는 형태만 인간으로 태어난 후 완전한 하나의 인격체로서의 구실을 하려면 인간다운 심성과 의지가 길러져야 말하기를 한다고 하였다. '전인으로서의 어린이(The chid as a whole)'가 의미하듯이 인간으로서 조화된 인격체로 성장하기 위해서는 출발 교육부터 전인적인 성장을 돕는 교육이 이루어져야 한다. 이는 유아의 발달을 세분화하기보다는 종합적, 전체적인 면에서 교육해야 함을 의미한다. 국가수준의 유치원 교육과정이 5개 생활영역으로 구분된 것은 유아가 경험해야 할 영역 전체를 편의상 세분화하였지만 실제 생활환경에서 경험하는 것은 영역별로 시간차, 공간별로 하는 것은 아니다. 전개된 상황은 통합적 전체로서 어린이 주변의 환경에서 역동적으로 작용하기 때문에 실제 생활 주제에 따라 통합적으로 경험하게 될 때 유아는 전인으로서의 자질을 갖추고 성장하는 것이다. 그러므로 유아교육의 중심은 특정 분야의 적기 발달을 위한 조기교육, 예능교육을 탈피하여 유아의 언어, 신체, 정서, 인지, 사회성 등의 종합적 발달로 통합되어야 한다.

2. 유아교육 내용의 구조화

유아교육의 구조에서 교육의 장은 가정과는 달리 교육적 의도를 담고 있어야 한다. 놀이가 학습상황이 되고 학습이 놀이가 될 수 있기 위해서는 교육내용이 '자유감이 넘치는 교육적 의도'가 가득 채워진 내용이 되지 않으면 안 된다. 이처럼 교육내용의 구조화란 장기간에 걸친 유아들의 놀이과정을 교사와의 관계 속에서 분석하고 검토하여 교육계획을 세울 때 교육의 구조가 명백해지는 것이다.

가. 유아교육내용 과제

유아교육의 장은 가정교육과는 달리 교육적 의도를 포함한 장으로서의 놀이이고 생활의 장이다. 이러한 명제를 풀어 가는 데에는 유아기의 발달적 특성을 살린 '놀이의 생활화' 어린이로서는 '자유감이 넘치는 교육적 의도'가 가득 채워진 교육내용이 되지 않으면 안 된다. 따라서 교육내용의 구조화는 장기간에 걸친 유아들의 놀이과정을 교사와의 관계 속에서 분석하고 검토하여 교육계획을 세울 때 교육의 구조가 명백해지는 것이다.

종래의 유아교사는 문화적 구조나 가치관을 바탕으로 '양육하고 보육하는 일'을 해왔으나 현대 유아교사의 기본 이념은 '성장을 돕는 일'로 전환해야 한다. 이러한 이념의 전환은 교육과정과 그 전개 그리고 교육구조의 선택에서도 요구되고 있다. 즉 교육내용에 대한 사고방식이 '지식화'에서 '인간화'로, 교사의 손에서 어린이의 손으로 이행되었다고 말할 수 있다. 또 그 내용을 살리는 방법은 먼저 교육자가 아동발달에 적합한 교육과정을 근거로 '환경구성'을 하는 것이 중요하다. 교육자가 구성한 환경에 우선 어린이들이 참여하는 것으로 어린이의 주체성을 최대한 발휘시키면서 어린이 자신의 손으로 '노리는 것'도 심화시키려고 생각하고 있는 것이다. 물론 이 전제로서 교사와 어린이, 어린이와 어린이 간의 정서적 안정을 포함한 인간관계가 확연히 고양될 필요가 있다. 이러한 활동과 그 전개의 변화를 모형으로 나타내면 〈그림 1-2〉와 같이 나타낼 수 있다.

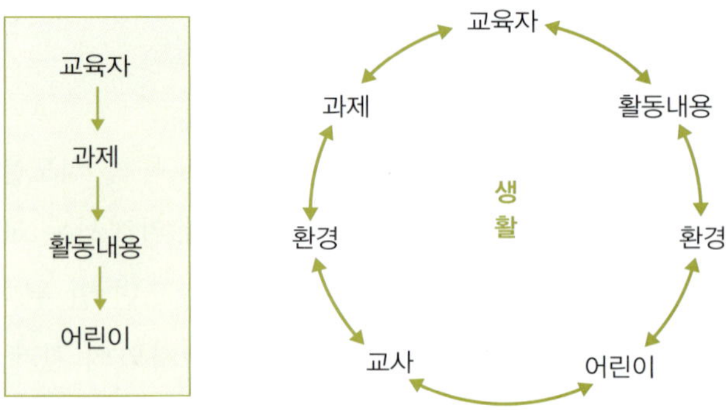

그림 1-2 교육과정의 모형 : 일방통행화에서 싸이클(순환)화로의 전환

이 그림은 교사 주도의 '일방통행'에서 교사와 어린이가 창조하는 생활 속에서 다양한 교육구조 유형이 허용되는 '순환화'로의 전환을 나타낸다. 이 그림을 볼 때 교육계획 등이 불필요하고 '단순히 어린이들을 환경에 내맡겨 성장하도록 한다'고 하는 안일한 교육관이 부상하지 말라는 법은 없다. 그러나 그보다도 중요한 것은 교사의 '작용'과 교육의 계획을 세우기 위한 교육과정이다. 유아들이 의욕을 가지고 환경으로 향하고 있을 때는 어린들에게 맡기지만 앞에서 지적한 바와 같이 유아들이 탐색활동을 충분히 행하지 않고 중단해버리거나 고민하고 있으면 그 이유를 찾아내서 환경과의 관계를 재구성하거나 교사와 어린이, 어린이 상호 간의 인간관계를 재인식할 수 있도록 돕는 것이다. 또 사물과의 관계, 사람과의 관계에서 일어나고 있는 것을 어린이 발달의 과정에서도 찾아보고 여러 가지로 다시 연구해볼 필요가 있다. 그러기 위해서는 개개의 어린이가 생활하는 모습, 어느 정도의 보편적인 발달의 원리에 대한 통찰이 필요하게 되고 그렇게 되었을 때 비로소 교육과정이 의미를 갖게

되는 것이다.

다시 말하면, 유치원이나 어린이집은 집단을 대상으로 한 의도적 교육의 경영이 행하여지고 있기 때문에 개인적 프로그램만으로는 교육이 성립될 수 없는 것이다. 어떤 의미에서 가설적이지만 유아들의 모습에서 공통된 이해에 적합한 교육과정이 필요한 것이다. 다만 그것은 교사와 유아, 유아와 유아의 인간관계의 접근방법이나 어린이의 기본적 성장의 모습을 어린이 생활의 과정으로서 통찰된 가설로서 구성되어야 할 필요가 있는 것이다.

이러한 교육과정을 작성하는 데는 유아 생활의 상황에 맞는 구체적인 놀이나 내용을 명확히 하고 이때의 기초 자료로서 어린이의 발달과정과 지도과정을 구조화해야 한다. 그래서 이 두 과정을 축으로 해서 교육과정을 구조적으로 생각해보면 〈그림 1-3〉과 같이 된다.

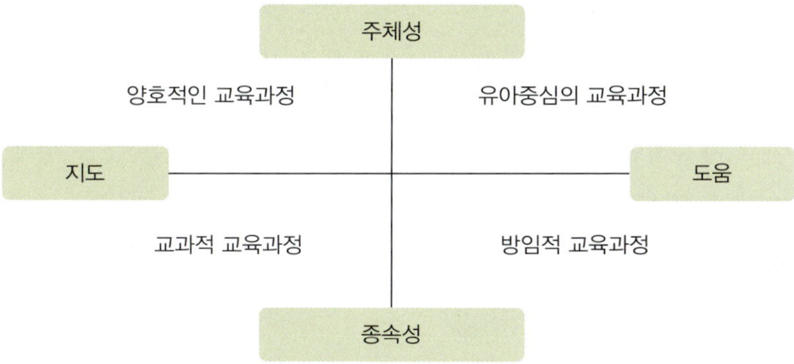

그림 1-3 발달과정과 지도과정을 축으로 해서 보는 교육과정

현대 사회에서 요구되고 있는 교육과정은 유아의 '주체성'과 교사의 '도움'으로 둘러싸인 '유아중심의 교육과정'이라고 말할 수 있다. 그러나 유아 발달의 과정이나 구조화에 의한 구체적인 교육내용 항목은 유치원, 어린이집의 실정에 따라 다양하고, 시기나 기간도 일정하지 않을 수도 있다. 이때 특히 주의할 것은 유아의 발달과정을 발달단계로 파악하여 매일매일의 지도를 쌓지 않더라도 이 시기가 되면 '할 수 있는' 단계라고 착각하는 일이다. 교육의 전개나 교육구조의 선택은 유아들의 생활 속에

서 장기간 또는 단기간의 통찰을 통해 유아 마음의 흐름에 따른 교육과정이 되도록 지도 · 계획되어야 할 필요가 있다. 그러기 위해서 명심해 두어야 할 것은 동일 연령의 유아를 일정한 성취도를 정해 놓고 동일한 전개방법으로 지도해서는 안 되며 교육내용의 구조화로써 경험이나 활동의 순서를 일률적으로 적용해서는 안 된다는 것이다.

결국 교육내용의 구조화는 교육과정속에서 어린이에게 알맞은 교육내용을 선택하는 실천과정이라고 할 수 있을 것이다. 유치원이 학교교육법하에 있는 한 유아에게 의도적 교육을 베푼다고 하는 것은 자명한 일이다. 따라서 교육내용의 구조화란 교육의 실천과정 속에서 유아의 주체성과 교사의 의도성이 균형을 이루는 데에서 합리적으로 구성될 수 있는 것이다.

제2절 유아교육기관(유치원과 어린이집)

유아교육기관은 영유아들이 하루 중 대부분의 시간을 보내는 곳이다. 이 절에서는 능동적이고 자율적인 활동과 창의성교육, 정보함양능력교육 등을 통해 정서적인 안정감을 가질 수 있도록 안내 및 지도가 이루어지고 있는 두 기관의 특징과 유형에 대해 살펴본다.

1. 유아교육기관의 공통된 특징

우리나라는 교육정책이 이원화되어 교육부 산하의 유치원과 보건복지부 산하의 어린이집으로 구분된다. 두 기관의 운영체제는 비슷해 보이지만 상이한 점이 있기 때문에 영유아들을 대상으로 하는 공간과 시간적인 면에서 다음과 같은 네 가지 특징으로 설명된다.

첫째, 유아들에게 꿈과 희망을 줄 수 있는 공간이다. 대부분의 많은 유치원과 어린이집은 건물 모양이 아라비안나이트의 동화에서 나오는 건물 모양으로 둥글게 올라가 뾰족하게 솟은 탑들이 형형색색으로 되어 있어서 마치 동화의 세계로 빨려 들어가는 것 같은 분위기 속에서 건물 안으로 들어가게 된다. 유치원과 어린이집은 다양한 색채의 그림이나 색종이로 접은 갖가지 모양의 장식들로 공간 구성을 하여 현란한 기분을 자아내게 하고 그 안에는 교재교구, 책상, 의자, 게시판 등이 배열된다. 이것은 유치원과 어린이집의 공간이 어린이들 가정의 은유(隱喩; metaphor)로 만들어져 있다는 것을 나타내고 있다. 어린이들은 새로운 환경에 대한 불안감을 갖게 되다가 어느 정도 익숙한 상황이 되면 장난감이나 도구로 몸을 움직여 점차 자기가 안정될 수 있는 생활공간을 만들어 간다. 유아들이 안심하고 활동할 수 있는 편안한 생활공간을 이루고 있는 것이다.

둘째, 유아교육기관에서는 교사라고 하는 전문가에 의해 유아들을 돌보는 공간이 준비되어 있다. 교사는 유아들에 대해서 호의적인 배려가 스며들어 있는 물건을 배치하고 서로 주체적인 관계를 통해 도움이나 지도를 하고 있다. 교사의 배려나 도움을 바탕으로 유치원이나 어린이집에서 유아들이 여러 가지 물적 · 인적 자원 속에 교사가 걸어오는 말이나 동작에도 민감해져 원(園)생활의 방식도 몸에 익히게 되고 또래들과 만나게 되면서 관심도 심화되며 평행놀이나 집단게임을 좋아하게 된다. 그리고 이들 놀이를 통해서 규칙을 존중하고 자기주장 하는 방법도 발달해 간다.

셋째, 유아들은 주변에 있는 물건이나 사람들을 만나게 되고 서로 관계를 맺으면서 학습하고 성장해 간다. 점차 지적 호기심도 높아져 자기 몸 가까이 있는 사상(事象)에도 흥미를 가지고 발견학습의 효과를 거두기도 한다. 또한 눈앞에서 보고 들은 것들과 상상(image)한 것을 서로의 대화를 통해서 언어구사의 습관이 정착하게 되고 스스로 주변 정리의 필요성을 인식하면서 주체의식과 상호협력의 의의를 자각하고 자신의 역할을 인식하게 된다.

넷째, 유아교육기관의 활동 시간의 흐름에 관해서 살펴볼 수 있다. 시간에 대해 라틴어에는 시간을 두 가지인, chronos(생활력 · 양적 시간)와 kairos(정신적 · 질적 시간)로 구별하여 사용하고 있는데, 유치원, 어린이집 시간운영도 예외는 아니다. 제도의 시간(양적 시간)과 신체의 시간(질적 시간)이 있다. 제도의 시간은 시간을 양적으로 구분하여 어떤 활동이 시계 바늘의 진행으로 결정되는 순서에 따라 앞으로 나아가는 불가역적(不可逆的)인 시간이다. 이것은 교실의 모든 유아나 교사에게는 동일한 성질의 시간이다. 예를 들면, 아침에 등원해서 유아는 교사의 지시에 의해서 예정된 교육이 진행되고 점심 준비, 식사, 정리정돈 하기, 이야기하고 듣기, 귀가하기 등 시간에 따라서 활동내용이 구분되고 하나의 활동이 끝나면 다음 활동으로 옮겨가는 직선적이고 일방적인 활동이 진행된다. 신체의 시간은 어린이나 교사가 어떤 활동에 몰두하거나 무엇인가 골똘히 생각해도 진전이 되지 않을 때 그 사람의 신체 감각으로 경험하게 되는 개개인의 고유한 시간이다. 유아들은 자기의 활동과 경험 속에서 정지, 지체되면서 어느새 앞으로 진행하게 되는 시간을 느낀다. 이와 같이 유치원과 어린이집의 활동 시간은 질서 있는 균질(均質)의 제도의 시간으로 조직되어 있을 뿐만 아니라 각각의 유아들에게 고유한 신체의 시간에 의해서 살아가고 있는 두 개의 흐름으로 이해할 수 있다.

위에 열거한 것과 같은 특징을 가진 유치원, 어린이집은 여러 가지 물건, 사람, 자연이나 사회의 사상(事象), 건물이나 분위기 등에 의해서 공간을 구성하고 환경을 이루고 있다. 또 환경으로서 유치원, 어린이집 내의 정원이나 운동장, 교실, 유희실, 놀이 기구, 도구나 그림책의 코너, 통로, 테라스 등의 배치와 같은 공간의 구조를 생각할 수도 있다. 따라서 유아의 환경 구성을 위해 고려해야 할 점은 다음과 같다.

가. 환경이 유아들에게 어떤 발견이나 생각을 갖도록 하고 있는가?

나. 유아들과 또래, 교사와의 관계가 어떻게 비추어지고 있는가?

다. 유아들로 하여금 신체의 어떤 움직임이나 이동을 할 수 있게 하고 있는가?

라. 유아들의 이야기나 의사소통을 어떻게 육성하고 있는가?

위에 언급한 바와 같이 유아들이 유아교육기관(유치원과 어린이집)에 다니는 동안 어떤 환경에 부딪쳐서 어떤 행동을 하며 이러한 행동의 경험을 몸에 익히는 것이 교육의 중요한 과정이라고 볼 때 유아들이 겪게 되는 일들을 하나부터 열까지 교육의 효과를 거둘 수 있도록 유아교육기관의 환경을 갖추어야 한다.

유아교육기관에서의 유아들은 놀이를 통해 즐거움과 창조하는 기쁨, 그리고 협동하는 보람을 체험하면서 자신의 마음속에 어떤 욕망을 충족시키려고 노력하고 있다. 유아교육기관 즉 어린이집을 포함해서 유치원은 어린이들에게 알맞은 생활의 장이 되어야 하는데, 그러기 위해서는 놀이를 중심으로 하는 교육내용과 교사의 의도가 포함된 유아교육의 전개가 알맞게 조화를 이루어야 한다.

이와 같은 놀이를 중심으로 하는 교육이 유아교육 관계자 이외의 사람들에게 얼마만큼 이해되고 있는 것일까? 동일한 제도교육의 틀 속에 있는 초등학교 이상의 교육과는 적지 않은 면에서 비슷하다. 그러나 다른 점이 있다는 것을 이해하지 못하여 일부에서는 초등학교의 학급 붕괴의 요인이 마치 어린이집, 유치원 교육에 있는 것처럼 유포되고 있다. 그렇지만 어린이집, 유치원은 초등학교 교육에서와 마찬가지로 교육과정이나 매일매일의 학습계획(안)을 확실하게 수립하여 교육을 전개하고 있다. 그런데 과연 학급붕괴의 요인이 어린이집이나 유치원에 있는 것인가의 여부는 별개로 하고 이러한 유아기의 교육내용의 구조나 전개가 많은 사람들에게 상당히 이해되지 않고 있다는 점은 유아교육이 극복해야 할 과제이기도 하다.

2. 유아교육기관의 유형

가. 유치원

국립 유치원

국가에서 운영하는 유치원으로, 국립대학 병설유치원이 있으며, 수업료가 저렴하고 관리가 잘 되어 있는 편이다. 전국적으로 한국교원대학교 부설유치원, 강릉원주대학교 부설유치원, 공주대학교 사범대학 부설유치원 등이 있다.

공립 유치원

시 · 도에서 운영하는 공립 유치원은 단독으로 설립된 단설유치원과 초등학교 내에 설립된 병설유치원이 있다. 교육비는 무료로 초등학교 입학 전에 초등학교 분위기를 미리 느낄 수 있고, 초등학교와의 연계교육도 우수하게 진행된다. 방과 후 활동은 유아교육기관마다 다르며, 차량 운행은 대체로 하지 않지만, 지역특성에 따라 운행하는 곳도 있다.

대학교 부속 및 부설 유치원

대부분 유아교육과, 아동학과가 있는 대학교에서 운영하며, 대체로 대학교 내 캠퍼스 안에 위치한다. 다양한 지역에 부속 유치원이 있으며, 각 유치원마다 특성화된 프로그램을 갖고 있다.

민간(사립) 유치원

아이들 연령도 다양하고 수업방식도 다양한 편이나, 대안학교처럼 국가지원이 적기 때문에 비용은 좀 더 들어간다. 일반 개인이나 민간이 운영하는 유치원으로 특별활동, 특기교육이 많은 편이며, 그 유치원을 설립한 원장의 경영철학에 따라 다른 교육과정을 표방하기도 한다.

나. 어린이집

국 · 공립, 시립, 구립 어린이집

시 · 군 · 구에 소속된 어린이집으로 어린이집 수급계획, 보육계획을 사전에 수립하여 법인, 단체 또는 개인에게 원장을 위탁하여 설치 · 운영하는 기관을 말한다. 저소득층 밀집지역, 농어촌지역 등 취약지역에 우선적으로 설치하며, 국가와 지방자치단체에서 설치한 어린이집이니만큼 어린이집 운영, 급 · 간식, 교육과정 등을 시 · 군 · 구의 지도 · 점검을 엄격하게 받아 운영한다.

사회복지법인 어린이집

사회복지사업법에 의한 사회복지법인이 설치 · 운영하는 어린이집으로 사회복지사업을 행할 목적으로 설치된 비영리법인이고 재단법인의 성격을 지닌 공익성과 공공성이 강한 법인을 말한다. 사회복지시설의 설치 · 운영에 직간접으로 관련된 법률을 준수하여야 하며, 시 · 군 · 구의 지도 · 점검을 받고 있기 때문에 믿고 맡길 수 있다.

공공형 어린이집

미지원시설 어린이집 중 보건복지부가 정한 지표에 따라 선정된 우수한 어린이집(공공형)은 국가로부터 운영비 보조금을 지원받는 어린이집 유형들이 생겨나고 있다. 우수한 민간 어린이집을 대상으로 보육서비스 품질을 보다 높이면서 공공성을 강화하여 '믿고 맡길 수 있는' 공공보육 인프라로 기능할 수 있는 새로운 어린이집 운영이라고 볼 수 있다.

영아전담 어린이집

영아만을 위한 프로그램을 운영하는 전문적인 시설을 갖춘 어린이집으로 영아전담 어린이집은 만 0세반(12개월 미만), 만 1세반(12~24개월 미만), 만 2세반(24~36개월 미만)만 받는 어린이집으로 5인 이상 20인 미만으로 가정 또는 그에 준하는 곳에 설치 · 운영하고 있다.

가정 어린이집

2014년 보건복지부 보육사업 안내에 의하면 가정 어린이집이란 개인이 가정 또는 그에 준하는 곳에 설치 · 운영하는 곳으로 상시 영유아 5인 이상 20인 이하를 보육할 수 있는 어린이집으로 정하고 있다. 가정 어린이집은 지역의 보육수요와 지역의 어린이집 공급현황 등을 감안해서 지역별로 균형 있게 설치되도록 각 지역의 시 · 군 · 구청에서 관리하고 있다. 보육을 목적으로 지어진 넓은 기관이 아닌 주거를 목적으로 지어진 공간으로 가정에서와 같이 온화한 보육을 제공함으로써 신체적 · 정서적 안정감을 줄 수 있다.

민간(사립) 어린이집

민간 어린이집이란 개인이 설치 · 운영하는 어린이집으로 영유아 21인 이상을 보육하는 어린이집을 말하며, 만 0세부터 만 5세까지의 연령으로 만 3세 이상은 누리과정을 제공하고 있으며 만 2세 이하는 표준보육과정을 기본으로 하여 운영자의 철학에 따라 운영된다.

직장어린이집

여성근로자 300명 이상 또는 근로자 500명 이상을 고용하고 있는 사업장의 사업주는 영유아 5인 이상을 보육할 수 있는 직장어린이집을 설치할 의무가 있다. 병원, 대학교, 대 · 중소기업 등의 직장인들은 본인이 소속되어 있는 기관에서 운영하는 어린이집에 아이들을 맡길 수 있다.

부모협동 어린이집

영유아보육법상 보호자 15인 이상이 조합을 결성하여 공동으로 설치 · 운영하는 어린이집의 형태를 말한다. 부모 참여와 아동 중심이며 설립 및 운영과정에 보육교직원, 부모들이 직접적으로 관여하므로 보육과정과 어린이집 운영 전반에 걸쳐 조합원들의 가치와 철학을 반영하여 운영한다. 어린이집의 연령편성, 운영시간 등 일반적인 어린이집의 운영원칙을 준수하며, 영유아 안전 및 위생 등 각종 지도감독을 받는다.

CURRICULUM FOR EARLY CHILDHOOD EDUCATION

제 2 장

교육과정 운영 실제

이 장에서는 유아교육기관에서 운영하고 있는 교육활동 계획과정 및 학급운영에 대한 교사의 역할과 자질에 대한 내용과 연간, 월간, 주간, 일일계획안을 제시하였으며 유아교육기관을 둘러싸고 있는 인적환경과 물리적 환경에 대한 내용을 제시하였다.

제1절 교육활동 계획과정 및 학급운영

교육활동 주제선정, 교육활동 계획, 교육활동 준비, 교육활동 실행, 교육활동 평가 등에 대한 내용을 제시하였으며 교육활동을 위한 학급운영 구성내용과 그에 적합한 교사의 역할을 제시하였다.

제2절 교육활동의 실제

유아교육기관 교육활동은 연간교육계획안, 월간교육계획 및 주간교육계획안, 일일교육계획안에 대한 내용은 공주 행복한울타리유치원 활동내용을 제시하였다.

제3절 인적 환경과 물리적 환경

유아교육기관의 인적 환경과 물리적 환경으로 구분하여 제시하였다.

제1절 교육활동 계획과정 및 학급운영

유아교육기관 운영에서 가장 중요한 것은 교사(운영자)의 역할이다. 교사 자신의 교육관(철학적, 심리적)에 입각한 프로그램 유형을 결정하고 이를 기초로 프로그램의 실천적 요소를 분석한다. 유아교육 프로그램의 실천적 기초는 구체적 교육목표, 교육내용, 교수-학습방법, 교육환경 구성, 평가방법 등을 반영한다고 하였다(Decker & Decker, 1976). 교사(운영자)는 경험과 의욕을 가지고 교육과정에 대해 충분히 이해하도록 노력하고 교육현장의 상호작용에서 발생하는 긍정적, 부정적 요인들을 감안하여 교육과정 운영에 적합하도록 노력해야 한다. 또한 교육활동을 계획하는 사람은 유아, 부모, 교사, 기관, 지역사회와 사회적 변화의 요구를 충족시킬 수 있도록 하여야 할 것이다. 이 절에서는 교육활동 단계와 교육활동을 위한 학급운영을 중심으로 살펴본다.

1. 교육활동 절차

교육활동을 위한 교사의 역할은 → 교육활동 주제선정 → 교육활동 계획 → 교육활동 준비 → 교육활동 실행 → 교육활동 평가의 단계를 거쳐 완결된다. 이와 같은 절차에 맞추어 상황중심 교육과정의 사례와 행복한울타리유치원의 교육활동을 아래와 같이 전개한다(김용숙, 2006).

가. 교육활동 주제선정

교육활동을 계획하기 위해서는 영유아의 발달수준과 흥미에 적합한 주제를 선정해야 한다. 선정된 주제를 통해 교육과정에서 기본이 되는 인성교육과 기본생활 습관을 토대로 타고난 소질을 신장시킬 수 있도록 하고 학습을 통해 논리적인 사고와 합리적 생각을 가질 수 있도록 하는 데에 방향을 맞추어야 할 것이다.

1) 주제선정의 원칙

(1) 학습의 방향은 유아의 연령 및 발달에 맞는 교육과정을 이행하고 있는가?

(2) 놀이를 통한 학습으로서 읽고 쓰고 셈하는 능력을 신장할 수 있는가?

(3) 유아의 개성과 사회성 발달을 고무시킬 수 있는가?

2) 주제선정의 목표

(1) 구체적이고 명료한 행동적 용어로 서술한다.

(2) 뚜렷한 철학적 입장에서 기술되어야 한다.

(3) 실현 가능성이 있어야 한다.

(4) 성과에 따라 재수정할 수 있어야 한다.

3) 주제선정에 따른 교수-학습방법

(1) 놀이중심의 교수-학습방법을 사용한다.

(2) 충분한 탐색 과정을 가질 수 있도록 한다.

(3) 능동적인 교수-학습방법이 일어날 수 있도록 한다.

교사는 위와 같은 일련의 과정을 분석의 기초로 해서 선택할 수 있는 자율권을 유아에게 부여하고 부여된 자율권을 통해 활동을 위한 준비에 들어가게 되는데 이때 유아들은 무엇을 활동할 것인가 하는 것이 가장 중요하다. 또한 교사는 유아가 다양한 교수 매체를 활용할 수 있는 환경을 마련해 주는 것이 바람직하다. 활동 후에는 유아들의 느낌이나 생각들을 정리해볼 수 있는 평가의 시간을 가져보는 것이 교육과정을 바르게 하는 것이라고 생각한다. 따라서 교실 상황에서의 민주화는 교사와 또래집단의 상호작용에 있다고 보고 있으며, 어린이들이 부딪치는 문제들을 성인의 힘에 의해 해결하는 것이 아니라 유아 스스로 해결책을 찾도록 돕고 책임감을 부여할 때, 그들의 책임의식은 성장해 가고 민주국가의 시민으로 자랄 수 있으리라 생각한다. 따라서 활동에 대한 주제는 교사와 유아의 현재 필요 상황에 따라 채택이 되고 채택된 활동은 구체화되어 간다. 활동이 구체화되기 위해서는 어린이의 현재 생활 상황, 지역사회 실정 및 여건, 기관 상황에 따라 활동내용을 선정할 수 있다. 교육활동 내용을 선정하기 위한 한 가지 방법으로 알림주머니가 이용될 수도 있다.

▶▶ **알림주머니 활용방법**

알림주머니 활용방법은 반별로 교실 안에 알림주머니를 비치하고 이 주머니는 누구나 자기의 의견을 적어 넣을 수 있도록 한다.

- 자신의 이야기를(또래관계, 물리적인 상황 등) 글이나 그림으로 표현할 수 있다.
- 알림주머니 안에 있는 내용을 교육과정으로 채택할 수 있다.
- 활동에 대한 주제 선택은 유아나 교사에게 주어진다.

위의 내용처럼 알림주머니를 이용하여 관심 있는 주제를 이끌어 낼 수도 있다. 그리고 수업활동의 연계성을 위해 견학은 주초에 실시한다. 왜냐하면 유아들에게 활동에 대한 오리엔테이션을 한 후 현장에 직접 가서 보고 느낌을 다시 토론할 수도 있고, 교사가 들려주는 이야기를 쉽게 이해하거나 받아들일 수 있기 때문이다. 또한 연령중심의 활동일 경우 주교사(담임)와 함께 활동에 들어간다. 단 유아가 선택한 주제가 타당성의 문제나 교육의 범주에 들어가지 못하는 주제는 학습으로 연결될 수 없다.

나. 교육활동 계획

교사가 유아의 일상생활에서 의미 있는 상황을 찾아내는 일은 계속되어야 한다고 생각한다. 이런 일을 위해 교사는 예리한 관찰력을 가지고 현장에서 일어나는 유아들의 욕구와 흥미를 발견하여 교육적인 상황으로 만드는 일이 교사들의 몫인 것이다.

교육활동을 위해 주제가 선정되면 효과적인 학습을 위해 유아의 입장, 교사의 입장, 부모의 입장에서 분석이 이루어지고 분석에 의해 지역사회의 도움이나 공공시설을 학습의 장으로 이용할 수도 있다(예 : 소방서에서 하는 일, 우체국에서 하는 일, 병원에서 하는 일 등). 이와 같이 예시되어 있는 활동을 위해 기관에 협조를 얻어 사회학습을 실행할 수 있다. 이렇듯 학습 주제에 대한 어린이의 흥미 그리고 지역사회의 여건을 고려하여 학습에 따른 분석을 하게 된다(상황분석; 현재 유아의 상황(흥미, 경험), 지역사회

행복한울타리유치원 1층 복도

유치원 소속감을 줄 수 있는 공간

여건, 교사의 상황, 교육기관의 여건, 개인차 고려).

다. 교육활동 준비

교육활동을 위해 무엇이 필요하고 어떤 지식이 필요한가? 두 가지 고민을 위해 활동에 대한 자료를 수집한다. 교육활동을 계획하고 실행하는 데 있어서 다수의 의견을 최대한 반영하는 것이 중요하다. 이것은 유아들에게 스스로 의사결정 하는 능력을 배양시키기 위함이다. 어떤 문제 상황이나 학습상황을 주어 해결할 수 있는 기회를 준다면 이 기회를 통해 책임감과 자율성이 키워지기 때문이다.

라. 교육활동 실행

교육활동 준비단계에서 준비한 내용을 기초로 교육활동 실행에 들어간다. 이때 교사는 유아의 관심이 어느 곳에 있는지 파악하는 것이 중요하다. 또한 학습을 진행하기 위한 교육자료와 환경구성은 제대로 되어있는지의 여부를 아는 것이 중요하다고 본다.

마. 교육활동 평가

교육과정을 진행한 후 교육의 성과를 단시간에 파악한다는 것은 거의 불가능한 일이라고 생각한다. 다시 말하면 유아의 활동에 대한 교육평가는 목록화되어 있는 획일적인 평가가 어렵기 때문에 활동의 참여와 흥미에 따라 평가방법을 달리해야 한다. 학습주제 선택에서부터 실행단계까지의 과정에서 느꼈던 생각에 대해 서로의 의견을 교환할 수 있어야 한다. 또한 교육의 성과를 한 눈에 파악할 수 없기 때문에 과정마다 얼마만큼 흥미 있어 하고 활동이 교육적인 방향에서 벗어나지 않았는지의 여부를 파악하는 것이 중요하다고 본다.

2. 교육활동을 위한 학급운영

교육의 활동이 이루어지는 최종 단위인 학급은 교사 · 영유아의 양쪽 입장에서 달라질 수 있다. 우선 영유아 입장에서는 인지적, 정서적, 신체적, 감성적 경험을 통해 자신의 행동을 형성해 가는 장소로 생각해야 한다. 다음으로 유아를 지도하는 교사의 입장에서는 교육을 실천하는 장소로서, 삶의 실현 장소로서, 그리고 교육적 창작의 산실로서 기능이 이루어지는 곳이라고 할 수 있다.

가. 학급운영

교육활동을 위해 담임교사는 다음과 같은 학급운영의 원리를 적용할 수 있어야 한다.

첫째, 학급을 운영하는 교사는 활동의 목표, 내용, 방법에 있어 타당성이 있어야 한다.

둘째, 유아의 잠재된 능력을 기를 수 있는 환경을 구성하고 개인의 능력에서 차이가 있음을 인정할 수 있어야 한다.

셋째, 반의 소속감을 심어줄 수 있는 다양한 교육활동을 통해 공동체 의식을 가질 수 있도록 한다.

넷째, 교사는 자율성을 갖고 학습을 구성함을 원칙으로 하되 교육의 목표 방향에서 벗어나지 않아야 한다.

다섯째, 통합의 원리를 적용하여 효율성을 높여야 한다.

여섯째, 학급운영도 하나의 운영체계로 생각하고 계획, 준비, 실행, 평가하는 단계를 거쳐야 한다.

나. 학급운영을 위한 교사의 역할

학급을 운영하고 있는 교사의 직무는 교수-학습지도를 비롯하여 교육과정 계획 및 실제운영, 생활지도, 활동에 대한 평가, 학급사무 행정 및 유치원 행정 참여, 그리고 학부모와 지역사회와의 관계를 조정 계획한다.

1) 교육활동을 위한 지도 방향

(1) 합리적이며 창의적인 교육과정의 구성과 운영

(2) 교실의 관리: 계절에 맞는 환경구성, 안전 점검, 학습주제에 관련된 교재 교구 배치

(3) 학습 자료의 수집 및 학습효과의 평가

- 학습효과의 극대화를 위한 학습자료 준비
- 관찰기록(일화기록, 포트폴리오, 체크리스트 등)

2) 유아 생활지도

(1) 개인 차이를 인정할 수 있는 개별지도

- 어린이의 가정환경, 지능, 성격, 소질, 또래관계 등의 기초자료 작성
- 개인지도 및 그룹지도 방법 모색
- 민주적 지도력 신장을 위한 민주적인 행동 지원의 활성화

3) 학급사무 행정

학급을 맡고 있는 담임교사는 다음과 같은 사무행정을 준비하고 관리해야 한다(유아관리, 출결기록부, 관찰기록(하루의 일과를 관찰 기록한다), 생활기록부, 건강기록부, 유아개인 원서, 건강조사 위임증 등).

제2절 교육활동의 실제

교육과정을 운영하기 위하여 교육계획을 수립하는 일은 매우 중요하다. 유아들에게 다양하고 포괄적인 활동을 계획하기 위하여 개인의 발달특징과 학습능력을 고려

하기 위해서는 상황분석이 기초가 되어야 한다. 이 절에서는 연간교육계획안, 월간교육계획안, 주간교육계획안, 일일교육계획안을 공주시 행복한울타리유치원 교육내용을 중심으로 살펴본다.

1. 연간교육계획안

일반적으로 전년도 교육과정 평가 결과를 반영하여 연간계획안을 작성할 때는 교직원, 학부모, 유아의 현재 발달특성과 지역특성을 고려하여 연간계획안을 작성하는 것이 바람직하다.

가. 연간교육계획안 작성 시 고려할 사항

1년 동안의 교육과정 내용을 월별로 제시하는데 구체적인 내용보다는 포괄적인 개념으로 계획을 세운다. 일반적으로 연간교육활동계획을 세울 때는 다음 사항을 고려하여야 한다.

첫째, 유아의 발달수준과 학부모의 요구, 사회적 요구를 기초로 작성한다.

둘째, 연간교육을 계획할 때는 유아, 교사, 학부모, 기관의 실정을 반영한다.

셋째, 주제나 단원에 따라서 공휴일, 행사, 견학, 학부모교실 등을 연간계획에 반영한다.

넷째, 전년도 교육과정 평가 내용을 반영하여 신학년도 연간교육계획안을 작성한다.

다섯째, 작성된 연간교육계획안은 부모와 교사에게 배부한다. 교사는 이것을 참고하여 월간, 주간, 일일교육계획안을 작성할 수 있고 부모는 기관 교육과정에 협조할 수 있기 위함이다.

여섯째, 실현 가능한 교육계획이 될 수 있도록 한다.

일곱째, 생활주제를 중심으로 연(월)간, 주간, 일간교육계획 순으로 계열성과 연계성이 유지되도록 작성한다.

나. 연간교육계획안 사례

1) 5세 연간교육계획안

월	생활주제	주	주제
3	유치원과 친구	1	유치원의 환경
		2	유치원에서의 하루
		3	유치원에서 만난 친구
		4	함께 만드는 유치원
4	봄/ 나와 가족	1	봄의 동물과 식물 변화
		2	나의 몸과 마음
		3	소중한 나와 가족
		4	가족의 생활과 문화
		1	다양한 가족의 생활과 변화
5	우리동네	2	우리 동네 모습
		3	우리 동네 생활
		4	함께 살아가는 이웃
		5	우리 동네 전통과 문화
6	동식물과 자연	1	궁금한 동식물
		2	동물과 우리의 생활
		3	식물과 우리의 생활
		4	자연과 더불어 사는 우리
7	여름/ 건강과 안전	1	여름의 날씨와 생활
		2	맛있는 음식과 영양
		3	깨끗한 나와 환경
		4	안전한 놀이와 생활
	(여름방학-방과후과정) 즐거운 운동	5	즐거운 운동과 휴식
8		1	다양한 운동경기
	교통기관	2	다양한 교통기관
		3	교통기관의 변화과정과 미래의 교통수단
		4	교통 통신과 교통 생활

월	생활주제	주	주제
9	우리나라/ 세계 여러나라	1	우리나라 사람들의 생활
		2	우리나라 문화와 자랑거리
		3	세계 여러 나라 사람들의 생활
		4	세계 여러 나라의 문화유산과 교류
10	가을/ 환경과 생활	1	가을의 날씨와 생활
		2	물과 우리 생활
		3	돌 · 흙과 우리 생활
		4	바람 · 공기와 우리 생활
		5	빛 · 소리와 우리 생활
11	나눔 프로젝트/ 겨울	1	행복한 나눔
		2	나눔을 전하는 방법
		3	플리마켓을 계획하고 준비해요
		4	플리마켓을 준비해요
12		1	플리마켓을 준비해요
		2	플리마켓을 열어요
		3	이웃에게 사랑을 나눠요
		4	겨울의 풍경과 생활
1	(겨울방학-방과후과정) 새해	1	20○○년이 되었어요
		2	새해맞이와 놀이
	생활도구	3	다양한 생활도구/생활도구를 움직이는 힘
		4	생활도구로서의 미디어
		5	미래의 생활도구와 발명
2	초등학교에 가요	1	즐거웠던 우리 유치원
		2	궁금한 초등학교
		3	감사와 졸업

* 위 계획안은 기관의 상황 및 유아의 발달, 흥미, 요구 등에 따라 변동될 수 있습니다.

* 행복한울타리유치원 자료제공

2) 4세 연간교육계획안

월	생활주제	주	주제
3	유치원과 친구	1	새로운 환경
		2	유치원에서의 약속
		3	유치원에서 만난 친구
		4	함께 놀이하는 유치원
4	봄/ 나와 가족	1	봄의 동물과 식물 변화
		2	소중한 나의 몸과 마음
		3	소중한 가족
		4	가족의 생활과 문화
		1	다양한 가족의 생활과 변화
5	우리동네	2	우리 동네의 모습과 생활
		3	우리 동네 사람들
		4	고마운 우리 동네 기관
		5	우리 동네의 전통과 문화
6	동식물과 자연	1	궁금한 동 · 식물
		2	동물과 우리 생활
		3	식물과 우리 생활
		4	자연과 더불어 살아가는 우리들
7	여름/ 건강과 안전	1	여름의 날씨와 생활
		2	여름 풍경 즐기기
		3	맛있는 음식과 영양
		4	안전한 놀이와 생활
	(여름방학–방과후과정) 즐거운 운동	5	즐거운 운동과 휴식
8		1	다양한 운동경기
	교통기관	2	다양한 육상 · 항공 · 해상 교통기관
		3	안전한 교통생활
		4	교통기관의 변천과 미래의 교통기관

월	생활주제	주	주제
9	우리나라/ 세계 여러나라	1	우리나라 사람들의 생활
		2	우리나라의 놀이와 예술
		3	세계 여러 나라 사람들의 생활
		4	세계 여러 나라의 문화유산
10	가을/ 환경과 생활	1	가을의 날씨와 생활
		2	물과 우리의 생활
		3	돌 · 흙과 우리의 생활
		4	바람 · 공기와 우리의 생활
		5	빛 · 소리와 우리의 생활
11	나눔 프로젝트/ 겨울	1	나눔이란?
		2	플리마켓 계획 세우기
		3	플리마켓 준비하기 1
		4	플리마켓 준비하기 2
12		1	플리마켓 준비하기 3
		2	플리마켓을 열어요
		3	겨울의 변화
		4	겨울의 생활
1	(겨울방학–방과후과정) 새해	1	20○○년이 되었어요
		2	새해맞이와 놀이
	생활도구	3	여러 가지 생활도구
		4	생활도구를 움직이는 힘
		5	미래의 생활도구
2	이만큼 자랐어요	1	변화된 나의 모습
		2	즐거웠던 우리반
		3	7살이 되었어요

* 위 계획안은 기관의 상황 및 유아의 발달, 흥미, 요구 등에 따라 변동될 수 있습니다.

* 행복한울타리유치원 자료제공

3) 3세 연간교육계획안

월	생활주제	주	주제
3	유치원과 친구	1	입학식, 새로운 환경
		2	유치원에서의 약속
		3	유치원에서 만난 친구
		4	함께 놀이하는 유치원
4	봄/ 나와 가족	1	따뜻한 봄이 왔어요
		2	봄의 동물과 식물
		3	소중한 나의 몸과 마음
		4	소중한 가족
		1	행복한 우리 가족
5	우리동네	2	궁금한 우리 동네
		3	우리 동네 모습
		4	우리 동네 생활
		5	우리 동네 사람들
6	동식물과 자연	1	우리 주변의 동물
		2	우리 주변의 식물
		3	동식물과 함께하는 생활
		4	자연과 함께하는 우리
7	여름/ 건강과 안전	1	신나는 여름이 왔어요
		2	깨끗한 나와 환경
		3	맛있는 음식과 영양
		4	안전한 놀이와 생활
	(여름방학– 방과후과정) 즐거운 운동	5	즐거운 운동과 휴식
8		1	다양한 운동경기
	교통기관	2	여러 가지 육상교통기관
		3	여러 가지 항공/ 해상 교통기관
		4	즐거운 교통생활

월	생활주제	주	주제
9	우리나라	1	우리나라 사람들의 생활
		2	우리나라의 놀이
		3	우리나라의 예술
		4	우리나라의 역사와 자랑거리 (추석)
10	가을/ 환경과 생활	1	풍성한 가을이 왔어요
		2	물과 우리의 생활
		3	돌 · 흙과 우리의 생활
		4	바람 · 공기와 우리의 생활
		5	빛 · 소리와 우리의 생활
11	나눔 프로젝트/ 겨울	1	나눔이란?
		2	플리마켓 계획 세우기
		3	플리마켓 준비하기 1
		4	플리마켓 준비하기 2
12		1	플리마켓 준비하기 3
		2	플리마켓을 열어요
		3	어려운 이웃과 함께 해요
		4	아름다운 겨울이 왔어요
1	(겨울방학– 방과후과정) 새해	1	20○○년이 되었어요
		2	새해맞이와 놀이
	생활도구	3	다양한 생활도구
		4	생활도구를 움직이는 힘
		5	생활도구로서의 미디어
2	이만큼 자랐어요	1, 2	우리 유치원, 우리 반에서 즐거웠던 일 년 (설)
		3	형님반이 된대요. 수료식

* 위 계획안은 기관의 상황 및 유아의 발달, 흥미, 요구 등에 따라 변동될 수 있습니다.

* 행복한울타리유치원 자료제공

2. 월간교육계획 및 주간교육계획안

월간교육계획은 연간교육계획과 연관성을 유지하면서 작성하되 연간교육계획에 제시된 생활주제와 관련하여 어떤 내용을 다룰 것인지 주제를 선정한다. 또한 월간계획의 목적은 주간계획을 구성할 때 중요한 일정을 미리 상기시킬 수 있으며 견학, 생일축하식, 부모참여수업 등의 행사를 상기시킬 수 있다.

주간계획은 생활의 주제와 유아의 흥미 등 교사의 재량권에 따라 각 반의 주간계획은 다를 수 있지만 계획을 세울 때는 다섯 가지 영역이 통합적으로 계획될 수 있도록 한다.

가. 주간교육계획안 작성 시 고려할 사항

첫째, 금요일에는 유아들 편에 주간계획안이 각 가정으로 배부될 수 있도록 한다.
둘째, 주제는 유아의 흥미와 요구에 따라 달라질 수 있다.
셋째, 활동할 내용을 세부적으로 섬세하게 준비한다.
넷째, 한 주간에 들어 있는 활동들이 구체적으로 계획될 수 있도록 한다.

나. 월간 · 주간 교육계획안

1) 5세 월간교육계획안

제 20○○- 02호

4월 교육계획안

해오름반

* 기간 : 4월 2일~5월 4일

생활주제	봄/나와 가족	생활주제 관련 동화	내가 소중하대요

목표

- 계절이 변화함에 따라 자연환경을 비롯하여 동물과 식물에게도 변화가 있음을 안다.
- 나의 출생과 성장과정에 대해 안다.
- 나의 몸은 시간이 지남에 따라 성장한다는 것을 안다.
- 나와 다른 사람의 감정을 이해하고 조절할 수 있다.
- 나의 소중함과 특별함을 알고 사랑하며, 자신을 보호할 수 있는 능력을 기를 수 있다.
- 가족 구성원의 역할을 알고 내가 할 수 있는 일을 실천한다.
- 가족의 소중함을 알고 서로 협력하여 화목하게 지내며, 가족 간에 지켜야할 예절을 알고 실천한다.
- 가정마다 서로 다른 가족 문화가 있음을 알고 존중하는 태도를 기를 수 있다.
- 다양한 가족의 유형이 있음을 알고 존중하는 태도를 기를 수 있다.

주		4월 1주	4월 2주	4월 3주	4월 4주	5월 1주
주제 / 활동내용		봄의 동물과 식물 변화	나의 몸과 마음	소중한 나와 가족	가족의 생활과 문화	다양한 가족의 생활과 변화
자유선택활동	쌓기	• (동화연계) 봄의 숲속 구성하기	• 나의 몸을 만들어요	• 우리 가족이 살고 싶은 집	• 우리 가족이 좋아하는 것 • (동화연계) 토끼 가족의 집 구성하기	• 가족사진관 구성하기
	역할	• 나무를 심어요	• 신체검사 놀이	• (동화연계) 내가 고슴도치라면 • 결혼식 놀이	• 가족 나들이 • (동화연계) 숲 속의 잔치	• (동화연계) 다양한 가족이 되어 소풍을 가요
	언어	• (동화연계) 봄꽃 책자 만들기	• (동화연계) 고슴도치의 기분 • 어떤 장면일까요?	• 내 이름 삼행시	• 우리 가족 별명 짓기	• 여러 가족의 모습 수수께끼
	수/조작	• 봄의 동물 패턴놀이	• (동화연계) 핀포킹 – 과일 나무 • 우리 몸으로 길이를 재요	• 나를 숫자로 표현해요	• (동화연계) 몇 마리일까요? • 마티스 붉은 실내 퍼즐	• (동화연계) 바느질 – 고슴도치 가족

주		4월 1주	4월 2주	4월 3주	4월 4주	5월 1주
활동내용 \ 주제		봄의 동물과 식물 변화	나의 몸과 마음	소중한 나와 가족	가족의 생활과 문화	다양한 가족의 생활과 변화
자유선택활동	과학	• (동화연계) 꽃 피는 과정	• 손금을 관찰해요	• 우리는 성장해요	• (동화연계) 동물들의 실제 모습	• (동화연계) 여러 가지 색깔 공
	조형	• (동화연계) 등장인물 접어 꾸미기	• (동화연계) 거북이 등껍질 모자이크	• (동화연계) 내가 그린 동화책 표지 • 가족 사랑 쿠폰 만들기	• 내가 사는 집 그리기	• 다양한 가족을 꾸며요
	음률	• 봄을 연주해요	• 생일 축하 노래 부르며 연주하기	• (동화연계) 동물친구들처럼 노래해요	• 엘가의 사랑의 인사에 맞추어 악기 연주하기	• 가족구성원이 되어 노래해요
대·소집단활동	이야기 나누기	• 내가 읽은 책을 소개해요 • 봄이 왔어요 • 봄을 맞이하는 동물 • 봄에 볼 수 있는 식물	• 내가 읽은 책을 소개해요 • 신기한 우리 몸 • 아기가 태어나려면 • 내가 기쁠 때와 슬플 때 • 친구의 마음	• 내가 읽은 책을 소개해요 • 나에 대해 소개합니다 • 우리가족은요 • 옛날과 오늘날의 결혼식 • 브레인스토밍 – 내가 소중하대요	• 내가 읽은 책을 소개해요 • 가족마다 구성원이 달라요 • 가족간의 예절 • 우리 가족의 놀이 • 유목화 – 내가 소중하대요	• 내가 읽은 책을 소개해요 • 변화하는 가족 • 다양한 가족을 존중해요 • 주제망 – 내가 소중하대요
	동화/동시/동극	• (이야기할머니) 개구리로 아버지를 구한 홍섬 • (동화) 내가 소중하대요 • (동시) 봄나무	• (이야기할머니) 요술 항아리 • (동화) 내 몸을 지키는 소중한 약속 • (동시) 여러 가지 마음	• (이야기할머니) 별을 좋아한 소년 과학자 장영실 • (동화) 엄마의 일기 • (동시) 우리 가족 4행시	• (이야기할머니) 호랑이를 물리친 소 이야기 • (동화) 한 지붕 두 가족 • (동시) 우리 집	• (이야기할머니) 즐거운 모험 • (동화) 신짜오, 민지! • (동시) 우리집에 오세요
	미술	• (명화감상) 보티첼리 봄 • (동화연계) OHP 필름에 봄꽃 그리기	• 봄 풍경 그리기	• (명화감상) 마티스 붉은 실내 • 고슴도치 만들기	• 우리 가족 놀이 모습 그리기	• 우리 가족 액자 만들기
	음악	• (음악감상) 비발디 사계 중 봄 • (새노래) 봄바람	• (새노래) 우리들의 마음속엔	• (음악감상) 엘가의 사랑의 인사 • (새노래) 소중한 나	• (새노래) 우리 가족 사랑 송	• (새노래) 옛날 이야기
	신체/게임	• 봄바람 표현해보기	• (게임) 나처럼 움직여요	• (게임) 심부름을 해요	• 우리 가족처럼 걷기	• (동화연계) 깃털처럼 움직여요
	과학/요리	• 생태1 – 씨앗 키우기	• 점자책 • (요리) 쑥 버무리 만들기	• (과학) 화석 발굴 • (요리) (동화연계) 화전 만들기	• 도르래	• (과학그림책 탐색하기) 갈릴레이

주		4월 1주	4월 2주	4월 3주	4월 4주	5월 1주
활동내용 \ 주제		봄의 동물과 식물 변화	나의 몸과 마음	소중한 나와 가족	가족의 생활과 문화	다양한 가족의 생활과 변화
대·소집단활동	바깥놀이	• (동화연계) 동화 속 장면을 찾아보아요	• 내 몸으로 공 쳐보기	• 자연물로 우리 가족 꾸미기	• 가족 물 그림 그리기	• 가족 발자국 찍기
	현장학습/행사		• 강북도서관	• 금학 생태공원 • 봄 나들이	• 예절교육 • 부모님과 함께하는 숲 놀이	
안전교육		(약물 및 사이버 중독예방) 약은 무엇일까요?	(교통안전) 멈추기, 생각하기, 도와주세요.	(폭력예방 및 신변보호) 소중한 우리 몸	(재난 안전) 황사와 미세먼지 & 소방 대피훈련	(교통 안전) 차 안에서 지켜야 할 약속
인성·기본생활 습관		인성이 자라는 나무 (질서) 줄을 바르게 서요	(배려) 친구와 사이좋게 지내요	(존중) 공공장소에서의 예절	(효) 어른께 높임말을 써요	인성이 자라는 나무 (질서) 실내에서는 걸어 다녀요
숲·생태 교육		숲에서 명상하기	찾아가는 숲 해설-공주산림휴양마을	봄나물 찾아보기	봄의 아름다움 느끼고 감상하기	봄의 소리 찾기
텃밭 가꾸기		씨감자를 심어요	대파를 심어요	꽃씨를 뿌려요	감자의 싹 관찰하기	쌈채소 모종을 심어요

* 행복한울타리유치원 자료제공

2) 4세 월간교육계획안

제 20○○ - 03호

5월 교육계획안

솔내음반

* 기간 : 5월 7일~6월 1일

생활주제	우리 동네	생활주제 관련 동화	산타 할아버지의 지도
목표	• 우리 동네의 다양한 모습에 관심을 갖고 알아본다. • 지도에 관심을 갖고 우리 동네 지도를 알아본다. • 우리 동네 사람들이 하는 일을 알고 다양한 직업에 대해 안다. • 배려가 필요한 이웃에게 관심을 갖고 도울 수 있는 방법을 알며 실천한다. • 우리 동네의 공공기관에서 하는 일을 안다. • 공공기관에서 지켜야 할 예절을 알고 실천하는 태도를 기른다. • 우리 동네의 다양한 전통과 문화에 관심을 갖고 전통과 문화를 경험한다. • 우리 동네를 아끼고 사랑하는 태도를 기른다.		

	주	5월 2주	5월 3주	5월 4주	5월 5주
활동내용	주제	우리 동네의 모습과 생활	우리 동네 사람들	고마운 우리 동네 기관	우리 동네의 전통과 문화
자유선택활동	쌓기	(동화연계) 블록으로 푸른 마을 꾸미기	우리 동네 시장 만들기	소방서를 만들어요	우리 동네 축제장소를 만들어요.
	역할	우리 동네 놀이	시장 놀이	소방서 역할놀이를 해요	우리 동네 축제 놀이
	언어	'우리 동네에는' 동시 재구성하기	(음악감상 연계) 피터와 늑대 미니 동화책 만들기	우리 동네 공공기관을 알아요.	(동화연계) 우리 동네 전단지 만들기
	수/조작	내가 사는 동네 그래프	우리 동네 간판 퍼즐맞추기	공공기관을 찾아라!	스크래치 종이위의 불꽃 축제
	과학	우리 동네 지도 관찰하기	우리 동네 간판을 알아요	공공기관 마크를 알아보아요.	우리 동네의 옛날 모습
	조형	(동화연계) 푸른 마을 지도 만들기	우리 동네 간판 만들기	(동화연계) 동화 속 산타처럼 건물을 기호로 나타내 그려보아요	(명화감상) 피아노치는 소녀 재구성하기
	음률	'행복한 우리 동네' 부르며 악기 연주하기	이웃을 위한 노래를 연주해요	'우리 동네 이야기' 부르며 악기연주하기	(동화연계) 산타할아버지의 발소리 표현하기

주		5월 2주	5월 3주	5월 4주	5월 5주
주제 / 활동내용		우리 동네의 모습과 생활	우리 동네 사람들	고마운 우리 동네 기관	우리 동네의 전통과 문화
대·소집단활동	이야기 나누기	• 내가 읽은 책을 소개해요 • 우리 동네에는 무엇이 있을까? • 우리 동네 지도 • 우리 동네 건축물에 대해 알아요	• 내가 읽은 책을 소개해요 • 브레인스토밍 • 우리동네 사람들이 하는일 • 배려가 필요한 이웃들 • 이웃에게 어떻게 도움을 줄 수 있을까요?	• 내가 읽은 책을 소개해요. • 유목화 • 우리 동네의 다양한 기관 • 공공장소에서의 예절이 있어요	• 내가 읽은 책을 소개해요 • 주제망 • 우리 동네의 옛날과 오늘 • 우리 동네의 자랑거리 • 우리 동네를 아끼고 사랑하는 방법
	동화/동시/동극	(이야기할머니) 삼 년 고개 (동화) 산타 할아버지의 지도 (동시) 우리 동네에는	(이야기할머니) 한강에 다리를 놓은 선비 정약용 (동화) 옹기종기 우리 동네 (동시) 시장에 가면	(이야기할머니) 구렁덩덩 새 선비 (동화) 책이 내 손에 오기까지 (동시) 우리 동네 마법사	(이야기할머니) 신라를 사랑한 바다의 왕 장보고 (동화) 도시가 들려주는 이야기 (동시) 사는 곳은 달라도
	미술	전지에 우리 동네 지도 그리기	(명화감상) 레오나르도 다빈치 모나리자 (동화연계) 푸른 마을 아이들을 위한 선물 꾸미기	우리 동네 공공기관을 만들어요	(명화감상) 르누아르 피아노치는 소녀 우리 동네 특산물 '밤' 만들기
	음악	(새노래) 행복한 우리 동네	(음악감상) 프로코피에트 피터와 늑대 (새노래) 그런 집 보았니?	(새노래) 우리 동네 이야기	(음악감상) 드보르작 유모레스크 (새노래) 우리 동네
	신체/게임	(게임) 심부름을 다녀와요 • 훌라후프	(동화연계) 산타 할아버지가 되어 선물을 날라요 • 훌라후프	(게임) 집배원이 되어요 • 훌라후프	(신체) '우리 동네 이야기' 노래에 맞추어 움직여요 • 훌라후프
	과학/요리	뽀뽀하는 종이	우리 몸의 뼈 공공기관 주먹밥 만들기	스크래치 종이	하늘을 나는 프테라노돈

주		5월 2주	5월 3주	5월 4주	5월 5주
활동내용 \ 주제		우리 동네의 모습과 생활	우리 동네 사람들	고마운 우리 동네 기관	우리 동네의 전통과 문화
대·소집단활동	바깥놀이	우리 동네 둘러보기	(환경미화) 우리 동네를 깨끗이 해요	(동화연계) 모래로 우리 동네를 만들어요	열 발 뛰기
	현장학습/ 행사			산성시장	어린이 뮤지컬 강북도서관/ 예절교육
안전교육		(직업안전) 엄마 아빠 조심해요	(폭력예방 및 신변보호) 좋은 느낌, 나쁜 느낌	(약물 및 사이버중독 예방) 약은 정해진 약만 먹어요	(교통안전) 차 옆에서 놀지 않아요. & 소방대피훈련
인성 · 기본생활 습관		(절제) 의사결정 나는 현명한 소비자	(청결) 이를 바르게 닦아요	(존중) 내 귀는 짝짝이	(협력) 함께라서 좋아
숲 · 생태 교육		찾아가는 숲 해설 – 공주산림휴양마을	봄의 색깔 찾고 분류하기	봄꽃 화관 만들기	자연물로 봄 동산 꾸미기
텃밭 가꾸기		가지 모종을 심어요	텃밭의 벌레를 찾아라!	모종에 지지대 세워주기	수박, 참외 모종을 심어요

* 행복한울타리유치원 자료제공

3) 3세 월간교육계획안

제 20○○ – 02호

4월 교육계획안

꽃내음반

* 기간 : 4월 2일~5월 4일

생활주제	봄 / 나와 가족	생활주제 관련 동화	누가 도시락을 먹었을까?
목표	• 옷차림, 날씨 등 봄의 변화에 대해 관심을 갖고 알아본다. • 우리 주변의 봄맞이 생활에 대해 관심을 갖고 경험해 본다. • 봄의 동물에 대해 알아보며 봄이 동물에게 미치는 영향에 대해서 안다. • 봄의 식물에 대해 알아보며 우리 생활주변에서 봄의 식물을 경험하여 본다. • 나의 신체 각 부분의 명칭과 움직임에 관심을 갖는다. • 나에게 다양한 감정이 있음을 알고 상황에 맞게 표현해본다. • 나의 출생에 대해 관심을 가지고 알아보며 나의 소중함을 안다. • 가족의 의미를 알고 우리 가족 구성원에 관심을 갖는다. • 스스로 할 수 있는 일을 알고 해보며 내가 가족을 위해서 할 수 있는 일에 대해 관심을 갖는다. • 우리 집의 다양한 공간을 알고 가족구성원들의 역할에 대해 안다. • 현대 사회의 다양한 가족에 대해 관심을 갖고 알아본다.		

주		4월 1주	4월 2주	4월 3주	4월 4주	5월 1주
활동내용 \ 주제		따뜻한 봄이 왔어요	봄의 동물과 식물	소중한 나의 몸과 마음	소중한 가족	행복한 우리 가족
자유선택활동	쌓기	(동화연계) 동화 속 나무 테이블 만들기	새싹이 돋아나는 나무	내 키만큼 쌓기	내가 살고 싶은 집	(동화연계) 소녀의 집 만들기
	역할	나무를 심자	(동화연계) 봄의 곤충 놀이	표정으로 놀이해요	(동화연계) 우리 가족 도시락	가족구성원 놀이
	언어	봄 관련 글자	봄의 식물 책 만들기	나의 몸 명칭 알기	(동화연계) 곰에게 주고 싶어요	(동화연계) 소녀의 가족
	수/조작	(동화연계) 딸기 케이크	핀포킹 – 봄동산	감정을 알아요	우리 가족은 몇 명?	우리 가족 그래프
	과학	씨감자 싹 틔우기	(동화연계) 어디서 잠을 잘까?	내 얼굴 관찰하기	붉은 실내 퍼즐	다양한 가족을 살펴보아요
	조형	봄비가 내려요	봄을 표현해요	내 손바닥 꽃	카네이션 만들기	우리 가족 액자
	음률	악기로 봄의 날씨 표현하기	(동화연계) 악기로 곰의 발소리 표현하기	내 몸에서 나는 소리	태교음악 감상하기	가족악기 연주하기

주		4월 1주	4월 2주	4월 3주	4월 4주	5월 1주
활동내용 \ 주제		따뜻한 봄이 왔어요	봄의 동물과 식물	소중한 나의 몸과 마음	소중한 가족	행복한 우리 가족
대·소집단활동	이야기 나누기	내가 읽은 책을 소개 해요 봄의 날씨와 옷차림 식목일 봄에 볼 수 있어요	내가 읽은 책을 소개 해요 봄의 동물 곤충 봄의 식물 브레인스토밍 – 누가 도시락을 먹 었을까?	내가 읽은 책을 소개 해요 나의 몸과 마음 나는 어떻게 태어났 을까? 어린이날	내가 읽은 책을 소개 해요 소중한 우리 가족 가족을 위해 할 수 있는 일 어버이날	내가 읽은 책을 소개 해요 (동화연계) 샌드위치 에 무엇을 넣을까? 우리 집을 소개해요 다양한 가족이 있어요
	동화/동시/ 동극	이야기 할머니 (동화) 두더지 몽실이 (동시) 봄비	이야기 할머니 (동화) 커다란 순무 (동시) 봄나들이	이야기 할머니 (동화) 나는 소중해요 (동시) 나 지금 화났어	이야기 할머니 (동화) 아기돼지삼형제 (동시) 잠꾸러기 가족	이야기 할머니 (동화) 언제까지나 너를 사랑해
	미술	(명화감상) 보티첼리 봄 꽃내음반 나무	(동화연계) 딸기 바구니	(명화감상) 마티스 붉은 실내 내 얼굴 그리기	(동화연계) 소녀의 모자 꾸미기	(명화감상) 아르놀피니의 결혼 어버이날 카드
	음악	(음악감상) 비발디 사계 중 봄 (새노래) 봄님	(새노래) 나비노래	(음악감상) 엘가 사랑의 인사 (새노래) 나의 손으로	(새노래) 사랑	(음악감상) 멘델스존 결혼행진곡 (새노래) 미소
	신체/게임	(신체) 휴지 꽃이 훨훨	(신체) 씨앗이 자라서	(신체) 내 몸의 움직임	(게임) 우리 가족에게 하트를 보내요	(동화연계) 곰과 소녀
	과학/요리	생태1 (씨앗키우기)	나비 자석 (요리) 쑥버무리	향기 주머니	돋보기 관찰 (요리) 동화연계– 샌드위치도시락	(과학그림책 탐색하기) 꿀벌
	바깥놀이	유치원 마당 관찰하기	쑥을 찾아라!!	돌멩이 얼굴	모래로 음식만들기	안아주세요
	행사/현장 학습		강북도서관	봄나들이	정안천 생태공원예절 교육 부모님과 함께하는숲 놀이	

주	4월 1주	4월 2주	4월 3주	4월 4주	5월 1주
주제 / 활동내용	따뜻한 봄이 왔어요	봄의 동물과 식물	소중한 나의 몸과 마음	소중한 가족	행복한 우리 가족
안전교육	(약물 및 사이버중독 예방) 약은 무엇일까요?	(생활안전) 멈추기, 생각하기, 도와주세요	(폭력예방 및 신변 보호) 소중한 우리 몸	(재난안전) 봄의 불청객 황사와 미세먼지 & 소방대피 훈련	(교통안전) 차 안에서 지켜야 할 약속
인성 · 기본생활 습관	(인성이 자라는 나무) 줄을 바르게 서요	친구와 사이좋게 지내요	공공장소에서의 예절	어른께 높임말을 써요	(인성이 자라는 나무) 실내에서는 걸어 다녀요
숲 · 생태 교육	숲에서 명상하기	찾아가는 숲 해설–공주산림휴양마을	봄나물 찾아보기	봄의 아름다움 느끼고 감상하기	봄의 소리 찾기
텃밭 가꾸기	씨감자를 심어요	대파를 심어요	꽃씨를 뿌려요	감자의 싹 관찰하기	쌈채소 모종을 심어요

* 행복한울타리유치원 자료제공

5세 주간교육계획안

<table>
<tr><td>반 이름</td><td colspan="2">해오름반</td><td>시기</td><td colspan="2">4월 2일 ~ 4월 6일</td></tr>
<tr><td>생활주제</td><td>봄 / 나와 가족</td><td>주 제</td><td>봄의 동물과
식물 변화</td><td>생활주제
관련 동화</td><td>내가 소중하대요</td></tr>
<tr><td>목표</td><td colspan="5">• 봄 풍경을 보며 자연의 아름다움을 느낀다.
• 계절이 변화함에 따라 자연환경을 비롯하여 동물과 식물에게도 변화가 있음을 안다.
• 봄의 자연환경과 동식물을 다양한 방법으로 표현할 수 있다.</td></tr>
</table>

<table>
<tr><td colspan="2">날짜/요일</td><td>월(2일)</td><td>화(3일)</td><td>수(4일)</td><td>목(5일)</td><td>금(6일)</td></tr>
<tr><td colspan="2">소주제
활동</td><td colspan="2">봄의 날씨 변화</td><td>봄을 맞이하는 동물</td><td>봄에 볼 수 있는 식물</td><td>숲 · 생태의 날</td></tr>
<tr><td rowspan="7">자유선택활동</td><td>쌓기</td><td colspan="4">(동화연계) 봄의 숲속 구성하기</td><td rowspan="19">숲 놀이터
(숲에서 명상하기)

/

텃밭 가꾸기
(씨감자를 심어요)</td></tr>
<tr><td>역할</td><td colspan="4">나무를 심어요</td></tr>
<tr><td>언어</td><td colspan="4">(동화연계) 봄꽃 책자 만들기</td></tr>
<tr><td>수/조작</td><td colspan="4">봄의 동물 패턴놀이</td></tr>
<tr><td>과학</td><td colspan="4">(동화연계) 꽃 피는 과정</td></tr>
<tr><td>조형</td><td colspan="4">(동화연계) 등장인물 접어 꾸미기</td></tr>
<tr><td>음률</td><td colspan="4">봄을 연주해요</td></tr>
<tr><td rowspan="9">대 · 소집단활동</td><td>이야기 나누기</td><td>내가 읽은 책을
소개해요</td><td>봄이 왔어요</td><td>봄을 맞이하는
동물</td><td>봄에 볼 수 있는
식물</td></tr>
<tr><td>동화/동시/동극</td><td></td><td>(동화)
내가 소중하대요</td><td>(이야기할머니)
개구리로 아버지를
구한 홍섬</td><td>(동시)
봄나무</td></tr>
<tr><td>미술</td><td colspan="4">(명화감상) 보티첼리 봄 / (동화연계) OHP 필름에 봄꽃 그리기</td></tr>
<tr><td>음악</td><td colspan="4">(음악감상) 비발디 사계 중 봄 / (새노래) 봄바람</td></tr>
<tr><td>신체/게임</td><td colspan="4">봄바람 표현해보기</td></tr>
<tr><td>과학/요리</td><td colspan="4">생태1 – 씨앗 키우기</td></tr>
<tr><td>바깥놀이</td><td colspan="4">(동화연계) 동화 속 장면을 찾아보아요</td></tr>
<tr><td>행사/현장학습</td><td></td><td></td><td></td><td></td></tr>
<tr><td colspan="2">인성 · 기본생활습관</td><td colspan="4">인성이 자라는 나무 (질서) 줄을 바르게 서요</td></tr>
<tr><td colspan="2">안전교육</td><td colspan="4">(약물 및 사이버 중독예방) 약은 무엇일까요?</td></tr>
<tr><td colspan="2">언어전달</td><td></td><td>봄이 왔어요</td><td></td><td>예쁜 꽃이 피었어요</td></tr>
</table>

<table>
<tr><td rowspan="2">방과후 과정</td><td>우리 문화 이야기 (역사)</td><td>종이접기</td><td>과학창의 (레고)</td><td>한글/수</td></tr>
<tr><td>(옛날과 오늘 알기)
옛날 아이들은 어떻게 놀았을까?</td><td>기본 접기4
방석</td><td>봄 동산</td><td>수준별 수업</td></tr>
</table>

* 행복한울타리유치원 자료제공

4세 주간교육계획안

<table>
<tr><td>반 이름</td><td colspan="2">솔내음반</td><td>시기</td><td colspan="2">5월 14일 ~ 5월 18일</td></tr>
<tr><td>생활주제</td><td>우리 동네</td><td>주제</td><td>우리 동네 사람들</td><td>생활주제 관련동화</td><td>산타 할아버지의 지도</td></tr>
<tr><td>목 표</td><td colspan="5">• 우리 동네 사람들이 하는 일을 알고 다양한 직업에 대해 안다.
• 배려가 필요한 이웃에게 관심을 갖고 도울 수 있는 방법을 알며 실천한다.</td></tr>
</table>

<table>
<tr><td colspan="2">날짜/요일</td><td>월(14일)</td><td>화(15일)</td><td>수(16일)</td><td>목(17일)</td><td>금(18일)</td></tr>
<tr><td colspan="2">활동 / 소주제</td><td colspan="2">우리 동네사람들</td><td colspan="2">배려가 필요한 이웃</td><td>숲 · 생태의 날</td></tr>
<tr><td rowspan="7">자유선택활동</td><td>쌓기</td><td colspan="4">우리 동네 시장 만들기</td><td rowspan="17">숲 놀이터
(봄의 색깔찾고
분류하기)

/

텃밭가꾸기
(텃밭의 벌레를
찾아라!)</td></tr>
<tr><td>역할</td><td colspan="4">시장 놀이</td></tr>
<tr><td>언어</td><td colspan="4">(음악 감상 연계) 피터와 늑대 미니 동화책 만들기</td></tr>
<tr><td>수/조작</td><td colspan="4">우리 동네 간판 퍼즐맞추기</td></tr>
<tr><td>과학</td><td colspan="4">우리 동네 간판을 알아요</td></tr>
<tr><td>조형</td><td colspan="4">우리 동네 간판 만들기</td></tr>
<tr><td>음률</td><td colspan="4">이웃을 위한 노래를 연주해요</td></tr>
<tr><td rowspan="9">대 · 소집단활동</td><td>이야기 나누기</td><td>내가 읽은 책을 소개해요
브레인스토밍</td><td>우리 동네 사람들이 하는 일</td><td>배려가 필요한 이웃들</td><td>이웃에게 어떻게 도움을 줄 수 있을까요?</td></tr>
<tr><td>동화/동시/동극</td><td>(동화) 옹기종기 우리 동네</td><td></td><td>(이야기할머니) 한강에 다리를 놓은 선비 정약용</td><td>(동시) 시장에 가면</td></tr>
<tr><td>미술</td><td colspan="4">(음악감상) 레오나르도 다빈치의 모나리자 /
(동화연계) 푸른마을 아이들을 위한 선물 꾸미기</td></tr>
<tr><td>음악</td><td colspan="4">(음악감상) 프로코피에트의 피터와 늑대 / (새노래) 그런 집 보았니?</td></tr>
<tr><td>신체/게임</td><td colspan="4">(게임) 산타할아버지가 되어 선물을 날라요 / 훌라후프</td></tr>
<tr><td>과학/요리</td><td colspan="4">(과학) 우리 몸의 뼈 / (요리) 공공기관 주먹밥 만들기</td></tr>
<tr><td>바깥놀이</td><td colspan="4">(환경미화) 우리 동네를 깨끗이 해요</td></tr>
<tr><td>행사/현장학습</td><td></td><td></td><td></td><td>생일잔치</td></tr>
<tr><td colspan="2">인성 · 기본생활습관</td><td colspan="4">(청결) 이를 바르게 닦아요</td></tr>
<tr><td colspan="2">안전교육</td><td colspan="4">(폭력예방 및 신변보호) 좋은 느낌, 나쁜 느낌</td></tr>
<tr><td colspan="2">언어전달</td><td></td><td>옹기종기 우리 동네</td><td></td><td>이웃</td></tr>
<tr><td colspan="2" rowspan="2">방과후 과정</td><td>우리 문화 이야기 (역사)</td><td>종이접기</td><td>과학창의 (레고)</td><td colspan="2">한글/수</td></tr>
<tr><td>(역사 탐방) 아차 산성</td><td>남자 얼굴</td><td>지붕만들기</td><td colspan="2">수준별 수업</td></tr>
</table>

* 행복한울타리유치원 자료제공

3세 주간교육계획안

반 이름		꽃내음반		시기	4월 2일 ~ 4월 6일	
생활주제		봄/나와 가족	주제	따뜻한 봄이 왔어요	생활주제 관련 동화	누가 도시락을 먹었을까?
목표		• 옷차림, 날씨 등 봄의 변화에 대해 관심을 갖고 알아본다. • 우리 주변의 봄맞이 생활에 대해 관심을 갖고 경험해 본다.				
날짜/요일		월(2일)	화(3일)	수(4일)	목(5일)	금(6일)
활동 / 소주제		봄의 변화		봄의 생활		숲 · 생태의 날
자유선택활동	쌓기	(동화연계) 동화 속 나무 테이블 만들기				숲 놀이터 (숲에서 명상하기) / 텃밭가꾸기 (씨감자를 심어요)
	역할	나무를 심자				
	언어	봄 관련 글자				
	수/조작	(동화연계) 딸기 케이크				
	과학	씨감자 싹 틔우기				
	조형	봄비가 내려요				
	음률	악기로 봄의 날씨 표현하기				
대·소집단활동	이야기 나누기	내가 읽은 책을 소개해요	봄의 날씨와 옷차림	봄에 볼 수 있어요	식목일	
	동화/동시/동극	(동화) 누가 도시락을 먹었을까?	(동화) 두더지 몽실이	이야기 할머니 '개구리로 아버지를 구한 홍섬'	(동시) 봄비	
	미술	(명화감상) 보티첼리 봄 / 꽃내음반 나무				
	음악	(음악감상) 비발디 사계 중 봄 / (새노래) 봄님				
	신체/게임	(신체) 휴지 꽃이 훨훨				
	과학/요리	생태1 (씨앗키우기)				
	바깥놀이	유치원 마당 관찰하기				
	행사 / 현장학습					
인성 · 기본생활습관		(약물 및 사이버중독예방) 약은 무엇일까요?				
안전교육		(인성이 자라는 나무) 줄을 바르게 서요				
언어전달			봄		식목일	
방과후과정		우리 문화 이야기(역사)	종이접기	과학창의 (레고)	한글/수	
		(전래동요&놀이) 꼬마야 꼬마야	기본 접기4 – 방석 접기	애벌레 만들기	– 수준별 수업	

* 행복한울타리유치원 자료제공

3. 일일교육계획안

무엇을 어떻게 제공할 것인가를 고민하는 교사라면 하루에 진행되는 학습내용이 유아에게 적합하게 구성되었는지를 고려하고 그 내용이 유아에게 유용한지를 융통성 있게 살펴보아야 한다.

가. 일일교육계획 시 고려할 사항

일일교육계획안을 세울 때는 다음 사항을 고려한다.

첫째, 연간, 월간, 주간계획내용을 근거로 주제를 연관 지어 구체적으로 계획한다.

둘째, 주간계획에 기초하여 작성하되 유치원 상황이나 아이들의 우발적인 상황을 반영하여 계획을 수정할 수 있다.

셋째, 하루의 계획은 유동성과 융통성은 받아들일 수 있지만 가능한 계획대로 유지될 수 있도록 한다.

넷째, 하루일과를 계획할 때는 신체적 욕구나 리듬을 반영한다.

다섯째, 동적인 활동과 정적인 활동의 조화로움을 반영한다.

여섯째, 구제적인 교재교구를 활용한다.

나. 일일교육계획안

5세 일일교육계획안

담 임	부장교사	원 장

반 이름	해오름반	날짜/날씨	20○○년 4월 2일 월요일/맑음	수업일수	1/21
생활주제	봄/나와 가족 (내가 소중하대요)	주제	봄의 동물과 식물 변화	소주제	봄의 날씨 변화
목 표	• 봄 풍경을 보며 자연의 아름다움을 느낀다. • 봄의 날씨에 대해 알아보고 신체로 자유롭게 표현할 수 있다.				
일 과 시간표	08:00~09:50 등원 및 자유선택활동 09:50~10:00 정리정돈 및 화장실 다녀오기 10:00~10:20 오전 간식 10:20~10:50 출석 및 이야기 나누기 – 내가 읽은 책을 소개해요 10:50~11:50 산책 11:50~13:00 점심 식사 및 자유선택활동 13:00~13:30 행복조회 13:30~13:50 명화감상 – 보티첼리 봄 13:50~14:20 신체 – 봄바람 표현해보기 14:20~14:40 방과후과정특성화활동 – 다문화(영어) 14:40~15:10 오후 간식 15:10~15:50 종이접기 (기본 접기4 – 방석) 15:50~16:10 일과 평가 및 귀가지도 16:10~17:10 실외활동 17:10~17:30 화장실 및 휴식 17:30~18:30 자유선택활동 18:30~ 일과 평가 및 귀가지도 (1코스 하원 16:10~)				

시간/활동명	활동 내용	자료 및 유의점
08:00~09:50 등원 및 자유선택활동	• **등원**	가방, 이야기 수첩, 필통, 개인 수건, 스티커
	• **쌓기영역 – (동화연계) 봄의 숲속 구성하기** – 게시자료를 탐색한다. – 봄의 숲속을 떠올리며 자유롭게 구성해본다.	게시자료, 다양한 블록
	• **역할영역 – 나무를 심어요** – 게시자료를 탐색한다. – 나무 심는 과정을 알아보고 그 순서로 놀이해본다.	게시자료
	• **언어영역 – (동화연계) 봄꽃 책자 만들기** – 봄에는 어떤 꽃이 피는지 살펴본다. – 활동지를 보며 봄꽃을 자유롭게 색칠하고 봄꽃의 이름을 따라 써본다.	게시자료, 활동지, 쓰기 도구
	• **수 · 조작 영역 – 봄의 동물 패턴놀이** – 봄의 동물을 살펴본 후, 패턴을 탐색해본다. – 활동지에 알맞은 봄의 동물을 잘라 붙여 패턴을 완성한다.	활동지, 풀, 가위

<table>
<tr><th>시간/활동명</th><th>활동 내용</th><th>자료 및 유의점</th></tr>
<tr><td rowspan="3">08:00~09:50
등원 및
자유선택활동</td><td>• 과학영역 - (동화연계) 꽃 피는 과정
– 꽃이 피는 과정을 살펴본다.
– 활동지를 보며 꽃이 피는 순서대로 장면에 숫자를 적어본다.</td><td>게시자료, 활동지, 쓰기 도구</td></tr>
<tr><td>• 조형영역 - (동화연계) 등장인물 접어 꾸미기
– 내가 소중하대요를 회상하며 등장인물들을 떠올려본다.
– 등장인물 중 거북이를 색종이로 접고 활동지에 붙인 후 꾸며본다.</td><td>활동지, 쓰기 도구, 풀, 가위,
색종이</td></tr>
<tr><td>• 음률영역 - 봄을 연주해요
– 봄의 풍경과 봄에 들리는 소리를 떠올려본다.
– 떠올린 것을 바탕으로 음률영역의 악기를 자유롭게 연주해본다.</td><td>게시자료, 여러 가지 악기</td></tr>
<tr><td>09:50~10:00
정리정돈 및
화장실 다녀오기</td><td>– 정리 음악을 들으며 교구를 제자리에 정리한다.
– 한 줄로 바르게 서서 화장실을 다녀온다.</td><td>개인수건, 비누</td></tr>
<tr><td>10:00~10:20
오전 간식</td><td>– 준비해주신 분들께 감사한 마음을 갖고 골고루 먹는다.</td><td>간식, 숟가락, 간식그릇</td></tr>
<tr><td>10:20~10:50
출석 및
이야기 나누기</td><td>• 인사나누기
– 바르게 인사하고 날짜와 날씨를 알아본 후, 출석을 확인한다.
• 일과 소개
– 일과 소개 카드를 붙이며 오늘의 활동을 소개한다.
• 이야기 나누기(내가 읽은 책을 소개해요)
– 주말 동안 책을 읽고 활동한 것을 친구들 앞에서 소개한다.
– 친구의 발표를 듣고 궁금한 것이 있으면 질문을 한다.</td><td>출석 카드,
일과 소개 카드,
책사랑 꿈자람</td></tr>
<tr><td>10:50~11:50
산책</td><td>– 유치원 마당 및 주변을 산책하며 놀이한다. (우천 시 보드게임 놀이)</td><td></td></tr>
<tr><td>11:50~13:00
점심 식사 및
자유선택활동</td><td>– 화장실을 다녀오며 손을 씻고 점심 준비를 한다.
– 바르게 앉아 음식을 골고루 먹고, 주변을 스스로 정리한 후 양치질을 한다.
– 놀이를 계획하고 순차적으로 자유선택활동을 한다.</td><td>개인 도시락, 수저통,
점심, 개인 칫솔, 물컵,
개인 수건</td></tr>
<tr><td>13:00~13:30
행복조회</td><td>– 안전하게 강당으로 이동한다.
– 행복조회를 한다.
• 인성교육 〈줄을 바르게 서요〉
– 줄을 서지 않았을 때 일어나는 일들을 살펴본다.
– 줄을 섰을 때의 좋은 점에 대해 이야기를 나눈다.
– 줄을 설 때 지켜야 할 약속을 알아보고 실천해본다.
• 안전교육 〈약물 및 사이버 중독예방-약은 무엇일까요?〉
– 약을 먹어본 경험에 대해 이야기를 나눈다.
– 약의 종류에 대해 알아본다.
– 상황에 따라 필요한 약에 대해 알아보고 안전 약속을 정한다.</td><td>마이크,
인성교육
〈줄을 바르게 서요〉
안전교육
〈약은 무엇일까요?〉
동영상, 슬라이드 자료</td></tr>
<tr><td>13:30~13:50
명화감상</td><td>• 〈보티첼리 봄〉
– 명화 '보티첼리 봄'을 감상해본다.
– 명화를 보고 느낀 점을 자유롭게 이야기 나눈다.
– 명화와, 명화를 그린 화가에 대해 알아본다.</td><td>명화 '보티첼리 봄'</td></tr>
</table>

시간/활동명	활동 내용	자료 및 유의점
13:50~14:20 신체	• **〈봄바람 표현해보기〉** – 산책을 하며 느꼈던 봄바람을 떠올려본다. – 떠올린 것을 바탕으로 신체를 이용하여 자유롭게 표현해본다. – 느낀 점에 대해 이야기를 나눈다.	
14:20~14:40 방과후과정 특성화활동	〈방과후과정특성화활동 – 다문화(영어)〉	
14:40~15:10 오후간식	– 손을 씻고 간식을 먹을 준비를 한다. – 준비해주신 분들께 감사한 마음을 갖으며 간식을 골고루 먹는다.	개인수건, 비누, 간식, 숟가락, 간식그릇
15:10~15:50 종이접기	• **〈기본 접기4 – 방석〉** – 색종이를 탐색해 본다. – 방석 접기를 해본다. – 접은 것을 보며 무엇이 떠오르는지 이야기를 나눈다. – 도화지에 접은 색종이를 붙인 후 자유롭게 꾸미고 주변을 정리한다. – 친구들과 자신의 작품을 감상하며 이야기를 나눈다.	색종이, 풀, 가위, 도화지, 다양한 쓰기도구
15:50~16:10 일과 평가 및 귀가 지도	• **회상하기** – 일과표를 하나씩 떼어가면서 오늘의 활동을 기억해본다. • **평가하기** – 도우미 유아가 나와 도우미를 하면서 힘들었던 점과 좋았던 점을 이야기 한다. – 오늘의 활동을 평가해 보고 이야기 해본 후 내일의 주요 활동을 소개한다. – 자유선택활동을 스스로 평가해본 후 귀가 준비를 한다.	일과 소개 카드, 이야기 수첩, 쓰기 도구
16:10~17:10 실외활동	– 한 줄로 서서 실외놀이터로 이동한다. – 모래놀이 도구를 이용하여 모래놀이를 하거나 놀이시설을 이용하며 실외활동을 즐긴다. – 교사의 정리 신호가 들리면 정리를 하고 정해진 위치에 한 줄로 선다. – 반 친구들이 모두 모이면 한 줄로 서서 교실로 이동한다. (우천 시 보드게임 놀이)	모래놀이 도구
17:10~17:30 화장실 및 휴식	– 화장실에 다녀온 후 휴식을 취한다. * 1차 귀가 16:10~	개인수건, 조용한 음악
17:30~18:30 자유선택활동	• 자유선택활동 및 정리 – 오전과 동일	
18:30~ 일과 평가 및 귀가지도	– 하루 일과를 평가하고 귀가한다.	
총평		
유아관찰	이름:	이름:

시간/활동명	활동 내용			자료 및 유의점
전화통화	이름:		이름:	
투약기록	이름	투약명	약의 종류	시간

교실 내 설비와 환경 위생 점검	점검상태 (잘됨○,보통△,잘 안됨×)	조치사항
교구장	○	
교실바닥	○	
사물함	○	
교사 및 유아 책상, 의자	○	
출입문, 창문, 문틀, 창문틀	○	
칫솔 및 개인물컵	○	
개별 수건	○	
쓰레기통	○	

교실 내 설비와 환경 안전 점검	점검상태 (잘됨○,보통△,잘안됨×)	조치사항
의자나 책상 등 설비가 부서지거나 날카로운 부분이 없는가?	○	
문이 부드럽게 열리고 닫히며 손 끼임 방지장치가 있는가?	○	
벽면이 돌출된 부위가 없는가?	○	
비가 올 때 천정이나 벽에서 누수 되는 곳이 없는가?	○	
깨진 유리창이 없고, 창틀에 파손된 부분이 없는가?	○	
교구장, 수납장 등은 안전을 위해 아래쪽에 무거운 물건을 보관하고, 선반에는 물건이 떨어지지 않도록 지지대를 설치했는가?	○	
교재 및 교구의 부서지거나 날카로운 부분이 없는가?	○	
교재 및 교구에 유해색소가 칠해져 있거나 칠이 벗겨져 있는 부분이 없는가?	○	
바닥이 미끄럽거나 돌출된 부분이 없고, 압핀이나 못 등이 떨어져 있지 않는가?	○	
유아가 삼킬 만한 작은 놀잇감이나 부품이 없는가?	○	
손상된 전선이 없고, 콘센트에 안전뚜껑이 있는가?	○	

* 행복한울타리유치원 자료제공

다. 일과운영 및 반편성

유아교육과정의 이해를 돕기 위해 충남 공주시에 위치한 행복한울타리유치원 일과운영 시간을 아래와 같이 제시한다.

1) 교육과정반(예시)

활동시간	일과운영
08:00~09:00	등원 (출결확인 및 놀이계획)
09:00~10:00	자유선택활동 및 소그룹활동
10:00~10:20	정리정돈 및 자유선택활동 평가, 하루일과 소개
10:20~10:40	간식(기본생활습관 지도)
10:40~12:00	대 · 중 · 소그룹활동(이야기 나누기, 음악, 미술, 토의, 실험, 게임, 신체활동, 동시, 동화, 동극, 실외활동, 기타…)
12:00~13:00	점심(영양소 연계 지도) 및 자유선택활동
13:00~14:00	산책 및 바깥놀이
14:00~14:40	요일별 특성화 활동
14:40~15:00	일과 평가 및 다음날 활동 소개, 귀가지도

2) 방과후과정반(예시)

활동시간	일과운영
15:00–15:30	오후간식(기본생활습관 지도)
15:30–16:00	휴식
16:00–16:30	심화활동
16:30–17:00	대 · 중 · 소그룹활동(전통문화, 문학, 예술 표현 및 감상), 바깥놀이
17:00–17:40	오후 자유선택활동
17:40–18:00	일과평가 및 다음날 활동 소개, 귀가지도

※ 유치원 및 학급의 사정, 계절 및 날씨에 따라 일정이 융통성 있게 변경될 수 있음

다음은 위에 제시되어 있는 하루일과의 이해를 돕기 위해 구성된 연령별, 혼합연령별 학급 상황에 대해 제시해 본다.

(1) 단일연령집단(교육과정반)

반 구성은 동일한 연령으로 편성하고 있는데 그 이유는 유아의 발달단계에 가장 적합한 학습방법으로 놀이가 진행되기 위함이다. 유아의 욕구에 부응하고 경험을 확대해주며 개인의 신장을 위한 교육이 되기 위해 연령별 활동을 진행한다.

(2) 혼합연령집단(방과후과정반)

활동의 선택범위는 유아 스스로 선택하여 진행해 간다. 혼합연령으로 구성된 그룹에서 볼 수 있는 것은 상위집단의 유아들이 동생집단의 유아들에게 친절한 행동을 자주 보이고 좋은 모델링이 되려고 노력하며 협조적인 관계를 유지하려고 애쓴다. 나이가 어린 집단에서는 나이가 많은 상급집단의 형이나 누나들에게 다양한 경험을 얻게 된다.

제3절 인적 환경과 물리적 환경

유아교육기관의 환경은 크게 두 가지로 나누어 인적인 환경과 물리적인 환경으로 구분 지을 수 있다. 이 절에서는 세부적으로 구분하여 살펴본다.

1. 인적 환경

유아교육기관의 인적 환경구성은 원장, 원감, 주임교사, 영양사, 조리사, 사무직원, 차량지도 담당자, 관리사 등을 꼽을 수 있다. 여기에서는 인적 환경 중 교사, 차량운전자, 요리사에 대해서만 다루기로 한다.

가. 교사의 역할

교사는 먼저 아동의 흥미와 욕구를 알아야 하고 어린이들의 발달과 개인차를 고려하여 학습활동을 계획, 준비, 실행, 평가한다.

따라서 학급을 담당하고 있는 교사는 단순한 지식의 전달자가 아닌 학습의 촉진자로서, 환경 구성자로서, 유아들에게 다양한 학습자료와 학습경험을 마련해 주고 주어진 상황에 대해 유아 스스로 해답을 발견할 수 있도록 격려해 주어야 한다.

이러한 바람직한 교사의 역할에 대해 학자마다 다양한 견해를 가지고 있다. 베버(Weber)에 의하면 교사의 역할은 부모의 요구를 알아야 하고 유아발달과 개인차를 고려하여 활동을 계획, 준비, 실행, 평가 활동을 선택함과 동시에 활동방법을 조직하는 것이다. 또한 김경중, 김용숙(1996)은 교사의 역할을 다음과 같이 정의하였다. 보호 및 양육자로서의 역할과 학습의 촉진자로서의 역할, 상호작용자로서의 역할 등이다. 이처럼 교사의 역할은 유아들의 학습을 위해 보다 나은 전문직으로서 자질과 풍부한 교양과 투철한 사명감이 요구된다.

1) 교실환경구성자

교실의 환경을 구성하고 흥미영역을 배열하기 위하여 기본적으로 고려되어야 할 교사의 역할을 살펴보면 다음과 같다.

(1) 활동성의 크기를 알아야 한다.
유아들이 계획하고 있는 활동이 정적인 활동인가 동적인 활동인가를 고려하여 환경을 구성한다.

(2) 유사성이 있는 활동을 서로 비슷하게 나열한다.

(3) 집단의 크기와 수를 고려하여 구성한다.

(4) 활동할 내용은 유아의 흥미에 따라 달라질 수 있다.

(5) 교사가 통제할 수 있도록 한 눈에 보여야 한다.

(6) 계절에 맞는 환경을 구성한다.

예 봄 : 봄에 피는 꽃을 이용하여 분위기를 연출

여름 : 그물망이나 나뭇잎을 이용하여 시원한 바다를 떠올릴 수 있도록 연출

가을 : 나뭇잎을 이용한 연출(교실 안에 있는 커튼에 나뭇잎을 매달아 보는 것도 효과적일 것이다)

겨울 : 크리스마스 분위기 연출

교실을 움직이는 교사는 유아들의 입장을 고려하고 환경을 통해 스스로 활동을 이끌어 나아갈 수 있도록 도움을 주어야 한다.

아동중심, 흥미중심, 경험중심의 교육과정을 운영하기 위해서는 깊이 연구하는 교사, 유아와 친밀감을 형성할 수 있는 교사, 긍정적인 교사, 지혜로운 마음의 눈으로 사물을 바라볼 수 있는 교사가 되어야 하며, 이러한 교사의 역할은 중요한 요소다. 또한 교사는 유아와 함께 학습을 준비하고, 계획하고, 실행하는 관계이기 때문에 학습과정을 단독으로 결정하는 사람이 아니고 조정과 협력을 통하여 유아들이 스스로 학습을 실행해 나아갈 수 있도록 힘써야 할 것이다.

나. 차량 운전자 및 요리사의 역할

유아교육기관에서 종사하고 있는 인적 자원은 대부분 교사, 차량 운전자, 사무원, 요리사 등으로 구분 지을 수 있다. 비형식적인 기관에서의 교육은 유아들의 인생을 좌우할 만큼 중요하기 때문에 이에 따른 직원들의 역할도 매우 중요하다. 유아교육기관에 종사하는 교사, 사무직원, 차량 운전자, 영양사 등 각자가 맡은 분야에서 전문적인 지식과 함께 해박한 지혜가 있어야 하고 기본적인 생활의 태도에서 모범이 되어야 한다. 이어서 각자가 맡은 역할을 다음과 같이 기술해 본다.

1) 차량 운전자

유아교육기관에서 매일 유아와 학부모를 제일 먼저 만나게 되는 사람은 탑승 교사와 차량 운전자일 것이다. 부모와 떨어져 제일 먼저 만나는 운전자는 교사 이상으로 중요한 역할을 맡고 있기 때문에 인격이 매우 중요하다.

차량운전자 채용 시 다음과 같은 사항을 고려하여야 한다.

첫째, 유아를 사랑할 줄 아는 사람

둘째, 인내심이 있고 운전에 능숙한 사람

셋째, 늘 긍정적인 가치관이 있으며 직업에 사명감을 가진 사람

넷째, 복장은 늘 단정하며 차량 안에서 흡연을 참을 줄 아는 사람

또한 차량을 운행하는 탑승 교사와 운전자가 꼭 알아 두어야 할 사항은 다음과 같다.

첫째, 차량 시간 엄수(운전자의 부주의로 인해 차량 시간이 지연되거나 운행을 중단하는 경우 운전자가 책임을 진다)

둘째, 관광여행에 따른 영업행위는 할 수 없으며, 특별한 경우가 발생되었을 때는 감독 유치원의 사전 허가를 받도록 한다.

셋째, 탑승 교사는 유아들이 모두 탑승한 후 차량이 출발할 수 있도록 한다.

2) 주방(요리사)

유아가 유아교육기관을 다니는 동안 건강하고 행복한 생활을 하도록 배려해 주고 도와주는 일은 무엇보다도 중요한 일이다. 따라서 유아교육기관의 주방시설은 위생적인 시설 및 설비들이 필요하다.

주방 설비로는 싱크대, 조리대, 열기구, 냉장고, 소독, 환기장치, 조리기구, 컵, 식판, 수저, 포크, 접시, 밥솥, 국자, 주걱, 전자레인지 등이 있다. 영유아들의 건강관리를 위해 주방 모든 식기들은 항상 청결을 유지하고 음식을 다루는 사람은 행복한 정신을 가진 사람이면 좋을 것이다.

대부분 요리실은 조리실과 음식 먹는 곳이 분리되어 있어 요리활동을 하는 데 어려움이 뒤따르지만 요리활동만큼 여러가지 학습활동이 다양하게 통합되어 이루어지는 활동도 드물다. 경우에 따라서는 조심스럽고 어려운 부분도 있지만 편식하는 유아의 경우 요리활동을 통해 음식에 대한 거부감을 줄일 수 있기 때문에 유아들이 손쉽게 요리활동에 접근할 수 있도록 구성되어야 한다.

위의 내용을 강조하는 이유는 영유아기 시기가 일생을 통하여 가장 중요한 시기라

고 본다면 이 시기에 있는 유아들에게 질 좋은 영양을 제공하는 일은 유아교육기관에서 종사하고 있는 우리의 몫이라고 생각하기 때문이다. 영유아기에 영양이 불충분하면 좋은 건강을 유지할 수 없을 뿐만 아니라 성장과 발달의 지연으로 건강한 육체와 정신을 소유할 수 없다. 따라서 유아교육기관의 원장 및 교사, 영양사는 미래의 희망인 영유아들에게 충분한 영양의 지식을 가지고 식생활지도 및 급식 관리를 해야 한다. 유아교육기관의 현 실정은 영양을 담당하는 전문 영양사를 고용한 기관은 드물지만 각 유아교육기관이 통합하여 영양사가 식단을 짜주고 영양식에 충분한 지식을 가지고 있는 조리사가 음식을 만들 수 있도록 한다.

2. 물리적 환경

유아교육기관의 물리적 환경은 누리과정 운영 및 영유아의 발달을 촉진시키는 환경을 의미한다. 따라서 시설과 설비는 유아교육의 질을 결정짓는 중요한 매개 변인이 된다. 유아교육기관의 물리적 환경 구성의 원칙을 다음과 같이 제시하였다(이기숙, 2013; Decker & Decker, 2005). 첫째, 독립된 건물에서 설비를 갖추고 활동하기에 충분한 공간을 확보해야 한다. 둘째, 어린이에게 적합한 환경이어야 한다. 셋째, 유아, 교사 모두가 안전한 환경이어야 한다. 넷째, 융통성 있는 공간이어야 한다. 다섯째, 창의적이고 심미적인 공간이어야 한다.

가. 실내 · 실외 환경

유아교육과정 프로그램을 운영할 수 있는 환경은 실내 · 실외 환경으로 구분 지을 수 있다.

1) 실내환경

유아교육기관의 실내환경은 현관, 사무실, 관찰실, 교사실, 휴식 공간, 양호실, 주방(요리실), 영유아교실, 자료실 등이다.

(1) 현관

현관은 영유아나 학부모 또는 유아교육기관에 관련된 사람들이 제일 먼저 들어오고 그들을 맞이하는 곳이다. 현관의 분위기는 따뜻하고 온화한 느낌을 가질 수 있어야 하고 영유아 스스로 문을 닫고 열 수 있도록 편리하고 안전한 환경을 제공하여야 한다.

예 현관문에 손을 끼어도 상처를 주지 않도록 몰딩 처리
계절에 따른 장식물 등을 통해 화사한 분위기 연출
정보게시판: 기관의 새로운 소식, 이 달의 생일현황, 주간교육프로그램, 공지사항, 협조사항 등을 기록한다.
유아교육기관(유치원, 어린이집) 안내도(그림이나 방향제시)

(2) 사무실

사무실의 위치 및 크기는 유아교육기관 형편에 따라 달리할 수 있지만 일반적인 사무업무를 볼 수 있어야 하고 기관의 행정을 총괄 처리할 수 있는 사무집기 및 비품 등을 보관하는 곳이어야 한다.

- 일반적인 업무: 교직원 연금 및 급여, 의료보험, 산재보험, 상해보험 등
- 유치원 행정: 수납(수업료), 장부(지출, 수입), 재원증명, 입학절차서류, 졸업증명서 등

(3) 관찰실

관찰실은 수업을 진행하는 교사 및 유아들의 활동을 방해하지 않고 참관할 수 있도록 준비되어야 하고 교실 안의 전체 상황을 볼 수 있어야 한다. 일반적으로 일방경(one-way mirror)을 설치하여 교실활동과 유아놀이 상황을 관찰할 수 있도록 하여야 한다.

(4) 교사실

교사실의 크기 및 규모는 근무하고 있는 교사의 수를 고려하여야 한다. 또한 교사실은 연구실의 기능을 해야 하므로 동료장학 및 자율연수를 할 수 있도록 관련 자료

행복한울타리유치원 현관

및 전문서적을 배치하여 활용할 수 있어야 한다.

(5) 휴식공간

이 활동의 방은 유아들이 휴식 및 정적인 활동이 이루어질 수 있도록 공간을 꾸민다.

예 카펫, 소파, 전통차: 어린이 스스로 음료를 마실 수 있도록 배려한다.

(6) 양호실

- 영유아들이 활동을 하다가 상처를 입거나 몸이 아파 편안히 쉴 수 있는 공간(소파 및 침대)으로 환경을 꾸민다.
- 비상 구급약품 배치(해열제, 타박상에 바르는 연고, 밴드, 붕대, 소독약 등)
- 양호실에는 몸이 아픈 아이가 혼자 있을 수 없으므로 인적 자원이 풍부하지 않을 경우 사무실이나 교사실 옆에 배치한다.
- 기관에서 응급처치 외에는 전문가에 의해 치료할 수 있도록 한다.

(7) 자료실

유아들의 학습은 대부분 놀이를 통한 학습을 위주로 하고 있기 때문에 자료실에는 다양한 교재와 교구가 있는 반면 자료실의 정비가 잘 배치되지 않아 손쉽게 활용하지 못하는 경우가 있으므로 자료 및 교구를 보존하고 정비하려면 교재 교구장은 필수적이라고 생각한다. 따라서 목록을 작성하고 순서에 의해 물품 및 자료를 구분하는 것도 시간을 절약할 수 있는 방법이라고 생각한다.

자료실 목록

- 교재 교구 제작에 필요한 도구: 문구류
- 일상 활동자료: 물감, 밀가루, 물감, 크레파스
- 계절에 맞는 환경구성 재료(봄, 여름, 가을, 겨울)

자료를 보관할 때는 영역별로 구분 짓거나, 월별로 분류하여 보관하면 교사가 필요에 따라 시간을 낭비하지 않고 손쉽게 활용할 수 있다.

나. 교실환경

실내에 있는 교실은 유아들이 등원하여 귀가할 때까지 지내는 곳이다. 교실의 크기는 활동에 장애를 받지 않도록 유치원 설비기준에 따르는 것이 이상적이라고 생각한다. 또한 다음과 같은 사항을 고려하여 유아들의 생각 및 사고가 확장될 수 있도록 환경을 구성하여야 한다.

교실은 유아들의 생활의 장이고 학습의 장이므로 명랑하고 아름다운 교실을 만들어 학습 의욕을 돋구어주는 환경제공이 필요하다. 또한 교실에서는 동기 유발시킬 수 있어야 한다.

성인과는 달리 한곳에 가만히 앉아서 학습하기보다는 주변 환경에 대해 끊임없이 탐색하고 반응하면서 발달해 간다. 그러므로 환경요인은 아주 중요하다. 따라서 환경구성을 위한 원칙들은 다음과 같다.

첫째, 유아들에게 다양한 경험과 자극을 제공하는 환경이어야 한다.

둘째, 개인 능력에 따라 자발적으로 활동을 선택하여 적극적으로 참여할 수 있는 환경이어야 한다.

셋째, 유아의 성장발달의 원리에 기초한 환경이어야 하고 유아의 균형 있는 발달을 증진시킬 수 있는 환경이어야 한다.

넷째, 다양한 공간을 마련하여 자유롭게 주위 환경을 탐색할 수 있어야 한다(실내, 실외활동에 지나치게 간섭받지 않고 스스로 탐색하여 자신이 원하는 교재, 교구를 선택하여 실천해 보고 평가해 볼 수 있도록 한다).

다섯째, 창의성을 증진시킬 수 있는 교육환경을 구성한다.

유아의 창의성 신장을 위해서는 "허용적인 분위기"를 위한 개방적 환경과 함께 탐색활동이 효율적으로 이루어질 수 있는 통합적인 환경이 중요하다. 개방적 환경은 유아-환경, 유아-교사와의 상호작용이 이루어지며, 유아의 본능적 충동을 강화시켜 탐색적이며 능동적인 학습으로 이끌 수 있도록 배려된 반응적 환경이다.

유아 스스로 외부와 상호작용 해야 하는 유기체는 환경이 개방적일 때 활동에 제약을 받지 않아 지식과 경험의 통합에 유리하다. 유아들은 개방적 환경 속에서 성장과 발달을 가져오게 되는 좋은 조건과 만나게 된다.

창의성을 신장하기 위해서는 교육내용을 미리 고정시켜서 교사가 계획한 대로 유아들을 이끌고 가려 하기보다는 유아의 현재 흥미와 요구 등이 반영될 수 있도록 융통성 있는 운영이 필요하다. 또한 유아의 풍부한 호기심과 지적 탐구의 열기가 충분히 발휘될 수 있도록 주변의 환경을 제공해주고 교사의 적절한 중재에 의해서 효율적이고 창의적인 교육과정이 이루어지도록 한다.

여섯째, 유아교육기관의 목적을 기초로 한 교육환경이어야 한다(각 기관마다 교육목적을 달성하기 위한 환경구성은 차이를 보인다. 이는 목적에 따라 설비나 교재 교구 종류 및 배치가 달라질 수 있음을 의미한다).

일곱째, 틀에 박힌 환경보다는 이동이 용이한 설비를 사용하는 것이 좋다(교재 장에는 바퀴를 달아서 환경을 재구성할 때 쉽게 옮길 수 있어야 한다).

여덟째, 인간관계 즉, 또래집단과 교사와 아동 간의 기본적인 신뢰감과 안정된 분위기를 증진시키는 분위기여야 한다.

아홉째, 채광, 통풍, 소음, 습기, 색채, 전망, 바닥과 벽, 위치 등의 여러 가지 요인을 고려하여 적절한 시설로써 교육의 효과를 높일 수 있다.

- 소음방지: 유아들에게 소음은 큰 방해가 된다(다른 반 수업에 지장을 받지 않도록 환경을 정비하여야 할 것이다).
- 습도와 온도: 날씨의 변화에도 유아들은 대단히 민감하므로 장마철에는 습기를 제거할 수 있는 제습기와 건조함을 막기 위한 가습기가 필요하다.
- 채광 및 조명: 유아들의 교실은 시력에 장애를 일으키지 않도록 채광을 조절해야 한다(커튼, 블라인드). 조명의 밝기나 어두운 조명은 시력 저해 요인이 된다.
- 바닥 및 벽
  - 바닥
    - 다양한 바닥 장식품이 나와 있지만 쉽게 더러움을 타거나 혼란스런 무늬가 있는 바닥 장식은 피하는 것이 좋다.
    - 바닥의 색상은 따뜻한 느낌을 주는 것이 좋다.
    - 카펫을 깔 때는 너무 무겁거나 털이 많은 것은 피한다.
  - 벽
    - 벽은 환경의 기초적인 배경이 될 수 있다. 벽지를 사용하는 경우 포근한 느낌을 주는 것이 좋다.
    - 페인트를 사용하는 경우 너무 차갑거나 무거운 색상은 피하는 것이 좋다.
- 교구장: 유아용 교구장은 유아들의 신체 발달 상태를 고려한다(높거나 낮지 않게). 가능하면 영역활동을 구분지을 수 있도록 바퀴를 달아서 움직일 수 있는 것이 좋다. 단면을 사용하는 교구장보다는 양면 사용의 교구장이 이상적이라고 본다.
- 개인 사물함: 유아의 개인의 소지품을 보관하는 곳이기 때문에 쉽게 문을 열고 닫을 수 있는 사물함이나 문이 없는 사물함이 편리하다(유아들의 사용 빈도가 높기 때문). 또한 개인 사물함에는 자신의 이름이나 자신을 나타낼 수 있는 상징물을 붙여두는 것도 바람직하다.

다. 실내 · 실외 교육활동 영역

1) 실내환경

실내환경은 유아들이 흥미를 중심으로 계획하도록 지도하며, 하루 일과 중 자유선택활동시간에 유아들이 활동하는 공간이다.

(1) 역할놀이

역할놀이는 가작화 요소가 필요하다. 상징놀이, 소꿉놀이, 환상놀이, 사회극 놀이, 가상놀이로 구분할 수 있다. 이러한 놀이는 사건을 모방하고 재현함으로써 상상력을 발휘할 수 있다. 역할놀이는 유아에게 일상생활의 이해와 태도를 길러줄 수 있다. 역할놀이의 교육적 가치는 다음과 같다. 첫째, 내면적인 욕구를 표현하여 정서적 안정감을 획득할 수 있다. 둘째, 다양한 사회적 기술을 증진할 수 있다. 셋째, 유아의 조망수용 능력, 문제해결력, 언어표현력 등 인지발달을 촉진할 수 있다.

역할놀이에서의 교사의 역할은 첫째, 유아가 도움을 필요로 할 때 사회극 놀이에 참여해야 한다. 둘째, 놀이를 강요하지 않아야 한다. 셋째, 진행 중인 놀이를 방해하는 중재를 삼가야 한다. 넷째, 교사는 놀이의 개입에 있어 장시간 지속하지 않는다. 역할놀이의 환경구성은 실제 소품을 다양하게 제공해야 한다. 유아들에게 적절하고 아늑한 공간을 제공해야 한다. 실물과 유사한 놀잇감을 제공해야 하며, 창의적인 소품을 제작하도록 허용해야 한다.

역할놀이 영역

(2) 쌓기놀이

쌓기놀이는 블록 등을 쌓아 구조물을 구성하는 활동으로서 유아가 자신만의 세계를 창조할 수 있도록 해야 한다. 쌓기놀이의 교육적 가치는 유아가 자신의 세계를 재현하며 자신감 발달에 기여할 수 있다. 또한 또래와의 상호작용을 통해 자기조절, 협력과 같은 사회적 기술을 익힐 수 있다.

쌓기놀이에서의 교사 역할은 놀이를 격려, 촉진시켜야 하며 성 고정화를 방지해야 한다. 창의적 구조물을 제안하며 공간, 면적, 길이, 균형, 수의 개념을 자극해 줄 수 있다. 쌓기놀이 속에서 안전지도를 해야 하며 기록, 정리정돈을 도와주어야 한다. 쌓기놀이의 환경구성은 첫째, 크기와 종류별로 보관할 수 있도록 사진, 바구니 등을 활용한다. 둘째, 쌓기 구조물은 안전을 위해 무거운 놀잇감을 아래쪽에 보관해야 한다. 셋째, 선호하는 블록을 분리하여 적절한 양을 제공하고 수시로 교체해주어야 한다.

쌓기놀이 영역

(3) 조작놀이

조작놀이는 소근육 조작을 통한 인지활동으로서 눈과 손의 협응력을 길러준다. 소근육 활동을 하며 수, 기하학, 순서, 패턴 등의 개념발달로 논리 수학적 사고를 길러줄 수 있다. 또한 시각, 촉각, 창의적 기억력 등이 강화될 수 있다.

조작놀이에서 교사의 역할은 발달에 맞는 놀이 경험을 제공해야 한다. 교사는 놀이 사용방법의 이해를 위한 시범을 보여야 한다. 또한 충분한 놀이공간을 제공해야 하며 함께 놀이하기, 격려하기 등 적절한 개입이 이루어져야 한다. 조작놀이의 환경

조작놀이 영역

구성은 조용한 공간을 제공해야 한다. 연령별 발달을 고려해야 하고, 주제에 따라 교환해주는 것에 민감해야 한다. 작은 놀잇감은 바구니와 함께 제공하고 책상, 의자 등의 안전한 놀이공간을 제공해야 한다.

(4) 목공놀이

목공놀이는 신체적, 인지적 협응력을 강화하기 위한 놀이로서 노작의 기쁨을 느끼도록 할 수 있다. 생활도구, 생활필수품 등 생산 활동에의 유희를 느끼도록 돕는다. 목공놀이를 진행하며 비교, 측정의 탐구활동으로 인지, 창의성을 자극할 수 있다.

목공놀이 영역

목공놀이의 교사의 역할은 무엇보다 안전을 위한 규칙을 교육해야 하며 도구 사용과 목공활동의 다양한 기능을 시범으로 보여주어야 한다. 또한 견학, 사진자료, 자원인사 등을 통해 사전 지식을 제공하고 다양한 경험을 통해 자신감, 성취감을 얻도록 격려해주어야 한다. 목공놀이의 환경구성은 발달에 맞게 높이, 도구를 구성해주어야 하며 도구의 사용법, 관리, 정리정돈을 알려주어야 한다. 놀이공간을 확보해야 하며 다양한 자원을 제공해주어야 한다.

(5) 신체표현놀이

신체표현놀이는 실내영역에서 동적인 활동으로 여기고 많이 허용하지 않는 영역이나 유아들에게는 필수적인 영역이다. 유아가 자유롭게 몸을 움직이며 자신의 신체를 인식하고 공간, 힘, 시간 등을 활용해 다양한 동작을 익힐 수 있다. 신체표현놀이는 신체조절 능력을 발달시켜주며, 지구력, 유연성, 순발력, 민첩성, 평형성 등을 길러준다. 또한 인지, 운동 학습에 필요한 지각능력을 개발해주며 자신의 느낌을 창의적으로 표현하도록 돕는다.

신체표현놀이를 위해 교사는 동작의 기본요소를 숙지시키고 단계적 활동을 제시해야 한다. 음악적 요소, 소품을 활용한 창의적 표현을 격려하며 신체 전체를 활용한 활동을 전개해야 한다. 교사의 적절한 시범이 필요하며 편안한 복장으로 자유롭게 진행되어야 한다. 신체표현놀이를 위한 환경구성은 개방된 공간에 안전매트가 설치되어 있어야 한다. 또한 녹음기, 카세트, 리듬악기, 기타 소품 등이 구성되어 유아들이 자율적으로 신체표현놀이를 즐길 수 있도록 해야 한다.

신체표현 영역

(6) 게임놀이

게임놀이는 퍼즐, 게임 등의 정해진 규칙을 통해 일정한 목표를 달성하는 구조적인 활동이다. 규칙을 만들고 지키는 과정에서 사회적, 도덕적 자율성을 기르며 상대

게임활동 영역

방을 이해하기 위해 노력하는 조망수용 능력이 길러진다. 다양한 게임놀이를 통해 논리적 사고와 지적활동을 할 수 있으며 자율적 규칙을 수행하여 자아개념 발달에도 도움을 준다.

게임놀이에서의 교사의 역할은 유아들의 자발적 참여를 유도하고 단순한 놀이에서 복잡한 놀이로 전개할 수 있도록 돕는다. 특히, 경쟁, 결과보다 과정이나 규칙을 중요시 여길 수 있도록 지도해야 한다.

(7) 언어놀이

언어놀이는 조용하고 안정적인 공간에 배치하여 유아의 말하기, 듣기, 읽기, 쓰기 활동이 격려되어야 한다. 주제별 도서, 손인형, 융판자료, 녹음기, 테이프, 글자놀이

언어놀이 영역

등의 자료들로 구성할 수 있다. 언어놀이에서의 환경구성은 편안한 의자나 쿠션을 제공하여 유아들이 즐거운 분위기에서 책을 접할 수 있게 환경을 구성해야 한다. 책장은 유아들에게 잘 보이고, 쉽게 꺼낼 수 있도록 층계식 책장이 좋고, 도서 장르별, 주제별로 관련된 도서를 제공해주어야 한다.

(8) 미술놀이

미술놀이는 평면, 입체활동 등의 다양한 미술활동이 전개될 수 있도록 물이 있어야 하고, 물감, 크레파스, 밀가루 점토, 색종이, 가위, 풀 등을 구성해준다. 또한 여러 종류의 폐품을 모아 분류하여 제공하며 재료와 특성에 따라 도구를 사용하여 표상하는 작품을 재구성할 수 있도록 장려한다.

미술활동 영역

(9) 과학놀이

유아가 실제로 자연현상 등의 과학을 이해할 수 있도록 탐구의 과정을 제공해준다. 유아들이 생물, 무생물, 다양한 물질의 성질, 자연현상의 변화를 탐구하고 이해하기 위한 활동들이 이루어져야 한다. 자석, 현미경, 저울, 도구 등의 감각으로 경험하여 비교, 분석하는 사고를 길러줄 수 있다. 또한 씨앗, 낙엽, 곤충, 조개 등의 계절에 맞는 과학적 자료들을 수집하여 전시하고 특징, 변화를 관찰할 수 있는 환경을 제공해주어야 한다. 유아들이 다양한 성질을 가진 물질들에 대해 관찰, 실험해 볼 수 있는 경험을 장려해야 한다.

과학활동 영역

2) 실외환경

유아들의 실내환경 구성에서 활동했던 내용들은 다소 정적인 활동이라 한다면 실외놀이 활동은 활동이 폭넓게 전개되면서 긴장과 억압의 해방감을 맛보는 활동이다. 놀이에 열중하는 유아들을 보면 땀을 뻘뻘 흘리며 뛰어 놀지 않는가? 이는 활동의 자유로움의 표현이라 할 수 있다. 실외놀이의 공간구성을 할 때는 관찰영역, 물 · 모래놀이 영역, 대근육운동 영역 등으로 구분 짓는다.

(1) 관찰영역

이 영역은 동 · 식물 기르기 활동이 전개되는 영역이다.

관찰영역

(2) 물 · 모래놀이 영역

이 영역은 물놀이와 모래놀이를 이용하여 논리 · 수학적 사고를 확장시키고 정서적 안정감을 함양할 수 있도록 그늘과 기구를 준비해 주어야 한다(흙과 물을 이용해서 만들기 하는 영역). 또한 잔디밭이나 나무 그늘 아래에서 조용하게 놀이할 수 있도록 의자나 돗자리를 마련해 줄 수 있다.

물·모래놀이 영역

(3) 대근육 활동 영역

이 영역은 운동능력을 기르고 기구를 사용하는 방법을 습득할 수 있는 영역이다. 또래집단의 상호작용과 협동놀이를 고려하여 공간을 구성한다(미끄럼틀, 철봉, 종합놀이 기구).

이처럼 실외놀이 영역은 유아교육기관의 환경 여건에 따라 달라질 수 있으나 기구를 이용하는 활동이 많기 때문에 놀이터의 안전관리는 실내활동보다 더욱더 세심한 교사의 도움이 필요하다. 또한 교사는 유아가 안전하게 놀이할 수 있도록 주변환경을 정비하고 다른 유아에게 피해가 되지 않도록 유의해야 한다.

대근육 활동 영역

CURRICULUM FOR EARLY CHILDHOOD EDUCATION

제 3 장

유아교육이 제기하는 당면과제

이 장에서는 우리가 다음 세대를 위해 준비하는 것 중 첫 번째 요인은 유아교육의 미래를 예견하고 문제 상황을 분석하는 일이므로 유아교육이 안고 있는 과제 위주로 내용을 전개하였다.

제1절 인권으로서의 유아교육

어린이권리조약과 권리선언 내용, 권리조약이 제기하는 방향에 대한 내용을 제시하였다.

제2절 사회화를 위한 공동체 지향의 유아교육

영유아를 위한 사회화와 대응사회화 전략을 제시하였다.

제3절 전환기의 유아교육

유아교육의 직면과제와 변화하는 사회구조를 통해 어린이를 재발견할 수 있는 내용을 제시하였다.

제4절 유치원과 어린이집 간 격차해소 방안

사회구조에서 발생하고 있는 저출산의 문제를 해결하고 수요자중심의 교육과 보육을 통해 교사, 아이, 부모가 행복해질 수 있는 격차해소 방안에 대한 내용을 제시하였다.

제1절 인권으로서의 유아교육

이 절에서는 어린이 권리조약, 권리선언 내용, 권리 조약이 제기하는 문제들을 살펴본다. 인권으로서의 유아교육은 전인적 발달을 기본으로 하고 특수유아나 특수계층에서 발생할 수 있는 현안의 문제를 서로 공유하고 그들이 공존의 법칙을 이해할 수 있는 따돌림의 상황에서 벗어날 수 있는 페일리의 실천 내용과 자립정신을 기르는 레지오에밀리아 프로그램이 강조하고 있는 공동체의 중요성을 중심으로 인권교육의 방향을 제시한다.

1. 어린이 권리조약

1924년 국제연맹총회에서 「주네브 선언」이 채택되었다. 이 선언의 전문에서 인류는 어린이에게 '최선의 것을 줄 의무를 가진다'라고 선언하고 있다. 제1차 세계대전에서 피해를 받은 청소년에 대한 긴급한 보호와 구제를 환기시키는 것이 요지이었다. 제2차 세계대전 종료 직후인 1948년에는 국제연합 총회에서 「세계인권선언」이 채택되었다. 그 후 어린이에게 초점을 맞춘 선언으로서 1959년에 「어린이의 인권선언」이 채택되었다.

그런데 「세계인권선언」에는 법적인 구속력이 없다는 점에서 1966년에는 법적 구속이 있는 국제조약으로서 「국제인권규약」이 채택되었다. 이 조약의 움직임에 연동해서 1978년 폴랜드(Poland)가 「어린이의 권리선언」의 조약안을 제안하였다. 그리고 11년 후인 1989년 11월, 「어린이의 권리조약」이 유엔총회에서 채택되었다.

이는 전문 54개조로 구성되어 있으며 국제인권조약 47개조 규정의 거의 대부분은 어린이관에 대한 내용을 포함하고 있다.

2. 어린이 권리선언 내용

어린이 인권교육의 내용은 크게 세 가지로 나눌 수 있다. 첫째, 어린이의 권리보장의 원칙에 관계되는 총칙적인 것, 둘째, 국제적 인권이나 시민적 자유에 관계되는 것, 셋째, 어린이로서 양육되고 보호 받을 권리와 사회적 경제적 및 문화적 권리에 관계되는 것이다.

어린이의 권리에 관한 새로운 관심의 표명으로서 주목되는 것은 두 번째에 열거된 시민적 자유에 관한 제 권리들로서 주로 의견 표명권(12조), 표현 · 정보에 관한 자유(13조), 사상 · 양심과 종교에 관한 자유(14조), 결사 · 집회의 자유(15조), 프라이버시(privercy)와 명예의 보호(16조) 등이 해당된다. 여기에서도 특히 주목을 끄는 것은 '의견 표명권'이다. 그것은 '자기의 의견을 형성할 수 있는 능력이 있는 아동'에 대해서, '자기에게 영향을 미치는 모든 사항에 관해서 자유롭게 자기 의견을 표명하는 권리'를 인정하는 것이다. 그리고 그 견해는 '연령 및 성숙도에 따라서 정당하게 고려되어야 한다고 되어 있다. 즉, 연령과 성숙이라고 하는 제한부로 되어 있기는 하지만 어린이에게도 자기결정권이 인정된다고 하는 것을 말하는 것이다.

3. '어린이의 권리조약'이 제기하는 것

'시민적 자유권 조항'에는 지금까지 자명한 것으로 되어 있는 교육상의 통념이나 관행을 재검토하게 하는 아이디어가 포함되어 있다는 점에서 다음과 같은 논의점을 찾을 수 있다.

첫째, 교육권을 보는 방식에 변화가 있다는 것이다.

지금까지 어린이의 교육권에 관해서는 교육을 받을 권리가 핵심이었다. 여기에 대해서 이제야말로 어린이는 단순히 교육을 '향수'할 뿐만 아니라 교육에의 권리 즉, 교육내용의 결정에 관계되는 권리를 갖게 된다는 것이다.

둘째, 교육의 주체는 아동과 교사가 대등한 주체가 되어야 한다. 이것이 뜻하는 것은 어린이 또한 어른과 마찬가지로 권리의 향수와 행사의 주체라는 것이다. 학교에 있어서도 성인과 어린이 사이에는 가르치고 배운다고 하는 역할의 차이는 있어도 기본적으로는 대등한 주체가 된다고 하는 것이다. 지금까지 우리들은 교육이라고 하는 행위를 교육 주체인 성인이 객체인 아이들에 대해 행하는 행위라고 생각해 왔는데,

새로운 관점에서 말한다면 교육이란 다같이 행위의 주체가 되는 성인과 어린이가 어린이의 학습이라고 하는 공통의 주제를 바탕으로 서로가 의사소통해야 한다.

그렇다고 해서 성인 쪽에서 '가르친다'라고 하는 행위의 의미와 책임이 없어지는 것은 아니다. 오히려 그 반대이다. 그러나 어린이와의 관계를 만들어가는 데 있어서는 성인 쪽에 한층 세밀한 배려가 요구될 것이다. 단적으로 말해서 어린이의 요구에 귀를 기울이는 것이다. '행동하고, 어린이에게서 그 귀결을 주시하라'고 하는 프뢰벨의 원칙을 다시 한번 진지하게 추구해야 할 과제로서 상기할 필요가 있을 것이다.

셋째, 어린이를 단순히 권리의 향수자로서가 아니라 권리 행사의 주체로서 파악하는 것은 교육의 중요한 과제가 되는 것을 의미하고 있다.

원래 '인권'의 개념은 근대 시민사회의 질서 유지를 위한 구성원리로서 발견되었던 것이다. 봉건 사회가 '출생'과 '신분제도'를 기초원리로 하고 있었던 것에 반해 이를 부정하고 나선 것이 루소 등 시민사회의 사상가들이었다. 그러나 일체의 규제를 철폐해버리면 거기에 출현하는 것은 권력으로 박탈해버리는 권력 관계밖에 없는 것이다. 그래서 '출생', '신분제도'를 대체하는 새로운 규제 원리로서 시민사회의 사상가들이 제시한 것이 '인권'의 개념이었다.

그렇지만 '인권'을 기초로 하는 사회는 인권교육이 선행되어야 한다. 유아기도 역시 예외일 수는 없다. 그러나 지금까지의 '인권', '시민'의 문제는 원래 유아기에 대해서는 고려의 대상이 아니었다. 루소로서는 '시민' 교육이 『에밀』을 쓴 동기가 되었지만 그는 그런 과제를 유아기에서는 제외하고 후속 교육 사상가도 그러한 예를 모방하였다. 오늘날 사회성의 발달은 유아교육의 중심 과제의 하나가 되었지만 거기에 있는 초점은 어디까지나 개인적인 인간관계에 관한 능력에 한정되어 있다. 공공적인 공간에서 사람들끼리 어떻게 서로 존중하면서 살아가는 것인가 하는 문제가 유아교육 영역에서 정면으로 다루어진 것은 거의 없었던 것으로 생각된다.

이것과 관련해서 두 개의 시사적인 실천 예를 소개하기로 한다. 하나는 아메리카의 유치원 교사 페일리(Paley)의 실천과 또 하나는 레지오 에밀리아(Reggio Emilia)의 실천 예이다.

가. 사회적 공정을 가르치는 페일리(Paley)의 실천

이것은 놀이에서의 따돌림을 다룬 실천적 프로그램이다. '놀이에서의 따돌림', 그것은 어떤 교실에서도 나타나는 현상이다. 일반적인 반응은 따돌림을 받은 아이를 돕든가, 혹은 따돌리고 있는 쪽에 대해 어떻게 작용할 것인가 하는 것이다.

그러나 페일리의 통찰은 따돌림의 배후에 있는 구조적인 문제에 주목하지 않을 수 없다. 그녀는 따돌림을 어린이들의 사회에 뿌리를 내리고 있는 하나의 권력관계의 출현이라고 보고 있다.

극히 어린 아이들 같으면 이러한 걱정은 할 필요가 없을 것이다. 따돌리는 자와 따돌림을 받는 자와의 경계선은 이 시기에는 아직 유동적이다. 그러나 유치원에 들어갈 무렵에는 아이들의 인간관계도 어떤 구조를 형성하게 된다. 아이들 속에서 지배계급이 생겨 그 아이가 급우들의 사회적 경험을 제한하는 권리를 갖게 된다. 페일리는 단적으로 다음과 같이 지적한다. "어느 아이는 좋고 어느 아이는 못되었는가를 지배계층이 선고하고 국외자들은 따돌림을 받는 아픔을 얘기하는 것을 배운다(Paley, 1992)".

개별적으로 대처하는 것만으로는 문제해결이 되지 않는다. 문제는 구조적이라는 데 있다. 아이들의 관계가 힘의 관계에 의해 결정된다고 하는 것 그 자체가 문제인 것이다.

여기에서 '(누군가와) 함께 놀지 말라고 하면 안 된다.'라고 하는 '규칙'을 도입하면 어떨까 하며 골똘히 생각해본다. 이 어린이들은 '사사롭게 이루어진' 가정(家庭)이라고 하는 인생의 깊은 샘에서 겨우 뛰쳐나왔을 뿐이다. 학교는 그 아이들로서는 공적인 영역에 나와 '처음으로' 비바람을 맞는다는 것이다(Paley, 1992). 거기에서 '모든 사람에게 열려진 접근이라고 하는 새로운 개념'을 발전시키게 될 것이다.

그러나 한편으로는 놀이라고 하는 자유로운 선택과 결단이 중요한 의미를 갖는 영역에 '규칙'을 도입해서 과연 좋을 것인가를 생각해본다.

"그들의 사적인 활동영역에 대한 사회적 개입은 정말 무제한으로 행하여지고 있는 것일까? 우정은 어떻게 되는가? '그렇지만 그렇게 되면 놀이에서 가장 중요한 것은 어떻게 되어버리는가?'라고 '리사'는 탄식한다"(Paley, 1992).

먼저 아이들에게 다가간다. 함께 이야기하자고 하여 그 내용을 녹음 테이프에 녹취하여 그것을 반복해서 듣고 연령별로 물어보기도 한다. 모두 이 새로운 규칙의 도입에는 부정적이다.

그런데 거부당한 곤혹스러운 상황을 극복하게 한 것은 그녀가 만들어낸 '이야기'이었다. 즉, 이야기의 내용은 페일리의 교실과 똑같이 따돌림의 문제를 안고 있는 '가공의 왕국' 이야기를 만들어 이야기해준다. 그것이 따돌림에 관해 생각하는 아이들의 상상과 사고를 유발하였다. 모두 손을 들어 환영을 표시한 것은 아니지만, 결과적으로 페일리가 제시한 규칙은 교실에서 이루어지게 된 것이다.

나. 자립정신을 기르는 레지오 에밀리아(Reggio Emilia)

이탈리아의 레지오 에밀리아에서의 유아교육의 혁신적 실천은, 유아교육의 미래의 전망을 열어줄 귀중한 시사점을 제공하고 있다. 레지오 에밀리아의 유아교육을 추진해 온 말라구찌(Malaguzzi)는 육아와 교육을 지역공동체의 공공적 사업으로서 추진해 왔다. 육아는 부모의 책임뿐만 아니라 지역사회의 공동의 책임이라는 것이다.

그래서 레지오 에밀리아의 유아교육에서 어린이는 '구제의 대상'이 아니고, 어른과 함께 창조적인 활동을 통해서 개성을 표현하고 공동성을 구축해 가는 자립된 존재로 간주되고 있다. 레지오 에밀리아의 교사들은 '힘 있는 어린이'라고 하는 개념을 반복해서 사용하고 어린이를 어른과 연대시켜 창조적인 인생과 사회를 만들어가는 주체로서 인식하고 있다. 또한 레지오 에밀리아의 유아교육에서는 교사도 어린이와 마찬가지로 배우고 성장하는 존재로서 활동하고 있다. 교사들은 어린이들의 활동을 교육과정으로서 설계할 뿐만 아니라 매일매일의 활동을 문서로 기록해서 그 문서에서 협동학습에 의한 전문가로서 함께 길러가는 연대를 형성하고 있다. 창조성과 공동성을 추구하는 유아교육이 어린이의 발달을 중심으로 해서 부모와 교사와 시민이 연대하는 '학습 공동체'를 지역에 구축해 가는 실천으로서 추진되고 있는 것이다.

이것은 레지오 에밀리아의 유아교육에서 말하는 어린이들이 소집단으로 장기간에 걸쳐 협동학습을 전개하는 '프로젝트'의 활동으로 교육과정을 구성하는 것을 말한다. 예를 들면, '가을산 보호'라는 제목으로 공동 활동 계획을 구성할 때, 보호자가 참가할 뿐만 아니라 지역의 사람들과 협력하여 초등학교의 교사도 연대해서 수행할 수 있는 것이다. 그래서 그 활동의 기록은 매일 교사들끼리 검토되며 대학의 유아교육 전문가와 함께 교육과정 만들기를 전개한다. 이렇게 해서 '학습 공동체 만들기'를 하는 것이다.

소집단으로 작업하는 의미에 관해서 레지오 에밀리아의 리더였던 말라구찌가 말하는 것을 음미해볼 필요가 있다.

"거기에서의 아이들의 관계는 가족이라든가 전통적인 학교의 통상의 교우관계에서 보이는 것과 같은 친밀한 관계와는 전혀 다른 것, 무엇인가 새로운 것이다. 이러한 관계는 자신들의 생각이 다양해서 자신과 다른 아이들의 의견은 일치하지 않은 것을 이해시키는 기회를 주고 있다. 또 그로 말미암아 자신이 자기 자신 나름대로의 생각을 갖고 독특한 관점을 가지고 있는 것을 알아차리게 해준다.

아이들은 세계가 다양하다는 것을 또 아이디어의 교섭을 통해서 다른 아이들의 존재가 발견된다고 하는 것을 알 수 있는 것이다. 오로지 감정이나 우정의 감각을 통해서 상호작용하는 대신에 아이들은 아이디어를 교환하고 환경을 바꾸어간다고 하는 일이 얼마만큼 만족스러운 것인가를 발견하는 것이다"(Edwards et al., 1993).

한편 레지오의 사람들은 페일리와 같이 아이들 속에 뿌리를 내리는 권력관계에 직접 개입하지는 않는다. 그 대신 그것과는 별개의 상호작용을 경험할 수 있는 활동을 '프로젝트'라고 하는 형태로 조직화하였다. 프로젝트의 특징은 프로젝트별로 결성되는 여러 명의 소집단에 의해서 담당하게 되는 것이다.

말라구찌였든, 페일리였든 아이들에게 사적이고 정겨운 관계와는 다른 상호관계를 경험시키려고 하는 의도에서는 공통되어 있다고 말할 수 있을 것이다. 그러나 그것은 포근하고 편안한 의미에서의 '따뜻한 보금자리'와는 다른 것이다. 이는 타인이 있는 관계라고 말해도 좋을 것인가?

페일리의 학급은 어딘가 루소의 '사회계약'에 근거한 사회의 이상을 상기시킨다. 루소의 구상에는, 시민은 다수 의지로 하여금 일반의지(정당한 의지)에 따르게 하는 것이 요구된다. 그리고 자기의 욕망을 양심의 명령에 따르게 할 수 있는 자율적인 인간이야말로 '시민'으로서 가치 있는 존재가 되는 것이다. 페일리의 학급에서 어린이들은 '공정(公正)'의 원칙을 따르는 자유로 방황과 고통과 그리고 공정이 확보된 사회에서 살아갈 때 환희를 알게 되는 것이다.

다른 한편 레지오의 소집단은 참여형 민주주의의 실천을 떠오르게 한다. 상호관계는 오로지 우정이나 정감 등을 통해서만 세워질 이유는 없다는 것을 프로젝트에서의 활동을 통해 아이들은 알 수 있게 되는 것이다. 정보의 사회적 교환을 통해서 어린이들은 갈등이나 화해나 서로에 대한 기대의 변화를 경험하게 된다. 그리고 그것들의 경험 속에서 자기와 타인 간의 정체성(identity)의 감각을 경험하고 세계의 다원성을 배우는 것이다.

만일 루소가 현대에 살고 있다면 어떤 교육 구상을 제시할 것인가? 부의 축적이 반드시 인간의 행복과 이어지지 않는다. 그것이 루소의 생애에서 사색의 출발점에 있었던 물음이었다. 같은 시대, 경제학의 아버지인 아담 스미스(Adam Smith)는 부자와 가난한 사람과의 격차에 가슴 아파하면서도 원시 사회의 왕과 서민과의 격차에 비하면 그 차이는 훨씬 나은 편이라고 하면서 부의 축적의 전체적인 효과를 강조하였다. 오늘날이라면 그것이 지구촌(global)경제의 성장이 가져올 점적하(點滴下; trikle down) 효과라고 부를 수 있는 것이다. 그러나 오늘날 우리들은 아담 스미스만큼 낙관적일 수 있을 것인가?

한정된 자원을 가지고 경제성장을 이루는 것은 가진 자와 갖지 못한 자와의 지구차원의 규모에서 그 격차와 거기에 따른 불안과 증오의 축적으로 대속(代贖)될 수밖에 없는 것이다.

루소가 말한 것처럼 백지에 지도를 그리는 것같이 미래 사회와 교육의 구상을 묘사하는 것은 몽상일 수밖에 없다. 어린이의 학습을 공통 주제로 하는 교육공동체의 형성이라고 하는 레지오 에밀리아의 선택은 현실의 추세에 대한 하나의 선택일 것이라고 생각된다.

페일리의 실천이나 레지오의 실천이나 그것이 그대로 우리가 바라는 해답이 될 수는 없는 것이다. 그것들이 지시하는 것은 현실의 다원성이다. 세계의 모두가 '고립 · 무관심 · 폭력'(말라구찌)에 덮여버려서는 안 되는 것을 나타내는 징후이다. 각각의 현장에서의 가능성과 선택이 탐색될 수밖에 없는 것이다.

이렇게 해서 미래를 준비하는 유아교육은 어린이들의 존엄과 발달해 갈 권리를 보장하고, 부모와 교사 그리고 시민의 연대로 '밀실의 아이 기르기'로부터 부모와 어린이, 교사를 해방하고 지역공동체의 재생에 의해서 어린이의 현재와 미래를 받쳐 줄 새로운 네트워크 만들기로 지향해야 할 것이다.

제2절 사회화를 위한 공동체 지향의 유아교육

일반적으로 유아들은 유아교육기관에서 가치규범과 사회에서 수용해야 할 행동 등을 습득하게 되지만 하루 일과 안에서 공동체 의식을 구성하는 것은 결코 쉬운 일이 아니다. 하지만 유아교육기관에서 갖게 되는 여러 가지 경험을 통하여 기본적인 생활 질서와 태도가 몸에 익을 수 있도록 도와야 할 것이다. 이 절에서는 영유아 사회화를 위한 공동체 지향의 대응사회화 전략들을 살펴본다.

1. 대응사회화를 위한 공동체 지향의 교육

유아들은 그들이 속한 기관 내에서 가치규범과 사회에서 수용해야 할 행동들을 습득하기도 하고 유아교육기관에서 갖게 되는 여러 가지 경험을 통하여 기본적인 행동방식과 가치관을 몸에 익힌다. 특히 유아들은 그들이 속한 공동체 중의 하나인 또래와의 공동생활을 경험하면서 다른 사람의 존재를 인식하게 되고 다른 사람과 함께 생활하기 위해서는 규칙을 준수하고 책임 있는 행동을 해야 한다는 것을 배우게 된다(Cooner, Hutchison & Costigan, 1996). 따라서 유아들에게 성인들에 의해 성인중심의 공동체 교육이 아니라 스스로 생각하고 분석적 입장에서 논리적이고 과학적 사고를 가질 수 있도록 하여야 한다.

가. 유아사회화

2019 개정 누리과정은 국가 수준의 교육과정으로서 누리과정이 추구해야 할 교육적 비전으로 추구하는 인간상을 건강한 사람, 자주적인 사람, 창의적인 사람, 감성이 풍부한 사람, 더불어 사는 사람으로 제시하고 있다. 또한 2019 개정 누리과정의 교육 목적은 유아가 놀이를 통해 심신의 건강과 조화로운 발달을 이루고 바른 인성과 민주 시민의 기초를 형성하는 데 있다. 5개 생활영역(신체운동 · 건강영역, 의사소통영역, 사회관계영역, 자연탐구영역, 예술경험영역)을 통해 조화로운 발달을 도울 수 있도록 구성되는 것을 기본원칙으로 삼고 있다. 특히 사회성 발달 영역의 교육과정은 유아의 생활 속에서 유아들이 흔히 경험할 수 있는 교육적 상황을 제시하여 유아들이 보고, 느끼고, 생각하면서 주어진 상황에 대처하는 능력을 키워주는 활동영역이기 때문에 사회성 발달영역이 지향하는 것은 집단생활에서 유아들의 의견을 존중하고 문제해결 능력을 키워주는 것이다. 그러므로 교사와 유아가 함께 공동생활에 필요한 규칙들을 결정하는 데 있어 서로의 의견을 존중해 주는 것을 기본과제로 삼아야 한다.

이에 국가수준에서 제시하고 있는 「제4차 표준보육과정」, 「2019 개정 누리과정」은 영유아의 개성을 고무시키며 사회생활을 돕기 위하여 협동심을 증진시키는 데 힘써야 하고, 교육의 기회는 균등하게 부여해야 한다. 그리고 교육목적을 달성하기 위하여 각 영역의 목표를 기술하고 세부사항의 실현을 위해 끊임없이 노력해야 한다.

사회화와 대응사회화 과정의 특성에 관하여 엥글(Engle)과 오초아(Ochoa)는 다음과 같이 규정하고 있다(Engle, Shirley H./Ochoa, Anna S.; 정세구 역, 1989).

1) 사회화

유아들의 사회성 발달을 위한 교수전략이 대응사회화 쪽보다는 사회화 쪽에 치우치고 있다. 대부분의 사람들은 유아교육기관에서 배우는 학습내용을 통해 유아들은 사회화되어 간다고 믿는다. 유아의 사회화(socialization) 과정은 가정에서 성장하면서 점차 현존하는 관습 · 전통 · 규칙 등과 같은 복잡한 사회체제 속에서 통합이라는 느낌을 유지하면서 사회집단에 적합하다고 생각되는 행동양식을 습득하고 사회생활의 기초가 되는 자율성과 독립성을 키워 나가면서 인간관계를 배우고 조정하는 과정을 배우게 되는 것이다. 이렇게 사회화 되어 가는 기제로서는 언어적 상호작용, 처벌과 보상, 그리고 모방과 동일시 등을 들 수 있다. 이와 같은 넓은 의미의 사회화 과정에는 사회화와 대응사회화를 포괄적으로 포함하고 있다. 사회화는 사회가 가지고 있는 기존의 관습 · 전통 · 규칙 등을 관행으로 이를 지속시키기 위하여 부모, 교사, 대중 매체들을 통해 이끌어 가는 것이다. 이와 같은 순응과정은 사회적 입장에서 구조기능론적 입장이라고 할 수 있으며 대다수의 사회 구성원 간에 사회 유지를 보장하는 것에 어느 정도 일치되는 묵계가 형성되어 있다. 따라서 유아를 위한 사회화 과정은 세 가지 과정을 중요시 여겨야 한다.

첫째, 본질적으로 보수적인 과정이다. 그 사회의 과거 경험에 기초한 전통과 가치들을 전달해주는 역할을 한다. 여기에서는 미래 사회의 가치와 관습의 변화에 대비하여 다음 세대를 준비시키는 데에는 무관심하다. 전통을 강조하는 면에서 사회화에 관련된 관습들은 기존 생각들과 일치되는 선을 고수하고 조장한다.

둘째, 사회 내의 지배적인 관습과 가치들을 보존하고 사회의 결속력을 강화시킨다. 기존 사회질서에 순응하도록 교육받는 과정이 사회화이며, 사회화는 지능, 창조성, 독립성을 강조함으로써 개개인을 발전시키는 데에는 관여하지 않는다. 신중하고 합리적인 시민끼리의 타협이 요구되는 다원적이고 변화하는 사회에서 특별한 관심을 가질 만한 것이 바로 사회화의 자질이다.

셋째, 사회화는 반성적인 것이 아니다. 개인이 생각하고 분석하고 자신의 견해를 추론과 증거에 의해 입증할 수 있도록 하는 것을 촉진하지는 않는다. 그래서 사회화는 독단적인 것이 되려고 한다. 목표를 달성하기 위해 감정과 권위에 의존한다. 그러한 입장에서 지적인 경향이 아직 형성되지 않은 어린 아이들은 특히 사회화 과정에 의해 영향을 훨씬 더 받는다. 아동들에게 보상이나 승인을 제공함으로써 사회화는 그들이 성인이나 기존의 사회에 순응하도록 그들의 행동을 조작한다.

2) 대응사회화

대응사회화(counter-socialization)는 다양한 개인의 능력을 합리적이고도 신중한 그리고 독립적인 민주시민의 능력으로 신장시켜주는 과정을 말한다. 이러한 주장은 갈등이론적인 입장과도 일맥상통하는 면이 있다.

문화인류학의 상징적 상호작용의 입장에서 미드(Mead, G. H.), 블루머(Blumer, H.), 쿨리(Cooley, C. H.) 등은 사회문제의 분석을 구조, 기능, 혹은 체제 조직과 같은 거시적 관점에서 전개되었던 종래의 사회학이 인간들이 상호 작용하는 미시적 사회관계를 소홀히 다룸으로써 사회화 과정의 주체자로서의 인간의 주체적 존재가 무시되었다는 점에 착안하여 또 다른 입장에서 사회화를 설명할 수 있는 상징적 상호작용 이론으로 발전시켰다. 따라서 대응사회화 전략은 다음과 같다.

첫째, 독립적인 사고와 책임 있는 사회 비판을 강조한다. 이는 급변하는 다원적인 사회에서의 민주적인 생활의 질을 향상시키는 데 중요한 몫을 한다.

둘째, 독립적인 사고와 정치적 자유에 핵심이 되는 사회 비판을 할 수 있도록 의도된 학습과정이다. 성인으로 하여금 독립적으로 자신이 어렸을 때 배운 가치를 재평가할 수 있도록 활발한 추론을 장려한다.

셋째, 대응사회화(counter-socialization)는 다양한 개인의 능력을 합리적이고도 신중한, 그리고 독립적인 민주시민의 능력으로 신장시켜 주는 과정을 말한다. 과정이 반드시 초기 사회화 과정에서 배운 것을 완전히 거부하는 것은 아니다. 오히려 그것은 초기 사회 과정에서 개인이 습득한 전통적인 가치가 재검토될 가능성이 있는 불확실한 미래에 대비해서 자신의 결론을 위한 신중한 고려를 하게 된다. 그래서 자신의 신념을 신중하게 그리고 비판적으로 분석함과 동시에 공공문제의 복잡성을 알고 있는 시민들은 능동적인 민주적 생활에서 요구하는 합의에 효과적으로 기여하게 된다.

위와 같은 사회화와 대응사회화와의 관계에서 사회화는 민주사회의 시민교육에 불가피한 측면이며 어린 아이들이 처음으로 사회의 전통을 배우는 방법이라는 점에서 사회화 과정은 대응사회화 과정에 의해 조정되어야 한다. 이러한 맥락에서 보면, 대응사회화는 사회화 교육의 과정을 거부하는 대립적인 개념이기보다는 사회화 과정의 문제점과 한계를 조율하기 위한 일종의 반성적 사고라고 볼 수 있기 때문에(도성달, 1990) 학습자의 민주시민 교육에 적절한 내용과 방법을 선정하는 데 중요한 역할을 하게 되고 이때 학습자의 능력과 성숙도가 주요 관심사가 된다. 그러므로 민주주의 사회가 유지 발전되려면 사회화 과정이 대응사회화 과정과 균형을 이루어야 한다.

결국 공동체의식 교육은 개개인의 기본적인 생활습관 위에 공동 사회를 유지하기 위한 시민으로서의 자질을 갖추어 가는 사회성의 발달을 도모하는 것이다. 여기에서 사회성이란 인간이 공동체 속에서 타인에 대한 자신의 생각과 행동을 조절하여 다른 사람과 더불어 함께 살아가는 기능을 말한다. 이와 같은 기능을 몸에 익힘으로써 자신과 타인과의 상호간의 통합되는 느낌을 유지하고 합리적으로 사회생활을 누려갈 수 있는 자질을 발달시켜 가는 것이 대응사회화 과정이다.

나. 공동체 지향의 유아교육

유아의 공동체를 지향할 수 있는 사례1, 2의 내용을 배경으로 첫째, 공동체 구성 이론 및 방법 –서로 배우고 자라는 공동체, 둘째, 공동체를 구성하는 능력의 발전의 맥락, 셋째, 첫째와 둘째를 바탕으로 유아교육기관의 역할을 제시한다.

공동체란 어떤 일정한 규범이나 규칙에 묶여 고정된 집단을 의미하는 것이 아니고, 또래끼리, 유아와 교사, 나아가서는 유아와 지역의 사람들과의 관계 속에서 사물이나 문화를 매개로 하여 끊임없이 새롭게 탄생해 가는 것을 의미한다.

그러므로 유아 개개인의 개성과 정신이 타인과의 감정을 공유하기도 하고 또 서로 갈등을 초래하면서 자극을 주고받는 관계를 갖게 되며 또한 이러한 과정에서 성장해 가는 것을 배우기도 한다.

1) 서로 배우고 자라는 공동체

어떤 것을 '아름답다'고 생각하거나 혹은 자신과 타인의 행위에 대해 '바르다' '조금 잘못되었다'고 느끼는 우리들 개개인의 감정이나 판단 속에는 사실상 '공동체'라는 것이 잠재되어 있는 것이다. 예를 들면 장미꽃을 보고 아름답다고 생각하는 것은 우리들 개개인이 각기 따로따로 갖는 감정이 아니고 우리들 서로가 '아름답다'고 느끼고 있는 것이다. 사람의 감정이나 판단을 포함하는 우리들의 마음은 이와 같이 서로 교감하며 생각하는 것을 가능하게 하는 각양각색의 사람들과의 만남 속에서 성장되어 가는 것이다. '공동체'를 이와 같은 만남의 장, 또는 만남 그 자체라고 해석한다면 바로 공동체 속에서 배우고 자라면서 성장해 가는 것이다. '유아교육의 공동체' 또는 '공동체 지향의 유아교육'이라는 생각을 소중하게 다루어야 하는 것은 '공동체' 속에서만이 유아의 마음 혹은 정신이라고 하는 것이 성장해 가기 때문이다. 그러므로 이러한 생각을 어떤 구체적인 방법으로 매일매일의 교육 속에서 활성화시켜 갈 것인가를 탐구해가려고 한다.

그래서 유치원에서의 구체적인 "공동체의 사례 두 가지"를 통해 생각해보려고 한다.

(1) 사례 1: 4세 학급의 상황

점심식사 후 아이들은 대부분 실내 또는 실외에서 자유놀이를 한다. 실내에 있는 아이들의 특성을 보면 동적인 활동보다는 정적인 활동을 좋아하고 내성적인 성향을 가지는 특성이 있다. 이런 아이들의 특성을 고려하여 교사는 아이들에게 음악을 들려주면서 주말에 어떻게 지냈는지 이야기를 시켜봤지만 언어표현력의 한계 때문인지 말을 하지 못하고 수줍어한다. 교사는 작은 종이 한 장씩을 주면서 그림으로 주말의 이야기를 듣고 싶다고 말을 한다. 아이들은 점선을 그리며 동물원의 코끼리라고 말을 하기도 하고 다른 아이들은 공을 그리고 아빠가 축구하고 있는 모습이라고 자랑하기도 한다. 이러한 환경 속에 실외놀이를 하지 않는 유아들은 그림 그리는 일이 자유스러워졌고 교사와의 상호작용도 익숙해져가고 있었다. 그림을 그리다가 벌레에 대한 이야기를 하면 자신의 그림 속에 또 다른 벌레를 그리는 것을 종종 발견할 수 있었다. 그림을 통해 서로의 공통점을 발견하면서 그림 그리는 것을 좋아했다. 이 교실의 '점심식사 후 그림 그리기' 시간에서 '개개인의 개성을 가진 아이들이 각각의 그림을 그리고 있다'고 말하기보다는 '감정과 분위기를 공유하는 공동체 속에서 하나하나의 개성이 생겨나고 있다'라고 하는 편이 좋을 것이다.
이것이 공동체의 첫 번째 장면이다.

(2) 사례 2: 5세 학급의 상황

체육활동을 마치고 땀에 젖은 아이들이 물을 마시기 위해 음료수대 앞에 모였다.
갈증 때문인지 주전자의 물이 곧 떨어지고 말았다. "선생님 물 없어요. 물 먹고 싶어요". 저마다 한마디씩 외치는 아이들 이런 상황을 놓칠세라 맨 앞줄에 서 있던 들국화와 물망초가 물을 떠오겠다고 주방으로 내려가 물을 가득 채워 왔다. 돌아온 들국화가 물을 마시겠다고 소국이와 싸우기 시작한다. 들국화는 앞에 서 있다가 물을 떠 오는 사이 소국이가 맨 앞줄에 서 있었기 때문에 자신이 먼저 물을 마셔야 된다는 것이다.

교 사: 소국이도 다른 친구들처럼 물을 빨리 먹고 싶구나? 그러나 다른 친구도 빨리 물을 마시고 싶단다. 어떻게 하면 좋을까?

소국이는 그래도 자신이 먼저 먹어야 한다는 생각에는 변함이 없었다.

교 사: 들국화는 우리 반 모두가 물을 마시게 하려고 물을 가져왔는데 먼저 마시라고 하면 어떨까
아이들: 좋아요.
소 국: 싫어요. 물을 떠왔다고 먼저 물을 먹으란 법이 어디 있나요.
교 사: 물론 법으로 정해져있진 않단다. 물을 떠오기 전 들국화는 맨 앞에 서 있었고 또 물을 떠왔기 때문에 먼저 먹어도 된다고 생각한단다.

아이들은 소국이의 생각에 비난을 퍼붓는다.
소국이는 더 이상 말을 못하고 자신의 생각보다는 친구들의 의견에 동의했다. 아이들을 이해시키는 데는 다소 시간이 걸리지만 인내하는 자세와 문제를 아이들이 해결할 수 있도록 기회를 제공해야 한다.
이상과 같은 대화를 보면 어린이들 사이에는 가치적인 갈등이 있고 또 그 갈등 속에서 무엇인가 중요한 것이 태어나고 있는 것을 우리는 알아차릴 수 있다. 그리고 이러한 아이들끼리의 갈등의 배후에는 '어린이'와 '어른'의 갈등도 잠재되어 있는 것이다. 어찌됐건 갈등 속에서 무엇인가 중요한 것이 생겨나고 있는 것이다.
이것이 공동체의 두 번째 장면이다.

2) 공동체 의식 키우기

앞에서 두 가지 공동체의 장면을 소개하였다. 본 절에서는 각 장면에 관하여 보다 심도 있게 검토하여 '유아의 공동체 의식을 키울 수 있는 고찰'을 심화시키려고 한다.

(1) '사례 1'에 대한 공동체 의식 고찰
① '분위기'의 중요성
② 또래와의 상호작용
(2) '사례 2'에 대한 공동체 의식 고찰
① 갈등상황
② 갈등을 해결할 수 있는 교사, 유아 상호작용

(1) '사례 1'에 대한 공동체 의식 고찰

① '분위기'의 중요성

사례 1의 '그림 그리기'에서 주목하고 싶은 것은 '공동의 감정', 그리고 '분위기'라고 하는 것이다.

'그림 그리기'는 위에서 본 바와 같이 (최초에는 교사가 작은 종이를 건네주었다고 해도) 유아들에 의해서 자발적으로 시작되었다. 그리고 이 '시작'을 잘 보면 개개인의 유아의 생각(감정)이 있어서 그들 감정이 잘 모아졌다고 하기보다는 '공동의 감정'이 먼저 생겨나고 있는 것이다. 이와 같이 유아에 한하지 않고 싫은 사람의 감정이라는 것은 개인이라기보다는 집단에 더 가깝다고 할 수 있다. 혹은, 개인의 감정은 잠재적으로 집단적인 것(공동감정)이 받침대 역할을 하고 있는 것이라고 말해도 좋을 것이다.

그래서 사례 1에서는 공동의 감정이 교사의 제안에 의해 무엇인가 탄생시키고 싶은 '분위기'로까지 이어지는 것이다. 이러한 교사의 말이나 동작은 무엇인가를 지시하는 것이 아니고 유아들을 '감싸 안는 것'이다. 유아들의 공동의 감정과 교사의 유아들을 감싸 안는 말과 행동하는 바가 서로 작용하여 분위기가 탄생된 것이다. 그리고 이러한 분위기는 교육철학자 볼노우(Bolnow)가 말하는 '교육적 분위기'인 것이라고 말할 수 있다.

볼노우(Bolnow)가 말하는 교육적 분위기를 한마디로 말하면 어린이에게 '피포용감(被包容感)'을 느끼게 하는 분위기이다. 피포용감의 포용되고 지켜준다고 하는 감정의 원점은 유아와 모친과의 관계에 있다. 포용되고 지켜주고 있기 때문에 모친을 통해서 타인이나 세계에 대한 신뢰를 유아는 획득할 수가 있는 것이다. 그리고 볼노우(Bolnow)는 이와 같은 피포용감(모자관계뿐만 아니라)을 교육의 영역에서도 만들어 낼 것을 강하게 호소하고 있다.

즉, 사례 1에서 유아들은 이러한 피포용감을 느끼고 있었던 것이다. 그래서 피포용감을 느끼게 하는 이러한 분위기 속에서 개개인의 개성이 태어나고 있는 것이다. 이것은 그림 그리기 그룹 속에서 일어나고 있는 유아 또래들의 구체적인 상호작용을 보면 잘 이해할 수 있을 것이다.

② 또래와의 상호작용

두 명의 여자아이들이 그림 그리기에 열중하고 있다. 드레스를 입은 공주를 그리고 있는 유아에게 다가가 이 그림이 "누구인지" 물으니 이모라고 표현했다. 그런데 결혼했다고 대답했다. 또 다른 아이는 드레스 입은 여자의 몸 속에 아기집을 그려 넣고 있었다. 필자는 이 그림을 그리고 있는 아이 옆으로 다가가 물었다. "무엇을 나타내고 있는지" 물어보니 "자기도 이모가 있는데 결혼을 해서 아이가 생겼어요"라고 대답했다. 이러한 상호작용은 각 그룹 속에서, 또 때로는 그룹을 초월해서 빈번하게 일어나고 있다는 것이다.

이와 같이 유아들의 공동의 감정과 교사의 도움에 의해서 생긴 분위기 속에서 먼저 주제의 공유가 생기고 새로운 상황에서 상호작용이 일어나는 것은 개개 어린이의 개성이 나타나 있는 것을 알 수 있는 것이다. 개개인의 개성이 공동체를 만들고 있다고 하기보다는 공동체 속에서 개개인의 개성이 생겨나는 것이다.

(2) '사례 2'에 대한 공동체 의식 고찰

① 갈등상황

사례 2에서 말하고 싶은 것은 또래끼리의 갈등, 또 그 배후에 있는 교사와 어린이 간의 갈등 속에서 무엇인가 중요한 것이 생긴다고 하는 사실이다.

담임 교사는 갈등을 해결하는 방법을 가르쳐 주었다. 선생님의 마음속에는 개개인의 기분을 생각한 갈등이 있었다. 그러나 또 새로운 갈등의 배후에는 목이 말라 물을 먹고 싶어 하는 '어린이'와의 갈등도 있었다.

어른의 관점에서 보면, 물을 떠온 아이와는 상관없이 먼저 먹고 싶어 하는 것이 당연할지 모른다. 그러나 어린이의 관점에서 보면 물을 떠왔다고 먼저 먹으라는 법은 없다고 생각할 것이다. 그러므로 사례 2에서는 어른과 어린이 간의 가치의 갈등이 숨어 있는 것이다. 바꾸어 말하면 그때 이 상황에 대한 갈등을 교사나 유아 모두 함께 경험하고 있었던 것이다.

유아와 유아, 유아와 어른의 갈등 경험에는 어떤 의미가 있을 것인가? 그것은 서로 상대방의 기분(상대가 소중히 여기고 있는 가치)을 서로 느낀다고 하는 것이다. 선생님이 '잘 도와주지 못했던 것'은, 한편으로는 개별 어린이의 기분을 배려했기 때문이었지만 다른 한편으로는 어른과는 다른 유아의 가치를 느꼈기 때문에 '제대로' 말할 수 없게 된 것이 아닐까? 하는 생각을 해 본다.

② 갈등을 해결할 수 있는 교사 유아 상호작용

물론 어떤 장면에서는 곧장 물을 떠 온 사람이 먼저 물을 마실 수 있게 할 수도 있다. 그러나 최종적으로 어떤 하나의 행위를 선택하는 것과 그 앞에 서로 다른 가치관을 서로 느낀다고 하는 것은 모순되는 것이 아니다. 서로 교감하기 때문에 상대방에게 '양보'할 수 있는 것이며 교사는 그러한 장면을 소중하게 다룰 것을 염두에 두어야 할 것이라고 생각한다.

또 유아끼리의 갈등에 대해서 교사는 언제나 지켜보고만 있는 일이 좋은 것은 아니다. 그것은 또래끼리의 갈등이 그대로 개개인의 학습에 연결된다고는 볼 수 없기 때문이다. 때로는 교사가 유아들 사이에 들어가 각각의 유아의 기분을 대변하거나 또 관점을 바꿀 힌트를 내놓거나 새로운 활동을 제안하거나 하는 일이 필요할 것이다. 또래끼리의 갈등을 해소하기 위한 교사의 적절한 조언에 의해서 공동체는 생성되는 것이다.

이와 같이 사례 2에서, 또래와의 갈등, 유아와 어른과의 갈등에서 중요한 경험(가치의 교감)이 생기는 것을 알 수 있다. 유아와 유아, 유아와 어른이 서로 가치를 교감하는 장이야말로 '유아를 양육하는 공동체'라는 칭호에 들어맞는 것이라고 할 수 있을 것이다.

이상과 같이, 사례 1, 2의 의미 탐색을 통해서 유아의 공동체 의식을 키워주는 것이 무엇인가를 고찰하였다. 다음은 '사회적 구성주의'라고 부르는 이론을 참조하면서 유아의 공동체에 관한 이론을 심화시키려고 한다.

3) 사회적 공동체의 이론

지금까지 사례 1, 2에 관한 고찰을 통해서 개별 어린이의 학습과 성장(양육)이 '공동의 감정', '분위기'를 바탕으로 한 '상호작용', '갈등'이라고 하는 타인과의 교류, 교섭에 의해서 실현되고 있는 것을 보아 왔다. 조금 말을 바꾸면, 적어도 '여러 가지 의미나 지식은 또래끼리 또는 유아와 어른과의 사회적인 교류, 교섭에 의해서 구성되어 간다'고 할 수 있다.

여기에서는 사회적 구성주의의 이론이란 바로 이러한 '의미나 지식은 사회적으로 구성되어 간다'라고 말하는 것과 그 구조(mechanism)를 보다 심도 있게 설명해주는 것을 말한다.

(1) 공동 활동의 중요성

사회적 구성주의 이론의 원류는 철학자인 듀이(Dewey)와 사회심리학자인 미드(Mead)의 생각에서 비롯된 것이라고 할 수 있다(Garrison, 1998). 가령 미드는 유아의 학습과 양육을 다음과 같이 밝히고 있다.

미드(Mead)는 첫 문장에서 유아는 남에게 작용하는 것과 똑같은 방식으로 자기 자신에게 작용한다고 말하고 있다. 성인은 자기의 마음속에서 자신만의 대화를 하며 자기 스스로 자신에게 작용할 수 있다. 그러나 유아는 성인처럼 자신에게 작용할 수는 없다. 그래서 유아는 "어떻게 하면 자신에게 스스로 작용할 수 있게 될 것인가"에 대해 고민을 하게 된다. 이것은 먼저 남에게 작용하는 것을 통해서 자기 자신에 대해 작용하는 방식을 배워가는 것이기 때문이다.

또 두 번째 문장에서, "특히 그는 남에게 말을 거는…"이라고 한 바와 같이 '말을 거는 것'을 강조하고 있다. 바꾸어 말하면 두 번째 문장에서 '말'의 역할이 강조되고 있다. 왜 말의 역할을 강조하고 있는가 하면 남에게 작용한 말은 그대로 자기 자신에게 작용하는 말로서 마음속에서 사용할 수 있기 때문이다. 그리고 남에게 말을 거는 것을 자신에게 거는 말로 전용해 감으로써 유아는 정신을 구성해 가기 때문이다. 그러나 이와 같은 말을 중요시하는 것은 말은 말이 생겨나는 활동(공동 활동)과 결코 따로 떼어 놓아서는 안 된다는 미드 자신의 주장을 전체적으로 이해할 필요가 있다.

이어서 미드는 다음과 같이 말하고 있다.

"적어도 인간의 의사소통(communication)의 시작은 모방이 아닌 한 사람의 활동이 다른 사람의 활동으로 반응을 보이거나 또는 타인의 활동을 불러일으키거나 하는 공동 활동 속에 있다"고 하였다(Mead, 1909). 이와 같이 미드는 '공동 활동' 속에서 생기는 의사소통을 중요시하였다. 왜냐하면 공동 활동 속에서 생겨나는 말이야말로 정말 의미가 풍부한 말이기 때문이다.

철학자 듀이(Dewey)도 미드와 마찬가지로 '공동 활동'을 중요시하였음을 알 수 있다. 듀이는 우리들을 둘러싼 여러 가지 사물의 '의미'을 파악하기보다 '활동이 가져다주는 것'을 먼저 생각하라고 하였다. 그리고 그 활동은 '공동 활동이 되지 않으면 안 된다'고 하였다. 왜냐하면 공동 활동 속에는 "타인의 활동 속에 스며들어가는 것 같이 타인과 같은 방식으로 사물에 작용해간다(Dewey, 1997)"고 하는 것이 자신과 타인 사이에서 서로 이루어지고 있다는 것이다.

즉, 듀이가 말하는 바와 같이 공동 활동 속에는 타인에게 작용해갈 뿐만 아니라 타인의 활동 속에 스며들어가 타인과 똑같은 방식으로 사물에 작용하는 일이 일어나게 된다. 그래서 이러한 일은 공동 활동 속에서 생겨나는 말의 의미를 주관적인 것이 아니고 공동(간주관; 間主觀)적인 것이 되는 것이다. 바꾸어 말하면 공동 활동 속에서 생겨나는 말에는 자기와 타인의 감정이나 신체적인 것을 둘러싼 의미의 팽창이 있는 것이다. 그러므로 듀이는 인지적인 의미뿐만 아니라 미적 · 도덕적인 의미를 포함하는 모든 의미가 공동활동에서 생겨나는 것이라고 말한다.

(2) 주아(主我) I 와 객아(客我) Me

미드는 타인에게 작용하는 것을 통해서 정신이 구성되어 간다는 것을 강조함과 동시에 정신의 구성을 인격 내부의 '주아(主我) I'와 '객아(客我) Me'와의 관계에서 파악하려고 하였다. 미드는 우리의 인격 내부에는 여러 가지 장소에서 여러 종류의 타인과 관계를 갖는 것으로 새로운 '자기'가 태어난다고 한다. 미드는 이와 같이 다양한 장소에서 다양한 타인과의 관계 속에서 태어나게 되는 '자기'를 '객아'라고 부르고 있다. 그리고 그 객아는 자아가 주체적으로 낳는다고 하기보다는 타인 또는 사회의 요구에 따라서 태어난다고 하는 쪽으로 더 강하게 가지고 있다. 그러나 미드는 자아 속에는 그 '객아'를 재구성해 가는 것 같은 작용이 또 존재하고 있다고 보고 그 작용을 '주아(主我)'라고 부르고 있다.

주아(主我)란 객아(客我)에 반응해서 그것을 재구성해 가는 것 같은 주체적 · 자발적인 작용이다.

(3) 공동체의 이론

미드의 이론을 중심으로 살펴보았을때, 미드와 듀이가 제시한 이론(사회적 구성주의)을 한마디로 말하면 '유아는 공동 활동에 참가하는 것을 통해서 주체적으로 정신을 구성해 간다'라고 하는 것이다.

그러나 여기에서 주의를 촉구하고 싶은 것은 '집단 활동'과 '공동 활동'을 단순하게 동일한 것으로 생각해서는 안 된다는 것이다. 집단 활동은 교사에 의해서 주어진 활동, 과제를 유아들이 교사의 지시대로 행하는 활동이다. 거기에서 유아들은 교사의 지시, 혹은 다른 유아들이 움직이는 바대로 '동조'할 것을 강하게 요구된다. 여기에 대해 공동 활동에서는 오히려 유아 개개인 간의 '차이'가 중요시된다. 그러나 또 공동체의 이론은 유아 개개인의 개성을 출발점으로 한다는 것과는 조금 다르다.

지금까지 말해온 바와 같이 공동체의 이론이란 오히려 개성은 공동 활동 속에서 태어나는 것이라고 본다. 가령 유아들은 어떤 활동 속에서 공동의 감정을 경험한다. 이것은 하나의 '동조'적인 경험이다. 그러나 또 그러한 경험 속에서 또래끼리의 사이에 '차이'가 생기고 상호작용이나 갈등의 경험을 준비하게 되는 것이다.

이와 같이 공동체의 이론에서는 어린이가 개성 혹은 정신을 구성하고 있는 역동성을 나타내고 있는 것이다. 그러므로 공동체의 이론은 어린 아이를 단순히 문화를 전달하는 존재로서뿐만이 아니라 '문화와 창조적으로 관련되는 존재'로 보는 것이다.

사례 2에서 본 바와 같이 유아의 감정, 감각, 가치관은 성인의 문화와의 갈등을 품고 있는 일도 있다. 그와 같은 갈등을 의미가 있는 갈등이 되게 하려면 교사는 유아를 문화와 창조적으로 관련되는 존재로서 보는 것이 중요하다. 다시 말하면 어린이와 어린이, 어린이와 성인 혹은 어린이와 문화적 갈등의 과정 속에서 어떤 새로운 학습과 성장의 가능성이 생겨나고 있는가를 끊임없이 성찰하는 것이 교사에게 부과된 임무인 것이다.

4) 공동체 구성의 핵심

유아들을 위한 공동체 구성의 핵심에 관해 다음과 같이 세 가지로 묶어 설명하려고 한다.

(1) 주아의 육성

미드와 듀이의 이론에 따르면 유아들이 타인과 관련을 맺는 공동 활동을 수없이 많이 받아들이게 된다는 것을 알 수 있다. 그러나 공동 활동의 도입, 또 공동 활동에 유아를 이끄는 것을 성급하게 행하여서는 안 된다고 생각한다. 왜냐하면 교사가 유아들이 타인과 어울리는 것을 중요시함과 동시에 유아들의 주아(主我)의 육성이라는 것을 생각할 필요가 있기 때문이다.

주아란 다양한 객아(客我)를 통합, 재구성해가는 주체적, 자발적인 작용이다. 그러므로 이 주체적, 자발적인 작용으로서의 주아가 충분히 성장되지 않으면 아무리 타인과의 어울림을 통해서 다양한 객아가 생겨난다 해도 그것들을 제대로 재구성해서 정신을 형성해 가는 것이 어렵게 된다. 공동 활동이 개개인의 유아에게 참으로 의미 있는 것이 되기 위해서는 유아 개개인의 주아가 충분히 육성되지 않으면 안 된다.

유아 개개인의 주아를 육성시키기 위해서는 먼저 교사의 존재가 무엇보다 중요한 것이다. 교사는 유아와 공감(共感), 공고(共苦)할 수 있어야 한다. 예를 들어, 교사가 가령 한 유아가 '의사선생님이 되었다'고 즐거워하는 것에 공감하거나 유아의 슬픔에 함께 괴로워하는 것에 의해 스스로 여러 가지 감정을 받아들임으로 유아의 주아가 태어나게 되는 것이다. 이러한 교사의 도움은 때로는 유아를 껴안거나 때로는 진지하게 들어주거나 하는 다양한 방법을 생각해볼 수 있다. 그러므로 여기에서도 '타인과 어울리는 것으로 자신과 어울린다'고 하는 미드 이론의 요지를, 유아가 교사(타인)와 어울리는 것으로 자신(주아)을 형성시켜간다고 하는 뜻으로 파악할 수 있을 것이다.

(2) '주아'와 '객아'의 균형을 생각하는 교육의 구조

교사의 공감, 공고에 의해서 주아가 충분히 육성된 유아는 다른 유아와 어울리는 가운데 다양한 자신(객아)을 낳게 되고 그것을 인격으로서 재구성해 갈 수 있게 되는 것이다. 유치원 3세 유아로 구성된 집단에서는 주아를 육성할 수 있는 마음의 밭을 가꾸는 것이 실현되어야 하고 5세 유아에게는 공동 활동을 중시하는 교육에 마음을 쓴다고 하는 이중의 관점을 슬기롭게 살려 가는 교육의 구조를 생각해볼 수도 있는 것이다. 다음은 교육구조 방향에 대해 세 가지로 살펴본다.

① 함께 노는 즐거움

무엇보다도 '공동체'를 하나하나의 장면으로서 생각하는 것이 중요하다. 무엇인가 하나의 상상(image)에 맞추어 공동체를 만들어 가기보다는 하루 생활 중에도 다양한 공동체의 장면이 있고, 그 속에서 교사는 적절하다고 생각되는 활동에 도움을 주고 그런 후에 장면의 의미를 성찰하여 다음 실천에 반영해 가는 것이 중요하다고 생각한다. 그러므로 여기에서 말하는 '공동체의 생성 발전'이란 발전의 직선적인 맥락이 아니고 어디까지나 실천이나 성찰을 위한 하나의 관점이라고 생각하는 것이 좋을 것이다.

공동체의 생성에서 제일 중요한 것은 유아가 다른 유아와 함께 노는 즐거움을 충분히 느껴야 하는 일이다. 몸 전체로 서로 익살스럽게 함께 노는 즐거움, 서로 깔깔대며 웃는 즐거움, 상대방에게 자신이 잘 하는 것을 말하거나 보여주거나 하는 것의 즐거움 등, 우선은 함께 있다는 것, 함께 노는 즐거움을 유아가 느끼는 것에 공동체의 초점이 된다.

"오늘 ~와 함께 놀아서 즐거웠기 때문에 내일도 함께 놀고 싶다."라는 감각이 당연한 것이며 이는 공동체의 출발점이 되고 결국 가장 소중하게 생각할 것이다(앞에서 사례 1은 '함께 노는 즐거움'의 사례로 볼 수 있을 것이다.).

② 개개인의 존재

마음에 맞는 또래끼리의 즐거움에 덧붙여서 다른 유아와 어울릴 수 있도록 도움을 주는 것도 중요하다. 가령 만 5세 유아가 되면 다른 유아에게 보다 적극적인 관심을 갖게 되는 한편, 어느 특정한 유아에게 강한 편견을 갖거나 그 유아를 배척하는 일이 종종 일어나게 된다. 공동체의 발전을 생각할 때 이러한 배타적 또는 적대적 관계를 유아 나름대로 초월해 가기 위한 도움이 교육자에게 요구된다.

사례 2에서 등장한 선생님은 '한 사람 한 사람의 존재를 모두에게 알리는 것'에 마음을 기울여 시도한 것이다. 그 속에서 가령 학급 속에서 배척 받는 경향이 있는 유아를 학급 전체의 공동 활동으로서 넓혀가는 것을 통해서 타인의 존재를 알아간 것이다. 유아들이 편견을 초월해서 '저 아이에게는 저런 구석이 있었구나.'라고 하는 경험을 갖게 되는 대화 그리고 공동 활동을 실천한 것이다. 마음에 맞는 또래를 넘어서 여러 가지 활동 속에서 유아들이 서로 응대하며 즐기는 것을 경험하는 것이 공동체 구성에서 빼놓을 수 없는 것이라고 할 수 있을 것이다.

③ 창조적인 능력

공동체의 발전에는 함께 노는 즐거움을 충분히 경험하는 것에서부터 시작하여 유아 개개인이 마음에 맞는 또래뿐만이 아니고 그 외의 유아의 존재를 유아 나름대로 눈여겨보고 받아들이게 되도록 도움이 필요한 것이다. 그리고 이러한 과정을 거쳐 유아들은 '함께 의미를 창조해 가는' 것이 가능하게 되어 가는 것이다.

앞에서의 사례 2에서는 물 때문에 일어난 갈등을 통해서 문제해결 능력이 향상되었다고 볼 수 있는 것이다. 유아교육의 공동체는 유아들이 함께 의미를 창조해가는 것으로 새롭게 발전해 가는 것이다. 그러나 함께 의미를 창조해 간다고 하는 것은 사물의 의미를 하나로 집약하거나 혹은 하나의 의미를 공유해 가는 것은 아니다. 즉, 함께 의미를 창조해 간다고 하는 것은 서로 상대방의 가치관을 느껴보는 것을 통해서 개인의 가치관을 넘어서 의미의 세계를 보다 풍부하게 이끌어 가는 것에 각자가 공헌하는 일을 말한다.

사례 1이나 사례 2에서도 엿볼 수 있듯이 어떤 의미에서는 우연히 생겨난 유아들의 감정 갈등에 교사가 적절하게 어울려주는 것으로 '생겨났다'고 말할 수 있다. 이러한 의미에서 공동체 구성의 요점이란 우연을 살려 호흡하는 것 같은 것이라고 말해도 좋을 것이다. 또 교사에게는 우연히 생겨난 유아들의 흥미, 관심을 유아와 함께 하나의 주제로서 재구성하고 또한 다양한 활동을 통해서 그 주제를 유아들이 신화시켜 가도록 도움이 요구된다고 할 수 있다. 이러한 점에서 이탈리아의 레지오 에밀리아의 유치원이나 미국의 유치원에서 '프로젝트(project)'라고 부르는 하나의 주제를 추구하는 실천은 큰 시사를 주는 것이라 생각된다.

(3) 주변 정리정돈 하기

공동체 구성의 요점으로서 마지막으로 하나의 관점을 부연하려고 한다. 그것은 가령 '놀이 후 주변정리정돈 하기' 등의 반복되는 활동을 소중히 여기는 관점이다.

놀이 후 모두 함께 놀이기구를 정리하는 일은 사례 1에서 본 것 같이 공동의 감정을 낳게 한다. 또 그러한 활동은 유치원에서 지내는 것이 소중하다는 공통의 감정을 길러준다. 우리가 실생활에서 '지식구성' 또는 '의미창조'라고 하는 관점만을 강조하면 매일매일 살아가는 것을 소중하게 생각하는 감정을 잃고 마는 일도 있을 것이다.

진정한 생활의 의미는 매일 반복되는 활동을 몇 번이든지 함께 다시 해보는 과정에서 생겨난다고 하는 것을 잊어서는 안 될 것이다.

5) 공동체 구성을 위한 교육기관의 역할

공동체 구성을 위한 유아교육기관의 역할은 크게 두 가지 관점에서 생각해볼 수 있다. 하나는 교육기관 자체가 유아의 행복을 추구하는 것이어야 하고, 또 다른 하나는 공동체 의식은 유아들의 사회적 행동과 밀접한 관계가 있으며 이는 교사 부모 또래와의 밀접한 관계에 의해서 이루어진다는 것이다.

(1) 유아의 행복을 실현하는 학습과 성장

유아교육기관에서의 교육은 초등학교의 교육을 위한 '준비교육'이라는 관점에 대해서이다. 이러한 견해는 자칫 유아기 학습의 풍부한 가능성을 떨어뜨림과 동시에 유아들의 '행복'에 대한 배려가 결여된 것이라 하겠다.

유아들은 공동의 감정을 경험하고 또 공동 활동 속에서 의미 있는 언어를 획득하는 과정을 통해 성장 발달해 간다. 그리고 이러한 성장과 학습의 과정을 개개인에게 보장하는 것이 그대로 유아 개개인의 행복을 실현해 가는 것이라고 말할 수 있다.

유아기의 교육을 단순히 초등학교 교육의 '준비교육'으로 생각해버린다면 이러한 유아의 행복을 실현하는 성장과 학습의 가능성을 떨어뜨려버릴 위험성이 있는 것이다.

유아교육기관에서는 유아들이 공동의 감정, 공동의 시간을 경험하는 것, 유아들이 성인의 문화에 창조적으로 어울리는 것을 중요하게 생각하지 않으면 안 된다. 그러나 이러한 경험은 앞에서도 말한 바와 같이 때로는 성인의 문화와의 갈등을 내포하고 있다. 예를 들어, 유아 또래끼리 어울리는 과정에서 생겨나는 감정 혹은 시간의 감각은 소위 시간표의 구속을 받는 감정이나 감각과는 다른 것이다. 유치원, 어린이집은 이와 같은 감정이나 감각을 소중하게 하는 것을 출발점으로 해서 유아가 성인의 문화와 창조적으로 어울려가면서 그에 필요한 힘을 기를 수 있는 하나의 주체가 된다고 하겠다. 왜냐하면 이와 같은 힘이야말로 유아기 이후의 성장과 학습의 진정한 지름길이 된다고 생각하기 때문이다.

(2) '학급붕괴'에 대한 의구심

근래 초등학교 저학년의 '학급붕괴'의 원인에 관해서, 그것은 '유아교육기관이 유아들을 자유롭게 선발하고 있기 때문이다'라고 하는 의견이 있다. 또한 그 배후에는 '유아의 예의범절을 잘 가르쳐 어떻게든지 초등학교의 일제수업에 적응할 수 있도록 해주면 좋겠다.'라는 의견이 조심스럽게 일고 있다. 그러나 이와 같은 의견은 사태의 본질을 잘못 보고 있는 것이다. 초등학교 저학년의 학급붕괴의 특징을 들면 다음과 같다.

첫째, 충동적 경향이 강하고 갑자기 겁을 먹거나 자기 통제가 잘 안 되고 작은 폭력을 자주 휘두르는 일이다.

둘째, 의사소통 기술의 결락(缺落)이다.

셋째, 기본적 생활습관의 미확립으로 집단성을 전제로 한 학교 규율을 붕괴시킨다.

넷째, 부모의 사랑을 받고자 '얌전한 아이'로서의 역할을 지속하지 않으면 안 되는 초조함이 스트레스가 되어 갑자기 겁을 먹거나 무기력 증상을 나타내고 있다.

이러한 아이들 문제를 해결해 가기 위해서는 공동의 감정, 상호작용, 또 다른 가치를 서로 느껴보는 등의 경험을 유아들에게 갖게 할 필요가 있을 것이다. 가령 유치원에서 많은 시간을 '일제수업'과 비슷한 형태의 수업을 행하는 것은 유아들로부터 이들 경험을 뿌리째 뽑아버리는 일이 될 수밖에 없다. 저학년의 학급붕괴는 유아의 행복을 실현하는 진정한 학습과 육성이 유아들로부터 탈취된 것에 기본적인 원인이 있는 것이다. 그래서 위에서 본 저학년의 학급붕괴의 네 번째 특징인 "부모의 사랑을 받고자 '얌전한 아이'로서의 역할을 지속하지 않으면…"이라고 하는 문제를 진정으로 해결해 가기 위해서는 새삼스럽게 유치원, 어린이집의 부모에 대한 역할에 관해 생각해볼 필요가 있는 것이다. 그러한 경우 부모와의 어울림, 또는 부모와의 공동협력(partnership)하는 것이 중요하게 다루어져야 할 것이다.

(3) 부모와의 공동협력

교사의 관점에서 보면 어처구니없게도 어버이날 선물을 가지고 가는 아이의 선물을 부모가 그냥 지나치거나 팽개쳐 버리는 경우가 종종 있다. 이것은 아이의 마음에 공유하고 있지 않기 때문이다. 이러한 부모를 보면 "좀 더 아이의 마음을 이해해 주십시오."라고 말하고 싶어진다. 이러한 일이 발생하게 되는 이유는 대개 다음과 같다.

첫째, 부모가 가령 아이들과 함께 즐거워해주는 것이 중요한 일이라고 알고는 있어도 아이에게 다른 요구를 가지고 있거나 또 특히 부모 자신도 현재 사회에서 살아가는 데 여러 가지 스트레스를 받기 때문에 자녀에게 따뜻하게 눈길을 주는 것이 어려워지기 때문이다.

둘째, 부모는 유아교육기관에서 행하여지고 있는 다양한 놀이가 도대체 어떤 의미로 아이의 학습과 성장에 연결되는 것인지 구체적으로 알지 못하기 때문이다.

이와 같은 이유를 정리해서 생각해보면 교사가 할 수 있는 일이 부모에게는 안 되는 것은 오히려 당연한 것이라고 보이게 된다. 부모의 사정을 생각하면 현대의 유치원, 어린이집에 요청되고 있는 것으로 첫 번째는 현대의 육아가 가져다주고 있는 스트레스를 부모와 공유하고 대화를 나눌 수 있는가 하는 것이고, 두 번째로는 유아의 학습과 성장이 이루어지는 교육의 구체적인 것을 보여주는 것을 통해서 어떻게 알아차리게 할 것인가의 문제이다. 그리고 이 두 가지 일은 교사가 부모를 '가르치는' 형태가 아니고 정말 부모를 '파트너'의 위치에 두고 현대의 유아문제를 함께 생각하고 서로 힘을 합침으로써 비로소 가능한 것이라고 생각한다. 부모는 유치원 교육의 공동체의 일원인 것이다.

오늘날 유아를 둘러싼 심각한 문제들을 생각한다면 이와 같이 부모를 교육의 공동체의 일원으로서 자리매김하고 진정한 의미 있는 부모와의 공동협력(파트너십)을 달성해 가는 것은 유아교육기관의 중요한 역할이다. 그리고 이러한 사고의 연장선상에서 유치원, 어린이집은 부모를 포함하는 원외의 여러 가지 물적 · 인적 환경을 교육의 공동체 혹은 공동체의 일원으로서 생각해가는 것도 중요하다.

유아교육기관 속에서 자라나는 공동의 감정, 공동의 시간을 중요하게 생각하면서도 원외의 다양한 문화나 사람들을 만나게 하는 것은 유아교육기관의 과제라고 할 수 있다.

종합적으로 유아의 사회화를 위한 공동체 지향의 유아교육의 방향을 다음과 같이 제시할 수 있다.

첫째, 유아교육기관에서 행해지고 있는 하루 일과 속에서 공동체 의식을 구성하는 것은 개개 어린이의 학습과 성장(양육)이 '공동의 감정', '분위기'를 바탕으로 한 '상호작용', '갈등'이라고 하는 타인과의 교류, 교섭에 의해서 실현될 수 있다.

둘째, 사회적 구성주의의 이론이란 여러 가지 의미나 지식은 어린이끼리 또는 어린이와 어른과의 사회적인 교류, 교섭에 의해서 구성되어 가는 것이라고 할 수 있다.

셋째, 공동체 구성의 요점은 주아의 육성은 타인과의 공동의 활동 속에서 커 나간다는 것이다. 또한 주아와 객아를 육성시키기 위해서는 교육구조가 발달에 적합해야 할 것이다. 그러기 위해서는 또래와 함께 노는 즐거움과 집단에 개인의 존재를 알리는 일이 우선시되어야 하고 놀이를 통해 창조적인 능력이 개발될 수 있도록 해야 할 것이다.

넷째, 공동체 의식을 키워주기 위해서는 유아교육기관의 역할이 크다고 볼 수 있다. 유아교육기관 자체가 유아의 행복을 추구하는 것이어야 하고, 공동체 의식은 유아들의 사회적 행동과 밀접한 관계가 있으며 이는 교사 · 부모 · 또래와 밀접한 관계에 의해서 이루어진다.

제3절 전환기의 유아교육

역사적인 전환기의 갈림길에 있는 오늘날의 유아교육이 직면하고 있는 여러 가지 과제를 어떻게 해결해야 할 것인가를 생각해 보면서 유아교육의 미래의 새싹을 더듬어 본다.

첫째, 현재 군소에 소재하고 있는 유치원과 어린이집들은 재정적인 문제로 인하여 존폐 위기에 처해 있다. 유아교육은 공공의 사업이고 행정의 책임하에서 수행되어야 하는가? 그렇지 않으면 민간의 봉사에 의해 수행되어야 하는가? 라고 하는 물음이 유아교육의 미래를 결정하는 문제로 제기되고 있는 것이다. 육아와 유아교육은 행정이나 성인들의 '책임'으로 수행되어야 할 과제인가? 그렇지 않으면 '봉사'에 의해 수행되어야 할 과제인 것인가? 원칙적으로 유아교육은 행정과 교사와 부모와 시민의 '책임'에 의해서 추진되어야 할 입장인 것은 명백한 사실이다.

둘째, 유아들을 교육하는 기간의 문제이다. 현행법으로는 어린이집에 들어가는 것은 유치원에 들어가기 이전의 약 1, 2년 정도이고 유치원은 만 3세에 입학하여 3년 동안 재학하게 되어 있으나, 이것이 어디까지나 의무 규정이 아니기 때문에 재정적 · 행정적 문제가 뒤따른다. (幼保一元化의 문제제기 : 소관의 행정도 다르고, 교직원의 자격이나 근무 형태도 다르기 때문에 통합이 용이한 문제는 아니다. 여기에는 이념의 문제도 있다. 유아에게 필요한 것은「교육」(education)인가? 그렇지 않으면「보육」(care)인가? 또한 유아를 교육하는 시설은「학교」이어야 하는가? 그렇지 않으면「복지시설」이어야 하는가?)

셋째, 교육내용에 관해서도 검토할 과제가 있다. 근래에 유치원 교육의 문제에서 '감성'과 '지성'이라는 용어가 빈발하고 있다. 지금까지의 유치원 교육이 일반적으로 '놀이'를 중심으로 조직되어 '정서(정조)'의 교육을 중심으로 전개하고, '지성'의 교육에 관해서는 소극적인 경향을 나타내고 있었다. 이러한 특징은 프뢰벨(Fröbel) 이래의 유아교육의 전통에 그 뿌리를 두고 있는 것이기도 하지만 한국 유아교육의 특징적인 전통이라는 측면도 있다. 이러한 전통은 유아교육에 자유로운 활동을 보장하고 풍부한 감정의 형성에 기여해 왔으나, 또 한편으로는 창조적인 지성의 발달을 충분히 전개하지 않은 약점도 포함하고 있었다고 말할 수 있다. 심지어는, '보육'과 '교육'을 대립시켜 '교육'을 부정하는 경향마저 보인다. 이러한 경향은 일부의 유치원이 '조기교육'을 상업화하는 것에 대한 저항으로 조장되어 오기도 했다.

그러나 조기교육의 폐해는 당연한 것이라고 할지라도, 유아교육이 '감성'이나 '정서'의 교육에 한정되어서는 안 된다. '지성'과 '예술'의 교육은, '감성'이나 '정서'와 마찬가지로 중요하다. 그러나 그 '지성'이나 '예술'의 교육이 교육과정에 어떻게 조직되어야 하는가가 문제이다. 여기에는 지금까지의 '놀이'를 바꾸어 '계획연구(project)활동'에 의해서 '지성'과 '감성'의 교육을 추구하고, 교사의 성찰과 지원에 의해서 '계획연구활동' 속에 '더불어 배우는' 관계를 구축하고, 어린이 개개인의 활동을 '의미 있는 경험'으로 발전시키는 실천을 추구해야 할 것이다. 이와 같은 교육과정 구성은, 매일매일의 만남에서 집약적인 연구와 관찰기록의 집적을 통해 이루어져야 한다.

넷째, 교사의 연수방법이다. 교사로 하여금 교육의 전문가로서 성장할 교사의 연대(동료성 ; collegiality)의 형성을 의식적으로 추구해야 하는 것이다. 각 개인의 교사가 연간의 주제를 설정해서, 그 달성을 위한 매일매일의 실천연구를 전개하고 전문교수(연구자)를 초빙하여 연구자와 협동연구를 쌓아 가는 것도 한 방법이다.

1. 변화하는 사회구조에서의 어린이 모습

유아교육기관에서 발생할 수 있는 재정문제, 교육기간, 교육내용에 대한 과제, 교사연수 문제 등이 산적해 있지만 이 장에서는 어린이를 재발견할 수 있는 방안에 대해 살펴본다.

가. 어린이의 재발견

유아교육이 역사적인 전환기를 맞이하고 있는 배경의 하나로 '어린이 기의 소멸'이라고 하는 역사적인 변화가 있다. '어린이 기'라고 하는 인생의 한 시기는, 아리에스(Philippe Ariés)가 『어린이의 탄생』(1960)에서 지적한 바와 같이 근대의 산물이다. '어린이 기'에 대한 독자적인 관점이 18세기부터 19세기에 걸쳐 유럽에 출현한 것은, 1750~1814년 사이에 영국에서 출판된 2400권에 달하는 아동도서에 나타나 있다. 아동도서는 그때까지 출현하지 않았던 책자의 형식이다. 다시 말하면 유럽 사회에서 18세기까지 어린이는 죽어도 묘에 매장된 일도 없었고 신생아에게는 장남이나 장녀의 이름을 붙이는 것이 통례이었다. 어린이는 공동체 속에서 한 사람 몫의 구실을 하게 되기까지는 인격이나 개성을 인정받을 수 없었다.

'어린이의 발견'은 루소의 『에밀(Emile)』에서 성립되었다고 알려져 있다. 그러나 루소의 『에밀』은 수수께끼와 같은 책이다. 예를 들면, 『에밀』에 등장하는 에밀은 추상적인 '아이'여서 고유성과 구체성을 상실하고 있다. 에밀은 양친의 이름조차도 기록되어 있지 않다. 에밀의 말이나 감정이나 개성적인 존재로서는 기록되어 있지 않다. '에밀은 어떤 아이인가?'라고 하는 의문을 가지고 『에밀』을 읽으면 당황하게 된다. 에밀이 개성적인 의식이나 감정을 표명하는 것은, 청년기 이후의 서술에 있다. 소년기의 에밀은 출생이 감추어진 존재이고 내면이 비어 있는 존재이다. 즉 『에밀』에서 발견된 '어린이'는 일반화되고 픽션화된 '어린이'이고 창작된 '어린이'이었다. 굳이 말한다면, 루소에 의한 '어린이'의 발견은 개성적이고 구체적인 어린이의 상실이었다고 할 수 있다.

나. 모성(母性)의 관념

또 하나 『에밀』에서 중요한 것으로, 이 책에 의해 처음으로 '모성'에 의한 교육이 주장되었다는 사실이다. 우리들 누구나가 공유하고 있는 "어린이는 모친에 의해서 양육되어야 한다"라고 하는 '모성'의 관념은 루소의 『에밀』 속에서 청년기의 에밀의 결혼 상대가 되는 소피아(Sophia)의 교육에서 처음으로 등장하는 관념이고 '어린이기'와 마찬가지로 근대의 산물이다. 바단텔(Badantel)이 『모성이라는 신화』(1991)에서 묘사한 바와 같이, 프랑스 혁명 전의 경찰청 장관의 보고에 의하면 파리에서 태어난 2만 1000명의 신생아 중, 모친에 의해 양육된 것은 1000명에 불과하고, 다른 1000명은 입주한 유모가 기르고, 그 이외의 1만 9000명의 신생아는 모친의 유방을 떠나 어른이 될 때까지 빠리에서 멀리 떨어진 시골의 고용된 유모 밑에서 수양아들(딸)로 내보냈다. 따라서 『에밀』에 등장한 '모성애'라고 하는 '신화'도 근대의 산물인 것이다.

다. '아동기'의 소멸의 위기

근대에 출현한 '아동기'가 지금 소멸될 위기에 직면해 있다. 포스트만(Postman)은 그의 저서『어린이는 이미 없다』(1982)에서, 16세기의 인쇄술의 보급이 문자문화(literacy)를 습득할 필요를 사회적으로 낳게 되어 어린이와 어른의 경계선을 형성하였다고 말하고 있다. 인쇄술과 문자문화의 보급에 의해 어린이는 교육되어야 할 존재가 되고 학교에 다니는 존재가 되어 어른으로부터 격리된 것이다. 그러나 이 저서에서 그는 영상 미디어인 TV와 전뇌(電腦) 공간인 컴퓨터의 보급이 '어린이 기'를 소멸시키고 있다고 지적하고 있다. 아이들은 이미 문자를 습득하지 않고도 영상 미디어의 TV를 시청하고 컴퓨터에 들어감으로써 어른의 사회에 참가하고 생활을 누릴 수 있게 되었기 때문이라고 말한다. 어린이와 어른의 경계선을 형성하고 있던 '비밀'은 이제 영상 미디어와 컴퓨터에 의해서 어린이들 앞에 펼쳐지게 된 것이다. 포스트만이 말한 바와 같이 미디어 공간의 확장에 의해 학교에 갈 필요성이 불투명하게 되고, 어린이는 '어린이 기'로 살아가는 것이 곤란하게 되었다.

라. 가족의 붕괴

'어린이 기'의 소멸은 가족의 붕괴에 의해서 촉진되고 있다. 현재, 선진국은 육아를 둘러싼 공통의 위기에 직면하고 있다. 근대가족의 체계가 붕괴되고 부모가 아이를 돌보지 않게 된 현상이 확대되고 있다. 즉, 문화인류학자인 마가렛트 미드(Margaret Mead)가 지적한 TV가 어린이의 '제2의 부모'가 되는 상황은 세계 속에서 일반화되고 있다. TV에 부모의 돌봄을 대행시켜, 값싼 과자로 비위를 맞추고 학교에 양육을 맡겨버리는 풍토는 선진국이면 어디에서나 볼 수 있는 현상이다. 확실히, '모성'의 관념은 앞에서도 제시한 바와 같이 근대사회가 성립시킨 허구의 신화이었다. 근대가족의 체계가 붕괴됨으로써 어린이를 양육하는 책임의 소재가 애매하게 되고 어린이가 '어린이 기'를 살아갈 수 없는 사회가 출현하게 된 것이다.

이러한 위기는 현대 우리나라에 있어서도 급격히 진행되고 있다. 이혼율의 급증, 대부분의 모자(母子) 가정의 경제적 위기, 그리고 '밀실의 양육'이라고 하는 곤란한 상황에서 아동학대를 비롯해서 가족 내부에서 발생되고 있는 폭력, 살인사건이 폭증하고 있고, 어린이나 여성으로서는 현재의 가족이라는 것이 질식된 상황에 놓이게 된 것이다. 어린이뿐만 아니라 많은 사람이 인간으로서 살아가는 데 '가정(home)'은 필수요건인데, 혈연으로 맺어진 가부장제 가족을 꼭 필요로 하는가에 대해 새로운 문제를 제기하고 있다.

마. 애매하게 된 인생의 경계선

지구촌 시대(globalization)의 침투에 의한 산업사회에서 후기(post) 산업사회(지식사회)로의 급격한 변모는 '어린이 기', '청년기'라고 하는 인생의 경계선이 불분명하다. 그 단적인 현상이 공장노동의 노동시장의 해외유출에 의한 젊은이 노동시장의 해체이다. 2001년에 들어서면서 젊은이 노동시장의 수요가 격감하여 소멸되어버린 것이다. 지구촌화에 의해서 소위 지금까지 국외에 있던 제3세계가 국내의 버려진 아이들과 젊은이의 세대에 나타나고 있다고 말할 수 있을 것이다. 이러한 현상은 어린이나 젊은이의 사회 참여의 기회를 감소시키고 연소자(年少者)화(의존성)에 박차를 가하여 '어린이 기'의 소멸을 가속화시킬 것이다.

이렇게 해서 루소에 의해 발견되고 창작된 '어린이 기'는 지금 붕괴되어 소멸될 위기에 직면해 있다. 우리들은 어린 아이들이 학교에 다니고 교육을 받는 것을 당연한 것으로 본 사회에서 살고 있지만 세계 전체를 보면 학교에 다니고 있는 아이들의 수에 필적할 만한 아이들이 빈곤과 전쟁 때문에 학교에 다니지 못하는 현실이 확대되어 가고 있다.

2. 유아교육의 미래

'어린이 기'의 소멸이라고 하는 새로운 시대상황에서 도대체 누가 어린이의 보호와 양육의 책임을 담당할 것인가? 이러한 큰 의문이 우리들 앞에 놓여지게 되었다.

근대의 사회는 세 개의 장치에 의해서 어린이를 보호하고 양육해 왔다. 그 하나는 지역공동체이고, 둘째는 가족이고, 세 번째는 학교이다. 이 세 가지의 장치는 어린이에 대한 보호와 양육의 기능을 쇠퇴시켜 왔다. 처음으로 해체된 것은 지역공동체이었다. 그 변화는 어린이의 놀이터가 광장에서 공원으로 이동하고 또 다시 공원에서 어린이가 소멸된 일련의 과정 속에서 '어린이 기'의 소멸을 볼 수 있게 되었다. 어린이의 또래 친구의 붕괴과정은 지역공동체가 육아의 공공 공간을 쇠퇴시킨 역사에서 볼 수 있는 것이다. 공원과 길에서 어린이의 모습이 사라진 것은 1970년대 이후부터이다. 그 다음에 쇠퇴한 것은 가족의 교육기능이다. 그리고 현재 학교의 교육기능의 쇠퇴가 문제가 되고 있다. 유아교육의 미래는 어린이의 보호와 양육의 책임을 담당할 네트워크 구성이라는 새로운 과제를 구상할 필요가 있다.

여기에서 유아교육 개혁을 위한 과제를 몇 가지로 제시하면 아래와 같다.

첫째, 어린이를 재발견할 필요가 있다. 근대의 '아동기'의 발견은 루소의 『에밀』에서 상징된 것과 같이 어린이의 '자연'의 발견이고, '자연'에서 이념화되고 보편화된 '어린이의 발견'이었다. 그 이념과 실태가 해체되고 있는 현재, 고유 명(名)을 갖춘 구체적인 어린이를 재발견할 필요가 있다. 더욱이 이 과제를 수행하는 데 있어서 어린이의 발달을 자연과학으로 밑받침해 온 '발달주의'를 극복하는 일도 검토되지 않으면 안 될 것이다. 다시 말하면, 고유 명을 갖춘 역사적, 사회적인 존재인 어린이의 인식을 이끌어 가는 발달연구 쪽으로 환골탈태의 의지가 요구되는 것이다.

둘째, '어린이 기'를 충실하고 행복한 것으로 채운다. 즉, '어린이 기'를 성인이 되기 위한 준비 단계로 보는 견해를 극복하는 일이다. 세 살 먹은 어린이는 세 살이라는 인생을 충실하고 행복한 것으로 채우지 않고는 장래의 인생을 행복하게 살 수 있는 보장은 없다고 생각한다. 어린이 각자는 어른과 마찬가지로 인생의 과정에서 '지금' 자유를 창조하고 충실하게 살 권리를 가지고 있다. 그 권리를 실현하는 것이 교육에서의 첫째 목적이 되어야 할 것이다.

셋째, 어린이와 어른을 대립시켜 온 일련의 이항대립(二項對立)의 도식을 다시 재구성할 필요가 있다. '어린이 = 미숙한 존재', '어른 = 성숙한 존재', '어린이 = 의존적인 존재', '어른 = 자립한 존재', '어린이 = 미개한 존재', '어른 = 문명화된 존재', '어린이 = 배우는 존재', '어른 = 가르치는 존재' 등등, 어린이를 둘러싼 일련의 표상은 어른과의 대립개념에 의해서 구성되어 왔다. 그러나 이들 이항대립의 도식은 '어린이 기'의 소멸에 의해서 실태에 어울리지 않게 변화해 가고 있다.

예를 들면, 가족관계 붕괴의 위기로 뒤죽박죽이 된 가정에서 어린이가 어른인 부모 이상으로 성숙된 존재로서 사려 깊게 살아가는 사례는 수없이 볼 수 있고, 어른인 부모가 어린이 이상으로 미숙하고 유치하게 살고 있는 사례도 수없이 볼 수 있다. 그 뿐만 아니라 어린이 이상으로 미숙한 교사도 있고 교사 이상으로 성숙한 어린이도 있다.

넷째, 어린이를 자립된 존재로서 인정하고 어른과 마찬가지로 창조성을 발휘해서 살고 있는 존재로서 재인식하는 과제이다. 근대의 사회는 어린이를 '구제'의 대상으로 간주해 왔다. '구제의 대상'으로서의 아동관은 어린이를 일방적인 교화의 대상으로 한 계몽주의 교육을 이끌어 왔고 또 한편으로 '종교적 구제(salvation)'로서의 아동관은 동심(童心)주의의 아동관과 어린이의 신격화를 가져왔으며 어린이와 어른을 '치유하는(癒)' 관계로 몰고 가는 작용을 해왔다. 삐아제(Piaget)나 비고스키(Vygotsky)가 말하는, "어린이는 태어나면서 스스로 발달하는 힘을 갖추고 있다."고 하는 말과 같이 어린이는 어른과 마찬가지로 창조성을 발휘하고 배우며 살아가는 능력을 갖춘 존재로 재인식하는 것이 필요하고 무엇보다도 어린이 개개인의 존엄성을 확립시킬 필요가 있는 것이다.

제4절 유치원과 어린이집 간 격차해소 방안

영유아라는 교육 · 보육의 대상을 위해 이원화되어 운영되고 있는 교육환경, 인적자원, 행정관리체제를 통합에 초점을 두고, 합일점을 찾아가야 한다. 이처럼 표준보육과정과 누리과정에 대한 교사와 부모의 이해도를 높이고, 초등교육과의 연계성까지 고려하는 시점에서 동일한 수혜자인 영유아를 위한 교육복지에 대한 논의가 지속적으로 이루어져야 한다.

1. 유보통합 시도의 배경

영유아 보육과 교육은 기본적으로 국가사회 발전의 가장 중요한 핵심요인이다. 모든 유아에게 성장발달의 가장 기본적인 권리와 기회를 평등하게 제공하는 것은 국가의 미래인력을 키우는 점에서 중요하기 때문이다. 우리 사회의 가장 주요한 현안 중 하나인 저출산의 문제를 해결하고, 수요자중심의 교육과 보육을 통해 아이와 부모가 행복한 세상을 만들 때 사회통합과 정책의 효과를 거둘 수 있다.

유보통합에 대한 구체적인 논의는 20여 년 전부터 유치원과 어린이집을 통합 관리해야 한다는 의식에서 출발했지만 이해 부족으로 이견 차이를 좁히지 못하고, 국민적 기대치에 미치지 못하고 있다. 유보통합의 첫 걸음은 학부모들의 유아교육기관 선택권을 보장하고, 교육과정을 격차 없이 제공하며, 어린이집과 유치원의 교사 복지 및 처우 개선을 목적으로 시작했지만 어린이집과 유치원의 격차를 좁히지 못하고 있다. 앞으로 성공적인 유보통합을 위해서는 불안을 불식시킬 수 있는 대안이 제시되어 교육과 복지에 대한 기대감을 가질 수 있도록 하는 것이다.

이러한 방침에서 먼저 어린이집과 유치원으로 이원화되어 있는 교육 · 보육과정을 통합하여 「5세 누리과정」 제도를 2011년 도입하였다. 취학 전 만 5세 유아들에게 양질의 보육과 교육을 제공하기 위해 표준화된 누리과정을 2012년 3월부터 시행하였다. 누리과정은 '신체운동 · 건강', '의사소통', '사회관계', '예술경험', '자연탐구'의 5개 영역을 중심으로 유아 주도적인 경험과 놀이중심의 통합과정으로 구성되어 있다. 이후 3–5세 누리과정이 확대, 적용되었으며 소득수준에 상관없이 유아 학비와 보육료, 양육수당의 형태로 육아 비용에 대한 지원을 확대하였다.

이러한 정부지원의 확대로 유아교육 및 보육에 대한 예산 규모는 급격한 증가세를 보였다(한국교육개발원, 2014). 최근 10년간 어린이집과 유치원을 이용하는 영유아 수는 증가 추세를 보였으며 어린이집 이용에 대한 증가세가 두드러지는 현상을 보였다. 이에 대한 주된 배경은 여성의 사회참여 증가, 가족구조의 변화, 보육지원의 확대 등으로 볼 수 있다. 또한 학부모의 수요 변화가 반영되어 교육기관을 이용하는 만 3–5세 수요자 수가 유치원은 증가하고 어린이집은 감소하는 추세를 보이기도 하였다(박진아, 2015). 누리과정 시행과 정책 변화에 따라 유아 학비 부담이 경감되었고, 저출산 시대에 육아와 교육에 대한 사회적 책임이 강조된 것을 알 수 있다.

최근 보육 및 유아교육 분야는 양적인 측면에서 급속한 팽창을 이루어 왔으나 보육 및 유아교육의 진정한 발전을 위해서는 양적인 확충뿐 아니라, 질적인 측면에서

표 3-1 영유아 교육·보육 현황

구분	유치원	어린이집
근거법률 및 성격	유아교육법(교육기관)	영유아보육법(사회복지기관)
관리부처	교육부 · 시도 교육청	복지부–자치단체
이용대상 및 현황 ('12년 기준)	3~5세, 8천 5백 개, 60만 명	0~5세, 4만 2천 개, 150만 명
운영시간	3~5시간 + 방과후과정(선택)	12시간(7:30~19:30) + 시간연장(선택)
정부지원 총액 ('13년 기준)	총 4조원 (지방교육재정교부금)	총 8.3조원 (국비 4.1조원, 지방비 4.2조원)
정부지원 교육비 · 보육료 (학부모/기관)	0세 75만원, 1세 52만원, 2세 40만원, 3~5세 22만원 (39/36) (35/17) (29/11) (22/0)	
교육 · 보육내용	2019 개정 누리과정(3–5세)	2019 개정 누리과정(3–5세) 표준보육과정(0~2세)
교사자격 · 양성	유치원교사 1 · 2급 및 준교사 (전문대졸 이상, 학과제)	보육교사 1 · 2 · 3급 (고졸이상, 학점제)
정보공시	'12. 9월~, 유치원 알리미	'13. 12월~, 아이사랑보육포털
	* 어린이집–유치원 간 공시항목 · 주기 등 세부사항 상이	
평가체계	의무적 평가	자율적 평가인증제
	* 평가항목은 유사하나 평가주체, 평가절차 등 상이	
재무회계 규칙	어린이집, 유치원, 기관별 설립주체 등에 따라 운영 상이	
가격규제	원장 자율	시도별 상한액
시설기준	1,2층, 놀이터 160m²(40명 이하) 등	1층 원칙, 놀이터 3.5m²/명 등

출처: 국무조정실 보도자료(2014. 2. 14). 국무총리 소속 '영 · 유아교육 · 보육 통합 추진단' 14일 공식 출범.

의 내실화가 무엇보다 중요하다. 인구 변화에 따라 향후 보육 수요가 다소 감소되는 예측을 통해 다양한 시설의 질적 수준의 향상을 위한 세부적인 유보통합 계획이 추진되어야 한다.

2. 유보통합을 기초로 한 보육정책 방향

유보통합에 대한 정부의 합리적 근거는 영유아가 건강하게 성장 · 발전할 수 있는 환경을 만들어주는 데 국가의 책임을 강조한 데 있다. 유아교육 · 보육을 통합하는 데 일차적인 목표는 교육 · 보육 서비스를 전반적인 수요자가 만족할 수 있도록 개선하는 데 있다. 우리나라는 여성의 경제활동 참여를 지원하고, 미래의 노동인구로서 사회 경제력의 근원인 영유아의 출생률을 높이는 데 다양한 정책지원이 강화되었으나 그 효과가 저조하다. 저출산 극복을 위해서는 자녀를 포함하는 가족의 모습을 부담이 아닌 행복으로 설계할 수 있는 사회분위기 조성이 무엇보다 중요함을 강조하였다(권미경, 2017). 이를 위해서는 보육과 교육의 공공성 강화와 보육품질을 끌어올리는 정책 방향이 중요한 역할을 할 수 있다.

'국민행복 희망정부'가 출범하여 아이를 낳으면 국가가 책임진다는 목표하에 다섯 가지 공약을 제시하였다. 보육료 현실화, 국 · 공립 어린이집 확충, 보육교사 8시간 근무제, 보조 및 대체교사 확대, 어린이집 및 유치원 간 격차해소를 제시하였다. 이를 위한 방안으로 아동수당 제도를 도입하고, 보조교사 의무채용으로 보육교사 처우를 개선하는 것이다. 그리고 국 · 공립 어린이집을 전국적으로 이용 아동 대비 40%까지 늘리는 것이다. 양적인 증가가 아니라 아동학대 사례가 없도록 믿고 맡길 수 있는 보육환경에 대한 질적인 기대와 요구도가 높아지고 있음을 알 수 있다.

전반적으로 보육과 유아교육의 예산 규모는 확대되었으나 표준보육 비용을 기준으로 어린이집 보육료를 현실화하여 보육의 질을 제고할 필요가 있다. 최근 5년간 보육료, 양육수당의 지원 대상이 1.7배 늘어났고, 이로 인해 유아교육기관을 이용하는 영유아 수가 늘어났다. 이에 대응하여 2012년 무상보육을 전제로 영아의 어린이집 이용도 급격히 늘어나 어린이집 인가를 완화하여 확충하였으나 2013년 양육수당으로 그 수요가 감소되었다. 보육과 유아교육의 대상아 수는 2016년 감소세를 시작으로 2024년 3,134천 명으로 2014년 대비 1.9% 감소할 것으로 예측하였다(박진아, 2015). 출산율 감소로 3–5세 유치원 이용 유아 수는 증가하고, 0–5세 어린이집 이용 영유아 수는 소폭 감소하는 것으로 예측되었다.

이러한 시점에서 정책 지원과 확대도 중요하지만 재정 지원의 효율성을 고려하여 수요 예측과 이에 따른 대응변화를 논의해야 한다. 최근 보육료 지원에 대한 정부와 지자체의 책임 갈등으로 보육대란을 가져왔다. 예산 확보와 정책 시행에 대한 책임부처가 불분명할 경우 이에 대한 안정적인 정책 시행이 어렵기 때문에 명확한 책임행정부처와 지원체계를 구축하는 것이 중요하다. 이에 모든 영유아가 일정 금액을 안정적으로 수여받을 수 있도록 보육료 지원이 아동수당의 형태로 정착되어야 하고, 이를 시행하기 위한 안정된 예산 확보가 요구된다.

정부는 또 다른 보육과제로 국 · 공립 어린이집 확충을 논의하였다. 구체적으로 국 · 공립 어린이집을 이용하는 아동을 확충하는 방안을 제시하였다. 농어촌과 같은 소외지역은 시설 확충도 요구되지만 전체적인 출산율 감소를 감안하여 공동주택, 기존 민간어린이집 매입 등을 고려하여 재정 투자의 효율성을 높이고자 한 것이다.

또 하나의 주요 공약사항은 보육의 질을 높이기 위해 가장 중요한 요인인 교사의 복지적인 측면을 강조하였다. 맞벌이 부모의 보육서비스 수요를 보장하고, 보육교사의 초과 근무시간에 대한 조정과 협의가 필요하다. 이를 위해서 보조 및 대체교사 확대를 통해 보육교사 8시간 근무제를 도입하는 방안을 추진 중이다. 유치원은 정교사와 보조교사의 형태로 2담임제가 실행되고 있으나 어린이집은 1인 교사가 비슷한 규모의 학급을 운영하고 있다. 이러한 교사의 업무 부담을 줄이기 위해서는 어린이집에도 보조교사를 의무적으로 채용하는 형태로 지원해야 한다. 더불어 교사들의 보수교육 참여와 연가, 처우개선비 보장 등을 점차적으로 확대해 나가야 한다.

뿐만 아니라 어린이집 및 유치원 간 격차 해소를 줄여 나가는 방안들을 모색해야 한다. 먼저 교사를 배출하는 교사양성체계의 자격기준을 개편하여 사회적 인식 차이를 좁혀나가야 한다. 어린이집, 유치원 공통의 학부모 안심교육 인증제를 도입하여 누구나 믿고 맡길 수 있는 시스템이 구축되어야 한다.

유보통합을 전제로 한 보육정책은 수요자인 학부모의 선택권을 보장하고, 어린이집과 유치원의 교육의 차이를 최소화하는 데 두어야 한다. 유보통합 정책의 효과를 극대화하기 위해서는 영유아를 위한 교육과정을 누리과정으로 통합을 시도한 것을 시작으로 교사 간의 통합, 기관 간의 통합도 함께 이루어져야 한다. 또한 유보통합을 위한 다양한 과제들을 전문가, 수요자, 교육자 등의 의견을 최대한 수렴하고 현장에서의 혼란이 유발되지 않도록 단계적으로 추진되어야 한다. 이에 실제적인 교육현장의 격차를 살펴보고 이에 대한 대안을 탐색해보고자 한다.

3. 유보통합을 위한 유치원과 어린이집 간 격차 해소 방안

유보통합의 근본적인 목적은 영유아의 권리보장과 존중받는 교사가 최우선이며 이에 기초한 중장기 발전계획이 수립되어야 한다. 육아정책연구소(2016)는 유보통합의 추진 목적으로 격차의 해소, 출발선 평등, 선진화된 운영체계와 양질의 교육·보육 서비스 제공을 정착시켜야 함을 강조하였다. 유아교육에서는 유치원의 법인화와 사립유치원의 공공성 증진 방안을, 보육에서는 교사의 전문성과 처우개선 방안을 중점사항으로 제시하였다. 즉, 유치원은 교육과정과 방과후과정의 교사 및 교육과정상의 구분과 경계선을 최소화하고, 어린이집에서는 평가와 규제보다는 수업과 보육과정의 질을 높일 수 있는 지원과 컨설팅의 전략을 강화하는 방향으로 구체적인 계획을 수립해야 한다.

현장에서는 보육과 유아교육의 통합을 동의하고 있으나 긍정적인 면과 우려되는 부분이 서로 다르게 나타났다(박지현, 2017). 유치원의 입장은 정부정책의 효율성과 학부모의 편리성, 교육과정의 연계성 확보를 긍정적으로 보았고, 교사양성체제의 일원화로 교사의 질이 낮아질 것으로 우려하였다. 반면 어린이집 입장은 학부모의 서비스 개선과 교사의 이미지 및 처우개선을 긍정적으로 보았고, 교사 자격 통합 과정과 원아 수급에 대한 우려를 나타냈다. 이러한 불안과 염려가 해소되기 위해서는 적절한 의사소통을 통한 제안들이 받아들여져야 하며 이에 기초한 정책이 이루어져야 한다.

유아교육기관의 유형을 일원화하는 데 한계가 있으므로 어린이집과 유치원이라는 기관별 격차를 해소해 가는 과정이 무엇보다 중요하다. 이를 위해서는 통합시스템과 밀접하게 연결되어 있는 교육과정, 교육환경, 교육인적자원, 행정관리체제에 대한 점검이 필요하다. 이에 교육과정의 격차, 교육환경의 격차, 교육인적자원의 격차, 교육행정관리체제의 격차로 구분하여 해소방안을 살펴보고자 한다(김용숙, 박지영, 2016).

가. 교육과정의 격차 해소

유아교육과정의 격차는 누리과정과 표준보육과정의 연계 운영과 프로그램의 확대를 통해 해소할 수 있다.

첫째, 표준보육과정과 누리과정의 연계이다. 다시 말해 표준보육과정과 누리과정을 통해 영유아의 연속적인 발달을 돕고 있는지 점검할 필요가 있다. 2012년 이후 누리과정은 3-5세로 확대되어 지속적으로 보급, 운영되고 있다. 이전의 표준보육과정은 2세 이하의 영아에게 시행되고 있었다. 육아정책연구소의 유보통합에 대한 학부모의 인식조사에 따르면 어린이집과 유치원의 이용 연령 차이로 형제가 다른 기관을 이용하거나 동일연령을 담당하므로 기관 선택 시 혼란을 야기하는 것을 단점으로 지적하였다(이미화 외, 2013). 최근 5년간 통합된 3-5세 누리과정의 성과와 질적인 향상을 위한 논의가 필요하며, 0-2세의 보육의 질 향상도 점검할 필요가 있다. 실제 현장에서는 2-3세 혼합연령이 한 학급으로 구성되기도 하며 이를 실행하는 교사들에게 적절한 교육이 시행되지 않아 교육과정을 운영하는 데 교사들이 혼선을 빚고 있다. 영유아의 발달의 연속성과 개별성을 고려할 때 누리과정과 표준보육과정의 연계 운영이 시급하다. 연령별 교육과정의 격차, 시설환경의 차이와 수요자의 선택으로 2-3세 혼합연령과 같은 실제적인 프로그램 운영에 있어 발생하는 문제점들에 대해 논의하고 그 방안들을 찾아가야 한다. 즉, 연령에 따른 발달사항으로 구분되어 있는 교육과정을 융통성 있게 운영하기 위해 연계할 수 있는 프로그램에 대한 방안을 모색해야 한다.

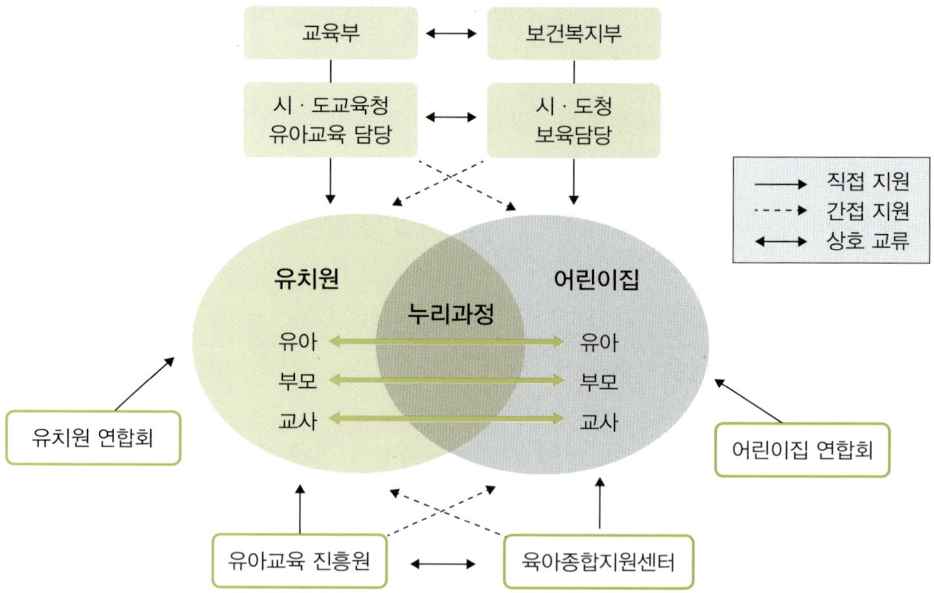

그림 3-1 어린이집과 유치원 협력 시범연구 협력모형

출처: 2014 영차 프로젝트 정책세미나 자료집. 육아정책연구소

둘째, 공유 협력 프로그램 개발이다. 유보통합을 위해서는 동등한 수준으로 교육의 기회를 제공하고, 어린이집과 유치원이 상생하는 교육 프로그램 운영과 협의 체제를 구축해야 한다. 누리과정은 통합되어 운영되고 있으나 어린이집과 유치원 간의 교류와 교육 프로그램은 연계 운영이 필요하다. 2014년 '두리 하나' 영차 프로젝트가 시행되었다. 이는 3–5세 연령별 누리과정의 성공적인 운영과 지역 특성을 반영한 어린이집과 유치원의 협력을 활성화시키고자 시도되었다(육아정책연구소, 2014). 앞으로 유아교육과 보육이 상생할 수 있는 협력모델로서 영차프로젝트를 통해 공통적으로 함께 운영할 수 있는 부모협력, 교사교육 등의 내용을 교류하거나 각 원의 좋은 특성을 협력의 형태로 강화시키는 노력이 필요하다. 이를 위해서는 시청, 교육청, 유아교육진흥원, 육아종합지원센터 등 지역별 행정의 지원체계 역시 교육과정 운영, 교원연수, 현장중심의 체험활동, 협력 컨설팅 등의 협력을 지원해야 한다. 즉, 지자체 주도형 협력으로 양육 친화적인 환경을 조성하는 데 지역 어린이집과 유치원의

상생적 협력이 지속될 수 있도록 적극적 지원을 해야 한다.

나. 교육환경의 격차 해소

영유아 교육환경의 격차 해소는 어린이집과 유치원 평가체제 및 지표를 통일하고, 지속적인 점검을 통해 영유아의 안전을 보장할 수 있는 물리적 공간이 개선되어야 한다.

첫째, 교육환경 개선을 위한 통일된 평가체제의 도입이다. 어린이집과 유치원은 근거 법령, 설치 기준, 행정담당 부처, 교사 자격과 처우 등이 다르고, 교육 · 보육의 내용과 학부모 수요도, 교육비 부담, 운영시스템에서도 차이를 보인다. 이를 줄이기 위해서는 어린이집과 유치원의 원비, 교사, 특별활동, 급식 등 정보공시 내용을 확대하고 이를 기준으로 유아교육기관 평가준거를 확립해야 한다(장석환, 2014). 영유아 교육환경의 개선을 위해서는 전반적인 교육기관의 운영에 대한 평가가 주기적으로 이루어져야 한다. 현재 어린이집과 유치원 평가체제의 지표가 다르게 운영되고 있다. 공통된 평가기준과 지표를 명목화하여 통일된 평가체제를 갖추어야 한다. 또한 일관되게 유아교육기관의 평가를 주관하는 행정자치제도 시스템도 구축해야 한다.

둘째, 유아교육기관의 물리적 공간을 개선해야 한다. 어린이집과 유치원의 설립 기준을 평준화하여 허가 기준을 강화하고, 기존 낙후된 시설도 보완하는 데 관리, 감독이 철저해야 한다. 영유아의 양육비, 보육부담으로 사회적 보장이 안정되어 출산율이 감소되는 것을 막기 위해서는 물리적인 환경을 확보하는 것도 시급하다. 그러므로 영유아와 부모를 위한 맞춤형 교육 · 보육이 물리적 환경을 기초로 이루어져야 하고, 국 · 공립 시설의 형태로 비용부담을 축소시켜야 한다(보건복지부, 2017). 무분별한 확충이 아닌 지역 수요에 따른 국공립 어린이집에 대한 확충이 논의되어야 한다. 먼저 안정적인 공간이 확보되고, 교사 대 아동비율, 이용 시간과 교육과정 등에 대한 세부적인 점검과 조율이 이루어져야 한다. 영유아의 유아교육기관 이용률이 물리적 환경으로 인해 지역에 따른 차이를 보이지 않아야 한다. 평가시스템을 통해 안전하고 편의성이 고려된 물리적인 시설의 확보가 요구된다. 사회적 인구 변화에 따른 영유아 감소가 예측되므로 시설 확충보다는 기존 시설을 통해 교육수준을 질적으로 향상시켜야 한다. 유아교육시설의 접근성과 용이성을 위해 0-5세 아동의 어린이집 및 유치원 이용을 허용하고, 시설 및 교사 간의 격차는 축소하되 시설의 다양성은 유지해야 한다. 특히 다문화 및 한부모 가정, 농어촌 교육시설 등 지역별 소외 계층이 발생하지 않도록 우선적 지원과 이를 위한 물리적 공간을 확보해 주어야 한다.

다. 교육인적자원의 격차 해소

영유아의 교육인적자원인 유아교사 전문성 강화를 위한 방안과 유아교사 양성제도의 재정비를 토대로 교사들의 처우가 장기적으로 보장되어야 한다.

첫째, 유아교사 자격의 일원화이다. 유아교사의 교원양성체제는 분화되어 있다. 유치원교사 중 학사 학위 소지자는 51.4%(2014년 기준) 수준이며, 유치원교사와 보육교사 양성과정 및 현직 교육의 질을 높여야 한다. 특히, 교사의 자격 기준을 단일화시켜 자격증 취득에 있어 교원양성체제의 책무성과 역할이 강화되어야 한다. 교육전문가들은 예비교사의 수업연한을 4년 이상으로 제안하였고, 유아교육학과와 보육학과를 중심으로 학사 학위 수여를 기본 방침으로 점검해야 한다(김은영 외, 2015). 유보통합을 위해 현장교사들은 자격 취득의 일원화와 역할 분리를 시급한 과제로 꼽았다. 특히 현장에 필요한 교사역량을 강화하기 위해 1년 정도의 단계적 실습이 필요하며, 좋은 실습기관을 선별하고, 실습지도교사의 역량검증과 처우보장이 병행되어야 한다. 교원양성체제의 평가와 규제를 통해 자격증 발급에만 집중하지 않고, 교사의 기본교육뿐만 아니라 사회변화가 요구하는 다양한 프로그램을 개발, 보급하는 질적인 교육이 강화되어야 할 것이다. 또한 교원양성체제의 평가결과가 미흡할 경우, 정원 감축 등을 통해 자구적인 노력을 유도해야 하고 사회문제로 부각되고 있는 교사인성교육, 교원양성기관의 특성화교육 등을 토대로 차별화된 교육이 필요하다.

둘째, 교육의 질은 교사의 안정적 지위와 전문성을 보장해야 한다. 단계적 교사발달을 기대하기 위해서는 법적 근거를 통한 공정한 대우와 공교육 확대로 장기적으로 근무할 수 있는 교사 근무여건을 보장해 주어야 한다. OECD(2012)에서도 핵심정책 수단으로 교사 자격 기준과 현직 연수 강화, 교사 근무여건 개선을 제시하였다. 최근 5년간 보육 및 보육교사 처우 개선을 위한 예산도 증가되었으나 교사의 근무 여건은 열악하다. 교사의 열악한 근무 여건이 스트레스로 직결되며 이는 역할수행 능력에도 악영향을 끼쳐 이직이나 사직을 결정하기도 한다. 보수, 근로시간, 재교육 등 교사의 처우 개선은 이직을 막고 안정적인 교육과정 운영으로 장기적인 효과를 기대할 수 있다. 또한 경력이 높은 교사의 전문성을 인정하여 유아교육 현장전문가로 활용할 수 있는 다각적인 방안이 요구된다. 경력교사와 신임교사의 멘토로 교육프로그램을 실행할 수 있으며, 유아교육기관의 전문 컨설턴트로 수석교사를 활용하여 평가체제의 질을 끌어올릴 수 있다. 특히 초중등 교원에게 실행되는 학습연구년제를 도입하여 유아교사의 휴식과 재충전, 우수교사의 발굴 등에 노력을 기울일 수 있다(문무경, 2016). 양질의 교사와 교육서비스가 제공되기 위해서 보조교사, 대체교사를 확대하고, 보육교사의 근무 시간, 급여, 수당 등을 개선하여 자격에 따른 처우의 격차를 좁혀 나가야 한다.

셋째, 교사의 재교육 강화로 전문성과 자존감을 높여야 한다. 국 · 공립 교사에 비해 사립 · 민간 교사는 교육 · 보육을 위한 준비시간에 대한 차이를 많이 보였다. 주당 교육 · 보육시간이 유치원은 28.6시간, 어린이집은 43.5시간으로 어린이집이 두 배 이상이었으나 주당 교육 · 보육 준비시간은 유치원은 9.0시간, 어린이집은 6.2시간으로 유치원이 1.5배 정도 높은 것으로 나타났다(김은영 외, 2013). 이러한 교사 복지 실태는 영유아에게 제공되는 교육 · 보육의 질이 다르게 적용될 수 있음으로 교사의 근무 여건과 처우가 많이 개선되어야 함을 시사하고 있다. 교사의 근무시간을 축소하여 경력단절 교사 등의 인적 자원을 활용하고, 교사 요구도 수렴을 통하여 교사들이 한시적, 장기적으로 원하는 교육 프로그램을 직접교육, 인터넷 강의 등으로 실시하여 전문성을 강화시켜야 한다. 경력교사는 충분한 역량을 갖추고 있으며 교수법, 유아와의 상호작용, 유아평가, 부모와의 협력 등 실제교육에서의 질적 내실화에 요구도가 집중되어 있는 것을 고려한다면 정형화된 연수 프로그램보다는 요구도를 반영한 개별화 프로그램들이 개발, 운영되어야 한다.

라. 행정관리체제의 격차 해소

영유아 행정관리체제의 격차 해소는 담당행정부처를 통합하여 충분한 예산이 확보되어야 하며 교육비 평준화로 사교육 증대를 막고, 최대의 교육복지 서비스가 모든 영유아에게 제공되어야 한다.

첫째, 영유아교육의 행정관리체제의 통일이 우선적으로 요구된다. 교육부와 보건복지부로 이원화되어 있는 행정지원 시스템을 하나의 중앙부처로 일원화해야 하며, 연계성에 중추적인 역할을 할 수 있는 여성가족부, 육아정책연구소 산하기관 등의 협력이 필요하다. 실제 영유아를 담당하는 교사들도 유보통합의 의미에 대해 다르게 인식하고 있었다(임소민, 2017). 어린이집 교사는 유치원과 보육시설의 서비스 기능의 통합으로 여겼고, 유치원 교사는 교육부와 보건복지부로 분할된 소관 중앙부처의 통합으로 보아 차이를 보였다. 실제 보육 행정업무는 재무관리와 시설관리 차원의 업무가 주를 이루고, 유아교육 행정업무는 교육과정 및 교원 지원이 주를 이루고 있다. 이러한 보육 · 교육의 지원과 시설환경관리 지원에 큰 차이가 없으므로 소관부처의 단일화는 유보통합을 위한 정책조정 및 재정확보에도 실효성이 있다. 무엇보다 교사 전문성 향상에 필요한 예산 확보에도 주력하여 교사의 이직 및 퇴직률을 줄일 수 있을 것으로 기대한다. 또한 중앙행정부처가 통합되면 이와 연결되어 유아교육기관의 통합정보공시의 항목을 현재의 범위보다 확대하여 부모의 알 권리와 선택권 확대를 보장해야 한다.

둘째, 효율적인 운영시스템으로 교육비의 평준화가 이루어져야 한다. 유보통합에 대한 학부모의 인식조사 결과, 어린이집과 유치원 분리에 대해 동일한 연령임에도 이용 시간과 비용 차이를 가장 큰 단점으로 꼽았다(이미화 외, 2013). 어린이집과 유치원의 규모와 프로그램, 일과운영 시스템에 따라 교육비가 다양하다. 학부모 편의성을 위한 결제카드 단일화부터 시도하였고, 소모되는 교육비의 격차를 줄여나가야 한다. 정부가 지원하는 교육비를 제외하고도 유아교육기관의 교육과정에 따라 예산에 기초한 교육비 산정이 다르고, 방과 후 교육 프로그램 같은 추가 교육비가 발생하여 사교육비 역시 학부모에게 부담을 준다. 이에 사교육을 줄이기 위해 교육비 평준화가 필요하다. 먼저 사교육비의 축소는 부모의 합리적인 의사결정이 뒷받침되어야 한다. 사교육의 투자대비 효율성을 인식할 수 있도록 영유아 발달을 위한 교육정보를 제공해야 한다. 영유아의 정상적인 발달을 위한 중요한 교육은 공교육에서 실시하며 부모의 만족도를 반영한 다양한 프로그램을 기본 교육과정에 통합하여 실시해야 한다. 또한 사교육에 대한 비용 부담을 줄이기 위해 방과 후 프로그램의 전문 인력을 양성하고, 교육기관이라는 안전한 공간을 이용하는 돌봄 센터를 활성화시키는 것을 제안한다.

셋째, 긍정적인 부모의 역할강화이다. 부모의 부재는 교육사회의 문제인 사교육을 늘리고, 가정교육의 기능을 약화시킨다. 긍정적인 가정교육 환경이 마련될 수 있도록 사회적인 지지와 인식 변화가 요구된다. 근본적으로 학교준비도를 위한 건강, 학습, 사회심리적 지원이 우선 가치로 여겨져야 하며(문무경, 2016), 이를 위한 준비와 노력이 가정을 중심으로 이루어질 수 있도록 부모역할을 강조하는 사회적 인식이 개선되어야 한다. 가족 구성원 간의 상호작용과 제 역할로 가족회복탄력성이 높아질 수 있도록 예비부모 교육프로그램을 운영하여 잠재적인 효과를 기대할 수 있다. 결혼 이전의 예비부모교육으로 세대 간 이해와 부모의 역할 및 중요성을 인식시킬 수 있다. 또한 최근 노동부가 14세 이하 자녀를 둔 부모의 가사분담 현황을 분석한 결과, 가사노동 시간의 차이가 남성은 45분, 여성은 227분이었고, 가사분담률은 남성은 16.5%, 여성은 83.5%로 4배가량 차이를 나타냈다. 아버지 교육을 강화하여 가족의 기능이 모 중심의 양육과 교육지원에서 벗어나고, 원만한 부모-자녀 관계를 회복할 수 있는 교육프로그램으로 지원해야 한다.

이와 같이 유보통합의 향후 계획은 수요자인 학부모와 영유아의 선택권을 보장하고, 어린이집과 유치원의 교육의 차이를 최소화하는 데 두어야 한다. 영유아 교육과정의 격차, 교육환경의 격차, 인적 자원의 격차, 행정체제의 격차를 좁혀나가며 효율성을 높여서 행정, 재정적 지원이 증폭되고, 교육실행에 대한 평가와 환류가 지속적으로 이루어져야 한다.

또한 어린이집과 유치원은 설립목적이 다르고 정책에 따른 목적과 목표도 다르지만 영유아들에게는 소득수준과 상관없이 질 높은 교육 · 보육 서비스를 제공해야 한다. 우리 모두는 영유아 교육과 보육에 대한 공적 책임을 제고하고, 유아교육기관 운영자의 사회적 책임도 강화되어야 한다. 어린이집과 유치원은 서로 다름을 인정하고, 미래의 주인공들에게 최적의 교육복지혜택을 제공해줄 수 있는 방법을 찾아가는 것이다. 여성의 경제활동 참여율을 높이기 위한 다양한 양육지원 체제가 어린이집과 유치원을 통해 구축되어야 한다. 수요자의 만족도를 높이기 위해서는 현 시점에서의 격차를 해소하고 공평한 보육과 교육의 통합서비스를 제공해야 한다는 사회적 책임과 의식 변화가 중요한 시점이다.

따라서 유보통합은 시대의 변화에 대응하면서 예측하고, 합리적인 방법을 도출하여 다양한 변화를 시도해야 한다. 이에 대한 방안을 요약하면 첫째, 영유아교육과정의 해소를 위해서는 누리과정과 표준보육과정의 연계성과 새로운 협력 공유 프로그램 개발이 우선시되는 것이 바람직하다고 본다. 둘째, 영유아 환경의 격차 해소를 위해서는 통일된 평가체제의 도입과 유아교육기관의 물리적 공간을 개선해야 한다. 셋째, 영유아 인적 자원의 격차 해소를 위해서는 유아교사의 교원양성체제의 일원화와 보육의 질 보장을 위해 교사임금, 보조교사, 대체교사지원 확대 등을 통해 교사의 안정적 지위와 전문성을 보장할 때 교사의 자존감을 향상시킬 수 있다. 넷째, 행정의 격차 해소는 행정기관의 통일과 효율적인 운영시스템으로 교육비의 차이를 줄이는 것이다. 더불어 긍정적인 가정교육 환경이 마련될 수 있도록 사회적인 지지와 인식 변화가 요구된다.

CURRICULUM FOR EARLY CHILDHOOD EDUCATION

제 4 장

유아교육 사상과 유래

이 장에서는 고대, 중세, 근세, 근대(19세기) 이후 유아교육 사상을 철학적 입장에서 살펴보고 유치원, 보육, 유아학교의 3대 계보로 나뉘어 발전해 온 흐름을 전개하였다.

제1절 유아교육 사상의 선구자들

고대와 중세와 근세의 유아교육의 선구자들의 교육사상에 대한 내용을 제시하였다.

제2절 근대 이후의 유아교육(3대 계보)

유아교육기관의 형태를 갖추고 발달해온 3대 계보 – 유치원, 유아원, 유아학교 – 의 흐름에 대한 내용을 제시하였다.

제1절 유아교육 사상의 선구자들

유아교육에 관한 우리나라 역사에서의 기록은 뚜렷한 것이 없으며 다만 어릴 적에는 어머니에 의한 내훈이 있었다는 정도이다. 본격적인 교육이 시작되는 5~6세가 되면 그때부터는 그 지역의 향교나 서당에서 교육을 받은 풍습이 전해져 오고 있다. 그러므로 우리나라 유아기의 제도적인 교육은 찾아보기 어렵기 때문에 유아교육이 발전해 온 과정을 서구 사회를 중심으로 살펴볼 수밖에 없다. 유아교육의 발전과정을 서구 사회를 중심으로 보면 19세기를 분수령으로 하여 19세기 이전과 그 이후로 나누어볼 수 있다.

19세기 이전의 유아교육은 서구 사회가 고대, 중세 그리고 근세로 넘어오면서 유아교육의 중요성을 강조한 선구적인 학자들이 많이 있었고, 유아교육기관으로는 일부 특수층의 자제를 위한 것 또는 종교적 교리를 심어주기 위한 종교기관 정도가 있었으나 국민 대중을 위한 괄목할 만한 기관은 별로 없었다.

이 절에서는 고대, 중세, 근세의 유아교육 사상의 선구자들에 대하여 살펴본다.

1. 고대의 유아교육

고대 유아교육은 플라톤과 아리스토텔레스의 사상을 중심으로 살펴본다. 플라톤은 진선미의 절대적인 가치를 추구한 이데아를 실현하기 위한 철인 양성에 교육목적을 두었으며 아리스토텔레스는 행복이 인생 최고의 목적이 될 수 있다고 보고 개인의 완성 및 교양을 갖춘 자유인을 양성하는 것을 교육의 목적으로 삼고 있다. 여기서는 서로 다른 교육목적을 가진 두 사람의 사상을 중심으로 살펴본다.

가. 플라톤(Platon)

플라톤의 교육을 한마디로 표현하면 철인교육이라고 볼 수 있다. 그의 교육론에서 유아기에 해당되는 것만을 살펴보면 플라톤은 그의 『국가론(The Republic)』에서, 유아기를 제1기: 요람기(1~3세), 제2기: 유희기(3~6세)로 나누었다.

제1기(요람기)에는 가정에서 어머니가 유아들에게 좋은 생활습관과 건전한 성격형성을 위한 교육의 기회를 부여해야 한다고 하였다.

제2기(유희기)에는 어머니의 양육방법으로는 한계가 있기 때문에 국가에서 임명한 보모가 신화와 동화를 들려줌으로써 올바른 행동규범을 배우도록 하였다. 이 시기의 유아교육의 목적은 이상국가 실현을 위한 능력과 기술을 갖추도록 하는 것이었고, 당시 금기시되었던 것은 호색적인 것, 비속한 전쟁 이야기, 사랑 이야기 등이었는데 이러한 것들은 유아를 탐욕스럽고 비겁한 인간으로 만들게 한다고 생각한 것이다. 이때의 교육대상은 수호자 계급(금과 은계급)의 유아들이었다. 지금까지 제시된 플라톤의 교육관이 유아교육에 공헌한 점과 비판할 점을 살펴보면 다음과 같다.

공헌점	비판점
• 여성교육을 허용하고 옹호하였으며 이상적 자유주의 교육 제시 • 최초로 공교육론을 주장 • 교육을 통한 사회 선발	• 서민교육의 불필요성을 주장 • 교육기회 무시 • 엘리트대상의 교육 실행

나. 아리스토텔레스(Aristoteles)

아리스토텔레스는 플라톤과는 달리 교육기회의 평등을 주장하며 금이나 은계급뿐만 아니라 자유시민이면 모두가 교육의 대상이 되어야 한다고 주장하였다. 그는 7세 이하의 아동에게 어머니가 주도하는 가정교육의 중요성을 강조하고 유아의 놀이 활동이나 경험의 교육적 타당성을 확인할 수 있는 가정교사의 필요성을 주장하였다.

교육의 내용은 인간의 자연적인 발달단계에 따른 순차적인 소질에 따라 계발되어야 한다고 보고 있다. 아리스토텔레스의 교육관이 유아교육에 공헌한 점과 비판할 점을 살펴보면 다음과 같다.

공헌점	비판점
• 사유의 법칙을 분석하여 전통적인 논리학의 창시자 • 발달단계에 따른 교육단계 주장(신체적 발육–습관형성–이성의 도야(지,덕,체))하였음 • 과학적 교육방법을 사용	• 서민교육을 무시 • 자유인의 교육 강조 • 여성교육 부정 • 귀족주의 교육 주장

2. 중세의 유아교육

중세에는 교황과 사제가 이끄는 기독교 교리에 의해 지배되는 시기이었기 때문에 인간관이나 교육관도 기독교의 범주를 벗어날 수 없었다. 유아기 초기에는 가정에서 교육을 받다가 5~7세가 되면 수도원 학교(schola)에 들어가 회개, 금욕, 고행을 바탕으로 하는 교리를 배경으로 엄격한 훈육을 받았다. 처음에는 3R's(독, 서, 산)와 성경을 배우고 후에 교양학과(liberal arts)를 배웠다. 이러한 교육을 받는 것 외에도 어려서부터 전투놀이를 통해 신체를 단련함으로써 정신을 무장하고 용맹심과 충성심을 기르는 기사도 교육도 중요한 교육내용이 되었다.

3. 근세의 유아교육

근세에 문예부흥 운동이 일어나면서 인문주의 교육사상이 팽배하게 되어 개인의 자유로운 표현과 창작활동이 크게 일어났던 시기이었다. 근세 이후 교육사상의 선구자들로서는 에라스무스(Erasmus), 종교개혁가인 루터(Martin Luther), 코메니우스(Comenius), 피히테(Fichte), 페스탈로찌(Pestalozzi), 꽁도르세(Condorcet), 헤르바르트(Herbart), 프뢰벨(Fröbel), 슈라이에르막허(Schleiermacher), 스펜서(Spencer), 오웬(Owen), 듀이(Dewey) 등을 들 수 있으나 여기에서는 유아교육의 발전에 구체적으로 공헌한 선구자를 선택하여 다음에 제시한다.

가. 에라스무스(Desiderius Erasmus Rotterdamus)

에라스무스(Erasmus)는 수도사의 신분으로 유럽 각지를 여행하며 신학보다는 인문주의에 심취하여 교육과 저술에 힘쓰고 말년에는 자유인의 신분이 되었다. 그의 교육사상은 많은 저술 가운데『학습계획』,『대화집』,『아동의 교육에 대하여』,『교수법』,『명구집』,『기독교군주교육론』등을 통해서 엿볼 수 있다. 여기에 나타난 교육관을 교육의 목적, 교육의 방법 및 단계로 나누어 살펴보기로 한다.

1) 교육의 목적

교육에서 가장 중요한 것은 첫째, 어린 마음에 경건한 마음의 씨(the seed of piety)가 싹트게 하는 것이고 둘째, 자유학과(the liberal studies)를 사랑하고 철저히 학습하는 일이고 셋째, 인생의 의무(the duties of life)를 준비하는 일이며 넷째, 일찍부터 좋은 태도(good manner)를 습득하는 일이라고 하였다.

그는 인간의 본성을 선한 것으로 보았고 그 선한 인간성은 고전을 통하여 발전시킴으로써 완성될 수 있다고 보았다(Butts, 1955). 또한 인간의 개인적 발달의 원리는 자연(Nature)과 훈련(training)과 실행(practice)이고 인간이 행복해지는 수단은 올바른 훈련과 교육이다. "올바른 교육은 진정한 지혜를 얻는 조건이다"(Robert, 1945)라고 말하며 교육의 목적을 인간이 지식과 정직과 독립적인 판단을 하도록 이끄는 일이라고 하였다.

한편 이 사회가 기독교 사회이기 때문에 사회적 존재인 인간에게 신을 위한 그리고 기독교 사회의 실천을 위한 교육이 필요함을 강조하고 있다. 따라서 훌륭한 교육을 하기 위해서 학교는 교회나 수도원에 의해서 경영되는 것보다 공공적인 시설로서 경영되어야 하고 유능한 교사를 양성하여야 한다고 주장하면서 교육의 세속화 내지 공교육 제도의 실시를 주장하였다.

2) 교육의 방법 및 단계

그는 종래의 7세 이후에 시작해 온 교육에 반대하고 적어도 3세 이전에 시작하여야 한다는 조기교육을 주장하였다. 도덕(Virtue)교육은 발달에 적합한 시기에 가능한 한 빨리 길러져야 한다. 만일 교육이 7세 이후로 지연이 되면 나쁜 습관과 태도가 이미 길러지기 때문이다(Bowen, 1975).

그의 교육론은 주로 출생으로부터 7, 8세까지에 집중되어 있다. 그는 이 기간을 다음과 같이 3단계로 나누었다(二宮敬, 1984).

(1) 제1단계: 출생–2세 가정교육의 시기

출생한 최초의 어린이는 부드러운 초나 점토처럼 아직 정형화되지 않은 심신이 밖으로부터의 영향을 강하게 받기 때문에 부모는 그 성장에 세심한 주의를 하여야 한다. 다만 귀여워해주면 된다고 생각해서는 안 된다. 어린이에 대한 교육의 책임은 그 부모에게 있는 것이다.

(2) 제2단계: 2–6세 교사에 의한 교육시기

이 단계에서는 교사의 중요성을 강조하고 있는데, 교사의 첫째 임무는 아이들로부터 사랑을 받는 일이며 교사를 사랑하게 되는 어린이들은 교사를 무서워하는 것이 아니라 존경하게 되고 시간이 흐름에 따라 점차 학습에 대한 흥미로 발전하게 된다. 이와 같은 교사와 학생 간의 애정에 기초를 둔 인간관계, 자유와 경애에 기초를 둔 인격적인 관계를 교육의 기본으로 삼았다.

그리고 유아교육 현장에서 교사가 가장 유의해야 할 점 두 가지를 첫째, 가급적 학생 개개인의 특성과 개성을 발견하고 교육의 획일화와 강제성을 피해야 한다. 둘째, 어린이의 성장에 알맞은 단계적 방법을 취하며 무리하지 않도록 하여야 한다로 제시하였다.

유아기는 성인과 비교할 수 없을 만큼 기억력과 모방력이 뛰어나기 때문에 유아기부터 덕육(德育)과 지육(知育) 교육이 가능하게 된다.

- 덕육: 기본적인 몸가짐으로 겸양(modestia)과 경건(pietas)을 갖추는 일로서 유아들이 말하기 전부터 몸에 익히게 해야 한다.
- 지육: 유아가 말을 배우기 시작할 때부터 지적인 교육이 시작되어야 한다는 조기교육을 주장한다. 초기의 언어습득이 정확하여야 학문상의 지식의 습득에도 크게 영향을 줄 수 있다. 또한 언어는 모든 학습의 기초가 되기 때문에 언어적으로 자극할 수 있는 환경을 만들어주어야 하고 언어교육은 학교교육의 중심이 되어야 한다고 주장하고 있다(Bowen, J., 상게서).

한편 그는 덕육이나 지육과 같이 체육에 대해서도 관심을 가졌다. 적당한 운동은 정신의 피로를 회복시켜주고 생활에 활력소가 된다. 이러한 체육은 정신과 육체와의 밀접한 관련하에서 조정되어야 하며 운동선수 양성을 위한 체육은 금하였다.

(3) 제3단계: 6–7, 8세 언어교육의 시기

유아의 교육은 성장 시기에 적합할 때 쉽게 배우기 때문에 성장발달의 수준에 맞추어 지도할 것을 주장한다. 이 시기에 학습하여야 할 지식이 두 가지가 있는데 하나는 사물에 대한 지식이고 다른 하나는 언어의 지식이다. 사물에 대한 지식이 근본적이고 중요한 지식이지만 학습하는 순서는 먼저 언어의 지식을 학습해야 한다. 왜냐하면 사물은 언어를 통해 이해되기 때문이다.

이와 같이 교육방법 내지 학습지도에 아동의 발달을 고려한 심리주의 개발주의적인 교육을 주장하였고 그 외에도 학생지도에 체벌금지, 학교교육에서 남녀평등의 실현 등을 주장하였다.

에라스무스의 교육사상은 고전적 지배하에 있었던 교육을 인간주의적인 세속적 교육으로 발전하는 데에 기여하였고, 로마의 퀸틸리안 이래 가장 뛰어난 교육사상가로 알려지고 있다. 당시 현실비판에서 시작하는 그의 교육사상은 당시의 인문주의 교육의 발전에 크게 기여하였다. 에라스무스의 교육방법에서도 아동의 개별적인 지도의 원리, 개성발달의 원리와 유희적 방법 등은 아동심리학의 발달에 영향을 주게 되고 17, 18세기의 실학주의 교육사상, 계발주의 교육사상의 대두에 선구적 역할을 했을 뿐만 아니라 '에라스무스는 달걀을 낳고, 루터는 그 달걀을 부화시켰다'고 할 만큼 그의 사상은 종교개혁의 도화선 역할을 하게 된 것이다.

나. 코메니우스(Johann Amoss Comenius)

코메니우스는 감각적 실학주의 교육사상가이다. 그가 생존했던 당시의 세계적인 기운의 배경을 보면, 학문의 경향은 중세적 스콜라 철학으로부터 벗어나 다음의 세 방향으로 진로를 바꾸어 갔는데, 첫째로는 데카르트(R. Descartes)에 의해 구현된 수학적, 합리적 경향이고, 둘째로는 베이콘(F. Bacon)에 의한 경험적 학문이며, 셋째로는 신 플라톤적, 신비적 학문이다. 이 가운데 코메니우스는 세 번째인 신 플라톤적, 신비주의적 경향에 그의 학문의 기반을 두었다. 즉, 신이 우리에게 준 3개의 빛(Lux)인 외적인 빛(=감각), 내적인 빛(=이성), 그리고 영원한 빛(=계시) 들이 협동하여 세계의 내용을 파악할 수 있다고 믿었다. 그리하여 감각에서 이성으로, 그리고 이성으로부터 계시로 단계적인 과정을 거쳐 신의 통일적 내용을 완성하는 것이 그의 교육방법이었다.

1) 교육사상

그의 교육사상은 주저인 총 33장으로 된『대교수학(Didactica Magna)』에 체계적으로 정리되어 있다. 교육의 목적은 내세를 위한 준비에 있으며 그 준비는 박식과 덕과 경건 등 세 가지 방향에서 이루어져야 하고 이 세 가지는 통합되어 이루어져야 하며 지(知)는 덕(德)을 위해서 존재하고 덕은 신앙(信仰)을 위해서 존재한다는 연관성을 전제로 하였다.

이와 같은 교육은 모든 사람에게 필요한 것이므로 신분이나 계급에 구애됨이 없이 모든 사람에게 일반교양을 부여해야 하기 때문에 모든 청소년들에게 학교교육이 공통적으로 베풀어져야 한다는 근대적 보통교육 제도의 이념을 역사상 처음으로 선언한 것이다.

2) 교육단계

그가 구상했던 학교 제도론은『대교수학』제27장 이하 5개 장에 걸쳐 전개되고 있는데, 학교교육의 시기를 다음과 같이 만 24세까지로 하고 6개년씩 4단계로 구분하였다.

제1기(0~6세): 어머니학교(Schola Materna)는 가정에서,

제2기(6~12세): 국어학교(Schola Vernacula)는 각 동리에,

제3기(12~18세): 라틴어학교(Schola Latina)는 각 도시에,

제4기(18~24세): 대학(Academia)은 각 왕국에 설립해야 한다고 했다.

여기에서 유아기(0~6세)의 교육은 어머니학교 또는 유아학교(Schola Infantiae)라고 부르는 바, 이는 각 가정에서 어머니가 교육을 담당하는 가정교육을 말한다. 근대 유아교육의 창시자로 알려진 프뢰벨(F. W. August Fröbel)의 유치원 교육도 여기에서 많은 암시를 받은 것으로 생각된다.

다. 루소(Jean Jacques Rousseau)

루소는 저서 『에밀』에서, "여러분들은 사회가 현재의 질서를 신뢰해서 그것이 피할 수 없는 혁명으로 위협받고 있는 것을 생각하지 않는다. … 우리들은 위기의 상태와 혁명의 시대에 가까워지고 있다. 그때 여러분들은 어떻게 되는 것인가? 누가 여러분들을 책임질 수가 있을 것인가? 그런데 인간이 만든 것은 모두 인간이 때려 부술 수 있는 것이다. 자연적으로 생성된 것들 외에는 지워버릴 수 없는 것들은 없는 것이다. 그리고 자연은 왕후도 부자도 귀족도 만들지 않는다"라고 말하고 있다(Rousseau, 2003).

루소의 날카로운 사회비판과 고발이야말로 '어린이 발견'의 원동력이 되고 있다. 만일 루소가 그와 동시대인의 대부분과 마찬가지로 눈앞에 보이는 사회가 그대로 존속한다고 생각했다면 『에밀』은 저술될 필요가 없었을 것이다. 지금 눈앞에 있는 사회가 현재 어린이가 성인이 되었을 때에도 그대로 존속하고 있을 것이라고 가정한다면, 교육의 목적은 성인 사회의 필요에 의해서 결정될 것이다. 이러한 경우 교육의 목적이란 문화의 전승일 따름이다. 직업도 지위도 모두 부모로부터 이어져 오는 것이다. 어린이는 가급적 빨리 사회에 진출하여 장래 필요하게 될 지식이나 기능을 실제로 배워야 할 것이 요구된다. 사실 그것이 루소의 시대에 이르기까지 수백 년에 걸쳐 행하여져 온 교육의 방법이었다.

그러나 루소가 『에밀』에서 말하고 있는 것은 그것과는 전혀 다른 교육의 구상이다. 루소에 의하면 사회의 질서는 지금부터 새롭게 만들어 내지 않으면 안 된다는 것이다. 루소는 『사회계약론』에서 새로운 사회의 구상을 그리는 한편, 『에밀』에서 새로운 사회를 담당할 수 있는 인간을 어떻게 교육할 것인가를 고아인 '에밀'과 가정교사 '루소'의 이야기로 엮어 그린 것이다.

"산다는 것, 그것이 내가 학생에게 가르치고 싶다고 생각하고 있는 나의 직업이다."라고 말하고 있다(Rousseau, 2003, 상게서). 또한 "의사, 변호사, 귀족, 농민이기 전에 먼저 '인간'인 것을 가르치고 싶다.", "내 손에서 떠날 때, … 그는 무엇보다도 먼저 인간일 것이다."라고 하면서 루소는 선한 본성을 가진 인간으로서의 자세를 강조하고 있다(Rousseau, 상게서).

루소는 교육의 과정을 두 단계로 분리하고 있다. 즉, 15세가 경계선으로서, 15세까지의 아동기 교육의 방침은 철저한 '격리'이다. "당신 아이의 혼의 주위에 빨리 울타리를 치십시오."(상게서, p. 24)라고 루소는 권한다. 사회에 빨리 길들이는 대신에 오히려 격리시키라고 하고 있는 그의 사상은 전통적인 교육방법에서 보면 발상의 역전이다. 이 시기의 교육에 임할 때 유의해야 될 것은 다음과 같은 것이다.

유아기 교육은 장래를 위한 준비 기간으로서가 아니라 그 개인의 독자성을 존중하는 것이다. 교육이라고 하는 것은, "시간을 벌기 위해서 시간을 헛되게 보내는 것에 유의하지 않으면 안 된다"(상게서, p. 236)라고 그는 말하고 있다. "자연은 어린이가 성인이 되기 전에 하나의 독립된 인격체로서의 어린이이기를 바라고 있다. 이 순서를 뒤집으려고 하는 것은 그 속성이 익지도 않고 맛도 들기 전에 곧바로 썩어버리는 과실을 맺게 하는 셈이 된다. 우리들은 젊은 박사와 늙어버린 어린이를 맞이하는 셈이 되는 것이다"(상게서, p. 125).

'미덕'이나 '지식'을, 성인이 되었을 때 그것이 필요할 것이라고 해서 적극적으로 가르칠 필요가 없다고 그는 말한다. 다만 어린이가 그 본래의 '자연'에서 일탈(逸脫)하게 될 것 같으면 그때에는 주의해주지 않으면 안 된다(소극교육의 원칙). 아동기까지의 교육은 가능한 한 어린이의 '자연'의 좋은 점을 남겨줄 것에 주의하면 그것으로 좋다고 말한다.

그렇다면 어린이의 '자연'이란 무엇인가? 무엇을 아이들이 배우게 되는 것인가? 그것은 아이들 자신에게 물어볼 수밖에 없으므로 "당신들의 학생을 보다 잘 연구해 볼 일이다"(상게서, p. 18)라고 말한다.

에밀은 15세가 되기까지에는 전적으로 그의 감각기관(感覺器官)과 신체를 사용해서 사물을 배운다. 개념으로 배우는 것은 쓸데없는 짓이다. 독서는 금해야 한다. 에밀이 읽는 책이라면『로빈슨 크루소』만이어야 한다. 이 책은 사람이 어떻게 해서 혼자 살아갈 것인가를 알 수 있다고 하는 점에서 쓸모가 있기 때문에 권할 수 있는 것이다. 에밀은 자연에 관해서는 여러 가지 것을 학습하는데, 역사나 지리에 관해서는 전혀 무지인 상태이다. 신체의 발달이나 지적인 발달은 중시되지만 사회성이나 도덕성의 발달에 관해서는 아주 소극적으로 말한다.

이것이 '자연'에 따른 교육인가라고 생각하는 사람도 있을지 모르나 루소에 의하면, 공감이나 공고(共苦)의 감정은 사춘기가 되어서 비로소 생기는 것이다. 그 이전에는 사회적인 관계에 관해서 학습을 시켜도 의미가 없는 것이라고 말할 정도이다.

이렇게 성장하여 15세가 된 에밀은 다른 아이들에 비해 세상 물정에 밝지 않을지 모르지만 그 대신 그는 '자연인'이 가지고 있는 모든 좋은 점을 다른 아이들보다도 훨씬 많이 가지고 있는 셈이다. 물론 '자연인'이 바로 '인간'이라고 루소가 생각한 것은 아니다. '인간'이란 말하자면 '사회적 상태'에 사는 '자연인'이다.

에밀은 15세까지 사회적 관계에서 떠나 있었던 덕분에 사회적 관계나 사회 정치의 구조를 편견 없는 눈으로 볼 수 있었을 것이다. 그렇다고 해도 편견이 없다고 강조하는 점은 아직 '세상 물정 모른다'라는 것이기도 할 것이다.

가정교사인 루소는 15세가 된 에밀을 사회에 직접 내보내지 않는다. 루소가 취한 방법은 일종의 간접교육이었다. 먼저 사회에 관한 개념을 갖게 하기 위해 독서를 하였다. 그리고 가정교사라는 보호역을 붙여 실제로 견문을 쌓게 하기 위한 여행을 떠난다. 이렇게 해서 어른이 된 에밀은 믿음직스럽지는 않지만 자기 눈으로 사회를 파악하고 지금까지와는 다른 사회를 만들어낼 자율적인 인간으로서의 길을 걷게 되는 것이다. 여기에서 강조하고 있는 것을 요약하면 자연을 통한 학습, 신체(오감: 五感)를 이용한 사물 익히기, 자율성 키우기이다.

라. 페스탈로찌(Pestalozzi, J. H.)

스위스가 낳은 위대한 교육사상가이면서 교육실천가인 그는 종래의 전통적인 중산층이나 상류층을 위한 교육관행에서 벗어나 가난한 농민이나 빈민의 자제를 모아 학교를 세우고 고아원을 경영하면서 주로 빈민층의 자녀를 교육하는 데 생애를 바친 민중교육론자이다. 그의 교육론을 보면, 첫째, 머리(사고하기 위해서), 가슴(이웃에게 선을 베푸는 일을 할 수 있게), 신체(기술을 지닐 수 있게)를 고루 도야해서 하나의 원만한 인격으로 길러내는 조화적 인간도야론으로서의 삼육론(三育論)이다. 둘째, 자연의 아름답고 슬기로운 질서에 따라가는 교육이 가장 효과적이라고 생각하는 합자연(合自然) 교육론이다. 셋째, 교육 중에서 가장 귀한 것은 어머니와 자녀 사이의 일상생활 안에서의 대화와 사랑의 교환으로 얻어지는 모성에 의한 기초 도야론이다.

이와 같은 교육의 본질을 기초로 하여 그가 전개한 가정교육론이 바로 오늘날의 유아교육에 해당되는 것이다. 그의 유아교육론은 그의 저서 곳곳에서 다루어졌지만 가장 체계 있게 다룬 것은 그의 영국인 제자인 그리브스(J. P. Greaves, 1778~1842)에게 보낸 34통의 유아교육 서한(Letters on Early Education, 1818~1819)[1)]에 잘 나타나 있다.

그는 플라톤의 입장과는 달리 어머니야말로 타고난 교사이기 때문에 어머니를 통한 교육이 인격형성의 기초를 이룰 수 있다고 생각하고 그의 서한에서 유아교육의 체제를 개념, 목표, 내용, 방법 등으로 분석한 결과는 다음과 같다(金丁煥, 1989).

1) 개념

가정에서 어머니와 함께 생활하면서 유아에게 잠재되어 있는 소질과 능력들을 조기에 발견하고 이것을 조화 있게 발전시킴으로써 인간교육의 기초를 다지는 교육의 이념, 내용, 방법, 체제를 포괄하는 일련의 교육의 체계이다.

2) 목표

유아교육의 목표는 전인적 인간 발달의 조성인데 이를 위해서는 정서, 지성, 신체의 조화적 발전을 도모해야 한다. 정서의 발달을 위해서는, 믿음, 사랑, 감사, 순종, … 등의 덕목들을, 지성의 발달을 위해서는 인식과 지식의 기본적 요소인 수(數), 형(形), 어(語)의 기본 개념을, 신체의 발달을 위해서는 체조를 통해 강건한 육체의 성장을 도모함은 물론이고 훈련을 통해 사기의 고양, 근면성, 용기, 인내심을 길러야 한다.

3) 내용

유아교육의 내용은 인간교육의 기초가 되는 모든 교육의 기본을 담아야 하되, 정

---

1) 1. Pestalozzi, J. H., *Letters on Early Education, addressed to J. P. Greaves Esp.,* London : Sherwood, 1827.
이 서한의 독일어 원본은 유실되고 그 영어 번역판만 수차례 간행되어 오다가 이 영어 번역판을 다시 독일어로 옮긴 역역(逆譯)판의 세 종류가 존재한다.

서교육이 가장 중시되어야 한다. 교육내용에는 이치에 맞지 않는 것은 무엇이든지 배제하고 합리적인 것만으로 구성해야 한다. 가치 있는 교육내용으로는 철학 · 과학 · 정치 · 경제 · 미술 · 문학 등이다.

4) 방법

유아교육의 방법은 일상생활을 소재로 한 가족공동체 안에서의 대화가 주가 되어야 한다. 그러나 이때 유의해야 할 점은 회심의 미소와 동정의 눈물이 상징하는 수용성(受容性), 공포보다 친절을 주로 하는 고무성(鼓舞性), 시종 일관하게 진행시키는 확고성(確固性), 스스로 생각하고 탐구케 하는 창조성(創造性), 가장 기본적인 것을 완전히 몸에 배이게 하는 습관성(習慣性), 실물에 의한 개념의 내면화를 기하는 실물교육성(實物教育性), 아동의 주체적 활동을 기하는 자기활동성(自己活動性), 그리고 작업을 통해 개념을 익힘과 아울러 반대로 이렇게 익힌 개념을 작업을 통해 더욱 심화시키는 노작성(勞作性)을 길러주어야 한다는 것이다.

5) 체제

유아교육의 체제는 국민교육의 일환인데, 이것은 고유하고 독특한 뜻을 지니는 교육단계로 존중되어야 한다. 그러기 위해서는 영유아의 복지 증진을 위한 국책지원, 가정교육의 중요성의 인식, 천성적 교사로서의 모성의 각성을 촉구하는 여성교육의 진흥, 그리고 여성교육학(모성 교육학과 유아교육학)의 체제화 등이 조직적 · 제도적으로 보장되어야 한다.

마. 프뢰벨(Friedrich Wilhelm August Froebel)

1) 프뢰벨의 교육관

프로벨로서는, 어린이에게 최선의 것은 유아기부터 아동기에 이르기까지 '자연의 좋은 것'을 가능한 한 남기는 것이었다. 그것이 어느덧 성인이 된 여명기에는 모순에 찬 사회적 제 관계 속에 함몰되지 않고 자율적인 인간이 되는 데 도움이 되는 것이었다.

유아교육에 종사하게 된 그의 최대 목적은 어린이가 본래 가지고 있는 것을 실현하도록 도와주는 일이었다. 가령 어린이 자신은 그것을 알아차리지 못할지라도 어린이라고 하는 것은 본래 신(神)적인 존재(신성 그 자체)이다. 그 본질을 어린이에게 자각시켜 그것을 표현하도록 어린이를 이끄는 것이 어린이에게 주는 최선의 것이다. 이와 같은 프뢰벨의 교육방법은 두 가지로 말할 수 있는데 하나는 표현으로 이끄는 것과 또 하나는 인식으로 이끄는 것을 말한다.

(1) 표현의 교육

어린이의 형성 충동이나 표현 충동을 촉진하는 일이다. 유아의 놀이나 노작교육이 여기에 해당된다.

(2) 인식의 교육

이것을 이해하는 데에는 먼저 프뢰벨의 세계관을 이해해 둘 필요가 있다.

세계를 바라볼 때, 표면에 나타난 현상, 형태를 주목해보면 모든 것이 따로 따로 흩어져 서로 관계가 없는 듯이 보인다. 그러나 세계는 다만 하나의 얼굴을 가지고 있는 것만은 아니다. 프뢰벨은 표층의 배후에는 하나의 영원한 법칙이 존재하고 있다고 확신하고 있었다. 그는 그러한 확신을 당시의 통속적인 철학으로 표현했는데, 만물은 신의 편린(조각)의 유출물로서 창조되었으며 따라서 만물에는 근원이 되는 신에게 귀일하려고 하는 경향이 존재하고 있다고 말한다.

'인식의 교육'이 중요한 의미를 가져다준다고 하는 것은 사람이 자기의 내부에 있는 신적인 것을 깨달아 세계의 배후에 있는 신의 법칙 같은 것을 '인식'함으로써 이루어지는 것이라고 생각하였다. 세계와 사람은 프뢰벨로서는 합쳐진 거울과 같은 것이었다. 사람은 세계를 보고 자신을 알아차리고 세계에 신적인 것을 인식해서 스스로의 신성을 자각한다. '인식의 교육'이란 이때 어린이를 세계 안에 있는 법칙성으로 인도하고 그것을 통해서 어린이 자신의 속에 내재하는 신적인 것을 자각시키는 것을 의미하고 있다.

당초 프뢰벨은 인식의 교육과 표현의 교육을 서로 다른 두 가지 방법으로 생각하고 있었는데 비중은 인식의 교육에 두었다. 발달 단계로 말하면 소년기의 교육이 중심이라는 것이다.

그러나 '놀이'에 착안한 것이 프뢰벨의 교육학을 전혀 새로운 세계로 이끌어 가게 한 결과가 되었다. 그 이후로 프뢰벨은 전적으로 유아의 교육에 관해 말하게 된 것이다.

"무심하게 놀 때 유아는 새로운 자신을 알게 된다. 그 자신의 알 수 없는 욕망을 깨닫게 된다. 늘상 소원한 바깥 세계가 놀이 속에서는 그에게 '이리 온' 하고 부른다. 놀고 있을 때 그 자신은 힘이고 또 강한 존재로 된다. 놀이 세계는 그의 마음을 표현하기 위한 그의 수단이다. 놀이 속에서 그의 동료는 둘도 없는 친구로 바뀐다. 놀이할 때 유아는 세계에 자기의 내부를 발견하고 신체에는 힘이 솟고, 정신의 빛은 번쩍인다"(Bolnow, 1973).

프뢰벨은 '놀이'가 가져다주는 마술을 잘 알고 있었던 것이다. 놀이는 외적 세계와 내적 세계와의 거리를 좁히고 외계와 내계를 공명시킨다.

놀이를 하고 있는 어린이로서는 인식과 표현이 별개의 것이 아니다. 놀이 속에서 어린이는 자연스럽게 세계의 인식으로 이끌어지고 또 외부의 세계 속에서 자신의 영상을 발견해 낸다. 놀이 속에서 외계는 표현의 수단이 되고, 신체를 통해서 어린이의 내적인 것이 표현되는 것이다. 놀이가 세계와 어린이를 연결하는 매체가 되기 위해서는 두 개의 전제조건이 필요하게 되는데 하나는 은물(恩物)이고 또 하나는 놀이를 지도하는 성인의 존재이다.

프뢰벨이 고안한 은물(恩物)에는, 입체(立體)의 은물군에서부터 평면상, 선상, 점상의 4종류가 있다. 그중에서도 가장 유명하고 유희법도 잘 알려져 있는 것은 입체의 은물군일 것이다. 구(球)나 원주(圓柱), 분할할 수 있는 입방체(立方體)나 직방체(直方體) 등 어느 것이나 어린 아이의 손에 들어가는 작은 적목(積木)이다.

어린이는 교구를 쥐거나 분해하거나 조립하도록 촉구된다. 그리고 그것을 통해서 세계의 배후에 있는 법칙성을 이해하는 데로 이끌어진다. 세계는 하나인 사실, 즉, '신(神)'으로부터 나와서 결국 다시 신으로 돌아간다는 사실을 깨닫게 된다. 물론 유아는 그 일을 명료하게 인식하지는 못한다. 그러나 '예감(豫感)'은 할 수 있는 것이다.

프뢰벨은 은물을 고안한 당초에는 은물을 주기만 하면 어린이는 '자동적'으로 그와 같은 '예감'을 느낄 수 있을 것이라고 생각하고 있었다. 그렇지만 그 후 성인에 의한 놀이지도가 불가결한 것이라는 생각을 가지게 되었다. 그래서 그와 같은 지도원 양성의 놀이실습 시설을 구상하게 되었다. 프뢰벨은 은물 놀이의 바른 지도법을 알려주기 위해 계몽 여행을 개시하였다. 모범적인 놀이 방법을 실제로 해보이며 또 바른 지도법을 기록한 수많은 놀이지도서를 집필하였다. 그러나 프뢰벨 자신이 바른 지도법을 고집한 것이 후에 프뢰벨 은물 교육의 형식화를 초래하는 하나의 원인이 되기도 하였다.

교육은 기본적으로 '수동적, 추수(追隨)적'이어야 하는 것으로, '명령적, 규정적, 간섭적'이어서는 안 된다고 하는 프뢰벨 자신의 원칙을 여기에서 상기해 둘 필요가 있다. 다만 이 원칙은 그리 단순한 것은 아니다. 프뢰벨은 어린이가 '요구'한다고 하는 사실을 상기하는 것에 대해 이를 부정한 것은 아니기 때문이다. 어린이의 가능성을 신뢰한다면 요구한다고 하는 일도 있을 수 있게 될 것이다. 그 경우 그 요구가 어린이에게 미치는 효과에 주의를 기울이는 것이 중요하다고 프뢰벨은 말하고 있다. 그 요구가 만일 어린이의 입장에서 증오나 맹종을 낳게 하는 결과가 된다면 교사가 하는 행위를 다시 한번 의심해볼 필요가 있는 것이다. 어린이를 위한다고 말하면서 실제로는 교사의 자의적인 생각을 어린이의 '요구'라고 생각하고 있는 것은 아닌가 하는 의문을 제기할 필요가 있다.

2) '생활'과 교육의 융합

(1) 은물 교육의 형식화와 프뢰벨 주의 비판

프뢰벨식의 유치원이 세계에서 가장 보급이 잘 된 것은 아메리카와 일본, 한국이라고 할 수 있다.

프뢰벨식의 은물 교육은 초창기의 유치원에서는 불가결한 것이었다. 유아교육의 내용이나 방법이 개발되지 않았던 상황에서 프뢰벨의 은물 교육은 교재(놀이기구)와 지도법과 이념을 하나의 틀로 구성하여 제공해주었기 때문에 매우 편리했다. 지도법을 대충 배우고 나면 교사가 할 일은 거기에서 끝나는 것이기 때문이다.

그러나 유치원 제도의 발전과 정비에 따라서 그 형식주의의 폐단이 나타났다. 유치원이 발전되고 제도가 확대되어 가는 상황에서 이념이나 활동내용에 따른 새로운 지도법이 필요하게 된 것이다.

아메리카 유아교육계의 경우, 프뢰벨식 은물교육에 대체되는 새로운 지침과 방법을 제공한 것은 진보주의 교육의 사조이었다. 여기에서 프뢰벨의 신비주의적 철학은 부정된다. 실내에서 옹기종기 모여서 은물 놀이를 하는 대신에 옥외에서 몸을 크게 움직이는 자유로운 놀이가 권장되었고 학교교육 영역에서 진전시킨 프로젝트법의 실천에 자극되어 유아교육의 단계에서도 새로운 교육 방법이 시도되게 되었다.

(2) 생활 속의 동기유발 학습

교수 기계화의 대립 개념으로 '자연'을 들고 나온 것이 서구 교육사상의 골자이었다. 루소나 프뢰벨의 경우 '자연'은 유아의 내면에 스며 있는 것으로서 '자연'의 실현은 교육의 목적 그 자체였다. 그런데 오늘날 이러한 정신을 망각하고 프뢰벨식 교육의 끝부분만을 전통화시킴으로써 고정된 틀과 기계화된 교육방법으로 유아의 '씩씩한 기상과 자유감'을 박탈해버리는 유치원이 늘어나게 되었다. 또한 유아를 무리하게 자기(교사)생각 쪽으로 끌어들인 다음 그러한 방식을 무리하게 아이들에게 떠넘겨버리는 방식이 반성 없이 이루어지고 있다.

목적을 향해서 끌어당기는 것은 좋은 일이 아니다. 그렇다고 해서 일반적으로 어려운 것을 가르치는 것은 옳지 않다고 생각해서도 안 될 것이다. 중요한 것은 자연스러운 '생활 형태' 속에서 학습되어야 하고 또한 간단한 것이라도 생활 형태에 무리가 있어서도 안 될 것이다. 유아교육의 단계에서 먼저 설치물에 교육목적을 부여해서 유아들이 스스로 조작하는 활동을 통해 자율성을 맛보게 되고 잘 되지 않을 때 교사의 의도가 아니고 유아들의 의도를 간파해서 도움을 줌으로써 충실한 지도가 이루어진다.

이러한 단계의 일은 가정에서도 가능한 것이다. 유아의 소꿉놀이 같은 '실생활'을 통해서 유아들은 '씩씩한 기상과 자유감'을 체득하게 된다. 유치원에서는 여기에서 한 걸음 더 나아가 유아들의 흥미에 맞는 주제를 설정하고 유아들의 생활을 유도하는 과정을 첨가하여야 할 것이다. 즉, 있는 그대로의 생활을 어떻게 유도할 것인가의 관점에서 교육안을 작성한다. 주제는 정하지 말고 , '수족관', '시장', '장난감 가게', '백화점' 등 무엇인가 어린이의 생활을 정돈할 상황을 미리 준비하여 배치해 둔다. 여기에 유념할 것은 유아 자신이 '자유롭게' 선택했다고 생각하도록 하는 것이다. 그렇지만 자유로운 활동 속에 필요한 교육적 가치가 마련되어 있도록 고려해야 하는 것을 잊어서는 안 된다.

과거 루소나 프뢰벨 시대에는 교육이라는 개념을 힘들여 창출해 내지 않으면 안 되는 시대이었다. 그러나 오늘날에는 과거와는 달리 이미 어느 정도 정비된 유아교육 제도를 전제로 하고 있다. 발달된 유아교육 제도는 행정관, 교사, 관리자, 연구자 등 다양한 역할의 연대 작업을 필요로 하고 있다. 그러한 제도라는 틀 속에서 교육 항목을 정비하고, '목적'을 생각하는 것은 무리가 없는 자연스러운 '생활 형태' 속에서 어린이들이 알지 못하는 사이에 위에 서술한 교육적 가치를 체득해 가도록 하는 것이 가장 중요한 일일 것이다.

제2절 근대 이후의 유아교육(3대 계보)

사회적 제도로서 자리 잡은 유아교육기관은 19세기 초에 비로소 이루어졌다. 근대에 자리 잡기 시작한 유아교육이 발전해온 자취를 종합해 볼 때 크게 세 가지 흐름으로 구분할 수 있다. 첫째로는 프뢰벨(Fröbel)로부터 시작되는 '유치원'의 계보이다. 둘째로는 산업혁명 후 복지시설로서 설립된 '보육원'의 계보이다. 셋째로는 취학전 교육으로서의 '유아학교'의 계보이다. 이 절에서는 유치원 · 보육원 · 유아학교의 계보에 대하여 살펴본다.

1. 유치원의 흐름

첫 번째 계보는 프뢰벨(Fröbel)이 1840년에 '유치원 = 어린이의 뜰(Kindergarten)'을 구상한 데서 비롯된다. 그가 구상한 '유치원 = 어린이의 뜰'은 '어린이가 생명체로서 사는' 장소를 말한다. 여기에서 말하는 '뜰(정원; 庭園)'은 두 가지의 뜻을 함축하고 있다. 하나는 '자연의 조화체'로서의 '신의 뜰(eden)'이다. 개신교도인 프뢰벨은 '자연 = 선'이라고 하는 루소(Rousseau)의 자연주의 내지 낭만주의 사상을 이어받은 입장에서 '어린이의 뜰'은 '에덴동산'이 상징하는 바와 같이 원죄의식에서 해방되어 있는 '신의 뜰'이라는 이상향으로 표상되고 또한 루터(Luther)에 의해 제창된 가부장제 가족의 이상향이며 부친과 모친과 아이들이 신의 의지 밑에서 조화와 통일을 형성하는 '교육적 가정'을 의미하고 있다. '어린이의 뜰'에서 은유하고 있는 또 하나의 의미는 '자연의 뜰'이다. 이것은 '자연' 속에서 자라는 어린이가 보다 더 행복하다고 하는 자연예찬 교육의 기원에서 찾아볼 수 있다.

그러나 '유치원 = 어린이의 뜰'이 함축하고 있는 의미는 야릇한 면도 있다. 즉, '뜰'은 반은 자연이지만 자연 그 자체는 아니라는 것이다. '뜰'은 인위적으로 창조된 자연이고 자연과 문화의 중간지대에 있다는 것이다. 프뢰벨의 자연주의는 어린이의 성장을 식물이 성장하는 것 같이 '자연의 법칙(신의 의지)'에 의해서 설명되고 있다. 이러한 의미의 '자연'은 루소와 마찬가지로 어린이의 발견을 촉진하고 발달의 가능성을 제시하고 '선'한 것으로서 인식된다. 그러나 '악'은 언제나 어린이의 외부로부터 침입하는 것으로 간주되고 있다. '유치원 = 어린이의 뜰'에서 '악'은 빈곤이나 착취나 폭력이나 전쟁이라고 하는 환경(성인 사회)이 가져다주는 것이라고 이해되고 있다.

'유치원 = 어린이의 뜰'이 반은 자연이고 반은 자연이 아닌 장소라는 점에서 이 '뜰'이 갖는 교육적 입장에서 두 가지 수사학적 의미를 나타내고 있다. 하나는 '자연의 조화'를 보존하기 위해 모든 교육은 어린이의 '자연'에 맡겨지게 되는 것이다. 그러나 어린이의 외부로부터 오는 '악'의 침입을 결코 용납할 수 없다. '뜰'인 이상 '자연의 조화'를 어지럽히는 해충은 제거되지 않으면 안 된다는 것이다. 즉, 잡초는 뽑아내지 않으면 안 된다. 다시 말하면 어린이의 내적인 '선(善)'(능력과 사회적인 덕)을 계발하여 '악(惡)'을 극복하게 하고 이러한 내적 자아를 가지고 자유, 인격, 독립성 및 자발성을 개발할 것을 강조하고 있는 것이다. 이와 같이 '어린이의 뜰'은 '자연 = 선'을 꽃 피게 하는 데에서만 '자유'일 수 있는 것이다. 여기에 대해 몬테소리의 "프뢰벨의 유치원에서 어린이의 자유는 프뢰벨이 구하는 자유밖에 없다"(Maria Montessori)라고 하는 비판은 확실히 정곡을 찌르고 있다고 볼 수 있다.

'유치원 = 어린이의 뜰'에서 또 하나의 교육적 수사의 의미는 '자연'과 '문화'와의 관계에서 볼 수 있다. 프뢰벨에서 그 기원을 갖는 '유치원 = 어린이의 뜰'의 계보에서 어린이의 발달은 '자연'과 '문화'와의 교섭에 의해 이루어지는 것인데 어린이의 발달에서 '자연'은 보편화되는 면이고 '문화'는 특수화되는 면이다. 즉, '발달'에서 '자연'은 모든 어린이에게 적용되는 보편적인 심리학의 대상이 되고 '문화'는 특수한 상황에서 개별적인 해석의 대상이 된다.

프뢰벨이 단적으로 표현한 '유치원 = 어린이의 뜰'의 성격은 몬테소리(1870~1952)의 '어린이의 집'에 나타나고 있다. 프뢰벨이 '뜰'로 표상한 유치원을 몬테소리는 '집'으로 표상하고 있다. 몬테소리의 '어린이의 집(Casa dei Bambini)'은 이탈리아 최초의 여성 의학박사이었던 몬테소리가 과학적 심리학에 근거해서 로마 빈민가의 한편에 세운 '구제의 집'을 나타내고 있다. 프뢰벨의 신비주의를 비판한 몬테소리의 교육 제1원리는 '자유'이었는데 그 '자유'는 일에 전념한 어린이에게 나타나는 정숙한 상황에서 '내적 발달의 법칙에 따라 자기 발전하는 자유'이고 그녀의 과학적 연구에 뒷받침을 한 '발달의 자연법칙'에 따른 '자유'인 것이다.

또한 몬테소리의 '어린이의 집'은 그녀가 희구한 '하나님의 나라 = 정상적인 국가'의 단위를 의미하고 있다. '어린이의 집'은 '어린이의 자연'의 조화가 나타나는 장소를 의미하고 있었는데 그 '자연(nature)'이라고 하는 개념은 '정상(normal)'을 의미하고 있었다. 몬테소리의 유아교육은 감각훈련에 의한 자연주의의 발달에 관한 과학적 연구에서 구체화되고 다른 한편으로는 '자연 = 정상'이라고 하는 종교의식을 기반으로 해서 '자연의 질서'를 구하는 '구제'의 종교적 실천 쪽으로 구체화되고 있다. 이렇게 해서 몬테소리의 유아교육은 한편으로는 과학적 심리학에 의해 발달의 자연법칙을 탐구하는 사람들에게 계승되고 다른 한편으로는 어린이의 '자기활동' 속에서 정숙한 하나님의 질서를 발견하는 사람들에 의해 계승되고 있다.

결국 어린이 교육은 인격적 존엄성을 전제로 하고 있기 때문에 정신적, 신체적 건강을 바탕으로 어린이의 권리와 행복이 보장된 상황하에서 어린이 자신의 타고난 능력이 계발될 수 있는 교육이어야 한다. 또한 자유스럽게 의문이나 호기심을 발휘할 수 있도록 자발적 성장의 기회가 제공되어야 할 것이다.

2. 보육개념의 흐름

두 번째 유아교육의 역사적 계보는 보육원으로서 산업혁명 후의 노동자 계급에 대한 복지시설로 등장했다. 그 최초의 기원은 1816년 오웬(R. Owen)이 스코틀랜드의 뉴라나크(New Lanark)에서 방직공장을 경영하면서 시험한 협동사회에서의 유아교육까지 소급할 수 있다. 공장 노동자들의 생활 조건과 작업환경이 열악한 점을 개선하는 일환으로 노동자의 연령을 6세에서 10세로 올리고 그 이하의 어린이에게 무료로 교육시키는 일, 주거환경을 개선하고 값싸게 생활 용품을 구입할 수 있는 구내상점의 개설, 근로자의 생활 전반에 걸친 계몽운동을 벌이는 등 이러한 협동사회로의 개혁을 위하여 아동과 성인을 교육 대상으로 한 학교를 설립하였고, 이 학교의 교육 목적은 원만한 품성과 올바른 생활습관을 육성하는 것으로 보고 '인격형성학원(New Institute of the Formation of Character)'이라고 하였다.

가. 학원 설립 취지

이 학원 설립의 구체적인 취지는 첫째, 마을 전 거주자의 직접적인 이익과 안락을 위해서, 둘째, 이웃 마을 사람들의 복지와 이익을 위해서, 셋째, 영국 전체의 모든 면의 개선을 위해서, 넷째, 전 세계 각 국민의 점진적 향상을 위해서다.

나. 교육방법

이 학교는 노동자 계급의 유아들을 위한 일종의 보육기관으로 오웬의 교육방법의 원리는 다음과 같다.

첫째, 주입교육 대신 계발교육이었다. 둘째, 징벌 대신 무징벌의 교육이었다. 셋째, 서적중심교육 대신 실물교육이었다. 넷째 엄격한 교육 대신 개성 존중의 자유교육이었다. 다섯째, 실내교육 대신 자연과 접하는 야외교육의 중심이었다.

오웬은 이 학원에 유아학교, 초등학교, 야간학교를 개설하여 2세부터 5세 사이의 유아를 대상으로 하는 학교를 유아학교라고 부르고 6세부터 10까지의 아동을 초등학교에 수용하였으며 10세부터 20-25세까지의 청소년들은 야간학교에 수용하였다. 유아학교에서는 연령상 공장에 취업하지 못하고 조교제 학교에 입학하지 못하는 6세 이하의 유아들을 수용하여 읽기, 쓰기, 대수, 바느질, 지리, 고대사, 무용, 음악 등을 가르치는 외에 현장 학습과 실물을 직접 관찰할 수 있는 기회를 제공하였다. 이러한 유아학교는 탁아소의 기능과 학교의 기능을 함께 가진 기관이었다. 이것이 현재 영국의 유아학교(Infant School)의 기원이 되었다. 이와 같이 오웬이 시행한 노동자 계급의 어린이에 대한 복지시설로서의 보육원이 각국에 보급된 것은 19세기 말부터 20세기 초두이다. 오웬의 학교는 아메리카로 확대되는 듯했으나 당시의 사회적 분위기가 이러한 혁신적인 성격을 용납하지 않았기 때문에 1830년대 중반부터 쇠하기 시작하였다(Spodek, et al, 1987, 재인용).

보육원은 nursery school이라고 하는 명칭이 나타내는 바와 같이 어린이를 아동노동으로부터의 보호와 열악한 환경으로부터 보호하는 것을 사명으로 하고 있었다. 경제적인 빈곤과 열악한 문화와 비위생적인 환경으로부터 어린이를 보호하는 복지시설로서 보육원이 보급된 것이다. 그로부터 20년 후 프뢰벨에 그 기원을 갖는 유치원이 도시의 부유층과 중산층의 자제를 대상으로 하는 교육기관으로 보급된 데 반해서 보육소는 가난한 노동자 계급의 복지시설로서 보급되었다. 오늘날의 유치원과 보육원은 계급적, 계층적인 성격이 과거보다는 완화되어 있는 형편인데 보육원 즉, 오늘날의 어린이집은 여성의 사회적 진출을 지원하는 복지시설로서의 기능을 가지고 있다.

3. 유아학교 개념의 흐름

세 번째 유아교육의 계보는 취학전 교육이다. 1967년 영국의 노동당 정권에 의해 제기된 칙임 시학관의 보고서 「플라우덴 보고서(Plowden Report)」에 의한 유아학교 혹은 아메리카의 존슨 대통령하에서 추진된 취학전 교육의 헤드스타트 프로그램(Headstart Program)에서 그 전형을 볼 수 있다. 이러한 유아교육은 초등학교의 준비교육으로서 1년 혹은 2년간의 지적인 교육을 실시하는 '유아학교(preschool)'로서의 기능을 해왔다. '유아학교'의 역사적 기원은 영 · 미의 신교육의 전통에서 유래된다.

20세기 초 영국의 교육개혁운동의 일환으로 열린 학교(Open School) 운동이 시작되었는데 그 원인을 들면, 첫째, 「1902년 교육법(1902 Educational Act)」에 따라 300개 이상의 지방 당국들은 유아학교(Infant School)를 신설하거나 초등학교에 유치부를 병설하였다. 이와 같이 공 · 사립의 유아학교가 많아지고 취원 유아의 수가 급증하게 됨에 따라 전환기적인 혼란이 일어나게 된 것이다. 둘째, 이상적인 교육방법으로 인정해 왔던 프뢰벨식 교육방법을 '거대한 학급'에 적용하는 데에는 대안적 연구가 이루어지지 않음으로써 세부적 지침을 제시하지 못하였기 때문에 현실적 문제해결 방안으로 형식도야적인 종래의 교육방법으로 회귀하게 될 수밖에 없었다. 교육위원회 장학사들은 유아교육기관의 교사들에게까지도 결과주의 내지 실적주의적 태도로 교육의 결과를 가시화하도록 요구하게 되었다. 여기에 프뢰벨 이론을 중심으로 양성된 교사들은 대규모 학급을 효과적으로 다루지 못한다고 인정할 뿐만 아니라 교사들도 프뢰벨의 이상을 실현할 구체적 지침을 마련하지 못한 상태에 있었기 때문에 당시 프뢰벨의 이념을 발전 · 보급하고 있던 프뢰벨재단(Fröbel Institute) 출신의 교사채용을 기피하는 기현상을 보이기도 하였다. 셋째, 현장 유아 교사들이 참고할 만한 유일한 지침은 3R's와 어휘학습(word-building) 등 아주 기본적인 것만을 제시한 1893년의 「회람조항 322호(circular 322)」 뿐이었다. 위와 같은 이유와 의무교육의 확대에 따른 교육의 질적 저하를 개선하려는 노력은 오늘날의 영국유아학교(British Infant School)의 전통을 확립시켜 놓은 것이다.

1910년대 이후 영국의 교육개혁의 개가는 아메리카의 각지에 이민 인구의 급증에 따라 '아동중심주의'의 새 학교들이 설립되었고 이 학교의 대부분은 초등학교에 연계되는 취학 전의 유아학교를 부설하였다. 1970년대의 개방교육(open education) 운동은 '영국초등학교(British Primary School)'를 본 딴 '개방학교(Open School)'의 설립과 '유아학교'의 실천을 포함해서 추진되어 왔다. 그리고 근래 창조성과 공동성을 표방하는 유아교육 개혁의 선진적 사례로서 전 세계 교육자의 관심을 끌고 있는 '레지오 에밀리아(Reggio Emilia)의 실천', 그리고 미국의 페일리(Paley) 여사의 실천에서, 유아 놀이의 '따돌림'의 문제를 둘러싸고 유아들끼리의 '사회적 공정'을 전제로 한 '인권교육' 운동과 같이 유아교육도 취학전 교육으로서 '유아학교'의 계보로 자리매김 할 수 있었다.

이상과 같이 유아교육은 세 가지 기원과 계보에 의해서 추진되어 왔다. 위의 세 계보는 목적을 달리할 뿐만 아니라 교육과정에 있어서도 내용을 달리해왔다.

첫 번째 '유치원'의 계보는 자연을 기초로 하는 '놀이에 의한 발달'을 교육과정의 내용으로 해왔다.

두 번째 '보육원'의 계보는 '양육과 위생과 복지'를 목적으로 해서 '생활과 놀이'를 교육과정의 내용으로 해왔다.

세 번째 '유아학교'의 계보는 '창조적 경험'과 '지적 경험'을 교육과정의 내용으로 해왔다.

21세기에 들어와 유아교육의 개혁은 이 세 가지 계보를 통합하는 노력이 추진되었다.

CURRICULUM FOR EARLY CHILDHOOD EDUCATION

제 5 장

교육과정 구성

이 장에서는 교육사조가 변천되어 오면서 그에 따른 교육과정의 개념도 시대적으로 변하여 왔기 때문에 교육의 근간이 되는 교육과정의 개념이 확립되고 나서 현장에서의 교육도 일관성 있고 체계적으로 이루어지는 것으로 보고 교육과정 개념의 변화를 중심으로 전개하였다. 교육과정 개발을 위해 전제가 되어야 할 기초적 배경 이론과 그 기초이론을 바탕으로 교육과정의 구성 절차에 따른 학자들의 주장에 근거한 교육과정의 모형에 대한 내용을 전개하였다.

제1절 교육과정 사조

교육과정의 개념을 가르치는 내용 중심으로 보는 입장에서 교육과정의 개념을 중심으로 제시하였다.

제2절 연구방법론 중심의 교육과정

이론 정립을 위한 연구방법론을 중심으로 교육과정의 개념을 제시하였다.

제3절 교육과정의 구성 및 절차

교육과정 구성을 위한 절차를 제시하였다.

제4절 교육과정 개발 모형

교육과정 개발에 대한 학자들의 소론을 종합하면 고전적/합리적 모형, 순환적 모형, 역동적 상호작용 모형으로 대별할 수 있는 내용을 제시하였다.

제1절 교육과정 사조

교육과정(curriculum)이라는 용어는 원래 라틴어의 currere(경주로: race course)에서 유래되었고, 이것을 영어인 curriculum이라고 처음 사용하게 된 것은 보빗트(Bobbitt, F.)가 출판한『The Curriculum(교육과정)』(1918)에서였다. 이것이 계기가 되어 교육과정이 교육학의 전문분야로 학문적인 연구대상이 되어 교육과정에 대한 다양한 개념들이 논의되었다. 이것은 교육과정 자체의 개념 정의의 어려움과 연구 분야로서의 교육과정을 구성하는 핵심적인 개념적 구인들(constructs)이 무엇이며 그 의미가 무엇인지에 대한 의견의 불일치에 기인한다. 이와 같은 여러 가지 견해를 학자들은 몇 가지의 항목으로 묶어 정의하는 경우가 대부분이다.

교육과정의 개념을 총체적으로 구성하는 것은 교육과정을 구성하는 핵심적인 구인들(constructs)에 대한 관점에 따라 다음과 같이 세 가지 영역으로 분류된다. 첫째, 학교에서는 무엇을 가르쳐야 하는가에 초점을 두는 '내용중심' 영역이다. 둘째, 교육과정의 이론과 실제에 대한 연구접근 내지 교육과정 연구 '방법론'에 관심을 두는 영역이다. 셋째, 교육과정 구성(만들기) 즉, '개발모형' 영역을 말한다. 이러한 세 가지 영역들은 단순히 교육과정 자체의 '개념'만을 형성할 뿐만 아니라 연구 분야로서의 교육과정 전체의 모습을 규정한다고 볼 수 있다. 본 장에서는 위에 분류한 내용을 토대로 논한다.

이 절에서는 위에 분류한 내용 중 내용중심 사조에 따라 여러 학자들이 분류한 교육과정 유형들을 종합하여 교과중심 교육과정, 학문중심 교육과정, 생태중심 교육과정에 대하여 살펴본다.

원시사회에서는 생물학적 차원의 생존과 종족 번식이 교육내용이었으나 문명사회로 발달해 감에 따라 교육내용이 체계적인 틀을 가지고 점차 추상적이고 상징적인 내용으로 바뀌어 갔다. 이와 같이 시대적으로 변천해 온 교육사조의 흐름에 따라 교육과정의 개념도 학교에서 가르치는 내용의 변화에 따라 내용중심 사조에 따른 분류가 많이 알려지고 있다.

이와 같은 '내용중심'의 분류방식을 채택하여 국내 학자인 김종서(1983)는 교과중심 교육과정, 경험중심 교육과정, 학문중심 교육과정 및 인간중심 교육과정으로 구분하였고, 임재택은 여기에 생태중심 교육과정을 첨가하였다(임재택, 박재환; 2001). 그리고 이귀윤(1996), 이기숙(2002)도 교과중심 교육과정, 학문중심 교육과정, 인지중심 교육과정, 경험중심 교육과정, 인간중심 교육과정, 사회재건중심 교육과정으로 구분하고 있다. 외국 학자로 아이즈너와 밸런스(Eisner & Vallance, 1974)는 다양한 교육목표에 맞추어 인지발달 교육과정, 기술로서의 교육과정, 자아실현으로서의 교육과정, 학문적 이성주의로서의 교육과정, 사회재건으로서의 교육과정으로 구분하고 있다. 맥닐(McNeil, 1977)은 인본주의적 개념(Humanistic conception), 사회재건주의(Social Reconstructionist), 기술공학적 개념(Technological Conception), 학문지향적 접근(Academic Orientation)으로 분류하였다. 아이즈너(Eisner, 1965)는 인지과정적 접근, 기술공학적 접근, 자아실현적 접근, 사회재건적 접근, 학문적 접근으로 분류했다. 클리바드(Kliebard, 1982)는 인본주의자, 개발론자, 사회적 효능주의자, 사회적 개량주의자로 분류하고 있다. 이러한 교육과정의 유형들을 종합하여 저자는 다음과 같이 분류하기로 한다.

1. 교과중심 교육과정(subject matter centered curriculum)

인류 문화유산의 누적체로서의 '교과'는 일상생활에서의 실용성이나 유용성보다는 지적 능력을 계발시킴으로써 선천적 능력이 효과적으로 계발될 수 있고 일상생활의 구체적인 문제 해결에 간접적으로 전이된다고 생각하여 교과 자체를 교육에서 다루는 보편적 가치로 생각하게 된 것이다. 이러한 교과중심 교육과정은 근대 교육이 체계화 되면서 헤르바르트(Herbart) 이래 능력심리학(faculty psychology)에 기반을 둔 형식도야 이론(formal-discipline theory)의 교육과 문화유산의 전승이라는 교육관을 기초로 하여 전통적으로 이어져 왔고 교육과정이 처음에는 주로 '교과를 가르치는 일'에 국한되어 있었다. 그러므로 여기에서 교과란 교사가 학생에게 가르쳐야 할 내용의 주제 또는 제목을 열거한 것을 의미하는 것으로 이를 교수요목(syllabus)이라고 부르는데, 국어, 사회, 수학, 과학 등의 교과목이 교육의 중심을 이루고 있다. 이러한 교육과정의 개념은 교과과정(敎科課程)과 동의어로 사용되고 이는 문서화된 교수요목으로 한정되며 획일적인 교사 중심적 교수 방법으로 일관된 교육이 이루어졌다.

2. 경험중심 교육과정(experience centered curriculum)

1900년대 초 과학적 심리학의 존 듀이(John Dewey)와 제임스(James) 등의 실용주의(pragmatism) 인식론과 진보주의 교육(Progressive Education)이라는 새로운 교육사조가 대두되었다. 교과중심의 기초 연마라는 형식도야 교육과정은 단조로운 암기 위주의 주입식 교육, 급변하는 사회적 요구와 현실생활의 유용성을 도외시한 교육, 아동의 심리를 외면하고 자체의 논리만 앞세우는 교육, 시대의 발전에 능동적으로 대처할 수 없는 교육이라는 비난을 받으면서 그 세력이 약화되었다. 이와 같이 기존의 교과중심 교육과정이 비난받는 이유는 가르치는 방식과 교과가 학습자의 성장과 사회적 유용성에 기여하지 못할 때 문제가 되는 것이다(Dewey, 1938). 1920년대부터는 학교 교육이 교과보다는 경험을, 지식보다는 행동을, 미래 준비보다는 현재 생활을, 교사의 교수보다는 아동의 흥미와 요구를 중시하는 교육사조가 일반화되었다.

듀이(Dewey, 1916)의 진보주의 교육사상을 이어받은 경험중심 교육과정의 원천은 아동의 흥미와 요구에 기본적인 바탕을 두고 사회생활에 적응할 수 있는 능력(life-adjustment)을 강조하고 있다는 입장에서 아동중심, 흥미중심, 생활중심 교육과정이라고 말한다. 또한 원천으로서 사회의 요구도 중요한 부분으로 강조하고 있다. 이러한 교육과정의 개념은 구획된 교수요목보다는 '학교에서의 지도하에 학생들이 가지게 되는 모든 경험'으로 정의하는 비교적 폭넓은 교육과정의 성격을 지니고 있다. 또한 학생들이 갖게 되는 경험의 개별성으로 인하여 학급아동 수만큼의 교육과정이 존재한다는 의미에서 개별화 교육과정의 성격을 띠고 있다.

3. 학문중심 교육과정(discipline centered curriculum)

제2차 세계대전 이후 동서양 진영의 냉전체제하에서 경쟁적인 과학기술의 발전과 경제적 부의 축적 그리고 그에 따른 지식의 폭발적 증가를 맞이한 1950년대의 후반에 종래의 경험중심 혹은 생활중심 교육과정에 대한 회의가 일어났다. 특히 1957년 소련의 인공위성 스푸트니크 발사로 소련이 우주 경쟁에서 승리하며 군사, 안보 분야 외에도 경제 분야까지 위기의식을 주었다. 그 충격으로 미국에서는 브루너(Bruner)를 단장으로 하는 교육 시찰단을 모스크바에 파견하였는데, 귀국한 교육 시찰단 일행은 소련의 교육 내용을 주제로 협의회를 갖고 브루너(Bruner), 피닉스(Phenix), 슈웹(Schwab) 등 과학자, 수학자, 심리학자 등에 의해 향후 미국의 학교교육에서 특히 수학과 과학을 강화할 것을 강조하고 단편적 사실이나 정보의 축적보다는 지식의 구조, 기본 개념, 원리 및 탐구방법을 강조하는 학문중심 교육과정의 틀을 마련하였다. 하버드 대학의 심리학자인 브루너가 제시한 『교육의 과정(The Process of Education)』(1960)은 '각 학문에 내재되어 있는 지적 탐구과정의 조직'이라는 '지식의 구조론(Structure of knowledge)'으로서, 각 학문은 그것을 학문답게 만들어 주는 기본 개념, 원리, 핵심적 아이디어들을 가지고 있으며 학생들은 연령의 수준에 관계없이 동일한 교육내용을 발달수준에 맞게 점점 더 심도 있게 체계적으로 배워야 한다는 것을 중심 개념으로 하여 다음과 같이 말하고 있다.

"지금까지는 해당 학문의 지식의 구조를 확인하고 탐구하는 일과는 거리가 멀게, 학자가 연구한 결과를 교사가 단순하게 '중간언어(middle language)'로 전달해 왔는데, 이는 '발견학습'이나 '탐구학습'의 원리와 상치된다. 지식의 구조를 파악하고 발견하는 일에는 내용상의 차이가 없고 단지 수준에만 차이가 있으며, 어떤 교과도 그 성격에 충실한 방식으로 풀이(translation) 된다면 학습될 수 있다".

이러한 교육사조는 영국의 분석철학자인 피터즈(Peters)와 허스트(Hirst)의 『지식의 형식』을 중심으로 하는 교육이론과 함께 묶어 학문중심 교육과정이라고 부른다.

4. 인지중심 교육과정(cognitive-centered curriculum)

20세기의 50년대 후반에 들어서서 반세기를 풍미했던 행동주의에 대한 반성과 발생적 인식론을 전개한 삐아제(Piaget)가 1920년대에 주장했던 인지이론의 재조명으로 교육계에도 인지이론이 대두되면서 탐구된 결과의 지식을 가르치기보다는 문제 해결력, 창의력, 확산적 사고의 장려에 중점을 두게 되었다. 이러한 특징을 가진 유형의 교육과정을 인지중심 교육과정이라고 한다. 여기에 컴퓨터의 발달에 따른 정보처리 이론의 발전이 새로운 사이버 시대를 열게 되면서 일상생활에서도 단순한 검약적 태도에서 삶의 질을 추구하는 사고방식으로 생활방식이 바뀌게 된 것이다. 이러한 인지중심 교육과정은 인지과정을 중시하는 유형이다.

5. 인간중심 교육과정(human centered curriculum)

후기 산업체제의 발전에 의한 경제적 부의 축적과 지식의 팽창으로 학력중심의 주입식 교육체제의 발전은 과도한 경쟁적 풍토를 만들어 1970년대에 들어와 비인간화 교육에 대한 비판과 더불어 인간성 회복을 부르짖는 인본주의 교육사조가 대두하게 되었다. 이러한 인본주의 교육사조에 바탕을 둔 교육과정이 곧 인간중심 교육과정이다.

그런데 인간중심이라는 말이 학문중심 교육과정의 한계점과 학교교육의 문제점을 비판한다는 의미를 제외하면 개념이 분명치가 않다. 즉, 경험중심 교육과정의 부활인지 패터슨(Patterson) 등의 현상학적 인간주의, 니일(Neill)의 자유학교 사상, 라이머(Reiner)나 일리치(Illich) 등의 비판론, 그리고 비판이론, 실존주의 등에서 말하는 일부 또는 전부인지 그 한계가 애매모호하고 '인간주의'라는 용어가 연구를 위한 방법론인지 단순한 학교 비판인지도 그 개념이 분명치 않다.

이와 같은 개념의 모호성에 대한 논의는 여기에서는 다루지 않을지라도 오늘날 학교교육이 과학기술의 발전에는 기여했지만 인간교육이라는 측면은 실패했고 결과적으로 비인간화를 촉진시킨 것만은 틀림없다. 인간중심 교육과정은 인간의 전체적인 삶의 질을 가치 있게 보는 전인교육을 지향하며 인간의 존엄성과 자율성을 강조한다. 인간중심 교육과정의 개념은 '학생들이 학교생활을 하는 동안에 가지게 되는 경험의 총체'를 말하는데, 여기에서 경험의 총체는 학교에서 의도한 경험(표면적 교육과정)과 교과에서 의도한 바와 관련되지 않는 경험(잠재적 교육과정)을 포함하는 것으로 상당히 넓은 교육과정의 성격을 지닌다.

6. 생태중심 교육과정(ecology centered curriculum)

20세기 후반에 들어와 인간이 이성과 합리성을 바탕으로 과학기술의 힘을 입어 후기 산업사회로까지 발전시켰다. 이러한 발전은 인간중심적 세계관으로 사물과 자연생태계를 지배하고 이용하면서 성장이론에 근거하여 개발 위주로 치닫다가 급기야는 환경보전이라는 절체절명의 상황에 부딪치게 된 것이다. 결국 개발과 복지의 갈림길에까지 오게 되었고 생산이냐 분배냐의 자가당착의 갈등을 자아내는 상황에서 지금까지 인간중심적인 사고에 하나의 반성적 과제를 던져주게 된 것이다. 산업문명의 모체가 된 과학기술은 인간과 자연을 통제하고 지배하면서 생명 소외의 체제로 치닫고 본질적으로 반인간적, 반사회적, 반자연적 생태 체제로 지구를 전락시키게 된 것이다. 따라서 과학 지상주의 혹은 기계론적 이데올로기에 의한 산업문명은 인간 개개인의 일상생활의 모든 영역에서 절박한 위기를 조성함으로써 인간의 이성이나 지구촌을 황폐하게 만들어 가고 있는 것이다.

인간중심 교육과정은 인류 생존의 위기뿐만 아니라 삶의 터전인 지구 생태계의 위기를 극복할 수 있는 방안이 되기에는 너무나 환상적이다. 그러므로 산업문명의 위기를 극복할 수 있는 새로운 교육과정 전형(paradigm)을 모색해야 하며 그 패러다임은 바로 생태중심 교육과정 내지 생명중심 교육과정(life centered curriculum)으로 탈바꿈해야 할 것이다. 이러한 관점의 맥락에서 학교가 중요한 사회문제를 분석하고 현실참여의 문제까지도 교육의 목적으로 고려해야 되는 시점에서 사회재건중심 교육과정도 동일한 범주에 속한다고 볼 수 있을 것이다. 또한 유치원교육과정은 유아의 전인적 성장과 발달을 돕기 위해 유아가 학습할 내용을 통해 교육의 목표를 성취해나가는 것이다.

생태유아교육은 '생태론적 세계관'에 기초하기 때문에 과거 농경사회의 붕괴와 생태계의 파괴 등으로 인하여 파괴되는 문제점들을 복원시키는 노력의 일환으로 등장하게 되었다.

생태론적 세계관은 인간과 인간, 인간과 자연의 관계가 지배와 종속의 관계가 아닌 서로서로 상생과 공존에 의한 관계로 보고 있다.

유아는 자연의 본성을 지니고 있으며 생명의 가치와 존중하고 다른 생명체와 조화를 이루고 자연을 몸에 익힐 수 있도록 한다.

생태유아교육은 유아들의 성장발달 가능성을 인정하고 그들이 인위적인 환경 속에서 자라지 않고 자연에 의해서 발달하는 것이 정상화라고 생각한다.

지금까지 전개된 교육과정 사조를 정리하면 아래 표와 같다.

표 5-1 교육과정 사조

구분	특징
교과중심 교육과정	교과중심 교육과정은 학교의 지도하에 학생이 배우는 관점으로 지식과 학문을 강조
경험중심 교육과정	진보주의 교육사조에 바탕을 두고 아동이 갖게 되는 경험과 흥미중심의 교육을 강조
학문중심 교육과정	단편적인 사실이나 정보축적보다는 지식과 학문의 구조를 강조
인간중심 교육과정	주입식교육의 반대와 인간성회복을 주장하는 인본주의 교육사조에 기초한 교육과정
생태중심 교육과정	기존의 인간중심교육과정으로는 산업문명의 위기를 극복할수 없다는 입장을 취하고 인간과 자연이 하나되는 생명공동 체제를 강조

제2절 연구방법론 중심의 교육과정

연구방법중심 교육과정은 가르치는 내용보다는 이론 정립을 위한 방법론적 접근에 관심을 둔다. 이 범주에 속하는 분류체계로는 근래에 널리 알려진 파이나(Pinar)의 분류체계를 들 수 있다. 이 절에서는 파이나, 한준상, 이경섭 등의 교육과정 개념 분류체계에 대하여 살펴본다.

1. 파이나의 교육과정 개념 분류

맥도날드(Macdonald, 1965)는 교육과정의 과거, 현재, 미래를 표시하면서 '재개념화(Reconceptualization)'라는 말을 처음 사용하게 되었고 교육과정의 이론화를 구상하면서, 첫째로 행정적인 효과와 효율성을 염두에 두고 교육과정의 실제를 안내하고 처방하는 데 주로 관심을 갖는 것, 둘째로 과학적 · 기술공학적 이론화를 통하여 교육과정 변인들과 그 변인들 간의 관련성을 식별, 기술, 설명하는 데 관심을 두는 집단, 그리고 셋째로 이론화를 창조적인 지적 과업으로 보면서 새로운 교육과정에 대한 논의를 전개하기 위하여 기존의 개념체계를 비판하고 전통적인 용어와 탐구 방식에서 벗어나려는 집단으로 구분하고 있다(Macdonald, 1975 : 6 ; 윤병희, 1991에서 재인용).

재개념주의자로 알려진 파이나(Pinar, W. F., 1978)는 위에서 제시한 맥도날드의 교육과정 분류체계를 보다 정교하게 보완하여 논의했는데, 그는 최근까지 교육과정 연구 및 이론화에 종사해온 학자들을 전통주의자(Traditionalists), 개념적-경험주의자(Conceptional-Empiricists), 그리고 재개념주의자(Reconceptualists)로 구체적인 이름을 붙여 구분하였고 이들이 주장하는 교육과정의 개념을 정리하였다(Pinar, 1975 : pp. ix~xii)[2].

가. 전통주의자(Traditionalists)

전통주의자들은 행정적 편의, 전문적 책무성, 과학적 관리, 관료주의와 밀접한 관련을 맺으면서 교육과정의 실제를 예언하고 통제하려는 입장이고 이들은 이론들에서 원리(rationale, principle)라는 용어를 사용하였다. 전통주의자들의 연구는 현장에 대한 봉사와 행정적 편의성과 너무나 밀착되었기 때문에 '탈이론적 · 개량주의적(ahistorical, ameliorative) 접근'이라는 비난과 '발달이 정지된 상태(a state of arrest)'라는

2) 여기에서 전통주의자로는, Tyler, Taba, Zais, Klein, McNeil 등이고, 개념적-경험주의자로는, Schwab, Beauchamp, Johnson, Gagné, Walker 등이 이에 속하고, 재개념주의자로는, Macdonald, Pinar, Giroux, Apple, Huebner, Greene, Molnar, M. van Manen, Lundgren, Penna, Popkewitz Anyon 등이 이에 속한다.

비판을 받게 되었다(Pinar, 1978 : 6).

나. 개념-경험주의자(Conceptional-Empricists)

이 집단은 교육과정 연구를 현대의 사회과학과 행동과학적 방법론을 적용하여 경험과학적으로 탐구한다. 이들은 행정적인 편의와 효율성 및 실제적인 유용성보다는 교육과정 자체를 관찰과 실험이 가능한 전통적으로 흘러오는 사회과학적인 탐구 대상으로 삼아 과학적인 설명 · 기술에 치중하고 있다.

다. 재개념주의자(Reconceptualists)

1970년대에 들어와 이들은 영미의 경험과학적 접근법과는 그 성격이 다른 대륙의 현상학, 해석학, 실존주의, 마르크스 이론, 정신분석학, 비판이론, 상징적 상호작용주의 그리고 동양의 요가나 선과 같은 정신세계에 근거를 두고 전개하고 있다. 그들은 지난 반세기 동안 교육과정 연구에서 주류를 이루었던 탈정치적 · 탈역사적 · 기술공학적 접근방법에서 벗어나 교육과정 탐구의 개념적 지평을 확대하려는 의식을 가지고 있었다(Pinar, 1981 : 7). 파이나(Pinar) 자신은, 이 집단에 속한 사람들이 상대적으로 소수이기는 하지만 그 주제의 중요성과 영향력은 실로 지대할 것이라고 예측하였다(Pinar, 1975 : p. x). 그런데 교육전문가들을 포함한 교육과정 전문가들 사이에서도 견해가 각기 달라 개념 규정의 다양성을 보여주고 있다.

2. 한준상 등의 교육과정 개념 분류

한준상 등은 위의 세 부류에 속하는 학자들의 논문 21편을 공동으로 편역하고 교육과정 이론에 대한 논쟁을 제시하였다. 여기에서 자이스(Robert S. Zais)는 그의 논고인 『교육과정 : 원리 및 기초』(1976)에서 다음과 같이 여덟 가지로 개념을 분류하고 있다(한준상 외, 2001).

가. 학습 프로그램의 입장

학교에서 시간표에 나열된 과목(강좌명)을 이수하는 동안 그 내용과 과정 범위에 관해 추상적이고 모호한 정보로 그쳐버리기 때문에 학습자가 필요하고도 충분한 학습 성과 및 경험을 나타내주지 못한다고 전제하고 교육과정 전문가들은 학교의 교과나 강좌로 한정하지 않고 교수-학습과정에서 발생하는 하나의 학습 프로그램을 의미하는 용어를 더 선호하는 경향이 있다.

나. 강좌 내용을 의미하는 입장

교육과정을 다만 교과서에 수록되어 있는 자료나 정보로서만 파악하지 않고 학습계획상 필요로 하는 많은 부가적 구성요소들 즉, 학습자가 교육내용과 상호작용하게 되는 조건이나 상황에서 파생되는 요소들까지 포함하여 정보를 선정하고 조직하여야 한다.

다. 계획된 학습경험의 입장

크르그(Krug, 1956)는 "바람직한 학습경험의 기회를 학습자에게 제공하기 위해 학교가 선정하는 모든 수단"이라고 정의하였고, 돌(Doll, 1964)은 "교육과정은 학습될 강좌의 내용이나 교과 및 강좌의 목록을 의미하는 것으로부터 학교의 감독 또는 지원하에 학습자에게 제공되는 모든 경험으로 그 개념이 변화되어 왔다."고 진술하고 있다. 그러나 이러한 개념규정은 너무 광범위하기 때문에 비능률적이라고 많은 교육과정 전문가들이 비판하고 있다. 한편으로 다른 전문가들은 '계획된' 것이라고 한정하는 것은 협소한 개념정의라고 비판하기도 한다. 이들은 교육과정이 계획된 것이든 계획되지 않은 것이든 간에 학교의 지원하에 학습자가 실제로 겪게 되는 모든 경험이 교육과정이 되어야 한다고 하였다.

라. 학교의 지원 아래 학습자가 갖게 되는 경험이라는 입장

학생들은 학교교육과정 속에서 다양한 교과영역을 경험하고 학습하지만 이와 함께 학교제도의 권위주의적 구조를 경험하기도 하고 또 그 권위에 순응해야 할 것을 배우게 된다. 이러한 넓은 의미에서 정의하려는 학자들은 '불가시적 교육과정'(invisible curriculum) 또는 '잠재적 교육과정'(hidden curriculum)이라는 용어를 사용하면서 학생들이 학교에서 겪게 되는 경험의 총체성에 관심을 갖는 광의의 차원에서 개념정의를 하고 있다. 이러한 개념정의는 계획단계에서는 기능적일 수 없지만 교육과정 구성과정의 평가단계에서는 이 광의의 개념규정에 대한 타당성을 반박하기 어려운 것이다. 왜냐하면 확실히 학교의 지원 아래 학습자가 겪게 되는 경험들은 계획된 교육과정의 질과 효과를 평가하는 귀중한 자료를 포함하고 있기 때문이다.

마. 일련의 의도된 학습 성과의 구조적 체계로서의 교육과정

존슨(Mauritz Johnson, 1967)은 "교육과정은 수업을 위한 지침서로 구성되기 때문에 어떤 결과를 보고하는 성격을 띠는 것이 아니라 그 결과를 예견하는 성격을 띤 것이어야 한다." 여기에서 예견적이라 함은 규정적 또는 처방적인 것을 의미하고, "학습자 개인과 그의 환경 사이에 상호작용이 일어날 때에 비로소 학습경험이 가능하며, 이러한 상호작용 현상은 교육과정이 아니라 수업의 특징으로 간주된다."고 지적하고 있다. 즉, 교육과정은 수업의 결과를 규정하는 것이지 그 결과를 성취하는 데 사용되는 수단(예: 학습활동, 자료, 결과를 달성하는 데 이용되는 수업내용 등)을 규정하는 것이 아니다. 따라서 그는 의도된 학습 성과의 구조적 체계만이 교육과정으로 구성될 수 있으며 그 밖의 모든 것은 수업에 해당되는 것으로 판단한다. 이것은 교육과정과 수업에 대한 이원론적 견해를 표방하는 것이다.

바. 교육행위를 위한(문서화된) 계획으로서의 교육과정

맥도날드(Macdonald, 1965)는 학교교육이 다음과 같은 네 가지 체계의 상호작용으로 이루어진다고 보고 있다.

① 교사라 불리는 개별적인 체계의 전문적 행위(교수)

② 교사가 제시하는 과제를 수행하는 학습자의 행동양식(학습)

③ 교수와 학습이 상호작용적으로 일어나는 행동 상황으로 일명 교수–학습체제라고도 부른다(수업). 만일 교수와 학습이 따로 분리되어 있는 경우 그 체제는 인성체제(personality system)에 해당되지만 이들 두 체제가 통합되어 하나의 수업체제를 이루는 경우에는 사회체제(social system)로 변환된다고 지적한다.

④ 행동을 위한 계획, 즉 수업을 안내하는 계획이다(교육과정). 이것은 자신의 행동을 하나의 교육과정 속으로 귀착시키는 개인들로 구성된 사회적 체제를 말한다.

다음으로 교육과정 계획과 교육과정 시행에 대하여 존슨(Johnson)과 맥도날드(Macdonald) 이외의 많은 교육과정 이론가들이 '시행'(implication)의 준거를 가지고 교육과정과 수업을 구분하고 있다.

실제 수업이 이루어지고 있는 교실에서, 교육과정을 평가할 때

① 교육과정이 실천되고 있는(functioning) 것을 인식할 수 있는가?

② 그 수업이 특정한 목표를 지향하고, 특정한 내용을 다루고, 특정한 활동을 전개하고 있는지를 파악할 수 있는가?

③ 교육과정에 대한 평가를 요청 받았을 때, 문서화된 교육과정을 검토하는 것만으로 만족하는가?

문서화된 교육과정이 실제 교수-학습 상황 속에서 기능을 발휘하고 운영될 때 교육과정의 잠재성이 실현되는데 이때 교육과정과 수업의 구분은 모호하게 된다. 교육과정이란 수업을 위한 문서화된 계획일 때 교육과정 문서(curriculum document) 혹은 불활성(inert) 교육과정을 의미한다고 볼 수 있고 또는 교실 속에서 실제 상황의 환경과 활동을 안내하고 통제하기 위해 운영되는 실천적(functioning), 체험적(live), 운영적(operative)인 교육과정을 의미할 수도 있다.

사. 교육과정에 대한 절충적 개념

타바(Taba, 1962)는 존슨(Johnson)이나 맥도날드(Macdonald)처럼 교육과정 시행에 관한 준거를 제시하지 않고, 교육과정을 목표의 진술과 내용의 개요만으로 정의하였다. 그리고 학습경험과 관련이 있는 것을 교수방법에 국한시키는 한정된 교육과정의 방법을 부적절한 것으로 보고 다음 <그림 5-1>에서와 같이 양극의 연속선상에서 분기점이 어디에 놓이게 되는가에 관해서는 비교적 융통성이 있고 주관적인 판단에 의존하게 되는 것이라고 설명하고 있다.

그림 5-1 교육현상의 교육과정 성격과 수업 성격에 대한 주관적 판단이 이루어지는 연속선

위의 준거는 산만한 편이기는 하지만 교육과정을 문서로 볼 것인가, 혹은 실제 교실 수업 상황으로 볼 것인가를 결정하는 데 유용한 준거가 된다. 그러므로 문서화된 교육과정에서 규정된 내용은 교사나 교실 수업 상황에서 핵심적 주제를 제공해 줄 수 있도록 구체적이어야 하며 동시에 교사의 교수방식과 특성, 학습자의 요구 및 흥미 등에 의해서 선정된 구체적인 학습내용과 자료를 고려할 수 있는 일반적인 것이

되어야 한다. 한편, 교육과정이 교실 수업을 위한 일종의 방향을 설정해 준다고는 할 수 있으나 그것이 일련의 교안(lesson plan)은 아니다. 따라서 문서화된 교육과정을 교사 자신 및 학생들의 경험에 의해 해석하고 번역하는 일은 교사의 특권이자 책임이라고 할 수 있다.

아. 복합적 개념의 필요성

20세기 중후반까지 많은 학자들에 의해서 다양하게 논의되어 왔음에도 불구하고 맨(Mann, 1971)과 같은 일부 교육과정 전문가들은 교육과정의 개념이 다양하게 정의되어야 한다고 믿고 있다. 여기에 대해 쉽(Schwab, 1969)은 교육과정이라는 용어를 이론적 측면에서 너무 명확하게 정의하려고 하기 때문에 교육과정 분야가 빈사상태(moribund)에 놓여 있다고 단언한다. 따라서 철학적 가정과 이론적 기초에 대한 검토를 포함하는 방어할 수 있는 결정(defensible decisions)에 바탕을 둔 실제적인 것에 일차적인 관심을 두게 될 때 비로소 교육과정 분야는 다시 활기를 찾게 될 것이라고 주장한다. 이러한 입장은 어디까지나 난해하고 비밀스러운 논쟁에 대한 반발에서 나왔다고 볼 수 있다. 그리고 학문적 공동체에서 최근의 발전은 언어적 대상에 대해 단일한 규정만을 허용하는 것은 이론적으로 결코 바람직스러운 것이 아니라는 입장에서 개념의 다양성을 추구하는 것이다. 20세기에 들어와서 일반적으로 과학은 어떤 개념정의나 이론을 형이상학적 실재에 대한 기술(descriptions)로 간주하던 것을 지양해 왔다. 어떤 제한된 상황하에서 하나의 정의를 내리는 것은 과학자가 특정 현상을 설명하는 것을 가능하게 해준다. 그러나 다른 상황하에서는 다른 정의가 보다 유용할 것이라는 정의의 기능에 대해 동의하는 입장이다.

교육과정 계획단계에서는 평가활동과는 달리 학습경험을 포함하는 정의는 불가능하고 단지 계획된(planned) 또는 간절히 소망하는(hoped for) 경험을 산출해 낼 제한된 내용과 활동을 포함하는 정의만이 활용될 수 있다. 이 단계에서는 교육과정을 하나의 가시적 문서(tangible written document)로서 행동을 위한 계획으로 개념화하는 것이 타당하다. 그러나 평가단계에서는 계획 여부에 관계없이 실제 교실수업 상황에서 겪게 되는 경험이 포함된다.

결론적으로 말할 수 있는 것은 교육과정에 대한 모든 정의가 성취해야 할 목적에 따라 필연적으로 다양하게 제시될 수밖에 없다. 어떤 상황에 따라 목적을 성취하는 데 가장 유용한 교육과정의 정의가 가장 정확한 정의라고 할 수 있을 것이다.

다시 말하면, 교육과정(curriculum)이란 넓은 의미로는 교육기관과 교수-학습과정에서 발생하는 모든 것을 가리키는 말을 의미하고, 제한된 좁은 의미로는 교수요목

(course of study)의 개요를 지칭한다. 그러나 실제로는 교육프로그램에 대한 일련의 계획(plan)이라는 개념으로 한정할 수 있다. 이와 같은 의미에서는 교육목표의 규명, 학습경험의 선정 및 조직, 교육프로그램의 평가 등으로 이어지는 일련의 체계적 계획을 개발하는 것으로서 이것을 교육과정 개발(curriculum development)이라는 말로 나타낸다.

3. 이경섭 등의 교육과정 개념 분류

이경섭 등(1997)은 여러 학자들이 내린 정의를 4군으로 분류하여 소개하고 있다.

가. 1군 : Beauchamp(1964) ; Ragan(1960) ; Spears(1951)

교육과정이란 학교의 권한하에 있는 아동의 모든 경험이다(일어난 모든 것). 이는 학교가 책임을 맡은 아동의 모든 경험을 포함하기 때문에 교실의 프로그램 이상의 것이며 진행되고 있는 아동의 모든 활동을 포함한다.

나. 2군 : Saylor(1966) ; Crosby(1964) ; Doll(1961)

교육과정은 학교가 제공한 모든 학습경험을 포함한다. 이는 아동교육에서 학교가 제공하거나 활용하는 경험의 총체를 말한다.

다. 3군 : Phenix(1958) ; Krug(1957)(계획된 내용과 방법 집단)

교육과정은 학교교육 프로그램의 조직화된 형태이며, 수업할 교재, 방법, 순서 즉 내용, 방법, 시기를 기술한 것이다. 여기에서 교육과정은 바라는 학습 성과에 이르는 경험을 학생에게 제공하기 위해 학교가 활용하는 수업의 수단으로 구성된다는 것이다.

라. 4군 : Johnson(1967) ; Smith 등(1957)(계획된 내용 집단)

교육과정이란 일련의 의도된 학습 성과이다. 즉, 교육과정은 수단을 처방하는 것이 아니고 수업의 결과를 처방(예상)한 것으로, 집단적 사고와 행위 방식으로 아동과 청년을 도야할 목적으로 학교에서 설정한 잠정적 경험의 계열이라는 것이다.

이상에서 1군과 2군의 차이점은 1군은 '일어난 모든 것'을 말하고, 2군은 '제공된 모든 것'이라는 점이다. 3군과 4군 간에 분명한 차이는 어떻게 학습 성과가 가장 잘 성취되느냐에 있는데 3군은 교육과정의 요소로 수업의 방법을 포함하고 있고 이에 비해 4군은 그렇지 못하다. 3, 4군이 1, 2군과 다른 점은 계획된 학습 성과를 위해 제시된다는 점이다.

4. 굿레드, 김종서, 김호권 교육과정 개념 분류

굿레드(Goodlad, J. I.), 김종서, 김호권 등은 교육과정의 개념을 학습자가 접하는 거리에다 기준을 두고 세 가지 분류로 구분하고 있다.

가. 굿레드(Goodlad, 1966)

① 수업 수준 교육과정, ② 기관 수준 교육과정, ③ 사회 수준 교육과정으로 분류하였다.

나. 김종서(1983)

① 국가 및 사회적 수준의 교육과정, ② 교사 수준의 교육과정, ③ 학생 수준의 교육과정으로 형식을 분류하였다.

다. 김호권(1985)

교육과정에 관한 다양한 이론이나 견해를 포용한다는 의미에서 ① 공약된 목표로서의 교육과정(의도된 교육과정), ② 수업 속에 반영된 교육과정(전개된 교육과정), ③ 학습 성과로서의 교육과정(실현된 교육과정)으로 세분하고 〈그림 5-2〉와 같이 종합하여 제시하고 있다.

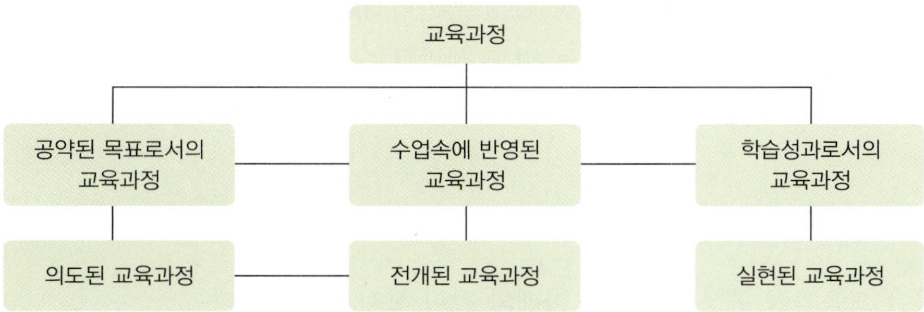

그림 5-2 교육과정 개념 모형

지금까지 살펴본 교육과정의 개념은 유아교육부터 초·중등학교에 걸친 모든 아동 청소년들을 위한 교육에 공통되는 일반적 정의이다. 그런데 초·중등학교 교육과는 다른 유아교육의 특성 때문에 유아교육과정의 성격이 갖는 특색을 다음 절에서 설명하고 있다.

제3절 교육과정의 구성 및 절차

1. 교육과정의 구성

교육과정의 결정권은 크게 두 가지로 구분할 수 있는데 하나는 중앙집권적인 것과 지역 분권적인 것으로 구분할 수 있다. 교육과정의 결정권은 국가권력의 배분과 사회통제 방식에 따라 특징지을 수 있다. 중앙집권적 결정 방식은 결정권한이 중앙 부서나 소수의 인사 집단에게 집중되어 있는 경우이고 지역 분권적인 결정권은 지역 단위로 학생들의 필요와 지역의 특성에 따라 결정되는 경우를 말한다. 중앙집권적 접근방식은 교육과정을 획일화시켜 표준화된 인간상을 육성하려는 경향이 강한 반면, 지역 분권적인 접근방식은 학생들의 요구와 지역의 특성에 따른 다양성을 반영 내지 수렴하여 교육과정을 탄력적으로 운영하므로 자율적인 인간상을 기르는 효과가 가능한 것이다. 그렇지만 자칫 잘못 운영되면 한정된 지역에서 우물 안 개구리식의 폐쇄적인 성격도 형성될 수 있다는 점도 생각할 수 있다. 이 절에서는 교육과정의 구성과 교육과정의 계획으로 구분하여 살펴본다.

가. 교육과정의 구성 유형

다음은 교육과정 구성의 층위를 아래와 같이 살펴보고자 한다.

1) 공식적 의도화된 교육과정

공식적 의도화된 교육과정이란 국가수준의 교육과정으로 문서화되어 있으며 학교 현장에서 공식적으로 교사에 의해 가르침을 받는 교과서 및 교수학습 자료를 의미한다.

2) 잠재적 교육과정

잠재적 교육과정이란 의도와 계획에 의한 교육과정이 아니라 교실에서 어떤 일이 벌어지고 있으며 어떤 결과가 나타나고 있는가를 중요하게 여긴다. 따라서 학교교육을 통하여 학생들이 가지게 되는 경험 중에서 표면적 교육과정을 제외한 학교상황의 다양한 경험을 중요시한다.

잠재적 교육과정 고려사항으로는 첫째, 교육목표의 수립측면에서는 교육목표를 다양한 관점에서 수립하고 계획해야 한다, 둘째, 학습에 대한 경험을 조직할 때는 학습경험이 미칠 영향에 대해 분석적이어야 한다, 셋째, 의도하지 않은 결과에 대해 받아들이는 자세가 필요하다.

3) 공식적 교육과정과 잠재적 교육과정 비교

공식적 교육과정과 잠재적 교육과정을 비교하면 〈표 5-2〉와 같다.

표 5-2 공식적 교육과정과 잠재적 교육과정 비교

구분	공식적 교육과정	잠재적 교육과정
개념	국가수준교육과정으로 교사에 의해 가르치는 내용	국가, 학교, 교사가 의도하지는 않았지만 학교생활을 통해 은연중에 경험하게 되는 내용
교육목적	구체적 목표가 설정되어 있음	구체적 목표가 설정되어 있지 않음
학습내용	교과중심	비교과중심
교육방법	학교나 교사의 의도하에 지도가 이루어짐	학습자가 은연중에 학습
교사역할	지적인 능력 강조	간성적 능력 강조
학습영향	단기적이거나 일시적	영속적인 영향을 미치며 반복적으로 배움

4) 영교육과정

영교육과정이란 기관에서 소홀히 다루거나 공식적으로 가르치지 않는 교육과정 지식이나 사고의 양식을 의미한다.

유아교육 현장에서 공식적으로 가르치지 않거나 소홀이 되는 영역이 없나 확인하는 일이 중요한 일일 것이다.

이와 같은 교육과정 운영체제에서 중앙 집중체제를 취하고 있는 나라는 한국을 비롯해서 프랑스, 스웨덴, 태국, 아랍권 국가 및 사회주의 국가이고, 분산체제를 취하고 있는 나라는 미국, 영국, 독일, 캐나다, 호주 등이다. 그리고 일본에서는 교육과정의 기본 계획은 중앙정부가 정해주고, 구체적인 세부사항은 지역이나 학교에서 마련하는 일종의 절충적 방식을 채택하고 있다(곽병선, 1983). 교육과정 운영 체제에서는 서로 장단점이 엇갈려서 중앙 집중적 체제의 장점은 분산 체제의 단점이 될 수 있고, 중앙 집중적 체제의 단점은 분산적 체제의 장점이 될 수 있는 것이다.

적절한 교육과정 계획의 모형(model)을 설정할 때 정부 쪽이나 교육과정 개혁에

참여하는 대부분의 위원들이 학교 교육과정을 한층 직업교육적인 쪽으로 기울어지게 하는 경향 때문에 교육과정을 인간의 정신적 육체적 행동 전반에 걸친 행동목표에 근거를 두고 구성되어야 한다는 사고방식이 강하게 대두되고 있었다. 그러나 다음의 두 가지 이유 때문에 부적절한 것이다.

첫째, 교육과정론은 행동주의 심리학의 잘못된 이론에 의거하고 있기 때문이다.

둘째, 교육과정 계획에서 가장 중요한 제1단계 즉, 왜? 라고 하는 근거를 탐색하는 의문을 등한시하고 있기 때문이다.

나. 교육과정 개발

교육과정 개발의 과정은 무엇에 근거를 두어야 하는가 하는 것이 우선 기본적으로 논의된다. 그러므로 보다 중요한 것은 내용면에서나 목표 혹은 과정면에서나 그것들이 어떤 가치 혹은 일반적인 목적에서 도출되었는가 하는 것을 먼저 고려해야 할 것이다. 이와 같은 입장을 밝힌 하나의 예를 들면, 스킬벡(Skilbeck, 1976)은 '상황을 분석하는 것(analyzing the situation)'을 출발점으로 하는 모형에 의해서 이 문제에 대응하려고 하였다.

이와 같은 교육과정 개발에 대한 접근방법은 기존의 교육현상을 설명, 기술하는 과거지향적인 이론적 연구라기보다는 교육목적을 달성하기 위한 미래지향적인 체계적 설계와 실천에 중점을 두는 접근방법이라고 할 수 있다. 따라서 실제적 과업으로서 교육기관의 유형과 그 수준에 따라 교육과정 개발계획의 가정, 목적, 준거, 절차, 참여자 등이 내포되는 일련의 체계적 개발과정을 각기 다르게 전개되는 접근방법(approach)인 것이다.

유치원(학교)을 기초로 하는 교육과정 계획의 실행과 평가의 단계에서 교사의 역할은 교육과정 계획을 교사의 독점물로 하는 것을 의미하지 않는다. 교육과정 계획은 민주적인 과정으로 이루어져야 한다. (교사들이 참가해서 책정된) 학교를 기초로 하는 교육과정 설계(design)를 일련의 학습계획 및 수업안(授業案)의 형태로 만들어 가는 데에서 교사들은 중심적인 역할을 담당하고 있다.

유치원(학교) 수준의 교육과정 계획에서 일반적으로 크게 두 가지의 경향으로 나

뒤어 갈등을 일으키는 경우가 많다. 그 하나는 유아들의 입장에서 교육의 의미를 여유 있게 구상해 보려는 입장이다. 다른 하나는 교육과정을 좁게 한정해 놓고 테스트를 가지고 학습과정을 다시 억제하려고 하는 입장이다. 이것은 사람들 간의 갈등이다. 그런데 이와 같은 구도(構圖)로만, 국가적 교육과정을 살피는 것은(거기에 비록 진실한 것이 포함되어 있다고 하더라도) 공정하다고는 할 수 없을 것이다. 유치원 교육과정도 국가적(국가수준) 교육과정으로 확정하고 지역 교육청 수준이나 현장 유치원 수준으로 이관했을 때, 기본 5개 영역이 시간배당표에는 자리 잡지 못하고, 폭넓게 균형잡힌 교육과정을 편성하고 있는 유치원들이 흔히 눈에 띈다. 유치원을 논할 때, 지나치게 일반화한 것이나 또는 융통성 없이 고정적(stereo-type)인 운영에 빠질 위험성에서 벗어나야 한다.

유치원 교육과정을 현장에 적용할 때 더 폭넓은 교육과정을 만들어내는 방향으로 힘에 밀리는 것같이 받아들여지고 있는 유치원도 있고 반대로 자유를 속박하는 구속복(拘束服)과 같이 파악하고 있는 유치원도 있다. 전체적으로 보아, 제1차 유치원 교육과정 이래 교육과정 계획은 개선되어 왔다고 볼 수 있다. 그런데, 유치원 교사의 대부분은 5개 영역에 대해 부분적으로 비현실적이라고 부담스럽게 생각하고 있는 것도 사실이다. 국가적 교육과정은 위에서 밀어붙인 것이지만, 교육과정 전체는 학교 또는 유치원을 기초로 하는 것이어야 한다. 교사들에 의한 전문직적인 계획은 촉진력 강화(=empowerment: 권한 강화)라는 측면에서 보아도 최선의 방법이 될 것이다.

모든 유치원은 어느 정도 상세한 교육과정 설계를 포함하는 계획을 책정해야 할 것이다. 교과마다 기계적으로 가르치는 것은 비생산적인 경우가 있다. 교육과정의 내용과 평가문제도 고려해야 하지만 교육과정 편성과 교수법의 문제는 유치원의 교사들이 무엇보다도 중요하게 고려해야 할 부분이다.

2. 교육과정의 계획

근대 이후 사회 · 문화적인 변천을 배경으로 교육사조의 흐름은 아동관의 변화와 더불어 교육의 이념, 교육의 형태, 그리고 교육의 제도에도 변화를 가져옴에 따라 교육과정의 이론과 실제에 관한 연구에 대한 주장과 방향에도 변화를 가져오게 되었다. 이러한 변화에 대한 조건을 만족시킬 수 있는 교육과정 모형도 다양하게 분류되었는데, 다양한 분류방식 가운데 대표적으로 알려진 것으로는 '목표 모형', '내용 모형', '연구 모형', '평가 모형'으로 대별할 수 있다.

한편 구조론적 입장에서 로우톤(Lawton, D., 1989)이 시사한 바와 같이 교육과정을 설계하는 데에는 목표 모형, 내용 모형, 연구 모형, 평가 모형의 접근방법이 있다.

가. 목표 모형

타일러(Tyler, 1949)가 말하는 교육과정의 운영은 교육 목표의 설정에서 시작하여 그 목표를 달성하기 위한 학습 경험의 선정과 조직으로 이어진 후 학교 현장에서 수업의 과정을 거친 뒤 목표 달성 여부를 평가하는 일로 마무리진다고 하였다. 여기에서 가장 중요한 것은 목표의 설정이다. 설정된 목표를 기준으로 하여 모든 후속 절차가 이루어지는 것이다. 목표는 학습자에 관한 사실(아동), 사회에 관한 사실(사회) 그리고 교과 전문가의 견해(교과)를 원천으로 하여 교육철학 또는 학습심리학이라는 '체'에 걸러 결정되는 것이다. 이렇게 해서 진술된 목표는 교사의 행동으로 진술해서는 안 되고 학생의 행동으로 진술하되 내용만 제시하거나 행동만 제시하는 것이 아니라 학생의 행동과 내용을 모두 포함해야 한다. 그리고 이것을 이원 분류표에 기재해야 하며, 이렇게 해서 평가된 결과는 목표를 명료화시키는 결과를 가져온다.

이 접근의 중심적 문제는 바로 '목표'라고 하는 말의 애매성에 있다. 일부 행동주의자의 경우 목표는 '행동목표'이고 측정 가능한 행동변화의 형태로 미리 규정되는 것에 불과하다. 여기에서는 교사의 의도보다 학생의 행동변화가 더 중요한 것으로 본다. 교육과정에 관한 이와 같은 사고는 학습과정을 세분화하여 학습과정 전체를 이끌어가는 인간행동의 가치를 훼손시키는 것이라고 생각하는 입장에서 스텐하우스(Stenhouse, 1975)를 비롯해서 많은 사람이 비판을 하였다. 또 같은 이유에서 행동주의적 학습론은 철학자, 심리학자들의 공격도 받게 되었다. 저수준의 기능학습이나 행동변용 등, 한정된 목적을 위해서라면 행동주의적 기법은 의연히 유효할지 모른다. 그러나 엄밀한 의미에서 행동목표에 의한 계획이라고 하는 사고방식은 이미 사라졌다고 말할 수 있을 것이다.

그러나 이와 같은 사고의 계열로서 엄밀하게는 행동주의적인 것이 아닌 목표라고 하는 것도 있다. 목표에 근거한 계획 모형은 한정된 학습에는 유효하지만 보다 열린 학습상황에는 고전적인 것에 불과하다는 것을 일반적으로 생각하고 있다. 타자(typing)를 가르치는 경우라면 극히 구체적으로 측정 가능한 목표를 설정하는 데는 합리적일 것이다(예를 들면, 100시간의 연습 후 1분간 50단어를 틀리지 않고 타자가 가능하게 된다고 하는 것 같이). 그러나 이러한 종류의 방식을 시의 감상이나 역사적 사건의 이해에 맞추어보려고 하는 경우에는 결코 순탄하게 이루어지지 않는다. 상황은 한층 복잡해지고 전혀 다른 학습을 계획해야 될 필요성이 생기는 것이다. 그런 경우, 목표라고 하는 말을 사용할 때 전혀 다른 의미를 갖게 하지 않으면 안 된다. 예를 들면, 스킬벡(Skilbeck, 1984)은 목표의 의미에 관해서 신중하고 명확한 것이면 그것은 계획의 유효한 구성요소가 될 수 있다고 말한다. 거기에서 언제나 중요한 문제가 되는 것은 얼마만큼 엄밀하고 한정적인 목표이어야 하는가 하는 것이 문제가 된다.

목표를 교육과정 설계의 기초로 하는 경우 또 하나의 난점은 목표를 보다 일반적인 목적이나 가치와 신중하게 결부시키지 않으면 안 된다는 것이다. 단순히 목표를 출발점으로 하는 것은 불가능하기 때문이다. 목표는 보다 고도의 계획수준에 있는 무엇인가 다른 것으로부터 끄집어 내지 않으면 안 된다.

나. 내용 모형

내용 모형은 모형 차원에서 가치를 선택하여 그 가치의 실현을 위해 노력을 집중하는 모형이라고 할 수 있는데 교육이 노리는 표적은 겉으로 드러나는 행동이나 평상시에 드러나는 반응이 아니라 그런 행동이나 반응으로 표현되는 보이지 않는 마음이라는 점을 분명하게 의식하고 그 마음을 직접 상대하려고 노력하는 모형이다. 즉, 교육의 가치는 교육내용 안에 들어 있고 교육이 길러야 할 마음은 교육 내용으로 이루어져 있다. 여기에 대해서 이홍우(1992)는 피터스(R. S. Peters, 1966)가 말한 '내재적 가치'의 개념과 브루너(J. S. Bruner, 1960)의 '지식의 구조'에 관한 논의를 발전시켜 나름대로의 모형을 정립하여 교육의 내재적 가치와 외재적 가치로 구분하여 논의하였다.

교육의 내재적 가치는 교육과 개념적으로 관련되어 있는 가치이며 외재적 가치는 단지 사실적으로 관련되어 있는 가치이다. 즉, 교육의 개념상 내재적 가치를 추구한다는 것은 교육을 통하여 마음을 기르는 일을 말하는데 실체가 하나인 이것과 비교할 때 외재적 가치는 다양하다. 예를 들어, 경제를 성장시키는 일은 교육의 본질과 관련되어 있다고 볼 수 없다는 것이다. 가령 교육이 경제 성장에 기여한다고 할지라도 양자 사이의 관계는 사실적이며 우연한 것이다(이홍우, 1984 : 25).

이러한 내용모형은 지식의 구조로 파악한다. 지식의 구조는 첫째, 각각의 개념과 원리들은 주변의 다른 개념들과 서로 얽혀져 있다. 예를 들면 물리학이라는 교과와 같이 독특한 의미의 구조를 이룬다. 둘째, 지식의 구조를 배운다는 것은 개념을 내면화하여 그 세계 속에 거주하면서 살아 있는 사람의 마음속에서 그 개념을 사용하여 현상을 바라보고 이해하는 일이다. 이것을 종합하면 지식의 구조는 해당 분야 학자들의 '마음'이고 교육내용은 '개념'이라고 할 수 있다.

각각의 지식의 구조에 입문된 마음은 각각의 지식의 구조가 제공하는 일관된 특유한 관점을 가지고 있는 것이며 내재적 가치란 이러한 관점과 태도가 그 자체로 가치가 있다는 것을 뜻한다. 내용모형은 학생들을 각각의 지식의 구조에 입문시킴으로써 이러한 관점과 태도를 기르는 데에 전념한다. 이와 같은 교육과정을 제시할 때 '내용'이라는 것은 첫째, 그 교과의 기본적인 개념과 원리를 추출하여 진술한다. 이것은 교과의 지식의 구조를 드러내어 제시하는 일이다. 둘째, 이러한 진술을 보충하기 위하여 그 개념과 원리가 어떤 종류의 아이디어인가를 해석하여 제시한다. 즉, 진술된 내용이 가지고 있는 성격, 특히 그러한 내용이 내재적 가치를 가진다는 점을 천명하고 해석하고자 하는 노력이다.

이 예로서는 수학능력 시험(試驗)을 들 수 있는데 여기에서는 다만 다루어야 할 주제(topic)만 게시될 뿐이어서 그 선택된 내용이 설명되거나 정당화되는 것은 없다. 사실의 암기가 때때로(반드시 늘 있는 것은 아니나) 강조되어, 정보를 필기시험으로 재현하는 일이 중요시된다. 이 접근법의 결점으로는 교육과정과 평가의 양쪽에 관해서 교사로부터의 통제가 미치지 못하는 일이 있다. 또 교육과정을 좌우하는 시험에는 종종 운(運)의 요소가 얽히는 사실이 있다. 한 번의 시험으로 모든 주제를 출제할 수 없는 이상 무엇이 출제될 것인가 하는 것은 망라적(網羅的)인 것이 아니고 우연적(偶然的)이다. 또한 교육과정 계획이라고 하는 관점에서의 큰 문제로서는 선택된 내용이 정당화되어 있지 않은 경우가 있다. 당연한 것으로 치부하든가 당시의 시련에 견디어낸 전통의 일부로 해서 그저 받아들여지는 것이다. 이 때문에 이 접근법은, 때때로 전통적인 '고전 인문주의적(classical humanist)' 교육 이데올로기의 일부를 이룬다.

일정한 내용을 갖지 않은 교육과정은 없다. 그러나 전문직으로서의 교사가 교육과정을 수용(受容)하는 관점이 적용범위의 내용만으로도 괜찮은 것인가, 이성적으로 계획을 진전시키는 이상 적어도 '왜 저것이 아니고 이것인가?'를 물어야 하는 것이 아닌가 하는 의문이 제기된다. 현행 유치원 교육과정에는 이 내용에서의 접근이 장황하게 표현되어 있다. 말하자면 누리과정 5개 생활영역과 그에 따르는 내용이 진지한 검토에 붙여짐이 없이 받아들여지고 있는 것이 아닌지 문제를 제기해 본다.

다. 연구 모형

스텐하우스(Stenhouse, 1975)는 타일러가 지식의 성격을 잘못 파악하였다고 하는 점에서 타일러의 목표 모형을 비판하면서 지식은 인간을 보다 자유롭게 그리고 창의적으로 만든다고 하였다. 기술 훈련이나 정보 전달의 경우와는 달리 지식 교육에서는 학생들의 학습 결과가 어떤 모양으로 나타날 것인지 또 어떤 모양으로 나타나야 할 것인지 학생들의 행동을 예측할 수 없고 예측할 수 없는 결과가 나타났을 때 비로소 성공하였다고 말할 수 있다. 그러므로 지식교육에서는 목표모형에서 말하는 최종적인 행동을 진술할 수 없게 되는 것인데, 이러한 지식의 성격을 학습 결과의 '필연적인 불확실성(necessary indeterminacy)'(Stenhouse, L. 1975 : 82, 93)이라는 말로 표현하였다.

스텐하우스는 수업의 목표가 아니고 수업의 과정을 진술하여 제시하는 방안으로서 앞서 타일러가 교사의 행동으로 목표를 진술하는 방식이나 내용만으로 목표를 진술하는 방식을 비판하였다. 스텐하우스는 오히려 교수의 과정에서 교사가 따라야 할 원리와 내용을 발굴하여 제시할 것을 제안하였다. 결국 그는 '교사가 무엇을 다룰 것인가' 하는 질문에 답하는 것으로 교육과정 논의를 하려고 하였다. 따라서 교육과정을 개발하는 일은 검증을 필요로 하는 가설을 제시하는 일이며 교육과정의 실천(운영)은 실천임과 동시에 하나의 연구로 파악되어야 한다고 말한다. 따라서 과정모형의 특징을 요약하면 다음과 같다.

첫째, 교육과정을 개발하는 일은 새로운 가설을 제시하는 일이다. 이것은 교육과정 개발이 어떤 해결책을 제시하는 것으로 파악하는 입장과는 대립되는 것이다. 목표 모형이나 진보주의 교육 운동 등과 같은 모든 운동들이 하나의 신념 또는 교의를 가지고 있어서 사람들을 자기 쪽으로 개종시키려고 한다는 점에서 비판하고 있는데 과정 모형에서는 자체의 오류 가능성을 인식하고 타인의 비판을 수용하며 계속적으로 자기 수정을 도모하는 것이다.

둘째, 실천 혹은 경험을 강조한다. 교육에 대한 아이디어 즉, 교육과정이 검증되는 것은 교육 현장에서 적용 · 실천되는 과정에서 이루어진다. 교실이 하나의 실험실이며 교사가 바로 연구자가 되는 것이다(Stenhouse, 1975 : 141~165). 따라서 교육현장은 단지 아이디어를 적용하는 곳이 아니라 그것을 검증하는 장소로 격상되는 것이다(조영태, 1995).

그런데 이와 같이 현장에 적용되고 실천되는 교육과정이 가치로운 것인지 판단하는 기준으로서 '가치문제'가 개입되며 '평가의 기준'이 문제가 제기된다고 하면서 이 문제에 관하여 두 가지 의견을 제시하고 있다(상게서, 1975 : 184). 그중 하나는 학교에서 일어나는 의견 차이 가운데는 가치문제에 관한 의견 차이에서 비롯되는 것이라고 여겨지는 것이 많지만 그 가운데 상당수는 경험적인 성격의 연구로 해결될 수 있는 것이라는 주장이다. 다른 하나는, "가치문제가 인간, 지식 혹은 사회와 관련된 것일 때, 그것을 현실의 실제 속에서 해결하는 방법을 나는 모른다."는 것이며 그 경우에는 학교가 채택한 기본적인 가치를 내세우는 수밖에 없다는 주장이다.

이 모형은 초등 · 중등학교에서 '진보주의적(progressive)' 교사들에 의해 지지되고 있는 것이다. 그것은 사실 그 이외의 정보의 기억에서, 여러 가지 이해의 발전이야말로 중요하다고 주장한다. 이 모형도 일정한 지식이나 경험이 선택된다. 그러나 그 근거는 당시의 지식이나 경험 그 자체가 흥미 깊은 것이고 또한 가치 있는 것이기 때문이고 거기에서 다시 새로운 경험, 새로운 종류의 지식과 새로운 학습방법이 개척되는 것이기 때문이다. 교수법 또는 교육방법(method)이 이러한 종류의 교육과정에서는 매우 중요시된다. 극단적인 경우가 되면, 교사는 고정적인 교육과정을 모두 배제하고 학생이 선택한 주제만을 다루는 일도 있다. 그러나 이것은 과정으로부터의 접근법의 극단적인 경우이고, 저자로서는 타당한 것이라고 생각하지 않는다.

이 접근이 보다 온당한 모양을 취하는 경우에선 구조화된 학습이 강조된다. 예를 들면, 브루너(Bruner)는 저서 『교육의 과정(過程)(The Process of Education)』(1960)에서 열쇠(핵심) 같은 개념, 관념, 과정에 관한 교과구조의 중요성을 강조하였다. 그래서 개념, 관념, 과정은 올바른 순서로, 혹은 정확한 시점에서 습득되어야 할 것이라고 하였다. 다음에 그가 시사한 바를 소개한다.

▶▶ 구조(構造)의 중요성(重要性)

어떠한 학습행위이건 학습에서 생기는 즐거움을 넘어서는 제 일차적인 목표는 그것이 장래 우리들에게 쓸모 있는 것이 된다고 하는 데에 있다. 학습에 의해서 직접적인 성과가 얻어진다고 하는 것만으로는 부족하다. 학습은 뒤에 우리들이 말할 것도 없이 성과를 얻기 위한 양식이 되지 않으면 안 된다. 학습이 장래에 쓸모 있는 것으로 된다는 것은 두 가지의 기본 입장이 있다. 하나는 우리들이 지금 학습해서 할 수 있게 된 작업과 극히 유사한 작업에 한정적으로 적용한다고 하는 것에 의해서이다. 심리학자는 이 현상을 훈련의 한정적 전이라고 부르는데 아마 그것은 습관의 확장 또는 연합으로도 부를 수 있는 것일 것이다. 그것이 유효하다고 하는 것은 우리들이 보통 기능(技能)이라고 부르고 있는 것에 거의 한정된다. 못 박는 것을 학습하면 뒤에 정을 치는 것이나 목편(木片)을 패서 쪼개는 등의 학습은 한층 용이하게 된다. 학교에서의 학습이 후에 학교에서 또는 학교를 나와서 직면하는 제 활동에 전이되는 어떤 종류의 기능(技能)을 만들어낸다고 하는 것은 의심할 여지가 없다. 이전의 학습이 후의 행동을 보다 효율적으로 하는 두 번째의 기본입장은 비한정적 전이보다 정확히는 오히려 원리 또는 태도의 전이라고 보통 말하고 있는 것이다. 따라서 학습은 삶의 긍정적인 변화를 예고할 수 있어야 한다.

그는 학생의 동기유발이나 학습방법도 중요하지만 그것은 내용의 구조와 밀접하게 관련되어 있지 않으면 안 된다고 하였다. 이와 같은 교육과정의 기초가 되는 것은 각 연령단계의 어린아이의 발달과 학습의 이론이고 그 이론과 결부시켜서 교과 내용의 제시가 신중히 검토되지 않으면 안 된다는 것이다. 주요한 것은 계열성과 구조인데(그것이 브루너(Bruner)의 경우에는 나선형 교육과정 즉, 몇 차례이든 똑같은 개념이 제시되는데, 그것이 개념발달에 맞추어 복잡성을 증가시켜야 함), 교육과정 계획 교육과정 설계라고 하는 생각에 모두가 일치된다. 이 경우 개념이나 관념을 신중하게 쌓아 올리는 벽돌이라고 볼 수도 있는 것이다. 그러나 이 비유도 오해를 낳을 가능성이 있다. 과정 모형을 주장하는 학자는 가르치는 것과 배우는 일과의 사이에 상호작용적이고 역동적인 성질을 강조한다. 그것은 미리 생각한 순서로 벽돌을 쌓아 올린다고 하는 비유로는 나타낼 수 없을 만큼 복잡한 것이다.

이처럼 세련된 브루너(Bruner) 모형이 교육과정이 거의 없는 것이나 마찬가지인 아동중심주의적 접근법과 한데 묶어 일색으로 몰아 비난해버리는 일이 있는데 이 또한 이 접근법이 갖는 어려움의 하나이다.

국가적 교육과정에서 중요시되는 것은 주로 내용 부분인데 일부의 도달목표(AT: attainment target)나 평가와 테스트에 관한 모형에는 과정으로부터의 접근법적 사고를 종종 볼 수 있다.

라. 평가 모형

최후의 접근방법으로서, “교육과정 계획은 평가에서 시작하고 평가에서 끝난다.”라는 주장이 있다. 이것이 그 자체로 하나의 모형이라고 말할 수 있는가 없는가 하는 것은 의심스럽다. 오히려 명확하고 한정적으로 평가될 수밖에 없는 학습목표를 가진 목표 모형의 일종으로 생각하는 편이 타당할지도 모른다. 그러나 계획이라고 하는 관점에서 본다면 이 평가를 기초로 하는 접근법이 갖는 몇 가지의 특징은 검토해 볼 만하다.

이 모형에는 교사와 학습자의 양편에 무엇인가 해야 할 것을 명료하게 나타낸다고 하는 이점(利點)이 있다. 다만 평가 쪽을 교육과정의 근본적인 목적보다 중시하게 되면, 그것은 본말전도(本末顚倒)의 현상이라고 할 수 있을 것이다. 다시 말하면, 반드시 학습해야 할 중요한 것보다는 테스트하기 쉬운 것을 선택하고 그 결과 형편이 좋은 것이 평가대상이 된다고 하는 함정이 도사리고 있는 것이다. 평가가 작금(昨今)

'고액(高額) 과외(課外)와 관계되는 평가(high stakes assessment)'라고 부르고 있는 것같이 되는 경우 그 평가가 갖는 본질이 왜곡됨은 생각보다는 훨씬 큰 문제가 되는 것이다. 학생이 부정행위를 저지르거나, 교사가 본래의 목적을 망각하고 '테스트를 위해 가르치는', 혹은 '좋은 결과(점수)'를 내기 위해 가르친다고 하는 일이 되지 말라는 법이 없다.

여기에서 간과할 수 없는 하나의 극히 중요한 논점은 경우에 따라서는 내용으로부터의 접근법(내용 모형)만은 예외로 해도 다른 모든 접근법에서는 '왜?'라고 하는 기본적인 물음이 제기되어야 한다. 그럼에도 불구하고 대부분의 경우 바로 '왜?'라는 제1단계를 빼먹고 있다. 그것은 내용 과정 혹은 목표를 가치 또는 원리에 근거한 고차원의 목적으로 정당화(justification)하는 것에 불과하다. 내용으로부터의 접근법은 예외일지도 모른다고 하는 것은 전통주의자에게는 '왜?'라는 물음 같은 것은 필요치 않음을 의미한다. 왜냐하면, 학교의 교육과정은 몇 세기를 거쳐 지금과 같은 모습을 이루게 된 것이고, 그대로의 형태로 받아 이어져 올 수밖에 없는 것이라고 주장하는 자가 있기 때문이다. 그러나 그와 같은 사고방식은 이성적인 것이 아니다. 많은 저서에서 '교육과정이 갖는 양자의 시간적 격차(=timelag), 또는 관성'이라는 현상이 언급되고 있다. 그것은 교육과정이 다른 사회적 · 기술적 변화에 따라갈 수가 없는 경향 때문이라는 것을 지적하고 있다(Lawton, 상게서).

위에서 말한 네 가지의 접근법은 어느 것이나 완전하다고는 말할 수는 없는 것이다, 왜냐하면 중요한 제1단계가 빠져 있기 때문이다. 제1단계란 교육과정이 구성되는 최초의 기본적인 의문 '왜?'라고 하는 근거제시의 요구라고 할 수 있다. 즉, 그 내용, 과정, 목표는 도대체 어디에서 도출될 것인가? 그것들은 어떻게 정당화되는가? 왜, 화학이고 천문학은 아닌 것인가? 왜 기독교계의 학교에서는 종교교육이 반드시 설치되어 있는데 많은 공 · 사립학교에서는 금지되어 있는가? 이와 같은 결정(혹은, 비결정)의 배후에 있는 원리나 가치는 어떤 것인가? 하는 의문의 제기인 것이다.

교육에는 종점이 없다. 가능한 한 엄밀성을 요구하는 일은 있어도 모든 목표를 완전히 엄밀하게 정의하거나 미리 설정해 놓는 것은 가능한 일이 아니다. 좋게 하는 방식과 나쁘게 하는 방식을 나타내는 기준은 있어도 반드시 유일한 정답이나 바르게 하는 방식은 있을 리가 없다. 잘 실행되었는가보다 높은 성취도가 얻어졌는가 하는 것은 어느 정도까지는 판단이나 측정도 가능할 것이다. 그러나 그것은 훈련의 경우만큼 정확하지도 확실하지도 않다. 사실 불확실하거나 애매함에 대해서 관용함으로 인해 교육의 목적이 보다 잘 촉진되는 경우도 있다. 가령 한 학생이 6 · 25 전쟁의 발발은 1948년이라고 대답하였다고 하자. 확실히 그것은 틀렸겠지만 전쟁의 불씨가 언제 시작했는가에 관해서는 의연히 논의의 여지가 남겨져 있다. 또한 6 · 25 전쟁의 원인을 논의하려고 하면 한층 더 불확실성이 증폭된다. 그래서 언제나 유일한 정답이 준비되어 있을 수가 없다는 것이다. 그 한 원인은 역사상의 중요한 사건을 유일한 원인이나 사건과 연결 지을 수는 없는 것 때문이다. 또한 평가에 있어서는 해석(interpretation), 기호(嗜好 : taste), 맵시(style) 등의 말은 소총으로 표적을 겨냥해 쏘기보다 훨씬 취급하기가 어렵다. 이것이 공적 시험(公的 試驗 ; 수능시험 같은)이 안고 있는 어려움의 하나이고 이것이 시험의 결과나 수준에 관한 논의가 매년 논란이 일고 있는 이유이기도 하다.

제4절 교육과정 개발 모형

교육과정 개발과정은 관련 요인들을 발굴하여 논의하는 일부터 시작하는 일이다. 이와 같은 논의를 위해서 전형적으로 모형(model), 수식(algorithm) 및 이론의 형태로 표현하여 각 요인의 특성을 설명하는 것이 일반적이다.

교육과정 개발의 과정에서 관련 요인들을 발굴하여 논의하는 것은 교육과정 개발의 출발점이 되는 것이다. 따라서 모형의 목적은 교육과정의 실체를 구성하는 변인들의 위치와 변인들끼리의 상호작용의 관련성을 요약하고 이해 및 분석을 위하여 개념적 체계를 단순하게 표상한 것이다. 지금까지 논의되고 있는 교육과정 개발의 모형에 대하여 이경섭(1997: 28) 등은 ① 고전적/합리적 모형, ② 순환적 모형, ③ 역동적 상호작용 모형으로 세 가지로 분류하고 이들을 종합적으로 다음 〈그림 5-3〉과 같이 양극을 축으로 나타내었다.

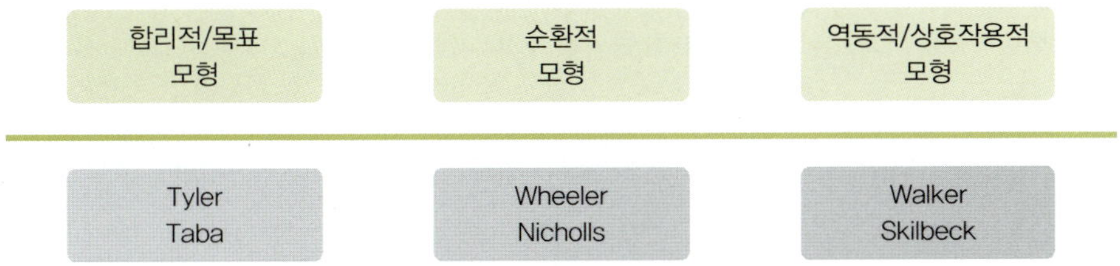

그림 **5-3** 교육과정 모형의 연속성

1. 고전적/합리적 모형

합리적 모형의 교육과정은 목표–내용–방법–평가에 이르는 일련의 고정된 논리적 합리성을 근거로 한 계열적 형태를 강조한다. 이러한 모형의 대표자는 타일러(Tyler, Ralph W.)와 타바(Taba, Hilda)를 들 수 있다.

가. 타일러(Ralph W. Tyler)

보빗트(Bobbitt, 1918) 이후 교육과정 개발 계획에서 보다 온당한 접근법이 진지하게 논의된 것은 1940년대 후반의 일이다. 교육과정 운동의 선구자로 알려진 타일러는 교육과정 개발 과정이 논리적 체계성과 유의미한 접근방법을 가져야 한다고 주장한다. 여기에서 교육과정을 '교육기관에서 교육과정과 수업 프로그램을 해석하고 분석하기 위한 이론적 근거'가 되도록 개발하여야 하고, 이러한 교육과정 개발을 위해서는 간략하게 〈그림 5–4〉와 같은 모형이 제시하는 네 가지 기본적 문제를 다루어야 한다고 제안하고 있다(Tyler, 1949).

1) 학교는 어떤 교육목적 달성을 지향할 것인가?(목표)
2) 그 목적 달성의 가능성을 높이기 위해 어떤 교육경험이 제공되어야 하는가?(수업 전략과 내용)
3) 그 교육경험을 어떻게 효과적으로 조직할 수 있는가?(학습경험의 조직)
4) 그 교육목적이 달성되어 있는지의 여부를 어떻게 밝힐 수 있는가?(사정과 평가)

단계	질문
목표	학교는 어떤 교육목적 달성을 지향할 것인가?
학습경험의 선정	그 목적 달성의 가능성을 높이기 위해 어떤 교육경험이 제공되어야 하는가?
학습경험의 조직	그 교육경험을 어떻게 효과적으로 조직할 수 있는가?
평가	그 교육목적이 달성되어 있는지의 여부를 어떻게 밝힐 수 있는가?

그림 **5-4** Tyler의 교육과정 개발 모형

타일러는 교육과정 개발에서 학습자에게 영향을 끼치는 사회 · 교과 · 철학 등과 같은 다양한 압력에 대한 신중한 고려를 전제로 하여 우선적으로 목표를 명확히 규정하는 것이 가장 중요하다고 강조하였다. 이와 같은 목표를 기초로 하여 적절한 학습경험을 선정하고 그 경험을 조직하는 단계로 발전하여 결과적으로 이들의 성과를 적절한 사정기법으로 평가하는 절차를 주장하였다. 이러한 타일러의 주장에 대해 단순화되고(Brady, 1983: 50) 각 단계는 논리적이고 계열적인 해결책으로 보았다. 또한 목표의 자원을 적절하게 평가하고 있지 못하다고(Skilbeck, 1976; Kliebard, 1982) 비판하고 있음에도 불구하고 이렇게 일단 목표가 정해지면 그에 맞는 학습경험을 선정할 수 있고 그런 다음 효과적인 조직이 요구된다. 그리고 목표의 성취 정도를 결정하는 평가 단계가 마지막 단계이다.

나. 타바(Hilda Taba)

타바의 접근 방법도 타일러와 같이 단선형이지만 교육과정 개발과정의 각 단계에서 보다 많은 정보들이 투입되어야 할 뿐만 아니라 특히 내용에 관한 것(교육과정의 논리적 조직)과 개별학습자(교육과정의 심리적 조직)에 대한 것 등이 이원적으로 고려되어야 한다고 주장하였다. 그리고 모든 교육과정은 근본적인 요소들을 바탕으로 구성되어야 한다고 보고 다음과 같이 언급하고 있다.

> 하나의 교육과정은 대개 내용의 선정과 조직을 포함하고 있다. 즉, 그것은 학습과 교수의 유형을 내포하거나 명백히 나타내야 한다. … 결국 교육과정은 그 성과에 대한 평가 프로그램을 포함한다. (Taba, 1962: 10)

그녀는 교육과정 개발에서 하나의 추측 가능한 경험적인 절차보다는 합리적이고 계열적인 과학적 접근방법으로 타당한 준거에 따른 의사결정이 이루어져야 한다는 점을 중시하였다. 여기에서 준거는 전통, 사회적 압력, 기존 관습 등 다양한 자원으로부터 나오는 것으로 보고 과학적이고 합리적인 설계 및 의사결정을 위해서는 우리 사회의 학습자, 학습과정, 문화적 요구, 학문의 내용 등으로 구성되는 요인들의 연구가 이루어져야 할 것이다. 그래서 사회 및 문화 분석과 학습자와 학습과정의 연구와 교육과정의 본질 및 학교의 교육목적을 결정하는 지식의 본질에 대한 분석 등을 이끌어 내기 위해 과학적 교육과정 개발이 필요함을 역설하였다.

타바의 교육단계는 교육과정의 의사결정을 위해 '보다 체계적으로 계획되고 역동적으로 인지된 교육과정에 나타날 결과를 탐색하는 데에는 하나의 순서가 있다(Taba, 1962: 12)는 가정'에 기초를 두고 다음 〈그림 5-5〉와 같이 7가지 계열적 단계로 제시하면서 타일러의 이론을 수정하였다.

1단계 : 요구의 진단

2단계 : 목표의 설정

3단계 : 내용의 선정

4단계 : 내용의 조직

5단계 : 학습경험의 선정

6단계 : 학습경험의 조직

7단계 : 평가 대상과 평가 방법의 결정

그림 5-5 Taba의 교육과정 개발 모형

1단계는 학생들이 무엇을 배우기를 원하고 배울 필요가 있는가? 를 찾는 것이며 다음 2단계에 도움을 준다.

2단계는 교육과정 요소를 개발하기 위해 기초가 되는 명확하고 포괄적인 목표의 설정인데 목표의 본질은 어떤 학습이 뒤따라야 하는가를 결정하는 데서 찾아볼 수 있다.

3단계와 4단계는 교육과정 연구를 위한 것으로 교사는 적절한 내용을 깊이 이해할 뿐만 아니라 사전에 목표가 형성될 필요가 있다.

5단계와 6단계는 위의 단계들을 효과적으로 수행하기 위해 개발자들이 학습원리를 확실하게 이해하고 개념 성취의 전략과 학습의 계열화에 대해서도 깊이 이해할 것을 요구한다.

7단계에서는 교육과정 평가 전략을 개념화하고 계획한다.

이와 같은 타바의 체계적, 논리적 접근방법은 타일러보다는 포괄적이지는 않지만 명세적인 각 단계를 구분한 것이 특징이며 고전적, 합리적 목표 모형에 근거를 두고 있다고 볼 수 있다.

다. 고전적/합리적 모형의 장점과 단점

1) 고전적/합리적 모형의 장점

첫째, 논리적 계열구조로 단순화시킴으로써 교육과정 개발과제를 쉽게 해결할 수 있는 시간—효능의 접근 방법을 제공하고 있다는 점이다.

둘째, 목표를 강조하기 때문에 교육과정 개발자들이 합리적 사고가 권장되고 이후의 계획 수행을 위한 방향 제시를 하고 있다는 점이다.

2) 고전적/합리적 모형의 단점

첫째, 모형의 배경에 대한 교사들의 경험 부족과 훈련 부재로 인한 미숙 때문에 논리적, 체계적으로 사고하고 개발하기를 좋아하지 않는 사람들은 이러한 접근 방법에 어려움을 겪게 된다는 점이다.

둘째, 교수와 학습 과정의 복합적 요인에 대한 예측 불가능한 것 때문에 명세적으로 진술된 목표에서 벗어날 수 있다는 점이다.

셋째, 측정 가능한 행동목표의 설정을 지나치게 강요하다 보면 교사는 한정된 시간 안에서 명세적인 행동목표를 정확하게 진술하려 하게 되고 상당량의 시간과 노력을 기울여야 하기 때문에 교사는 가능하면 목표 모형을 회피하게 되는 점이다.

2. 순환적 모형

휠러(Wheeler)와 니콜스(Nicholls)가 주장하는 순환적 모형은 합리적 모형과는 차이점이 있으나 본질적으로 논리적, 계열적 특성을 지니고 있다는 점에서 기본적으로는 합리적 모형의 연장이라고 볼 수도 있다. 그러나 순환적 모형은 새로운 정보나 실제 상황의 변화와 필요에 따라 계속적으로 반응하고 끊임없이 수정되어 간다. 그러므로 합리적 모형에서처럼 각 요소들 간의 차이점이 명확하지 않고 오히려 상호 연관적이고, 의존적이라고 할 수 있다.

여기에서 한 예로 '상황분석'을 들 수 있는데 이것은 교육과정 도입단계에서 나타나고 있는 상황 속에서 '요인'을 분석하는 것을 말한다. 이와 같은 '상황분석'은 역동적 모형에서도 중요한 몫을 하게 된다.

가. 휠러(D. K. Wheeler)

휠러(Wheeler, 1974)는 〈그림 5-6〉에 보여주는 것같이 타일러와 타바 등이 제안한 교육과정의 필수 요소들을 통합하여 더욱 확장 · 발전시켰다. 그는 교육과정의 각 요소들이 상호관련 내지 상호의존적으로 순환적 형태를 구성하고 있기 때문에 순환적 형태로 교육과정을 개발해야 한다고 주장하는 것이 그의 공헌이라고 할 수 있다.

그는 서호주대학의 교수로 재직하고 있는 동안 교육과정의 개발 과정에서 타일러나 타바가 제시한 필수적 요소를 통합하여 표현양식은 약간 다르지만 다음과 같이 상호 관련된 다섯 단계의 요소를 제시하고 논리적 · 시간적 계열에 따라 단계를 밟아

교육과정을 생산해 낼 수 있는 것이라고 하였다. 윌러가 제시한 교육과정 개발단계와 모형은 다음과 같다.

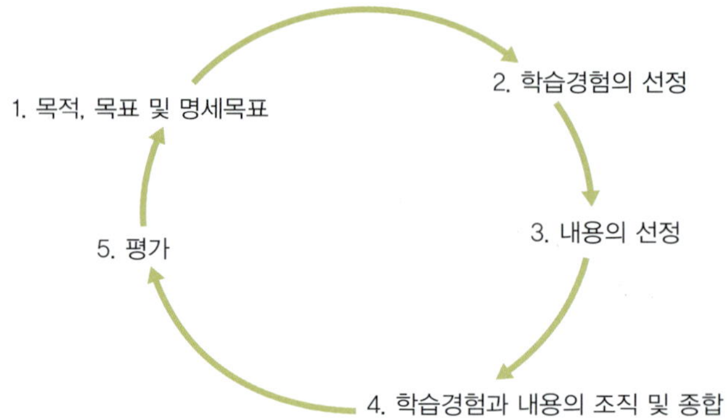

그림 **5-6** Wheeler의 교육과정 개발 모형

〈Wheeler의 교육과정 개발단계〉

(1) 목적, 목표, 명세목표의 선정

(2) 목적, 목표, 명세목표 성취에 도움을 줄 학습경험의 선정

(3) 제공된 경험 유형에 따른 내용 선정

(4) 교수-학습과정에 비추어 학습경험과 내용을 조직하고 통합

(5) 각 단계 및 목표 성취도 평가

윌러는 다섯 단계를 위의 〈그림 5-6〉에서 계열적 형태로 나타냄으로써 합리적 접근방식의 특성을 보여주고 있다. 그러면서도 이들 단계들이 교육계의 변화에 대처할 수 있는 연속적인 순환과정 속에 내포되어 있음을 보여주고 있다.

여기에서 윌러는 1단계를 지나치게 강조하여, 명세적인 목표 진술을 위해서는 궁극적 목표, 중간 목표, 인접 목표 등을 진술해야 한다고 주장함으로써 교육과정 성과의 결정 문제를 더욱 복잡하게 만들었다. 이로 말미암아 교사나 교육과정 저술가들로부터 별로 호응을 얻지 못하였으나 나름대로의 의의를 인정받고 있다.

나. 오드리(Audrey)와 니콜스(Howard Nicholls)

니콜스(Nicholls)의 모형은 상황의 변화로 새로운 교육과정을 필요로 하는 경우 논리적 과정에 따라 합리적이고 타당한 기초 위에서 계획되고 시작되어야 한다고 주장함으로써 교육과정 개발의 논리적 접근방법을 제시하였다(Nicholls & Nicholls, 1978 : 17).

그들은 교육과정 개발 과정에서 각 단계의 구성요소를 밟기 전에 교육과정 의사결정이 이루어지는 맥락 또는 상황분석이 신중하게 이루어져야 한다고 주장하고 타일러, 타바, 윌러의 연구를 더욱 세련되게 다듬어 놓았다. 이들이 제시한 다섯 가지 단계와 모형은 다음과 같다.

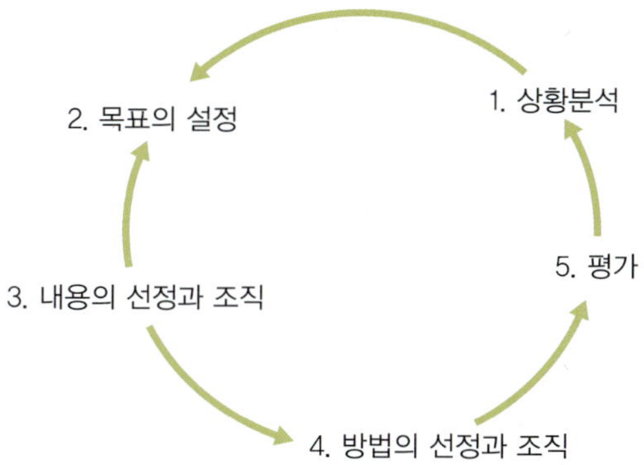

그림 5-7 Nicholls의 교육과정 개발 모형

〈Nicholls의 교육과정 개발단계〉

(1) 상황분석

(2) 목표의 설정

(3) 내용의 선정 및 조직

(4) 방법의 선정 및 조직

(5) 평가

이러한 순환적 모형은 영국에서와 같이 학교 수준의 교육과정 개발이 전례화된 교사들에게는 인기가 높았다. 여기에서 상황이란 교육을 둘러싸고 있는 철학적, 심리

적, 사회·문화적 배경이 학습자에게 영향을 끼치는 작용을 의미하며 나아가서 상황분석이란 교육과정 개발 과정에서 방해가 되는 요인들을 찾아내는 예비적 단계를 가리키는 것이다. 그러므로 각 학교의 교사들이 주위환경 특히 학습자의 요구에 보다 잘 대처할 수 있도록 상황분석에서 표출된 지식과 통찰을 활용하여 전체적 상황을 구성하고 있는 모든 요인들을 진단, 분석할 수 있는 보다 포괄적인 접근방법을 제시하고 있다(Nicholls & Nicholls, 1978 : 21).

다. 순환적 모형의 장점과 단점

위와 같은 순환적 모형은 합리적 목표 모형에서의 논리적, 계열적 구조에 기초하여 개발된 교육과정의 장점을 수용하면서 단점을 극복하고 있다. 여기에서 먼저 순환적 모형의 장점과 단점을 살펴보기로 한다.

1) 순환적 모형의 장점

첫째, 순환적 모형은 목적, 목표, 명세목표를 강조하기 때문에 교육과정 개발자로 하여금 개발이 진행되기 이전에 그 과제들을 개념화하도록 요구한다. 이러한 요구는 합리적 사고를 촉진시켜 보다 효과적인 교육과정을 개발해낼 수 있는 확률을 높여준다.

둘째, 순환적 모형은 목표 설정을 기초 자료를 상황분석이 되는 과정에서 제공해준다. 이러한 접근방식을 사용하기 위해서는 교사들이 학교 수준의 교육과정 개발과정에 능동적으로 참여하는 것을 전제로 한다.

셋째, 순환적 모형은 교육과정의 요소(단계)들이 하나의 연속선상(연속적 과정)에 나타나고 사회적 요구(문자교양 및 직업교육의 요청)나 학생의 요구(학생들이 실업계 교과를 요구하는 등) 등의 상황의 변화에 따라 능동적으로 대처할 수 있도록 변화되어 간다는 점에서 융통성을 가지고 있다.

넷째, 순환적 모형은 명세적으로 진술된 목표(행동 용어로 진술된 목표)를 그다지 사용하지 않고 융통성이 크기 때문에 그 적용 방법이 까다롭지 않아서 학교 상황에 더욱 유리하고 교사들이 직접 교육과정을 개발하기에 적절하다.

2) 순환적 모형의 단점

첫째, 순환적 모형은 상황분석으로부터 시작하여 교육과정의 요소들이 진행되어 가는데, 일단 모형이 확립되고 나서도 어느 부분의 교육과정 요소라도 상황에 따라 변화시켜야 하고 전체적인 순환모형이 개정되어야 하고 개정의 필요성이 생길 때마다 각 요소들에 영향을 미칠 때까지 계속 순환적인 작업이 필요하다.

둘째, 개발 과정에 소요되는 많은 시간이 필요하기 때문에 교사들은 자신의 '경험에서 생긴' 직관에 의존하는 경향이 있다는 점이다.

3. 역동적 상호작용 모형

워커(Walker)나 스킬벡(Skilbeck) 등이 개발한 역동적 상호작용 모형은 합리적 및 순환적 모형이 교육과정 개발의 실제적인 면을 충분히 반영하지 못했다고 생각해서 개발된 모형이다. 실제로 교육과정을 개발하는 데에는 단선적이고 계열적인 형태로 이루어지는 것이 아니고 교육과정 요소 중 어느 요소에서든지 시작할 수 있고 어떤 순서로든지 진행시킬 수 있다고 주장한다. 또한 교육과정 계획에서 미리 결정하여 획득해야 할 정보보다는 학습자의 요구가 더 중요하다고 생각하는 입장이다.

역동적 모형의 개발자들은 교육과정을 개발할 때 나타나는 교사나 개발자의 행동을 관찰한 결과로부터 이 원리를 도출하였는데 그 성격상 기술(記述)적인 특징을 가지고 있는 것이다. 따라서 역동적 모형에서는 목표 모형과 순환 모형의 기초가 되는 분석적이고 처방적인 접근방법의 특징이 별로 뚜렷하게 나타나지 않는다.

가. 워커(Decker Walker)

워커(Walker)의 주장에 의하면, 목표 모형(합리적 모형)이 문헌의 기록과는 달리 별로 인기도 없었고 성공적 결과를 낳지 못했다고 지적하고 있다. 또한 교육과정 개발자들이 교육과정을 개발할 때 교육과정 요소들의 합리적 계열에 대한 처방적 접근방법을 따르지 않고 오히려 〈그림 5-8〉에서처럼 세 가지의 단계를 거친다고 주장하

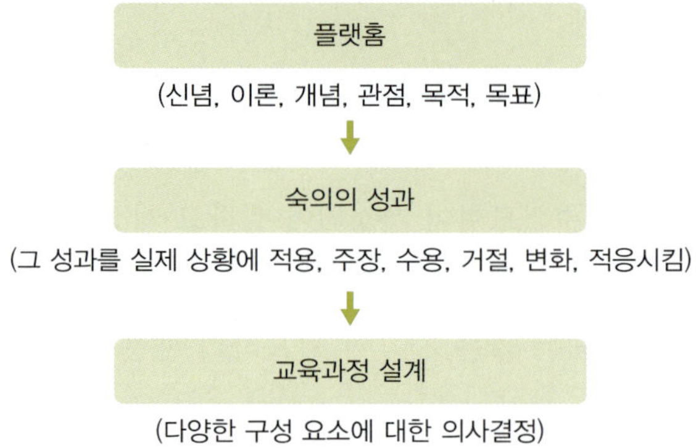

그림 5-8 Walker의 교육과정 개발 모형

였다. 그는 CHEM, BSCS, SMSG를 분석하고 예술 분야의 교육과정 프로젝트에 직접 참가하여 낸 보고서에서 〈그림 5-8〉과 같은 결론을 도출하고 이 모형을 '자연적 모형'이라고 명명하고 있다(Walker, 1971 : 63).

첫 번째 단계에서, 교육과정 개발자들은 '공백의 상태'에서 출발하지 않고 교육과정에 관한 아이디어, 선호성, 관점, 신념, 가치 등의 진술로 이루어진 '플랫홈' 진술문을 이해하게 된다. 이 진술문은 명확하지 않거나 논리적으로 정의되지 않을 수도 있으나 교육과정 의사결정의 기초(플랫홈) 내지 선행 경향성을 형성해준다. 이 점에 대해 그는 다음과 같이 말하고 있다.

플랫홈은 현상에 대한 관념과 당위의 상태에 관한 관념을 담고 있으며, 교육과정 개발자는 자신의 관점을 실현시키기 위해서 어떤 결정을 내릴 것인지 고민할 때 이 플랫홈의 도움을 받는다(Walker, 1971 :52).

일단 개인 간의 상호작용이 시작되면 다음 숙의의 단계로 넘어간다. 숙의의 단계에서, 각 개인은 자신의 플랫홈을 구축하고 순간적인 아이디어를 내놓고 그 아이디어를 명확히 할 뿐만 아니라 합의를 이끌어낼 수 있는 장면을 형성하기 시작한다. 여기에서 상당히 혼란스러운 과정을 거쳐 시간이 흐름에 따라 명료성을 이루게 된다.

숙의의 단계는 목표 모형에서처럼 일련의 단계 혹은 절차가 엄격하게 진행되는 것이 아니고 실제 교육과정이 설계되기 전 상당한 정도의 기초 작업을 거치는 하나의 복잡하고 비규칙적인 상호작용의 집합체(덩어리)이다. 워커는 이 단계의 성격을 밝히기 위해서 다음과 같이 슈웹(Schwab, J.)의 주장을 인용하고 있다.

숙의는 목적과 수단을 다루는데, 이 양자를 상호 영향을 주는 관계로 파악하고 있다. 숙의는 양자에 대하여 어떤 사실이 적절한지를 확인해 내려고 노력해야 한다. 보다 구체적인 사례를 통하여 관련 사실들을 확인해 내려고 노력해야 한다. 또한 그 경우에 따라서 필요한 것이 무엇인지도 찾아내어야 한다. 반드시 대안적인 해결방안을 찾아내어야 하며, 각 대안으로부터 생겨날 수 있는 결과 및 그 결과로 이어지는 통로를 찾아내려고 노력해야 한다.

그러고 난 후, 대안들 간의 비중을 비교해 보고 비용 및 결과를 상호 비교해 보며, 반드시 옳은 대안이 아니더라도 하나를 선택해야 한다. 왜냐하면, 최선의 대안이란 존재하지 않기 때문이다(Walker, 1971 : 52~53).

워커 모형(그림 5–8)의 마지막 단계인 '설계' 단계에서 개발자들은 개발과정의 여러 가지 구성요소에 관하여 참여자들이 폭넓게 토의하고 절충한 후에 결정을 내리게 된다. 그런 다음 결정 사항을 기록하고 이것을 교육과정 문서 혹은 구체적인 교육과정 자료의 기초로 삼는다.

이와 같은 상호작용적 모형을 고전적 모형과 비교해볼 때, 고전적 모형이 처방적이라면 이 모형은 기술적이며 기본적으로 시간 계열의 성격을 띠고 있다. 다시 말하면 시작 단계(플랫홈) → 과정(숙의)의 단계 → 종착(설계) 단계로 나아간다.

반면에 고전적 모형은 하나의 수단–목적의 모형이다. 즉, 바람직한 목적(목표), 목적을 달성하기 위한 수단(학습경험), 그리고 그 수단이 어느 정도 목적을 달성시켜 주는지를 결정하는 과정(평가)을 가정하고 있다.

결국 이 두 모형은 교육과정 개발의 과정에 있어서 목적과 평가에 각각 상이한 역할을 부여하고 있다(Walker, 1971 : 58~59).

나. 스킬벡(Malcolm Skilbeck)

호주 교육과정 개발센터의 전 원장이었던 스킬벡(Skilbeck, 1976)은 교사들이 교육

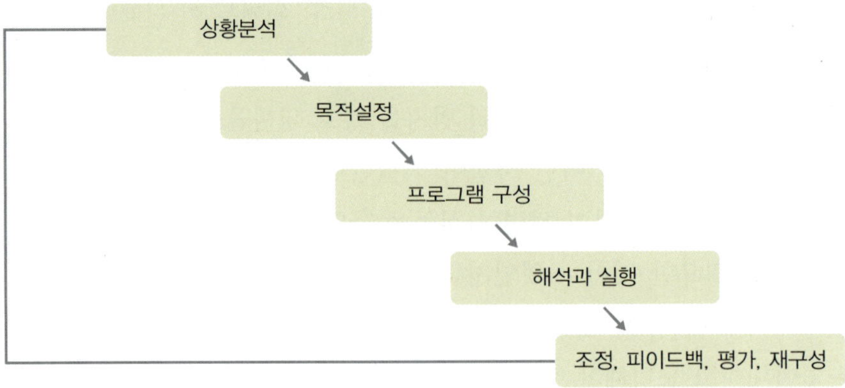

그림 5-9 Skilbeck의 교육과정 개발 모형

과정을 개발할 수 있는 학교 수준에서의 교육과정 개발(SBCD)을 위한 새로운 접근 방법을 제안하였다. 〈그림 5-9〉가 제시하는 모형에서 교육과정 개발자는 어떤 교육과정 요소로부터 시작할 수도 있고 합리적 모형의 고정된 계열과는 달리 어떠한 수준의 계열성을 따라 진행할 수 있다고 하였다. 그리고 목표의 자원들을 이해하기 위해서는 반드시 상황분석을 해야 한다고 주장한다.

위의 〈그림 5-9〉에서는 효과적인 교육과정 개발을 위해서는 5단계의 과정이 필요하다. 이 5단계는 순서에 구애받지 않고 또한 다른 단계와 동시에 고려할 수도 있다. 이와 같이 이 모형은 교육과정의 이론적 분석에 다같이 적용할 수는 있으나 첫 번째의 경우에 적용할 때 그 가치가 가장 크다고 하였다. 그런데 이 모형이 논리적 순서로 이루어졌지만 합리적 모형으로 보는 것에 대해 경고하고 있다(Skilbeck, 1976 : 95) 또한 전혀 수단-목적식의 분석을 전제하지 않는다. 다만 교육과정 개발팀에서 교육과정 구성요소와 개발과정의 제 측면들을 충분히 고려하고 그 과정을 하나의 유기적 전체로 파악하며 비교적 체계적인 방식으로 작업할 것을 권장하고 있을 뿐이다(Skilbeck, 1976 : 97).

여기에서 위의 모형을 스킬벡이 제시한 〈표 5-3〉으로 이해를 돕는다.

표 5-3 교육과정 개발과정의 특징

1. 상황분석

상황변화의 검토	상황을 구성하고 있는 요인들의 분석
a. 외적 변화	i) 문화적, 사회적 변화 그리고 부모의 기대를 포함한 기대, 고용주의 요건, 지역사회의 가치, 인간관계의 변화(부모, 자식 간의), 이데올로기 ii) 교육제도의 요건 및 도전, 예 ; 정책, 시험, 지방 당국의 기대, 요구 혹은 압력, 교육과정안 및 교육연구 iii) 가르쳐야 할 교과의 성격변화 iv) 교사지원체제의 잠재적 공헌, 예 ; 교육대학, 연구기관 등
b. 내적변화	i) 학생 ; 적성, 능력 및 분명한 교육적 요구 ii) 교사 ; 가치, 태도, 기술, 지식, 경험, 단점과 장점의 역할 iii) 교육풍토 및 정치적 구조 ; 권력분배, 권위관계, 규범의 조화, 일탈행위의 처리 등을 포함한 약속 및 기대 iv) 시설, 장비를 포함한 공통의 약속 및 기대 시설장비를 포함한 물적 자원 v) 기존교육과정에서 인식된 문제점 및 결점

2. 목표설정

목표설정은 기대되는 학습성과의 진술을 포함하여 교사와 학생의 행동(반드시 명료한 "행동"일 필요는 없지만)을 담고 있다. 목표는 어떤 의미에서 상황을 수정하는 결정을 나타내고 있으며, 그와 같은 수정의 방향을 판단한다는 점에서, 제1단계의 상황분석으로부터 도출된다. 즉, 목표는 교육활동이 나아가야 할 방향에 대해 선호성, 가치, 판단 등을 암시하고 진술한다.

3. 프로그램 구성

a. 교수—학습활동의 설계 ; 내용, 구조와 방법, 폭과 깊이, 계열
b. 수단—자료 즉, 자원단원, 교과서 등
c. 적절한 연구 장면의 설계. 예 ; 실험실, 견학, 답사, 워크샵
d. 인사발령과 역할분담. 예 ; 사회변화로서의 교육과정 변화
e. 학습시간표 및 규정

4. 해석과 실행

교육과정 변화를 일으키는 문제들

예 ; 설계 모형에 있어서 신, 구세대의 충돌, 저항, 혼란 등이 있을 수 있는 현재의 기관 속에서 이 문제들을 미리 예측하고, 경험을 회고하고, 혁신에 관련된 이론 및 연구의 분석, 상상력 있는 예언을 통해 그러한 문제를 해결한다.

5. 조정, 피드백, 평가, 재구성

a. 조정 및 의사소통체제의 설계
b. 평가의 시간계획
c. '연속적인' 평가에서 일어나는 문제
d. 이 과정들의 계속성 조절 및 유지

다. 반톡(Bantock)

문화를 전승 발전시키는 교육 체제에서 기본적으로 갖추어야 할 것은 교육과정이어야 하고, 그 사회의 교육과정은 가치 있는 본질적 문화 내용을 아동의 특성과 수준에 맞추어 재구성하여 제시되어야 하는 것이다. 사회적 상황 속에는 지역차, 계층별, 중심권과 주변권 등으로 구분되는 복잡한 문화 구조를 가지고 있다. 이러한 상황에서 가장 민주적인 교육과정 편성을 합리적으로 하기 위해서는 단선적이어야 하느냐 복선적이어야 하느냐가 구성상의 기본적인 과제로 등장한다.

일반적으로 평등의 원리에 일치되는 공통 교육과정을 편성하는 것이 '일반교육(general education)'의 이상일 것이며, 이것은 민주시민 모두 양도할 수 없는 권리이며 혜택이다. 따라서 교육의 내용은 그 국가 구성원의 공동선 또는 공유하는 문화이어야 한다고 하는 것이 일반적인 신념으로 받아들여지고 있는 것이다(김수천, 2003 : 160~161).

여기에 대해 반톡(Bantock, G. H., 1968, 1980)의 입장은 다르다. 그는 산업화 이전의 서구문명을 두 가지로 나누었는데, 그 하나는 상류층의 읽기, 쓰기 중심의 고급문화(high culture)이고 다른 하나는 주로 구전적 의사소통 방식으로 이루어지는 서민문화인 민속문화(folk culture)이다. 그는 초 · 중등교육에서 아이들의 문화적 배경이나 능력의 차이에 따라 각기 다른 교육과정이 제공되어야 한다고 주장하고 있다. 왜냐하면, 산업화 이후 성급하게 도입된 읽기 · 쓰기 중심의 공통 교육과정 때문에 서민 가정 출신의 아이들로 하여금 종래 상류계층 사람들이 향유하던 고급문화에 근접시키지도 못하면서 오히려 그들 자신의 삶과 문화로부터 소외당하고 있기 때문이라고 비판하고 있다.

이러한 현상은 오늘날 대중문화(popular culture)의 등장으로 더욱 복잡해졌는데, 민속 문화가 지역주민의 삶의 과정에서 자연스럽게 창조되고 향유되는 것이라면 대중문화는 중앙에 있는 전문 기술자들이 상업적 · 관료적으로 통제하는 일종의 소비자 문화라는 점에서 민속 문화의 대안이 될 수 없다.

그는 서민들의 의식과 문화의 특성을 실천성(practicality), 정서성(emotionality) 등으로 규정하고 그들의 교육은 정서적, 신화적, 상상적 수준에서 운영되어야 한다고 주장하고 있다. 이러한 관점에서 서민계층의 아이들과 저(低) 성취자들을 위한 대안으로 동작교육(movement education), 표현활동, 가정 또는 기술교육 등을 제안하고 있다. 정서적 표현은 어떤 특정 유형, 계획적인 반복, 형식과 질서 등의 지적 요소라는 매개체를 통해서 표출되는 것이기 때문에 이들 동작활동, 표현활동 등은 결코 읽고 쓰기에 비해 결코 저급한 문화가 아니라는 것이다. 읽기가 내적 의식세계로 통하는 입문이라면 동작교육을 통한 행위의 형식은 진지한 정서적 경험의 열쇠라고 할 수 있다는 점에서 위의 두 문화는 서로 침투적이라고 할 수 있다. 그는 문학, 음악, 각종 예술과 매체들을 통해서 보다 새로운 인식을 갖게 되며 사회참여의 기회를 확장하면서 지적 결손을 보완하는 방편으로 이용될 수 있다고 하였다. 또한 이해 혹은 인지가 구체적 의사결정 과정이나 실제적인 훈련을 통해 형성된다는 관점에서 여자 아이들에게는 가정생활을, 남자 아이들에게는 기술교육을 실시할 것을 주장한다.

다음으로 고급문화에 적합한 엘리트를 위한 교육과정에 대해서 반톡(Bantock)은 다음과 같이 말하고 있다. 엘리트를 위한 교육과정은 전통적으로 두 가지 주요 요소로 구성되어 왔다(Bantock, G. H., 상게서. 1980, pp. 103~104). 인간도 자연의 산물이라는 관점에서 서로 긴밀한 관련을 맺고 있으며, 그중 인간의 특성에 관계되는 인문과목들(humanities)은 인간의 언어능력, 문화기록 능력에 관심을 가지고 있었고 과학(자연과학, 사회과학)은 전통적 목적론적 관점에서 벗어나 세계와 인간에 관한 중립적 · 객관적 관점을 강조해 왔다. 18세기 이후 과학적 문화가 역사적 · 문학적 문화보다 점차 우월한 지위를 차지함으로써 전통적 권위가 무너지고 회의주의가 팽배하며 목적 또는 가치보다 수단 또는 효율성에 더 관심을 갖는 경향으로 되었지만 이것은 크게 잘못된 것으로 우리들이 양자 간의 차이를 제대로 드러내지 못한 결과라고 할 수 있다는 것이다. 우리 인간의 언어적, 역사적 경험의 풍요로움과 그 도덕적 가치의 상실을 크게 우려하여 그는 엘리트 교육과 관련하여 전통적 인문주의 교육에서 많은 것을 배워야 할 것을 주장하고 있다(김수천, 2003, ibid., p. 164).

이와 같이 반톡은 기존의 읽기 · 쓰기 중심의 공통 교육과정을 비판하고 그 대안으로 동작교육 · 직업기술교육 중심의 서민층을 위한 교육과정과 그와는 별도의 엘리트 교육과정을 제안하고 있다. 이러한 이원적인 교육과정 안이 민주주의의 핵심 원리 중의 하나인 '평등의 원리'에 비추어 받아들여질 수 있는지는 좀 더 세밀한 검토가 있어야 하겠지만(D. F. Walker, & J. F. Soltis, 1986, p. 23), 오늘날 진로결정 시기의 유예라든가 일반계 · 실업계 간의 차이가 희미해져 상호 보완 가능성을 높이고 있는 추세와는 거리가 먼 제안이라고 할 수 있을 것이다. 반톡 또한 이 문제를 깊이 있게 다루었는데, 서민층 출신이나 저(低)성취 학생들로 하여금 동작 또는 직업교육 등을 통하여 지적인 교육과정에서 잃은 것을 정서적인 교육과정에서 되찾을 수 있도록 하며 졸업 후의 진로도 다양화하여 각종 행위예술, 통신 · 설계 등 각종 직업영역에서 자신의 적성을 최대한 키워나갈 수 있게 할 것이라고 자신을 정당화시키고 있다. 그에게 있어 평등이란, 모두에게 동일한 공통 교육과정이 아니라 개인 학습자에의 적합성의 동일성이며 개인의 소질 · 능력이 다른 만큼 마땅히 교육과정도 달라야 한다는 것이다.

다음에는 이상에서 논의한 역동적 상호작용 모형의 장단점을 간추려 보기로 한다. 원래 여러 가지 모형의 상대적인 장 · 단점의 비교는 일반적으로 그 개발과정에 참여한 개발자들의 지각 및 선호도에 달려 있는 것이지만 모형의 특성이 보여주는 성격을 어느 정도 객관적으로 비교할 수 있는 것이다.

라. 역동적 상호작용 모형의 장점과 단점

1) 역동적 상호작용 모형의 장점

첫째, 교육과정 개발자들은 목표 진술에서 행동목표를 진술해야 된다는 거부감 내지 강박관념으로부터 벗어나게 됨으로써 고전적 모형보다 현실적이고 실행 가능성이 높아서 창의적으로 활동할 수 있다는 점에서 이 모형은 인기가 있다.

둘째, 고전적 모형에서는 엄격하게 계열적 순서를 강조하고 있다. 순환적 모형에서도 정도의 차이는 있지만 약간은 이러한 성격을 띠고 있지만 역동적 모형에서는 개발자들이 순서에 구애받지 않고 개발과정의 어느 시점에서라도 시작할 수 있고 필요한 경우 자유로이 되돌아가거나 다른 요소들과 동시에 개발할 수 있다는 융통성이 보장되어 개발자들에게 심한 제약을 가하지 않는다는 점에서 매우 높은 평가를 받는다.

셋째, 이 모형은 다소 복잡하고 혼란스럽기는 하지만 학교교육에서 상황의 변화를 잘 반영해 준다는 점에서 실제적으로 교육과정 개발에 역기능이 적은 적절한 접근방식이라고 할 수 있다.

2) 역동적 상호작용 모형의 단점

첫째, 목표는 교육과정 개발자들에게 방향을 지시해주는 준거가 된다. 스킬벡이 언급한 목표에 대해 그 목표가 미치는 영향을 축소 해석하는 경향이 있고 워커도 목적과 목표에 대해 플랫홈의 진술문을 구성하는 몇 가지 요인 가운데 하나로서 다루었을 뿐이다. 이와 같이 스킬벡의 모형을 제외한 그 이전의 모든 상호작용 모형에서 목표의 설정 및 활용, 그리고 그 모형이 제시한 방향성을 별로 강조하지 않은 데서 교육과정 개발자들에게 명료성보다는 혼란을 가중시키는 훌륭한 안내자가 되지 못할 뿐만 아니라 순서에 구애받지 않고 비체계적, 복합적으로 개발하다 보면 방향감각이 모호해져 당황하게 되고 실제 운영에서 혼란이 일어날 수 있다.

둘째, 오늘날 학교에서 일어나고 있는 문제점 가운데 하나가 교사들 현실적으로 교육과정 개발 과정에서 자신들이 담당해야 할 역할을 충분히 이해하지 못하고 있는 상태에서 논리적 계열을 따르지 않음으로써 교육과정 개발이라는 미로를 헤매는 것 같은 시간 낭비뿐만 아니라 '숙의 단계'에서 지나치게 많은 시간을 보내야 하고 이로 인해서 교육과정을 효과적으로 개발하는 데 시간을 낭비하게 되어서 학교 현장에서는 교육과정 개발에 적지 않은 혼란을 겪게 될 것이다.

이와 같은 혼란을 막는 데 도움을 주기 위하여 이경섭 등은 이상에서 논의한 세 가지 유형의 모형들을 재배치하여 개발에 도움을 줄 수 있도록 모형들의 성격이 처방적인가 기술적인 것인가의 특성을 종합하여 〈그림 5-10〉으로 나타내고 있다.

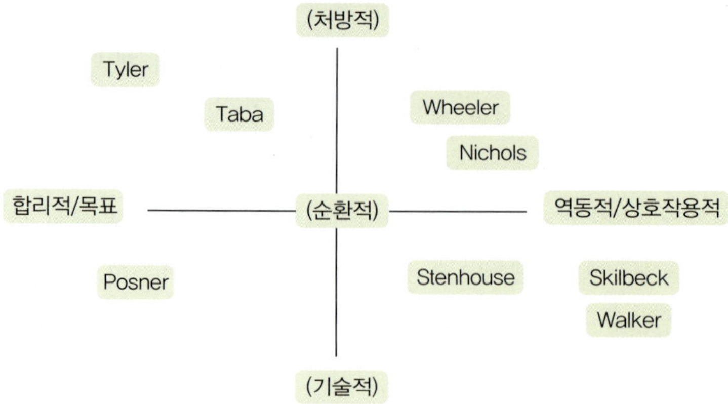

그림 **5-10** 교육과정 모형

CURRICULUM FOR EARLY CHILDHOOD EDUCATION

제 6 장

유아교육과정의 개념과 접근법

이 장에서는 유아교육과정의 개념을 정리한 다음, 성숙주의, 행동주의 그리고 구성주의의 입장에서 교육과정에 접근하는 다양한 방법을 제시하고 종전 학자들이 분류한 유아교육과정의 모형을 재음미하는 방향으로 전개하였다.

제1절 유아교육과정의 개념

유아교육과정의 성격과 개념을 정리하여 제시하였다.

제2절 유아교육과정의 주요 접근이론

유아교육과정의 접근법을 성숙주의적 입장, 행동주의적 입장 그리고 구성주의적 입장을 제시하였다.

제3절 유아교육과정 유형

학자들에 의해 분류되고 있는 유아교육과정 모형 분류를 제시하였다.

제1절 유아교육과정의 개념

이 절에서는 유아교육과정의 개념 정립을 위해 유아교육과정의 성격과 유아교육과정의 개념에 대하여 학자들이 제시한 내용을 중심으로 살펴본다.

1. 유아교육과정의 성격

유아교육과정은 유치원이나 영 · 유아 보육시설에서 운영하고 있는 다양한 교육과 보육 프로그램까지도 포함하는 넓은 개념으로 사용하고 있다. 그러므로 유아교육과정은 초 · 중등학교 교육과정과 비교해서 프로그램의 의미를 더 강하게 부각시키고 있는 특성을 가지고 있다고 볼 수 있다. 그리고 유아교육 프로그램이란 어떤 특정 이론이나 상황에 근거하여 교육내용의 절차를 체계화시킨 것을 말하며 교육과정의 하위 개념이라고 볼 수 있는 것이다.

스포덱(Spodek, 1991)은 유아교육에서 쓰이는 교육과정이라는 용어는 관점에 따라 다음과 같이 여러 가지로 사용되고 있다고 말한다.

첫째, 유아를 위한 교육과정의 결정은 다른 연령층에 비해 좀 더 유아 개인의 발달 단계를 고려해서 작성해야 한다.

둘째, 유아교육에 임하는 유아교육자들이 유아의 학습결과에 초점을 맞추거나 유아의 발달을 도와주는 일과 같은 포괄적인 견해에 초점을 맞추는 등 다양한 관점에서 교육목적을 설정해야 한다.

셋째, 유아교육을 위한 교재 · 교구나 교수-학습 방법은 초 · 중등학교의 교육과는 상당한 차이가 있는데, 초 · 중등학교에서는 교과서가 중요한 교재이지만 유아교육에서는 유아와 유아, 유아와 교사, 그리고 유아와 다양한 교재 · 교구와의 상호작용이 중요한 교육내용이 된다.

스포덱은 유아교육이 발전해 온 과정에서 본다면 유아교육을 위한 프로그램의 구조와 내용이 초 · 중등학교의 교육과는 구별되는 독특한 면이 있다고 하는 점에서 유아교육과정의 연구는 초 · 중등학교 교육을 위한 교육과정의 연구와는 구별되어야 한다고 지적하였다. 이러한 입장에 대해서 맥카시와 휴스턴(McCarthy & Houston, 1980 : 223)은 교육과정을 교과목의 내용을 의미하는 것이라고 정의하면서 교과목별로 내용 구분이 불가능한 것이 유아교육과정에서의 교육내용이기 때문에 그 성격이 모호할 뿐만 아니라 초 · 중등학교에서처럼 다양한 교과목의 개념과는 다르다고 말하고 있다. 또한 윌리암스(Williams, 1987)도 교육과정이 교사, 행정가, 학부모들이 각기 다른 입장에서 해석할 수 있기 때문에 오랫동안 논쟁이 계속되어 오면서도 아직 충분한 이론화가 정립되지 못하였고, 유아교육의 대상이 지니는 특수성 때문에 초 · 중등학교의 일반 교육과정이 갖는 의미와는 구별된다고 하였다.

이와 같이 유아교육과정에 대한 정의는 아직 충분히 이론화되지 못하였기 때문에 유아교육과정의 성격은 교육과정의 관점에 따른 개념을 배경으로 하면서도 유아교육의 변천과정에서 시사해주는 관점과 연관지어 개발해 가는 것이 특색이라고 할 수 있다.

2. 유아교육과정의 개념

유아교육의 대상이나 형태에 따라 유아에 대한 개념이 학자에 따라 다양하게 표현되기 때문에 유아교육과정의 개념도 다양해질 수밖에 없다. 더욱이 근래에 와서는 프로그램이란 용어가 유아교육과정을 의미하는 경향이 있다(Almy, 1975 : 55, Leeper, et al., 1979). 다음은 유아교육과정의 개념을 정의한 학자들의 견해를 살펴보고 유아교육과정의 개념 정립을 시도하려고 한다.

이영석 · 박재환 · 김경중(1983 : 122) 등은 "교육과정이란 유아들의 전인적 성장과 발달을 돕기 위해 제공되는 계획적인 경험의 총체이다."라고 정의하고 있다.

임재택(1989)은 "유아들에게 무엇을 가르칠 것인가 하는 교육목표를 설정하고 학습 내용 및 경험을 선정 · 조직하고 그 성취결과를 평가하기까지의 일련의 계획이다."라고 정의하였다.

알미(Almy, 상게서)는 "유아교육에서는 프로그램이 교육과정으로 대치되어 사용되며, 프로그램이란 학교 안에서의 모든 계획적인 경험뿐만 아니라 가정과 지역사회로까지 연장되는 모든 교육적인 경험을 포함한다."라고 주장한다.

리퍼, 스키퍼, 그리고 위더스푼(Leeper · Skipper & Withspoon, 1979) 등은 "교육과정은 교수요목 즉, 어떤 목적을 위해 쓰여진 일련의 활동이다."라고 비교적 좁은 의미의 정의를 내리고 있다.

윌리암스(Williams, 상게서)는 유아교육과정이란 '전인아동'이라고 하였다. 이에 대해 대부분의 유아교육학자들은 '전인아동'이란 유아의 지적(인지적), 정서적, 사회적, 신체적 능력의 통합을 의미하며 통합되어 있으면서도 각각의 영역 학습에서는 반드시 다른 영역들을 동시에 포괄적으로 학습해야 하며 교수 방법도 각 영역 간의 내적 통합 속에서 이루어져야 한다고 주장한다.

힐더브란트(Hildebrand, 1986), 엘리아슨과 젠킨스(Eliason & Jenkins, 1986) 등은 유아교육과정이란 유아교육기관에서 일어나는 모든 우연한 일이며, 이는 교사가 유아의 요구를 충족시켜주고 계획된 목적들을 성취하는 방식이라고 하였다.

NAEYC(1991 : 21)에서 제시한 「3~8세의 유아를 위한 바람직한 교육과정 내용과 평가에 대한 지침」에서 유아교육과정이란 "유아가 학습할 내용, 교육과정 목표를 성취해 나가는 과정, 유아의 목표 성취를 돕기 위한 교사의 역할, 교수와 학습이 발생하는 상황에 관해 서술한 조직화된 틀"이라고 정의하였다(Spodek, 상게서).

위와 같이 다양하고 광범위한 유아교육과정의 개념들에 대해 슈바르츠와 로빈슨(Schwartz & Robinson, 1982)은 비교적 체계적으로 분류하여 다음과 같이 다섯 가지를 제시하고 있다.

가. 우연히 일어난 일로서의 교육과정(curriculum as a happening)

유아들의 자발적 행동, 능동적 참여 및 일상생활 경험 등이 주요 자원이 되고 유아들이 요구와 흥미를 중심으로 주도해 가는 학습활동으로 이루어진 교육과정을 말한다. 이때 교사는 유아가 다양하게 체험할 수 있도록 교육환경을 체계적으로 마련해 주어야 한다. 그러므로 구체적인 학습내용보다는 학습하는 과정에 의미가 있는 것이다. 따라서 이러한 관점에서 이 교육과정은 놀이중심 또는 활동중심의 아동중심적 개별화 교육과정을 지향한다. 또한 유아들의 인격과 개성을 존중하는 인간중심 교육과정의 성격을 띤 열린 교육과정이라는 장점도 있으나 교육과정의 범위가 너무 광범위하고 그 실체가 모호하여 아주 유능한 교사가 아니면 교육의 목표나 방향이 흐려질 가능성이 높다는 단점도 있다.

나. 유아가 학교에서 겪게 되는 경험의 총체로서의 교육과정(curriculum as all of the child's experiences in school)

유아들이 유아교육기관에서 생활하는 동안 교사의 의도 여부와 관계없이 겪게 되는 모든 경험을 교육과정으로 보고 개별화를 지향하는 잠재적 교육과정의 성격을 지닌 교육과정이다. 여기에서 교사는 유아교육기관에서 유아에게 영향을 주는 교실 등 구조물의 분위기, 유아끼리와 교사 및 교구 등 물리적인 관계와의 상호작용 그리고 언어적 의사소통 등 의도 여부에 관계없이 모든 인적 · 물적 환경에서 오는 영향을 중요시해야 한다. 그리고 가정과 사회적 영향 요인과 예기치 않은 교수 · 학습 결과에 대해서도 민감해야 한다.

그러므로 유아들의 생활이나 경험이 교육과정의 핵심을 이룬다는 점에서 생활중심 혹은 경험중심 교육과정이라고 말할 수 있다. 그러나 이 교육과정은 그 범위가 넓고 모호하여 교사의 역할이나 책임 한계가 불분명할 가능성이 우려된다.

다. 교수 계획으로서의 교육과정(curriculum as plans for teaching)

이 교육과정은 대다수의 유아교육 학자들이 주장하는 보편적 교육과정 개념으로 통용되고 있다. 이 교육과정 계획은 교육목표 → 교육내용 → 방법 · 절차에 따라 체계적으로 형태화된 것으로서 매일매일의 교육내용을 진술하고 있는 것에서부터 활동주제나 활동내용에 따라 진술하는 것까지 다양하다. 또 이것은 의도적인 계획으로서 범위와 정도에 따라 계획 자체가 세부적(구체적), 포괄적, 단기적, 장기적일 수도 있다.

교수를 위한 계획으로서의 교육과정을 3가지 기능으로 분류하면 다음과 같다.

첫째, 유아들이 학습해야 할 지식, 정보, 기능 등을 강조하는 내용중심 계획
둘째, 유아들의 장기적 발달과정을 강조하는 과정중심 계획
셋째, 이들 세 가지를 절충한 종합적 계획

이 계획은 교육과정 수행 목표가 분명하므로 교사는 정해진 계획에 맞추어 유아들의 요구, 흥미, 발달수준 등을 고려한 교재·교구 준비, 실내·실외 환경 구성 등의 역할을 용이하게 해낼 수 있다는 편리한 점이 있다. 그러나 이 계획은 교사중심의 형식적 교육과정이기 때문에 유아들의 개성, 독창성, 자율성 등을 무시하거나 억압할 가능성이 높다는 비판을 면치 못한다.

라. 교수요목으로서의 교육과정(curriculum as a syllabus)

유아들을 가르치기 위하여 목표, 내용, 순서를 교과나 영역으로 계열성 있게 문서로 작성한 교수요목을 교육과정으로 보는 매우 좁은 의미의 개념이다. 이것은 유아들의 수업이나 활동에서 반영되고 실현된 교육과정이 아니고 학습자와는 거리가 먼 국가나 사회 수준에서 중앙집권적으로 계획되어 문서로 작성된 것을 교육과정이라고 보는 것이다.

이렇게 문서화된 교육과정은 국가적으로 공신력이 있는 성격을 가지고 있기 때문에 목표 설정이나 수행 과정을 평가하기가 용이하고 교사들이 실제 교수 계획안을 편성하여 적용할 때 유아들의 학습 상황을 재검토하고 평가해보는 데 유용한 자료가 될 수 있다. 따라서 교사 자신의 생각을 명료화시키는 데 도움이 된다. 그러나 중앙집권적으로 획일화된 문서로 제시한다면 유아교육기관의 실정과 지역사회의 특성 그리고 유아들의 개성, 흥미와 요구뿐만 아니라 유치원에서 유아들이 겪을 수 있는 특색 있는 실제적인 경험은 반영되기 힘든 것이 될 것이다.

마. 프로그램으로서의 교육과정(curriculum as a program)

프로그램으로서의 교육과정은 프로그램의 성격과 입장을 어떻게 규정하느냐에 따

라 앞의 네 가지 중 어느 하나에 따라야 하기 때문에 매우 포괄적인 것이 될 뿐만 아니라 프로그램의 성격이 규정되기 전까지는 교육과정의 실체를 알 수 없다는 점에서 교육과정의 정의를 유보하였다는 비판을 받을 수밖에 없다.

결국 어떤 특정 프로그램을 교육과정이라는 개념으로 기술하는 것이 자주 통용된다. 이렇게 자주 사용되는 유아교육 프로그램으로 개방교육 프로그램, 상황중심 교육과정(프로그램), 몬테소리 프로그램, 페일리의 실천 프로그램, 디스타 프로그램, 와이카트 프로그램 등을 예로 들 수 있는 것이다.

이상에서 유아교육과정의 개념 규정에 대한 학자들의 견해를 고찰한바 유아교육과정의 개념의 실체를 한마디로 규정하는 것은 불가능한 것 같다. 여기에서 저자가 1절에서 밝힌 일반 교육과정의 개념 정의에 따라 유아교육과정의 개념을 정의하려고 한다. 즉, 유아교육과정이란 넓은 의미에서 유치원에서의 교수–학습과정에서 발생하는 모든 것을 포함하고 제한된 좁은 의미로는 교수요목의 개요를 가리키는 것인데 실제로는 유아교육 프로그램에 대한 일련의 계획이라고 할 수 있다. 또한 최근 유아교육 프로그램을 살펴보면 학습과 발달에 따른 다양한 유아교육 프로그램이 개발되고 있다고 볼 수 있다.

제2절 유아교육과정의 주요 접근이론

유아교육과정은 생활배경이 다르고 각자가 심신이 각기 다른 특성을 가지고 있는 유아들을 대상으로 무엇을 어떻게 가르쳐야 할 것인가를 결정하는 목적, 내용, 방법의 체계인 것이다. 유아교육이 과거에는 주로 중 · 상류 계층의 자녀들을 대상으로 하였으나 1960년대 헤드스타트 운동(Head Start Movement)으로 저소득층의 유아들에 대한 교육과 연구가 활발히 진행되어 여기에 따른 여러 가지 프로그램들이 개발되었다. 1980년대는 소득 계층에 관계없이 모든 계층의 자녀들을 위한 일반적인 유아교육에 대한 연구가 광범위한 차원에서 진행되어 왔다. 그러다가 1990년대에는 열린

교육의 장을 여는 프로젝트접근법이 강세를 보였고, 2000년대 이후에는 생태중심의 숲프로그램과 공동체를 강조하는 이탈리아 레지오 에밀리아 프로그램과 독일의 발도르프 프로그램이 주목받고 있다.

이와 같은 접근법의 변화는 유아교육과정을 대별하여 성숙론적 입장, 행동주의적 입장, 구성주의적 입장으로 등으로 나눌 수 있게 개발되었다. 유아교육과정의 접근법도 이와 같은 성숙주의적 접근법, 행동주의적 접근법, 구성주의적 접근법으로 구분하여 논의하는 것이 일반적이다. 이 절에서는 성숙주의적 접근이론, 행동주의적 접근이론, 구성주의적 접근이론에 대하여 살펴본다.

1. 성숙주의적 접근이론

성장발달 이론에서 성숙(maturation)을 강조하는 입장은 루소(Rousseau), 게젤(Gesell), 프로이트(Freud) 등에서 그 연원을 찾을 수 있다. 루소는 성선설의 입장에서 유아의 성장발달이 식물이 자라는 것처럼 자연 상태에서 자신의 잠재가능성을 발휘하면서 이루어지기 때문에 부모나 교사의 방해 없이 자연 상태로 회귀하는 교육만이 진정한 교육이라고 하였다. 따라서 유아의 내재적 능력의 자연적 계발을 지향하는 입장이라고 할 수 있다. 그러므로 성장기에 나타나는 유아의 행동은 모든 유아에게 보편적으로 나타나는 행동형에서 어느 특정 단계를 특별하게 반영하는 행동이라고 보며 유아 자신의 내적 요구와 발달 순서가 뒤바뀌었을 때 실패나 부적응 행동이 나타난다.

게젤과 그의 동료들은 유아에 대한 관찰과 실험을 통해 유아의 발달과 성숙에는 일정한 규칙성이 있음을 발견하고 연령 단계별로 유아의 특징과 능력에 대한 표준을 만들었다. 그리하여 보편적인 유아 및 아동발달의 패턴을 제시하여 부모나 교사가 이 패턴을 준거 삼아 유아교육의 내용을 판단할 수 있게 하였고 유아가 자신의 내적 계획에 따라 발달할 수 있는 충분한 시간을 가진다면 후에 교과 학습뿐만 아니라 어떤 과제도 쉽게 풀어나갈 수 있을 것이라고 생각한다. 그러므로 부모나 교사들이 유아의 발달에 대하여 지나친 기대로 그들의 성숙 수준을 넘어선 성취를 강요하는 것은 바람직하지 못하다는 것이다. 정신분석학자들도 발달의 중요한 힘은 유아의 내부에서 그리고 보편적으로 경험한 것에서 나오는 것으로 보고 있다. 그러므로 인간은 태어나면서부터 잠재된 능력으로 성장의 기본적 방향을 결정하고 부모, 교육, 사회적 영향은 성장을 돕고 촉진시킬 따름이라고 생각하여 환경의 영향을 최소화시킨다. 따라서 자연스럽고 개방적인 분위기 조성을 통해 사회 · 정서적 발달을 도모할 것을 강조한다. 이와 같이 유아의 사회적 발달에 관심을 두는 것에 대해 성숙주의자/사회화 관점이라고 부르기도 한다(Williams & Fromberg, 1992, 이기숙, 상게서 재인용).

성숙주의적 입장에서의 교육은 학문적 능력이나 특정한 기술을 습득시키는 것이 아니고 어디까지나 유아의 잠재적 가능성을 바탕으로 전인적 발달을 촉진시켜야 하고 사회가 허용하는 한 유아의 흥미와 요구에 알맞은 허용적이고 편안한 환경 속에서 유아중심의 준비성에 맞추어 교육을 수행할 때 수준 높은 교육의 효과를 거두게 되고 현재 지향적인 성격을 기르게 되는 것이다.

위와 같은 입장을 전제로 이기숙(이기숙, 상게서, pp.124~125)이 제시한 성숙주의자들이 동의하는 교육활동의 일반적인 원리를 다음과 같이 요약한다.

첫째, 유아에게 많은 선택의 기회를 주고 불필요한 성인의 개입을 최소화시킨다.

둘째, 성인은 유아들의 흥미와 발달 단계에 적합한 자료를 제공해야 한다.

셋째, 특정한 활동의 유형은 매일 일정한 시간에 이루어져야 하고 유아의 조건에 맞추어 안배되어야 한다.

넷째, 유아의 발달수준에 적합하지 않은 과제를 강요하지 않는 허용적 분위기가 조성되어야 한다.

다섯째, 학습 준비도와 수준이 비슷한 집단을 이루게 하여야 한다.

여섯째, 유아들의 작업이나 놀이의 결과에 대한 성인들의 수정은 최소화해야 한다.

일곱째, 유아들의 발달은 주로 자신의 내적 성장의 힘에 따라 이루어진다.

여덟째, 바람직하고 적절한 경험은 유아에게 무조건 제공되어야 한다.

이와 같은 성숙주의적 프로그램의 구성을 위해서는 유아의 인격, 개성, 자유, 자발성 등에 초점을 두고 구성되어야 하지만 일반적으로 행동주의적 프로그램에 비해 명확하고 분명하지 않은 것처럼 보이는 것이 흠이라고 할 수 있다.

2. 행동주의적 접근이론

로크(John Locke) 등의 경험주의 전통을 배경으로, 왓손(Watson)에서 비롯되어 스키너(Skinner)에서 완성된 행동주의를 배경으로 한 교육(학습)이론이다. 행동주의자들은 유전(성숙)적 요인의 의미를 최소화시키고 오직 기계론적 조건화 이론으로 유아의 행동 변용(modification)을 설명한다. 스키너 등은 상과 벌을 전제로 한 강화이론으로 인간행동의 계획적 변화를 주장한다. 따라서 유아의 행동발달은 강화계획에 의거하여 미래 지향적인 행동형(pattern)을 만들어 가며 바람직하지 않은 행동은 수정하고(행동수정 이론) 바람직한 행동은 정형화시켜 간다. 따라서 유아의 자아개념, 유전적 소질, 내적 사고 과정 등에 대해서는 관심을 갖지 않는다. 행동주의의 입장에서는 외적인 관찰 가능한 인간의 행동만이 의미 있는 것으로 본다. 그러므로 유아의 행동변용은 외적 환경을 적절하게 조성함으로써 바람직한 행동으로 이끌어 가는 것이기 때문에 교사가 주도하는(지시적) 반복적인 훈련(drill)이나 전이(transfer)는 교육의 중요한 수단이 된다. 행동주의 프로그램들의 특징은 전통적으로 학문이나 기술의 습득과 학교에서의 성공에 초점을 두고 언어적 체험을 통해 지적 발달을 촉진하는 것으로 되어 있다. 그러면서도 어떤 프로그램은 유아의 사회적 기술이나 외국어, 음악적 기술, 운동 기술 등의 습득을 강조하기도 한다.

3. 구성주의적 접근이론

구성주의자(constructivist)의 입장은 상호작용주의자(interactionist)라고도 부른다. 프뢰벨, 삐아제, 듀이, 콜버그, 까미, 와이카트 등의 이론을 바탕으로 구성주의의 입장은 성숙주의와 행동주의를 연속선상의 양극에 놓고 양자의 입장을 상호 보완하면서 제3의 논리를 전개하기 때문에 구성주의라는 명칭을 사용하는 것이다.

구성주의자들의 입장을 간추려보면, 발달에서 연령보다는 적절한 경험이 더 필수적이기 때문에 발달단계의 특징보다는 다음 단계로 이끌어 갈 수 있는 활동적인 과정에 더 관심이 있다.

구성주의자들은 발달, 행동, 학습이 성숙적인 면과 외부의 영향이 다 같이 작용하지만 직접적인 교수에 의하기보다는 개인의 활동성을 강조하고 세계관을 구성하는 데에도 개인의 활동성을 중요시하고 이것이 더 나은 학습과 발달을 촉진하는 데 조력하는 것으로 본다.

구성주의자들은 특정한 학습이나 행동수정이 장기적인 발달에 의미 있는 영향을 준다고 생각하지 않고, 인지구조는 그때그때 물리적 · 사회적 현상과의 경험을 통해 얻어지는 것으로 본다. 따라서 가장 바람직한 발달은 유아 주도적 활동과 교사 주도적 활동 사이의 조절을 통해 광범위하게 아동중심적인 경험에서부터 교사, 또래와의 상호작용이 계속됨으로써 이루어지는 것이다.

이 구성주의자들은 인간의 성장발달에서 유전적인 면과 환경적인 면을 동시에 강조하고 개별적인 행동이 주변 환경과의 능동적인 상호작용을 통해 내적인 인지구조의 양적 · 질적 변화가 이루어져 계속적인 인지구조의 재구조화로 전인적이고 통합적으로 발달해 간다고 보았다. 지적, 사회적, 정서적, 그리고 감각적 운동 경험은 서로 분리되지 않기 때문에 의미 있는 행동변화는 환경과의 조작으로 인지구조가 확장되고 정교화 과정을 밟게 된다. 그리하여 유아의 행동은 점차 지각에 의존하기보다는 사상(事象)과의 논리적인 조작의 영향을 받는 것이다.

이기숙(상게서, p.131)은 구성주의자들이 선호하는 유아교육 프로그램의 조건을 다음과 같이 제시하고 있다.

첫째, 유아들은 단순히 학문적(academic)인 것만이 아닌 다양한 종류의 경험을 할 수 있어야 한다. 유아에게는 추상적인 사고과정의 기초가 되는 구체적인 자료와 직접적인 활동을 할 수 있는 경험을 주어야 한다.

둘째, 유아가 어떤 과제를 독자적으로 계획하고 수행할 수 있도록 충분한 시간과 자유선택 활동시간이 제공되어야 한다.

셋째, 자신의 관점을 합리화해 보거나 수정할 수 있도록 다양한 또래집단에서 사회적 상호작용이 이루어져야 한다.

넷째, 교사의 역할은 단순히 학습 환경을 제공하는 것에 그칠 것이 아니라 활동에 따라서 개별적 또는 소그룹의 집단구성도 할 수 있어야 한다. 그러나 장시간 교사 주도 활동만을 해서는 안 된다.

다섯째, 교사는 유아에게 회상, 종합, 평가, 시범, 실험 등을 해볼 수 있게 해야 한다.

여섯째, 물리적 · 사회적 세계를 보다 잘 개념화하는 것에 계속 초점을 두어야 한다.

구성주의적 접근법에 의한 프로그램은 유아의 활동을 강조하기 때문에 교사는 유아의 호기심을 자극할 수 있게 환경을 조성해 주어야 한다.

제3절 유아교육과정 유형

유아교육을 위한 교육과정의 유형의 분류방식은 유아교육기관의 설립주체, 대상, 운영시간, 발달관, 교육관 등에 근거하여 학자에 따라 분류 기준이 다양하다. 1990년대와 2000년대에 다양하게 개발된 유아교육과정의 프로그램을 몇몇 학자들이 몇 가지 유형으로 분류하여 체계화시키는 정리 작업을 수행하였다. 당시의 연구 풍토는 이러한 분류작업을 하는 것이 특징이었다. 이 절에서는 이와 같은 노력을 한 대표적인 학자 와이카트, 메이어, 비셀, 브렌킨, 켈리, 콜버그, 맥도날드 등과 제시하는 모형에 대하여 살펴본다.

1. 와이카트의 모형

와이카트(Weikart, 1972)는 유아가 학습에 참여할 때 교사와 유아 사이에서 학습의 주도권을 어느 쪽이 갖느냐에 따라 계획된 교육과정, 개방형 교육과정, 아동중심 교육과정, 보호적 교육과정 등으로 구분하고 있다. 이것을 그림으로 제시하면 〈그림 6-1〉과 같다.

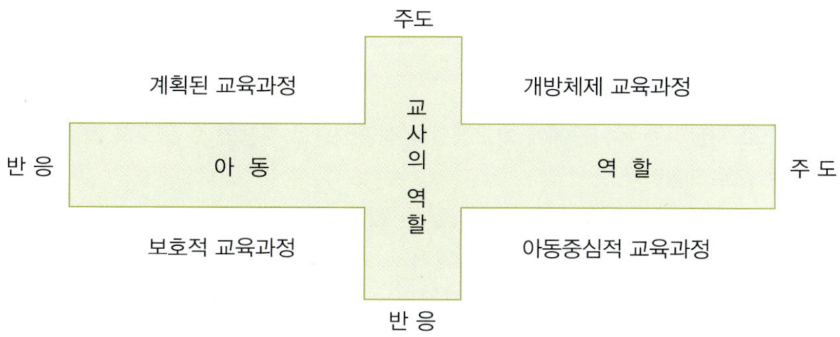

그림 6-1 교육과정 분류의 형태

이 〈그림 6-1〉에서, 교사의 역할이 주도적일 때 교사는 학습활동의 과제를 계획하고 선택하고 조직한다. 교사의 역할이 반응적일 때 교사는 유아발달의 원리에 관한 지식을 가지고 현장에 적용하면서 유아와 유아, 유아와 교구 사이의 상호작용이 원활하게 이루어질 수 있도록 촉진시켜 주어야 한다.

유아가 주도적일 때 유아들은 학습의 원동력이 유아 자신에게서 나오기 때문에 여러 가지 교구 사용과 조작하는 경험을 직접 하게 되고 또한 놀이를 통해서 자신의 역할을 결정하고 하루의 일과를 계획하고 추진한다. 유아의 역할이 반응적일 때 유아는 교사의 지시에 따라 자신에게 주어지는 요구나 질문에 반응하는 수준에서 활동량도 적어지고 수동적 입장이 된다.

가. 계획된 교육과정(programmed curriculum)

계획된 교육과정은 행동주의에 기초를 둔 교육과정이며, 상당히 구조화되어 있고 특별한 교구나 세분화된 교수과정으로 짜여져 있다. 이는 경제적으로나 문화적으로 낙후된 지역에서 어린이의 결손 능력을 보완해 주기 위해 개발된 것으로 후에 초등학교 생활을 보다 효과적으로 할 수 있도록 개발된 것이 많다. 이 교육과정은 읽기, 언어 기술, 수학적 기술을 습득시키는 것을 기본 목표로 하여 사전에 계획된 것으로서 교사가 주도적으로 이를 운영할 때 유아들은 교사나 교구에 반응하고 따라가는 형태로 되어 있다. 대표적인 프로그램으로는 디스타(DISTAR) 프로그램이 있다. 이 프로그램의 내용을 소개하면 다음과 같다.

가정의 빈곤으로 시달리는 유아들에게 학교생활을 성공적으로 수행할 수 있도록 학문적인 기초의 틀을 마련하는 프로그램이다.

① 교육내용 – 언어학습 – 언어능력을 신장시킬 수 있는 내용으로 구성
수학학습 – 논리적 구조 개념 알기
읽기학습 – 읽기의 중요성을 부각
음악학습 – 노랫말과 리듬 익히기

② 교수방법 – 또래와의 작용보다는 교사와의 상호작용을 중시하며 학습시간을 집중적으로 학습하게 한다.

③ 교사의 역할 – 학습 초기에는 교사의 의도성에 의해 학습이 되지만 후에는 아동의 자발성에 의해 학습이 이루어지기 때문에 교사는 아동발달의 특성을 진단하고 지시한다.

나. 개방형 교육과정(open-framework curriculum)

개방형 교육과정은 삐아제(Piaget)의 인지발달 이론을 기초로 하고 있고 유아에게 읽기와 셈하기와 같은 특별한 지식이나 기술의 습득보다는 논리적인 사고력이나 인과관계의 추리능력의 발달을 도모하는 인지과정을 중요시하기 때문에 유아의 직접적인 활동과 경험을 통한 학습에 중점을 둔다. 이 학습에는 교사와 유아가 다같이 대등한 입장에서 교사와 유아, 유아와 유아, 유아와 교구간의 상호작용을 통한 학습에 주도적인 역할을 한다. 대표적인 프로그램으로는 다시(DARCE) 프로그램, 까미-드브리스(Kamii-DeVries) 프로그램, 라바텔리(Lavatelli) 프로그램 등이 있다. 이 프로그램을 소개하면 다음과 같다.

개방형 교육과정은 활동의 다양한 경험과 흥미를 중요시하는 프로그램이다.

① 교육목적 – 아동의 전인적인 발달을 교육의 목적으로 함

② 교육목표 – 창조적으로 사고하는 인간상 육성

③ 교육내용 – 일상의 생활 속에서 발생할 수 있는 다양한 물리적, 논리 수학적 지식, 사회적 지식

다. 아동중심 교육과정(child-centered curriculum)

아동중심 교육과정은 인간의 정서발달에 관한 연구 및 이론에 근거하여 교육의 목적을 사회 · 정서적 성숙을 통한 전인적인 발달을 도모하는 데 두고 있다. 학습에서 교사는 안내자, 자원 인사로서의 역할을 하며 유아들이 학습의 주도권을 가지고 있는 형태의 유아교육과정이다. 이 교육과정에서의 교육내용은 어린이의 흥미를 중심으로 사회적 유용성에 중점을 두고 놀이의 가치를 높이 평가하여 상상놀이나 모방놀이를 통해 사회적 적응과 정서적 성장, 독립심을 기르고자 하는 것이다. 여기에 대표적인 것으로는 뱅크 스트리트(Bank Street) 프로그램을 들 수 있다. 이 프로그램을 소개하면 다음과 같다.

뱅크 스트리트 프로그램

① 교육목적: 유아의 능력과 다른 사람과의 관계를 중시하고 책임감 있는 사람을 길러 낸다.

② 교육내용: 개인의 능력, 대인관계, 개성, 창의성을 강조

③ 교육방법:
- 내재적 동기유발 강조
- 학습의 결과보다는 과정을 중요시함
- 경험에 의한 지식과 연상적 사고 중시

④ 교사의 역할:
- 안내자의 역할
- 관찰 진단하는 역할
- 환경을 구성하고 학습활동에 적극적으로 참여하는 역할의 세계를 이해하고 경험하는 것

라. 보호적 교육과정(custodial curriculum)

보호적 교육과정은 유아의 교육보다는 신체적 위험이나 질병으로부터 보호해 주는 역할에 중점을 두는 것으로 교사나 유아가 다 같이 반응을 하는 형태의 유아교육과정이다. 여기에 대해 와이카트는 현대 유아교육과정에서는 보호적 역할만 하는 교육과정은 존재할 수 없다고 보고 있다.

2. 메이어의 모형

메이어(Mayer, 1972)는 분류의 기준을 다차원적으로 전제하고 유아교육의 기본 요소를 교사, 유아, 교구로 전제하고 유아교육과정의 분류 모형을 교사와 유아, 유아와 교구, 유아와 유아의 상호작용을 정도에 따라 밝혀질 수 있다고 보고 다음과 같이 아동-발달 모형, 언어-인지 모형, 언어-교수 모형, 감각-인지 모형으로 구분하고 있다. 이러한 각 모형의 특징을 〈그림 6-2〉로 제시한다.

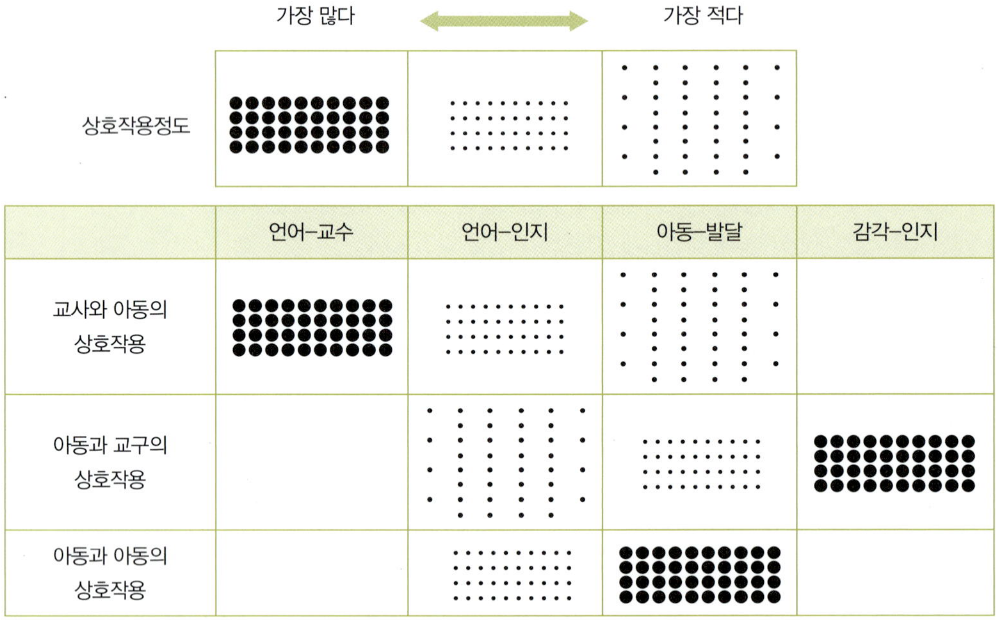

그림 6-2 교사, 아동, 교구와의 상호작용

이 〈그림 6-2〉에서 교사와 유아의 상호작용 정도는 언어-교수 모형이 가장 높고 언어-인지 모형이 그 다음이다. 아동발달 모형에서는 아동과 아동의 상호작용에서 가장 높고 그 다음이 아동과 교구와의 상호작용이다. 감각인지 모형에서 유아들은 교구를 통한 활동으로 학습한다.

가. 아동–발달 모형(child–development model)

아동–발달 모형은 프로이트(Freud), 에릭슨(Erikson), 게젤(Gesell) 등의 발달이론과 성격이론을 기초로 중류 계층의 유아들을 대상으로 만들어졌으며 유아끼리의 상호작용을 통한 사회성 개발을 목표로 하여 유아의 사회 · 정서 발달이 이루어지면 인지적 발달도 함께 이루어진다는 견해이다.

학습활동은 유아의 발달단계 및 발달적인 요구에 맞도록 계획되었으며, 유아의 직접적인 활동을 강조한다. 이 모형에서는 유아끼리의 상호작용을 가장 중요시 여기며 교사의 역할은 중간 정도이다. 또한 이는 와이카트가 분류한 아동중심 교육과정과 같은 분류라고 할 수 있다.

나. 언어–인지 모형(verbal–cognitive model)

언어–인지 모형은 삐아제의 이론을 미국의 행동주의 이론에 맞도록 변형하여 만든 초기의 와이카트 및 라바텔리 프로그램 같은 삐아제식 유아교육과정으로서 저소득층 아동의 인지능력을 촉진시키는 것이 목적이었다. 이것은 주로 유아의 인지능력의 향상 여부를 언어화할 수 있느냐에 의해 평가되는 것이 특징이다. 다시 말하면 이 모형은 삐아제의 유아교육에 대한 시사점을 제대로 반영하지 못한 채 개발한 인지중심 유아교육 프로그램들이 이 유형에 속한다고 볼 수 있는 것이다. 여기에서 교사와 어린이, 어린이와 어린이, 어린이와 교구 간의 상호작용 정도는 보통 정도라고 할 수 있다.

다. 언어–교수 모형(verbal–didactic model)

언어–교수 모형은 행동주의 이론에 기초를 두고 있으며 저소득층의 부모들이 어린이와의 언어적 상호작용이 원활하지 못하다는 가정하에 보다 능률적인 언어적 교수기능을 신장시키는 데 그 목적을 두고 있다. 이 모형에서는 언어, 읽기, 셈하기에 관련된 지식을 직접 가르치고 학습하는 과정으로 유아의 인지적 목표를 달성하기 위하여 자신감, 사회성, 정서적 발달을 함께 강조하고 있다. 또한 학습은 언어적 지식,

학습의 계열성을 강조하고 교육과정의 순서에 따라 교사의 언어적 자극에 적절한 반응을 보이면 이를 적극적으로 강화시켜 주는 교수 방법을 채택하고 있다. 따라서 교사와 어린이 사이의 언어적 상호작용을 가장 중요시하고 있고 와이카트의 계획된 교육과정이 이에 속한다.

라. 감각-인지 모형(sensory-cognitive model)

감각-인지 모형은 삐아제의 인지발달 단계설을 배경으로 한 몬테소리(Montessori)의 교육이념 및 방법에 입각해서 개발된 것으로 유아의 감각 훈련과 일상생활 습관 교육에 중점을 두고 있다. 유아의 발달은 환경과의 상호작용을 통해서 발달단계에 따라 이루어진다고 보고 있다. 여기에서 유아기는 언어발달에 중요한 시기가 아니라는 전제하에 유아들의 성장발달은 언어적 자극보다 오히려 구체적인 대상물과의 직접적 접촉을 통해 일어난다고 하였다. 따라서 이 모형에서 강조하는 상호작용 유형은 유아와 교구 사이의 상호작용이며 교사와 유아 사이의 상호작용은 크게 강조하지 않는다.

3. 비셀의 모형

비셀(Bissell, 1973)은 유아교육과정의 모형을 교육목표, 수업전략, 조직의 구조와 과정에 따라 모형을 분류하여 다음과 같이 허용적 심화 모형, 구조적 인지 모형, 구조적 정보 모형, 구조적 환경 모형으로 분류하였다.

가. 허용적 심화 모형(permissive-enrichment model)

허용적 심화 모형은 중류계층의 유아들을 대상으로 유아들의 언어, 인지, 감각운동, 정서발달을 통하여 전인적 성장발달을 교육목표로 설정하였다. 이와 같은 교육목표 달성을 위해서는 교사가 유아의 요구에 적절히 반응하며 유아의 요구나 흥미에 따라 다양한 경험과 풍부한 환경을 제공해 주는 일이다.

나. 구조적 인지 모형(structured cognitive model)

구조적 인지 모형은 유아들의 전인적 성장발달보다도 학습과정에서의 적성과 태도 및 언어 발달을 강조하고 있다. 특히 이 모형에서는 언어발달을 신장시키는 것에 중점을 두고 있기 때문에 언어가 학습과정의 중심이 되고 있다. 여기에서 교사는 학습경험을 사전에 결정하여 위계적으로 세분화해 두고 유아들이 학습해야 할 개념들을 정해진 활동시간에 직접 가르치고 놀이 시간을 통해 그 언어 개념을 확장해 나갈 수 있도록 지도한다.

다. 구조적 정보 모형(structured-informational model)

구조적 정보 모형은 낙후된 지역의 저소득층의 유아들이 학교생활에 필요한 지식이나 기술을 습득케 하기 위한 교육과정이다. 교사는 학습활동을 사전에 계획한다는 점에서 교사중심적이고 구조적 인지모형보다 훨씬 더 구조화된 유아교육과정이다. 이 모형에서 전통적인 유아학교의 교육과정을 비판하고 학교생활에 필요한 학문적 기술의 습득에 대한 필요성을 강조한다.

라. 구조적 환경 모형(structured-environmental model)

구조적 환경 모형은 준비된 환경 모형이라고도 부른다. 교사는 유아들의 학습을 위해 적절한 환경과 교구를 마련하고 그들의 활동을 관찰하며 필요에 따라 교구와 유아 간의 중재자 역할을 통해 학습을 촉진하는데 유아들에게 어떤 교과나 학습 내용을 가르치기보다는 오히려 학습과정 즉, 학습하는 방법을 가르치는 데 중점을 둔다. 이때 교구는 유아들이 스스로 배우고 수정할 수 있게 되어 있으며 그들 자신의 흥미, 요구 및 발달수준에 따라 교구를 선택할 수 있도록 허용된다. 비셀의 모형 분류를 도표화하면 다음 〈표 6-1〉과 같다.

표 **6-1** 비셀의 유아교육과정 모형

	허용적 심화 모형	구조적 인지 모형	구조적 정보 모형	구조적 환경 모형
목적	전인격적 아동으로서의 성장	학습과정과 관련된 태도와 성향의 형성	특별한 지식이나 기술을 강조, 내용 지향적	교육과정 중심
교수방법	아동의 요구에 교사는 반응	교사의 지시와 명령에 의한 활동	교사의 지시에 의한 상호작용	교사는 학습의 중재자, 아동은 교구를 통한 자기학습
구조화 정도	낮거나 중간정도	높거나 중간정도	높다	중간

이상에서 제시한 와이카트, 메이어, 비셀이 분류한 유아교육과정의 유형을 종합 정리하면 〈표 6-2〉와 같다.

표 **6-2** 유아교육과정 모형 분류

분류기준	와이카트	메이어	비셀
	교사, 아동	교사, 아동, 교구	구조의 형태
유아교육 과정모형	계획적 교육과정	언어교수모형	구조적 정보모형
	개방체제 교육과정	언어인지모형	구조적 인지모형
	아동중심 교육과정	감각인지모형	구조적 환경모형
	보호적 교육과정	아동발달모형	허용적 환경모형

4. 브렌킨과 켈리의 모형

브렌킨(Blenkin)과 켈리(Kelly)(1981)는 『The Primary Curriculum』에서 유아교육 프로그램의 목적 및 목표에 따라 다음과 같이 세 가지 유형으로 분류하였다.

가. 원예적 모형(horticultural model)

원예적 모형은 플라톤의 국가론에서 인간이 태어날 때부터 신분을 가지고 태어난다는 결정론적 인간 본성관의 맥락에서 '콩 심은 데서 콩 나고 팥 심은 데서 팥 난다'

는 속담과 같이 유아를 위한 교육적 개입이 필요치 않다는 개화이론에 바탕을 두고 있다. 이 형태에 속하는 유아교육 프로그램은 초창기의 비형식적 가정교육, 특권층 자녀를 위한 전통적 유아원, 프뢰벨식 유치원 그리고 몬테소리의 프로그램 등이 있다.

나. 교육공학적 모형(engineering model)

교육공학적 모형은 사회에 필요한 유능한 인간을 만드는 도구적 기능을 강조하는 데 있다. 여기에서 교육의 성패는 교사가 설정한 교수 목표에 해당하는 외현적 행동 또는 도착점 행동을 얼마나 나타내느냐에 의해 결정되는 것이라고 보는 입장이다.

이 모형은 유아교육 프로그램의 보편적 형태로서 유아에게 필요한 객관적 지식들을 세분화하여 단계적으로 유아들에 제시해야 한다고 보며, 지식의 선정 기준은 국가적 · 사회적 가치를 지배하고 있는 이념, 가치, 규범들이 그 바탕이 된다.

이 모형 정립에 직접적으로 기여한 교육과정 이론가들로는 보비트(Bobbitt, 1918), 타일러(Tyler, 1949), 블룸(Bloom, 1956), 타바(Taba, 1962), 메이저(Mager, 1962) 등이고 대표적인 유아교육 프로그램은 엥겔만과 베커(Angelman & Becker)에 의해 개발된 DISTAR 프로그램, 부셸(Bushell)의 행동분석 모형 프로그램 등을 들 수 있다.

다. 발달적 모형(developmental model)

발달적 모형은 유아교육을 인생의 기초교육으로서 평생교육의 일환으로 보는 입장으로 유아교육의 목적은 자율성, 합리적 사고, 이해력, 지적발달 및 성격발달과 직접적인 관련성을 가져야 한다고 보고, 유아교육의 목표를 단편적 · 구체적 정보나 지식을 취득케 하는 데 두기보다는 오히려 장기적으로 유아의 성장과 발달을 도모하는 데 둔다.

삐아제(Piaget)나 피터스(Peters) 등은 종래의 전통적인 유아교육 학자들과는 달리 유아의 발달적 특성을 최대한으로 반영한 교육과정 개발에 역점을 두었다고 말할 수 있을 것이다. 피터스(Peters, 1966)는 행동주의적 교육목표 진술방식이 가치중립적이기 때문에 이는 교육이 아닌 훈련이라고 비판하면서 교육은 아동 활동에 내재적 가치를 부여하는 가치가 전제되어야 한다고 주장하였다. 이러한 교육목적 설정은 오늘날 직업적 전문 능력을 배양하는 훈련보다 개성적 발달을 도모하는 교육으로 전환할 수 있는 것이라고 하였다.

아이즈너(Eisner, 1969)는 교육목표를 도구적 목표와 표현적 목표로 구분하면서, 오늘날의 유아교육은 행동주의적인 도구적 목표보다 '교육적 만남'을 강조하는 표현적 목표에 역점을 두어야 한다고 하였다. 여기서 '교육적 만남'이란 아동이 작업하는 장면, 그들이 직면하는 문제, 그들이 참여하는 학습과제 등을 확인하는 장면 등을 확인하는 데에서 출발한다는 것이다. 이 목표는 브루너가 주장하고 있는 처방적 목표보다 오히려 환기적 목표에 해당된다고 볼 수 있다.

대표적인 유아교육 프로그램은 1977년의 까미(Kamii)의 인지중심 유아교육과정, 뱅크 스트리트(Bank Street) 프로그램, 영국 유아학교의 개방교육 체제 등이다.

5. 콜버그와 메이어의 모형

콜버그와 메이어(Kohlberg & Mayer, 1972)는 유아교육과정의 교육이념을 낭만주의, 문화 전승주의, 진보주의로 구분하였다.

첫째, 낭만주의는 유아가 자연스러운 환경에서 가장 잘 성숙하게 되며 유아의 성장은 내적인 요인에 의해서 결정된다는 입장이다.

둘째, 문화 전승주의는 유아발달이 주로 외적인 요인에 의해서 결정되며, 인지 및 문화적인 지식을 직접 가르침으로써 발달된다는 견해이다.

셋째, 진보주의는 듀이(Dewey)의 진보주의적 교육관과 삐아제(Piaget)의 인지발달에 기초하여 유아는 환경과의 상호작용을 통해서 내적인 인지구조의 변화가 이루어져 전인적인 발달을 가져온다는 입장이다.

이러한 교육이념에 따른 유아교육과정의 유형을 성숙론적 유아교육과정, 환경론적 유아교육과정, 상호작용적 유아교육과정으로 분류하였다.

가. 성숙론적 유아교육과정(maturational curriculum)

성숙론적 유아교육과정은 인간의 성장발달에서 생득적 측면을 강조하고 있는 루소, 게젤, 프로이트 등의 이론에 기초를 두고 있다. 이 유형의 유아교육 프로그램은 유아의 인격, 개성, 자유, 자발성 등에 초점을 두고 있는 아동 중심주의이고 현재 지향적인 성격을 지니고 있다. 또한 전통적 유아원이나 영국의 유아학교의 교육과정을 대변하는 것으로 유아의 내재적 능력의 자연적 계발을 지향하며 개방적인 분위기 조성을 통해 사회 · 정서적 발달을 강조하고 있는 것이 특징이다.

대표적인 유아교육 프로그램들로는 영국과 미국에서 개발되어 오늘날 우리나라에 소개된 개방교육 프로그램(open education program), 교육개발센터 프로그램(educational development cooperation program), 썸머힐 학교 프로그램(summer hill school program) 등이 있다.

나. 환경론적 유아교육과정(environmental curriculum)

환경론적 유아교육과정은 존 로크(John Locke), 손다이크(Thorndike), 스키너(Skinner) 등의 이론에 기초를 두고 인간의 성장발달에서 환경적 측면을 강조하고 있다. 이 유형의 유아교육 프로그램은 유아의 행동, 외재적 동기, 예측가능성 등에 강조점을 두고 있으며, 교사중심적이고 미래 지향적인 면을 띠고 있다. 또한 교사의 직접적인 교수에 의해 유아가 시설이나 정보를 습득해 감으로써 장차 학교에서나 사회에서 성공하고 적응해 가는 특징을 지니고 있다. 대표적인 유아교육 프로그램들로는 미국에서 헤드스타트 프로젝트(Head Start Project)의 일환으로 개발 · 활용되고 있는 디스타 프로그램(DISTAR program), 다시 프로그램(DARCE program), 행동분석 프로그램(behavior analysis program), 툭산 프로그램(TUCSON early education model) 등이 있다.

다. 상호작용론적 유아교육과정(interactionist curriculum)

상호작용론적 유아교육과정은 프뢰벨, 삐아제, 듀이, 콜버그, 까미, 와이카트 등의 이론적 바탕에 근거를 두고 있다. 위에서 말한 성숙과 환경을 양극단의 연속선상에 놓았을 때 양자의 중립적인 입장에서 두 입장을 상호 보완하면서 인간의 성장발달에서 생득적 측면과 환경적 측면을 동시에 강조함으로써 주변 환경과의 능동적 상호작용을 통해 내적인 인지구조의 양적 · 질적 변화가 이루어져 전인적이고 통합적으로 발달해 간다는 입장이다.

상호작용론적 유아교육 프로그램은 유아의 독특성, 능동성, 자발성에 초점을 두고 있으며, 교사나 성인에 의해 마련된 인적 · 물적 환경과 유아의 상호작용을 통해 전인적 발달을 지향하는 것을 특징으로 하고 있다. 또한 이 프로그램의 특색은 아동중심적이며 현재와 미래를 함께 고려하는 과정 지향적 성격을 지니고 있다. 우리나라 제2차 유치원 교육과정부터 현재까지 위와 같은 상호작용론적 유치원 교육과정을 채택하고 있는 것이다.

대표적인 유아교육 프로그램으로는, 미국, 캐나다, 호주 등에서 널리 활용되고 있는 까미-드브리스 프로그램(Kamii-DeVries Program), 하이스코프 프로그램(High/Scope Program or Weikart Program), 학습방법 프로그램(learning to learn program), 구성놀이 프로그램(constructive play program), 사고활동 프로그램(Piagetian preschool education program) 등이 있다.

이상에서 소개한 콜버그와 메이어의 유아 교육과정을 다음 〈표 6-3〉과 같이 요약한다.

표 **6-3** 유아교육과정의 유형

구분	성숙론적 교육과정	환경론적 교육과정	상호작용론적 교육과정
목적	전 인격적인 아동으로서의 성장	특별한 지식이나 기술을 강조, 내용 지향적	학습과정과 관련된 태도와 성향의 형성
아동	적응적 정성 측면에서 성인과 질적으로 다름	수동적과 능동적 학습에 있어서 성인과 질적으로 동일함	능동적 성인과 사고과정이 질적으로 다름
발달	갈등 해결의 결과로 발달단계별로 이루어짐 풍부한 환경속에서 예정적, 유전적으로 계획된 과정임	양적 : 점차적으로 확장 환경적 자극과 조작을 통하여 유아의 행동발달이 이루어짐	상황에 따라 그때그때 일어남 생물학적인 단계가 정해지나 환경과 유아와의 상호작용을 통하여 보다 높은 수준의 발달로 나아감
학습	갈등에 기초하여 내적 · 외적 동기유발 사회적 경험에 기초 자연적 전개 개인적 표현/과정	환경으로부터의 동기유발 언어에 기초 특별한 훈련에 기초 결과 접근법	내면으로부터의 동기유발 감각교육의 기초 다양한 경험에 기초 과정 접근법

CURRICULUM FOR EARLY CHILDHOOD EDUCATION

제 7 장

프로그램의 연구동향 및 유형

이 장에서는 유아교육 프로그램에 대한 연구동향(1970년대부터 현재까지)과 운영제도에 따른 다양한 프로그램 유형을 전개하였다.

제1절 프로그램의 연구동향

1970년대부터 현재까지의 주요 연구동향을 제시하였다.

제2절 운영제도에 따른 유아교육 프로그램의 유형

제도적인 측면에서 분류한 프로그램 유형을 제시하였다.

제3절 발달이론과 목표에 따른 프로그램의 유형

발달이론과 프로그램 목표를 준거로 하여 분류한 대표적인 유형을 제시하였다.

제1절 프로그램의 연구동향

우리나라의 유아교육과정이 국가수준의 교육과정으로 제정되고 각 지역에 경쟁적으로 초급대학 수준의 유아교육학과가 신설되면서 유아교육과 유아교육 프로그램에 대한 관심이 고조되고 외국의 유아교육 프로그램이 국내에 소개되면서 프로그램 모형 중심의 연구가 구체적으로 시작되었다. 원래 유아교육 프로그램 모형이라는 용어는 목표, 교사의 역할, 일과 시간운영, 공간배열, 시설과 설비 등과 같은 요인으로 구성된 명확한 윤곽을 가지고 있는 특정 프로그램을 말한다(Lay-Dopyera & Dopyera, 1987; 이기숙, 2002, 재인용). 이 절에서는 프로그램 모형 위주로 진행된 유아교육의 연구동향을 연대별로 살펴본다. 또한 다음 각 항목에 열거되는 연구논문 대부분은 박찬옥 등의 발표논문에서 대부분 옮긴 것임을 밝혀둔다(박찬옥 외, 2005).

1. 1970년대의 주요 동향

이 시기는 제1차와 제2차 유아교육과정이 제정 공포된 시기이며 정치적으로는 대부분 유신체제의 시기에 해당되는 기간이지만 유아교육계는 비교적 무풍지대이었기 때문에 대학(초급, 전문대학 포함)의 유아교육 전공 교수, 교육개발원의 유아교육 연구실, 대학 부설 유치원들이 주동이 되어 유아교육을 위한 프로그램의 발굴 내지 개발연구가 본격적으로 가동하기 시작한 시기이다.

당시 세계적인 교육사조가 듀이(Dewey)의 진보주의 교육사상을 배경으로 하는 경험중심 교육과정에 대한 비판과 아울러 경험중심자들에 대한 사면의 기회도 없이 학문중심 교육과정 바람이 불게 되고, 특히 유아교육 분야에서는 조기교육의 바람이 불어 닥친 시기이었다. 우리나라의 유아교육계는 인지이론의 영향을 강하게 받게 되면서 20세기 초기에 등장한 몬테소리 프로그램, 진보주의적 유치원 교육과정 모델들을 필두로, 개방주의 교육의 프로그램, 아동중심 프로그램 등 외국 유아교육 프로그램의 일부가 국내에 소개되었다.

70년대를 전후해서 미국에서는 정부의 재정적 지원하에 헤드스타트 프로젝트

(Head Start : 1965)와 이어서 폴로우 스루 프로그램(Follow Through Program, 1967)이 실시되었는데 이 시기에 다양한 프로그램들이 등장하였다. 이 프로그램들을 대체로 4계열로 구분할 수가 있는데 몬테소리(Montessori) 프로그램, 행동주의 프로그램, 개방교육 접근법, 구성주의 접근법 등으로 구분된다(Spodek & Brown, 1993). 영국에서는 플라우덴 보고서(Plowden Report, 1967)에 의한 교육과정 개혁이 본격적으로 진행되면서 유아교육에 대한 관심과 프로그램의 개발이 추진되었고, 독일에서는 교육제도의 구조개혁(1970년대)에 편승하여 유아교육 프로그램의 개발이 이루어지게 되었다.

또 70년대에는 유아교육 프로그램들을 나름대로의 기준에 의해 범주화하는 유아교육과정 유형화의 연구도 진행되었는데 여기에는 메이어(Mayer, 1972), 와이카트(Weikart, 1972), 콜버그와 메이어(Kohlberg & Mayer, 1972), 비셀(Bissell, 1973) 등이 대표적이다. 그리고 이 기간에 소개된 외국의 유아교육 프로그램들은 세 가지 유형으로 나누어지는데 첫째, 기본 기능 또는 행동주의 모형으로 버라이터 잉겔만 프로그램, 디스타 프로그램, 행동분석 프로그램 등이다. 둘째, 정의-발달적 또는 개방교육적 모형으로는 팀프로그램, 뱅크 스트리트 프로그램 등이다. 셋째, 인지개념적 프로그램 모형으로는 하이/스코프 프로그램 등이다.

국내의 유아교육계는 일부 유치원들이 이미 이화보육학교(현 이화대학교), 중앙대학교 부속유치원, 대전 보육초급대학(현 배재대학교) 부속유치원 그리고 이영보 등 개인이 발행했던 보육 프로그램을 사용해온 형편이었고, 한편으로는 외국에서 개발한 유아교육 프로그램들을 편역하여 보급하는 수준이었으며 한국교육개발원 유아교육연구실과 이화대학 부속 유치원(1977년)이 앞장서 프로그램의 개발 보급에 나선 것이다.

2. 1980년대의 주요 동향

제5공화국이 출범하면서 서서히 정치적 민주화의 열망이 고개를 들기 시작하여 교육계에서는 교원노조가 비공식적으로 박해를 무릅쓰고 조직 활동을 전개하게 되었다. 이와 같은 시대적 기운을 배경으로 민주시민 교육에 대한 연구와 학술 행사들이 열리면서 유아교육의 측면에서도 민주시민 교육을 강조하는 분위기가 조성되었다. 이 기간에 제3차(1982년)와 제4차 유치원 교육과정이 제정 공포(1987년)되었고 이 기간에 이루어진 유아교육 연구의 주요 동향을 박찬옥 등은 다음과 같이 세 가지로 보았다(박찬옥 외, 2005).

첫째, 도입된 프로그램의 효과에 대한 비교 검증이 이루어졌다. 여기에서 이은해와 이기숙(1983)이 몬테소리 프로그램, 개방적인 놀이중심 프로그램, 단원중심의 전통적인 프로그램, 학습준비를 강조하는 프로그램 등 4가지 유아교육 프로그램을 비교 분석한 것이 유아교육 프로그램 연구의 새로운 방향이다.

둘째, 유아교육 교수방법에서의 효율성에 관한 연구가 주류를 이루었다(반운경, 1981; 이은해 외, 1983; 홍용희, 1987).

셋째, 대학 부속유치원의 교육과정 개발이다. 70년대 이화대학교 부속유치원을 필두로 중앙대 부속유치원(1983, 1989), 연세대 어린이 생활 연구원(1895), 덕성여대 부속유치원(1989) 등의 다양한 교육과정이 개발되어 소개되었다.

80년대에 우리나라에 소개된 외국의 유아교육 프로그램으로는 개방주의 교육 프로그램, 독일의 발도르프 유치원 프로그램, 상황중심 프로그램, 삐아제 이론에 기초한 프로그램 등을 위시해서 프로젝트 접근법, 레지오 에밀리아의 접근법, 디스타 프로그램, 몬테소리 프로그램, 까미 · 드브리스 프로그램, 와이카트 프로그램, 라바테리 프로그램, 반편견 프로그램, 평화교육 프로그램 등 외국의 프로그램이 홍수처럼 밀려들어 왔다.

결국 1980년대까지의 유아교육 연구는 주로 외국의 유아교육 프로그램을 수입하여 이를 편역하여 보급한 것이 주류를 이루고 후기에 가서는 이들 프로그램의 비교 분석을 통하여 그 효율성을 검증하는 쪽으로 연구방향이 바뀌기 시작하였다.

한편, 외국의 연구동향을 살펴보면, 크게 두 가지로 나누어 볼 수 있다.

첫째, 60~70년대에 개발된 유아교육 프로그램들을 장기간 사용할 수 있는가에 대한 연구보고이다.

둘째, 각국에서 행하는 교육개혁 때문에 교육현장에서 왜곡된 유아교육 프로그램이 확산되는 것을 우려하고 이를 정상화시키려는 전문교육 단체들의 연구 노력이 적극적으로 이루어져 왔다. 이와 같은 연구 활동을 위해서 각계에서는 다음과 같이 노력하였다.

(1) 유아교육 프로그램의 장기적 효과 검증을 위한 연구협회(The Consortium for Longitudinal Studies)가 1975년에 구성되어 11개 연구단체가 검증을 위한 연구 활동에 나섰다. 이 협회의 연구결과는 모든 유아교육 프로그램 등이 학교 적응능력과 학업 완수에 긍정적 효과가 있는 것으로 보고되었다.[3)]

그러나 여기에는 잘 설계하고 전문적으로 감독을 하는 것이 저소득층 영유아를 자극하고 사회화하는 데 매우 중요한 요인이라고 결론지었다(Lazar, 1983).

(2) 클리포드와 함스(Clifford & Harms, 1980)는 유아교육 환경을 평가하는 평정척도(The Early Childhood Environment Rating Scale)를 개발하였다.

(3) 맥카트니(McCartney), 필립스(Phillips) 등은 보육시설의 질과 사회성(McCartney, 1984), 언어활동(Phillips & McCartney, 1987)은 긍정적 관계가 있다고 보고하였다.

(4) NAEYC(유아교육의 전문가 단체; The National Association for the Education of Young Children, 1926)는 여러 교육전문단체들의 참여로 공동 전선을 펴고 DAP를 내놓았다.

80년대는 세계적으로 교육개혁의 바람이 불었는데, 영국은 플라우덴 보고서를 계기로 국가교육과정(The National Curriculum, 1989)이 제정되고 특히 미국에서는 국가교육목표(The National Education Goals, 1990)를 설정하게 되면서 초등학교에서는 입학이나 진급에 여러 표준화 검사를 사용하는 등 1960년대에 추진된 행동주의 학습이론에 근거한 교사의 일방적인 기계적 학습이 성행하였던 상황에서 유아교육기관에서는 초등학교 진학을 위한 준비교육기관으로 전락할 가능성과 우려를 낳게 되었다. 여기에 대비하여 NAEYC에서는 유아교육의 본질에 입각한 교육을 권고하는 것을 목적으로 유아교육의 질적 관리를 위한 평정척도로 작성한 DAP(발달에 적합한 실

3) 'As the twig is bent … Lasting effects of preschool programs'라는 제목으로 보고하였다(Condy, 1983; Royce, Darlington, & Murray, 1983).

천; Developmentally Appropriate Practice)를 내놓게 된 것이다. 따라서 DAP는 유아교육의 정상화를 위한 지침으로서의 의미를 가지고 있다. 이렇게 DAP가 발표됨으로써 그 후속 연구들이 이어졌다.

3. 1990년대 이후의 주요 동향

가. 국내의 연구 동향

1990년대는 직선제의 대통령과 국회의원 선출에 기초한 민주정치 체제가 되면서 여러 분야에서 개방적인 사회적 갈등이 시행착오를 이루는 시기이었다. 이 기간에 유아교육 분야에서도 과거와는 다른 분위기에서 제5차와 제6차의 유아교육과정을 개정 공포하였다. 이때의 유아교육과정 개정의 배경을 보면 세계화, 정보화 시대를 주도하는 교육체제 수립을 위하여 민주시민교육, 초 · 중등교육과 고등교육의 개선, 정보화 사회 적응력 함양, 유아교육의 공교육 체제 확립, 사교육비 경감을 강조하는(1997년 6월 2일, 제5차 대통령 보고서) 교육개혁의 분위기를 보였다. 이러한 분위기에 편승하여 유아교육 연구 동향도 첫째, 아동중심주의와 구성주의적 교육 사조를 배경으로 연구영역이 다양하게 확대되기 시작하였고 둘째, 관례적으로 중 · 상류층 유아를 대상으로 하는 교육에서 교육 대상을 저소득층의 유아, 보육 대상의 유아 및 특수교육 대상의 유아로 확대되었다.

1) 유아교육 프로그램 연구 동향

이러한 유아교육의 배경을 가지고 1990년대부터 관심을 끌었던 유아교육 프로그램으로는 숲 프로그램, 레지오 에밀리아의 접근법, 프로젝트 접근법, 생태유아교육과정, 홀리스틱 교육과정, 상황중심 교육과정, 반편견 교육과정, 다문화 교육과정, 미국의 페일리의 실천 등 서구에서 개발된 선진화된 유아교육 프로그램들이 시행되었다.

이와 같은 실천 · 연구에 대하여 1990년대 이후에 나타난 주요 연구를 들면 다음과 같다.

(1) 5세 누리과정 지도서에 나타난 반편견 교육관련 내용 분석(성영철, 김경철, 2017).

(2) 아동중심 교육철학에 기초한 세 가지 교수방법(활동중심 통합교육, 프로젝트 접근법, 열린 교육)의 분야별 비교 분석(이대균, 1997).

(3) 유아교육과정 모형 개발: 미국의 대표적인 유아교육 프로그램 7가지를 비교 분석을 기초로 함(이영준, 1997).

(4) 레지오 에밀리아의 접근법의 이해와 적용(강혜정, 1997; 고혜란, 2001; 김영일, 2000; 김은희, 1997b, 1998a, 1998b, 1999, 2000; 박선미, 1996; 서영숙, 1998; 신영선, 2000; 오문자, 1997, 1999; 용경미, 1999; 우명자, 1998; 임상도, 2001 등).

(5) 프로젝트 접근법(1994년부터 시작함)

접근법 진행절차에 따른 사례연구에서 시작하여, 적용방안 모색, 효과검증, 레지오 에밀리아의 접근법과의 비교 연구, 평가 방안, 문제점 분석, 교사 재교육 프로그램 개발 및 효과검증 등으로 확대 연구가 진행됨(지옥정, 2002).

(6) 반편견 교육과정에 관한 연구

① 교사의 인식 및 실태조사 연구(김태경, 2000; 김정희, 1999).

② 유아가 인식하는 편견의 영역과 고정관념에 대한 조사연구(송숙진, 1997; 양미현, 2000).

③ 반편견 교육을 위한 도서분석 연구(김은정, 2000).

④ 반편견적 활동을 통한 편견 감소의 효과를 지지하는 연구(강미형, 2001; 강소원, 2000; 권현수, 2000; 김경, 2002; 김지현, 1999; 박화윤, 2000; 성구진, 1995; 손미숙, 2000; 이정희, 1999; 황은주, 2000).

⑤ 반편견 교육과정의 목표달성의 효과에 관한 연구(양복순, 1999).

(7) 다문화 교육과정에 대한 연구(양적 연구)

① 문화, 협력, 편견, 정체성 형성, 평등성, 다양성, 문제해결력(양옥승, 2002, 1997; 채정란, 1999).

② 제6차 유치원 교육과정과의 관련성을 추출하여 연계성 있는 교수방법을 제시한 연구(김영옥, 2002).

(8) 가드너의 다중지능이론에 근거한 다중지능 교육과정에 대한 연구(Gardner, 1993).

① 이론을 소개하는 수준(하대현, 1996; 황정규, 1997).

② 유치원과 학교에서 계발하는 데 관심을 표명(장희경, 1998; 홍성윤 · 김유미, 1998).

(9) 생태 유아교육과정 연구(부산지역 중심으로)(임재택, 하정연, 2004).

(10) 발도르프 접근법 연구(강상희, 1993; 곽노의, 1996, 1997).

(11) 홀리스틱 교육과정 연구(유아교육의 질을 개선하기 위한)(이영석, 2002).

(12) 상황중심 유아교육 프로그램 Ⅰ, Ⅱ를 출판 및 실시(우석대 부설 유치원)(김경중, 김용숙, 1998).

(13) '아동의 권리지수' 적용을 통한 아동권리비교 연구(이봉주, 신원영, 2017).

(14) 숲속유치원 프로그램 개발 및 효율적 방안연구(사단법인 나를 만나는 숲, 2017).

(15) 숲에서의 교육이 유아의 주의집중력에 미치는 영향(이명환, 김은숙, 2017).

위의 연구들을 종합해보면, 사회의 요구에 의해 교육과정이 변화되고 있음을 인식할 수 있으며 2010년대 이후에는 자연체험과 자연물을 이용한 놀이 관련 연구물들이 주를 이루고 있다. 단순히 자연물을 실내에 비치하고 바라보는 관점이 아니라 인간과 생물에 관심을 두고 유아가 자연 속에 들어가 자연에 민감성을 키우는 쪽으로 변화되고 있다.

2) 장애아와 저소득층 유아의 연구동향

1990년대에 들어와 교육개혁을 위한 대통령 보고서에 의한 공교육 체제 확립의 정신에 나타난 장애아 및 저소득(빈곤층)에 대한 복지적 차원에서의 교육에 대한 관심이 고조되면서 여기에 관련된 연구도 다음과 같이 활발하게 이루어졌다.

(1) 장애유아 통합교육에 대한 교사, 원장 및 교수들의 인식 조사연구(김정현, 1996; 유수옥, 1998; 이소현, 1995).

(2) 통합교육 실시 방해요인에 대한 연구(권상혁, 1995; 유수옥 외, 2002; 장동태, 1995).

(3) 장애 아동에 대한 일반 아동의 태도 개선을 위한 프로그램 개발 연구(정선화, 1993).

세계적인 추세에 따라 저소득층 유아들의 어머니가 생계를 위한 노동을 하는 가족을 지원할 수 있는 복지적 차원의 배려가 형식상 1970년대 초부터 시행되어 왔으나 아직도 자녀들의 교육을 마음 놓고 시키기에는 미흡한 점이 많다. 여기에 대비해서 유치원에서는 「유아교육법」 제13조의 교육과정 · 방과후과정, 방과후 돌봄에 대한 내용이 반일제 · 시간연장제 · 또는 종일제 운영의 근거는 있으나 유아들을 종일 유치원에서 생활하게 하는 데에는 행 · 재정적 뒷받침이 원만하지 못한 유아교육 기관들이 대부분인 실정이어서 소기의 성과를 거두지 못하고 있으며 현재는 부모교육 수준에서 그치고 있는 형편이다. 이와 관련된 연구로는, 가족지원 서비스 프로그램에 대한 교사와 부모의 인식, 운영실태와 문제점에 대한 연구가 있다.

3) 영재교육

한국교육개발원에는 1986년부터 영재교육 연구실을 개설하여 영재교육에 관련된 기초연구를 비롯하여 영재아의 조기교육 등 현재까지 많은 연구 성과를 거두고 있는 상황이다. 여기에서 추진하고 있는 일들을 열거하면, 과학, 수학, 언어, 영재아의 판별도구 및 각종 프로그램 개발과 정책연구, 교사연수 등 다양하게 연구하고 있고 영재교육 파트에 크게 이바지하고 있다. 한편, 정부에서는 2002년 3월부터 영재교육진흥법을 시행하면서 영재교육에 대한 관심도 높아지고 있다. 그동안 영재교육에 관계되는 연구들을 열거하면 다음과 같다.

(1) 영재아에 대한 인식조사(긍정, 부정) 연구(최순실 외, 1996).

(2) 영재아의 자아존중감에 대한 연구(송수지, 2000).

(3) 영재교육 프로그램에 대한 연구(이순주, 2000; 임명희, 2001).

(4) 영재 판별과 역동적 평가에 대한 연구(박혜원, 2001; 장영숙, 2001).

(5) 영재교육의 현황과 문제점(하종덕, 2001).

(6) 영재교육의 연구동향 분석(박경빈, 2012).

(7) 역공학 교육방법을 활용한 발명영재교육 프로그램 개발(안태근, 2015).

나. 외국의 연구동향

당시의 세계는 정보화의 시대에 걸맞게 세계는 하나라는 더불어 사는 지구촌(globalization)의 개념으로 포스트모더니즘(post-modernism)적인 인식이 확산되었고 이로 말미암아 다문화, 반편견, 평등, 평화라는 개념들이 교육사조에도 변화를 가져오게 되었다. 이에 따라서 유아교육도 다양성이 고조되고 이를 수용하는 방향으로 발전하는 경향을 보였다. 뇌 발달 이론, 사회적 구성주의, 포스트모더니즘, 반성적 사고, 다중 인지 이론, 감성 지능, 생태 이론 등이 등장하면서 학문의 세계에도 폭넓은 지식과 시각이 요구되는 시대적 흐름에 따라 유아교육 프로그램 연구도 폭넓은 다양성을 보여주고 있다.

1) DAP에 대한 비판과 개정

1990년대 들어서면서 DAP에 대하여 여러 학자들(Fowell & Lawton, 1992, 1993; Jipson, 1991; Kessler, 1991; Lubeck, 1994; Mallory & New, 1994; Powell, 1994; Spodek, 1991; Walsh, 1991; Wortham, 1998)은 대략 네 가지 맥락에서 문제제기와 비판을 하였다. 첫째, 교육프로그램 판단의 준거 측면에서 편협하고, 둘째, 이론적 가정이 배타적이며, 셋째, 문화적 다양성을 간과하였고, 넷째, 진술이 양극적이고 함축적이라는 것이다. 이러한 비판은 기초학문(교육학, 철학, 심리학, 사회학 등)을 다각도로 포괄하지 못하는 낮은 차원에서 벗어날 것을 촉구하는 것이었다고 볼 수 있다. 이에 NAEYC(1997)는 DAP에 대한 학자들의 비판을 수용하고 폭넓게 전문가들의 의견을 모아서 DAP 개정판을 냈으며 앞으로도 시대의 흐름에 따라 정기적으로 개정해 나갈 것을 밝혔다.[4]

---

4) DAP 개정판의 내용(발달에 적합한 유아교육 실제의 원리) :
① 유아의 발달과 학습을 지원하는 교사역할, ② 유아발달과 학습을 지원하는 학습공동체 개념, ③유아의 발달과 학습 과정에서 문화의 역할과 사회 문화적 맥락의 중요성, ④ 가족 역할의 중요성, ⑤ 장애 또는 특별한 요구에의 적용성, ⑥ 의미 있고 상황에 적절한 교육과정의 중요성, ⑦ 유아와 가족에게 의미 있는 참 평가 실천의 필요성, ⑧ 모든 유아에게 질적으로 우수하고 발달적으로 적합한 정책과 적절한 자원의 인프라 구축의 중요성이다(박찬옥 외, 2005).

2) 다양한 유아교육과정 탐색 연구

교육 전반에 흐르는 세계적인 추세가 책무성이 강조되고 경쟁 논리에 의한 표준화, 규격화의 경향에 구애받지 않고 유아교육은 아동중심 사상을 바탕으로 통합과 다양화를 추구하는 노력에서 다음과 같은 대안적 교육과정 개념으로 나타난 것이다(이영석, 2002).

(1) 발현적 교육과정(Jones, & Nimmo, 1994).

(2) 통합적 유아교육과정(Krogh, 1995).

(3) 변형적 교육과정(Bredekamp, & Rosegrant, 1995).

(4) 홀리스틱 교육과정(Miller, 1996).

3) 주요한 유아교육 접근 방법

90년대에 들어와서 세계적인 관심과 각 나라에서 실천된 결과를 신속히 교류하고 있는 점이 특징인 접근 방법의 대표적인 것을 들면, 레지오 에밀리아(Reggis Emillia) 접근법, 프로젝트(Project) 접근법, 발도르프(Waldorf) 접근법이다.

4) 다문화 교육 및 특정 목적의 프로그램 개발과 실천 연구

급속하게 변하는 세계의 사회체제는 평등, 평화, 인권 등이 전제가 되는 지구촌 지향적인 시대에 유아교육 프로그램의 연구도 과거 어느 때보다도 활발하게 이루어지고 있다. 이러한 동향은 다문화 교육이라는 새로운 과제에 대한 포괄적인 이해와 관점에서 과거의 포괄적인 프로그램과는 다른 특정 목적과 세분화된 프로그램의 개발 및 실천 연구가 이루어지고 있는 것이다.

(1) 다문화 교육이론

유아교육에 본격적으로 적용된 것은 반편견 교육과정(The Anti-bias curriculum : Tools for empowering young children, Derman-Sparks, 1989)의 출현 이후라고 볼 수 있다. 다문화 교육 프로그램에 대한 연구는 90년대에 유아교육에서의 다문화 교육의 필요성(Kendall, 1996; Ramsey, & Derman-Sparks, 1992), 다문화 교육 실천 방법(Gonzalez-

Mena, 1992; Tiedt, & Tiedt, 1998) 등이며, 2000년대에 와서는 실천중심의 연구 경향을 보이고 있다. 극화놀이(Huber, 2000), 이야기 들려주기(Lenox, 2000) 등이다.

(2) 반편견 교육이론(Anti-bias curriculum)

이 분야의 연구로는 성에 대한 편견을 극복하는 실천방법(McNair, Kirova, & Bhargava, 2001; Wellhousen, 1997), 남성의 역할(Fagan, 1996), 페미니즘적 실천(MacNaughton, 1997), 반편견 교육 실천 연구(Killoran, 2004) 등이 있다.

(3) 장애아에 대한 연구

이 분야에 대한 연구는 70년대부터 수행되어 왔다(Barnes, Berrigan, & Biklen, 1978; Froschl, Colin, Rubin, & Sprung, 1984). 1986년 아메리카에서 장애아 교육법(Education of the Handicapped Act ; PL99-457)을 근거로 삼아 통합교육을 통해 장애아들이 얻을 수 있는 교육적 효과를 밝힌 여러 연구결과들(Bricker, 1995; Hundert, Mahoney, Mundy, & Vernon, 1998; Schaps & Solomon, 1990)에 논리적 근거를 두고 있다.

1990년대 후반에는 더욱 활발하게 연구가 진행되었는데, 유아통합교육의 실천적 방법(Morrison, 1999; Russell-Fox, 1997; Udell, Peters, & Templeman, 1998), 교사의 신념과 실제의 관계(Lieber, Capell, Sandal, Woltberg, Hom, & Beckman, 1998), 장애유아 통합학급 유아교육기관과 분리학급 유아교육기관의 프로그램 질 비교(Paro, Sexton, & Synder, 1998) 등의 연구가 있었다.

2000년대의 장애아 프로그램에 관한 연구로는 통합의 효과(Dunne, 2002), 컴퓨터 경험(Parrette, Hourcade, & Heiple, 2000), 스트레스 대처(Russo, & Fallon, 2001), 언어적 개입(Neeley, Neeley, Justen, & Tipton-Surnner, 2001) 등 방법론적 접근 연구가 일반적이다.

(4) 가족지원 프로그램 연구

이 분야에 대한 연구는 부모와 함께하는 유아교육 프로그램 연구(Powell, 1998), 세대 간의 문화 차이를 프로젝트를 활용하여 극복하는 연구(Freeman & King, 2001; Kaplan, & Larkin, 2004), 가족발달 프로그램의 장기적 효과 연구(Honig, 2004), 이 외에도 헤드 스타트, 히피, 교육 보육 프로그램 등에 관한 연구들이 이루어지고 있다.

위의 연대별 유아교육 프로그램의 연구동향을 종합적으로 정리하면 오늘날의 연구 경향은 새로운 유아교육 프로그램을 개발하려는 관심은 사라진 듯하고 오히려 어떤 유형의 프로그램 모형들이 어떤 유아에게 적합하며 프로그램 안에 있는 어떤 변인들이 유아교육에 효과를 가져오는지를 분석하는 연구가 주류를 이루고 있다(이기숙, 2002).

4. 2000년대 이후의 주요 동향

현대 유아교육과정의 동향을 대체적으로 살펴보면, 과거에 상류층 자녀 중심의 교육에서 일반 서민층 자녀 중심의 교육으로 바뀌면서 사교육 체제에서 공교육 체제로 재편성되어 가고, 교육사조 측면에서는 지식중심에서 생활중심의 교육과정으로 바뀌고 있는 추세에 따라 종전의 학문중심 교육과정은 생활중심 교육과정으로서 교재의 계획에 중점을 둔 교육과정에서 생활의 설계에 중점을 둔 교육과정으로 바뀌고 있다(박재환, 2000). 다음은 우리나라 교육과정의 동향을 국가수준 교육과정 내용을 중심으로 살펴본다.

첫째, 2003년 3월에는 제6차 유치원교육과정의 내용을 활용할 수 있는 교사용지도서를 발간하였다.

둘째, 2005년에는 성교육 프로그램과 사회성 발달프로그램을 개발하였다.

셋째, 여성가족부는 2007년 육아정책개발센터에 용역을 주어 보육프로그램과 장애유아 보육프로그램을 개발하여 보급케 하였다.

넷째, 2009년 3월1일에 교육과학기술부는 2007 개정 유치원교육과정을 반영하여 현장의 교사들이 교육계획을 실행할 수 있도록 교사용지도서를 개발하였다.

다섯째, 2011년 5세 유아를 위한 누리과정이 고시되었고 2012년 12월에는 교사용지도서를 발간하였다. 이후 2013년에는 3−4세 누리과정 도입 계획을 발표하였고, 3−5세 연령별 누리과정과 교사용 지도서가 발간되었다.

여섯째, 2019년 7월에 고시된 개정 누리과정은 공통의 누리과정으로 명시하였고, 놀이중심 교육과정을 재정립하고자 놀이이해자료, 놀이실행자료를 보급하였다.

이러한 상황에서 김용숙(2017)은 유아교육과정이 다음과 같은 특징을 가지고 변화하고 있다고 지적하고 있다.

가. 유아교육과정 특징

첫째, 유아교육과정은 놀이상황이 학습상황이고 학습상황이 놀이가 되어야 한다.

둘째, 유아교육과정은 학습 흥미나 욕구가 중요시되고 다양한 개방성과 성장 발달에 관련된 활동이 중시되는 쪽으로 변하고 있다.

셋째, 유아교육과정은 발달에 적합한 교육활동의 선정을 특징으로 한다.

넷째, 유아교육과정은 학습의 결과보다 과정을 중요시하는 특징을 가진다.

다섯째, 교과영역 위주가 아니고 생활영역이나 발달영역, 또는 프로젝트 중심으로 교육활동이 구성된다.

여섯째, 유아교육과정은 5개 영역별 학습이 아니고 통합적 교수–학습이 특징이다.

일곱째, 유아교육과정은 교사 → 유아의 일방적인 관계보다 다양한 쌍방 상호적 관계(교사 ↔ 유아, 유아 ↔ 유아, 유아 ↔ 교구 등)를 중요시하는 특징을 가지고 있다.

여덟째, 유아교육과정 평가는 질적 평가(면접법, 포트폴리오, 일화기록, 체크 리스트) 방법을 활용한다.

나. 교육의 변화

다음으로 2000년대에 들어와서 유아교육의 사조는 변화되었다. 그 변화를 다음과 같이 네 가지 측면에서 지적할 수 있다.

첫째, 유아를 채워져야 할 빈 그릇으로 보는 견해에서, 새로운 경험이나 과정과의 사이에서 역동적으로 상호작용을 행하는 쪽으로 본다.

둘째, 자연적인 소박한 발달단계에서 아동의 발달을 촉진하는 데 교사가 해야 할 역할을 강조하는 생각으로 변화하였다.

셋째, 아이들은 다 똑같다는 교사의 인식, 즉 개인의 특성을 고려하지 않은 집단의 상황에서 개인의 특성을 고려하는 상황으로 변화되고 있다.

넷째, 능력을 한 가지 지능으로 보는 견해에서 다양한 차원의 지능으로 이해하는 쪽으로의 변화이다.

이와 같은 네 가지의 교수학적 변화는 어느 것이나 교사와 유아 간의 커뮤니케이션(communication)의 질과 양이 극히 중요하다고 하는 것을 강조하고 있다.

제2절 운영제도에 따른 유아교육 프로그램의 유형

유아교육을 위한 교육과정에 따른 프로그램의 유형을 형식면에서 볼 때 다음과 같이 분류할 수 있다.

첫째, 보호하고 교육하는 시간을 기준으로, 반일제 프로그램과 종일제 프로그램으로 나눈다(Taylor, 1993).

둘째, 유아교육기관의 설립(프로그램 후원) 주체를 기준으로, 국 · 공립 프로그램과 사립 프로그램으로 나눈다(Lay-Dopyera & Dopyera, 1987).

셋째, 발달이론과 프로그램 목표를 기준으로, 몬테소리 프로그램, 행동주의 프로그램, 열린교육 프로그램, 구성주의 프로그램으로 나눈다(Spodek & Brown, 1993).

넷째, 이데올로기(교육관)를 기준으로, 낭만주의, 문화전달, 진보주의 프로그램 등으로 나눈다(Kohlberg & Mayer, 1972).

이 절에서는 이와 같은 네 가지 프로그램에 대하여 세부적으로 살펴본다.

1. 반일제 · 시간연장제 · 종일제 프로그램

이 프로그램은 영유아를 보호하고 교육하는 시간을 기준으로 분류한 것이다. 반일제나 종일제는 통합된 교육 프로그램을 운영하는 면에서는 같으나 운영시간이 다르고 배려해야 될 사항도 다양하다.

반일제 프로그램은 오전이나 오후에 반나절 동안 영유아를 보호하거나 교육하는 프로그램을 말한다. 이와 같은 프로그램은 유아원(preschool), 유치원(kindergarten), 헤드스타트(Head Start), 대학 부속 유아교육기관(University laboratory school), 부모협동센터(parent cooperative), 교회 또는 지역사회 회관 등을 들 수 있다(Taylor, 1993).

시간연장제 프로그램에서는 유아교육기관에서 5시간 이상 8시간 미만을 교육하거나 보육하는 것을 의미한다.

종일제 프로그램에서는 8시간 이상 보호하거나 교육하는 목적으로 운영되는 프로그램을 말한다. 근래에는 여러 계층의 주부들이 취업이나 자원봉사 활동 등 여러 가지 사회활동을 하는 관계로 유아들을 5시간 이상 가정 이외의 장소에서 보호나 교육 받는 것을 요망하게 됨에 따라 종일반 운영의 유아교육기관이 점차 확대되어 가고 있다. 여기에는 어린이집(탁아 센터 ; child-care center), 유치원 종일반(fullday kindergarten), 가정탁아, 가정보육자 채용, 종교기관 내지 지역사회 센터 등이 있다. 유치원에서 종일제를 운영할 때는 오전에 운영했던 프로그램을 마치고 오후에는 같은 유아들을 대상으로 하거나 종일제를 희망하는 유아들을 따로 모아서 운영하는 경우도 있다. 요즈음 각 기관에서는 교육과정, 방과후과정, 돌봄과정을 구분 지어 사용하는 경우도 있다.

2. 국 · 공립기관 운영프로그램과 사립기관 운영프로그램

유아교육기관 주체와 프로그램 후원체에 따라서 국 · 공립과 사립, 또 개인에서 국가수준에 이르기까지 다양하다(Lay-Dopyera, & Dopyers, 1987 ; Decker & Decker, 1992). 레이 도페라(Lay-Dopyera) 등은 유아교육 프로그램의 후원체를 다음과 같이 세분하였다(Lay-Dopyera & Brown, 1987 : 10)

가. 레이 도페라(1987 : 10)의 분류

1) 비영리 사립기관: 교회, 지역사회 운영

2) 영리 사립기관: 개인이 운영

3) 종사자에 대한 봉사를 위한 사립기관: 대학, 기업, 병원, 산업체 등

4) 공립(국가 수준): 헤드스타트(Head Start), 부모-자녀 센터 등

5) 공립(도 수준): 도에서 운영하는 기관, 지역 교육청이나 사회봉사기관을 통해 운영될 수도 있다.

6) 공립(읍 · 면 수준): 공립 지방 프로그램

7) 사립(부모 협동놀이센터): 마을에서 자녀를 둔 부모에 의해 운영되는 프로그램

나. 데커와 데커(1992)의 분류

1) 공립(유치원 등)

2) 사립(유아원, 유치원, 부모 협동, 기업체 탁아 프로그램, 교회에서 운영하는 유아 프로그램, 봉사 단체 등)

3) 정부 주도 프로그램(헤드스타트와 부모-자녀 센터)

4) 전국 사립단체 프로그램(몬테소리 학교 등)

5) 대학 부설/실험 프로그램(유아원, 유치원, 초등학교 저학년 등)

다. 이기숙과 이영자의 종합 분류(1991 : 26~28)

1) 공립과 사립 프로그램(운영 주체에 따른 구분)

2) 영리와 비영리 프로그램(영리의 보장 여부에 따른 구분)

3) 산업체 탁아 : 우리나라 취업 여성이 증가함에 따라 탁아 프로그램이 해마다 증가하고 있다.

그 밖에도 부루드(Burud et al) 등에 의하면 고용주들이 탁아 프로그램에 관심을 기울이고 있는데 그 이유로는 첫째, 고용직원의 이동률을 줄일 수 있다. 둘째, 직원의 자녀문제로 인한 결근율을 줄일 수 있다. 셋째, 생산성과 직무의 집중도를 높일 수 있다. 넷째, 직원의 모집 인원수를 늘리는 유인 체제가 될 수 있다. 다섯째, 직원의

사기를 촉진시킬 수 있다. 여섯째, 기업의 이미지를 높일 수 있다고 분석하고 있다(Burud, Collins & Hawkins, 1983 ; Hick & Powell, 1983).

제3절 발달이론과 목표에 따른 프로그램의 유형

스포덱과 브라운(Spodek & Brown)은 발달이론과 프로그램이 추구하는 목적에 따라 몬테소리 프로그램, 행동주의 프로그램, 열린교육 프로그램, 구성주의 프로그램으로 분류하고 현대 유아교육 프로그램 모형으로 제시하였다(Spodek & Brown, 1993 : 96). 이 절에서는 이와 같은 범주에 속하는 프로그램들을 간추려 살펴본다.

1. 몬테소리 프로그램

몬테소리(M. Montessori)는 자연주의 사상에 입각하여 '발달이란 자연적인 개화 과정이며 지식은 유아의 주변 세계의 지각에 기초한다'(Montessori, 1967)는 이론을 바탕으로 하여 몬테소리 자신이 유아들을 교육하기 위해 프로그램을 개발하였다. 이 프로그램은 감각적 훈련, 일상생활 훈련, 근육단련 훈련, 기본 학문적 기술의 교수 등을 강조한 내용으로 되어 있는데 이것을 몬테소리 프로그램이라고 한다.

몬테소리 프로그램은 접근방식에 따라 두 가지로 구분한다. 하나는 몬테소리가 제시한 최초의 방향을 그대로 유지하는 것으로 국제 몬테소리협회(AMI: the Association Montessori Internationale)의 인준을 따르는 프로그램이고 다른 하나는 미국 몬테소리협회(AMS: the American Montessori Society) 인준을 따르는 것으로, 유아의 학습방법에 대한 새로운 지식을 받아들여 초기 몬테소리 교실에서 제시되지 않았던 활동들도 프로그램에 포함하는 수정된 프로그램이다.

몬테소리는 정신박약아 교육의 선구자인 프랑스의 의사 이타르(Itard)와 세갱(Seguin)의 영향을 받아 1907년 3-7세의 도시 빈민 유아를 수용하기 위하여 로마 빈민가의 한편에 '어린이의 집(Casa dei Bambini)'을 세우고 이들을 교육하기 위하여 프로그램을 개발하였다. 몬테소리가 개발한 교구와 교육사상은 1900년대 초에 미국에 전파되어 유아교육에 영향을 주고 확대되기 시작하였으나 1920년대 이후에는 몬테소리의 개별화 교육개념은 존 듀이의 진보주의 교육운동의 결과 유아의 놀이, 창조성, 상상력 등이 강조될 뿐만 아니라 집단 활동과 사회화가 강조되는 교육사조와 갈등을 일으키고 결국 밀리게 되었다. 그러나 진보주의 교육의 경험중심 교육을 강조하는 사조는 1960년대에 와서 학문중심의 인지적 발달과 교육이 득세하기 시작하는 한편 불우 아동에 대한 정부 차원의 관심이 증대되면서 몬테소리 교육이 재조명의 기운을 타게 된 것이다.

가. 교육의 기본 가정

몬테소리의 교육에 관한 기본 가정은 성인과 유아의 학습 능력은 질적인 차이가 있다고 전제하고 유아기 학습의 특성으로 '민감기'와 '흡수정신'을 설명하고 있다.

첫째, 민감기: 이 시기는 0–6세 사이에 나타나는 것으로 보고 있다. 프로이트 심리학에서 6세까지에 인간의 기본적인 성향이 결정된다는 입장을 근거로 로렌츠(Lorenz, 1957)가 말하는 결정적 시기(critical period)에 해당되는 것이다. 이러한 의미에서 몬테소리는 '민감기'라는 용어를 사용하여 이 시기의 유아는 행동 성향과 기술을 가장 민감하게 획득하는 것으로 보며 이러한 현상은 유아마다 개인차가 있고 행동의 특성도 다른 것이다. 발달하는 과정의 어떤 영역에서 민감성이 나타나면 얼마 있다가 사라지고 또 다른 발달영역에서 민감성이 나타났다 사라지는데 이러한 현상은 연쇄적으로 옮겨진다. 이렇게 해서 일단 습득한 행동성향은 개인차의 바탕이 되고 이 시기가 지나면 민감성이 소멸되어 버리는 것이다.

둘째, 흡수정신: 유아는 자신의 노력이 아닌 내재적 학습 능력으로 간주한다. 흡수정신은 '스펀지가 물을 빨아들이는 것 같은 단순작용의 과정'이라기보다는 주변 환경과의 상호작용이 활동을 통하여 이루어질 때 유아가 그 모든 것을 자신의 것으로 '조합하는 능력'(Gettman, 1987: 4)이라고 설명하고 있다. 이러한 흡수정신으로 획득한 행동은 유아가 풍부한 교육적 환경에서 강한 인상을 받게 되고 이것이 기초가 되어 새로운 행동과 사고를 증진시킨다. 몬테소리는 이러한 흡수정신이 유아의 성장을 이루는 근본적인 힘으로 작용한다고 주장하고 있다. 이러한 흡수정신은 6세까지 지속되는데, 몬테소리는 두 단계로 구분하여 무의식적 단계와 의식적 단계로 나누어 그 정도의 차이를 설명하고 있다.

1) 무의식적 단계(출생-3세): 유아는 주변의 모든 자극에 그대로 반응을 보이며 단순한 것에서부터 복잡한 것까지의 모든 인상을 자신의 것으로 흡수하게 되면서 모든 감각기관이 발달한다. 이러한 과정은 유아 자신의 의지로 행하는 것이 아니기 때문에 이 시기의 흡수정신을 '무의식적'인 행위로 설명한다. 이 시기에 가장 강한 인상을 주는 자극은 무엇보다도 엄마를 포함한 인간의 목소리라고 설명한다.
2) 의식적 단계(3-6세): 주변의 자극에 대해 유아는 의식적이면서도 계획적으로 환경과 상호작용을 하며 선별적으로 반응하면서 새로운 활동에서의 경험을 내재화시킨다. 전 단계에서 이루어진 기본 능력을 통합시켜 좀더 정교화시키기 위해 여러 가지 자극을 많이 요구하고 또한 창조적인 과정으로 작용하는 것이다. 이렇게 해서 어떤 복잡하고 어려운 유형의 활동이라도 유아 스스로가 즐거워하면서 일상생활에 필요한 지적 성장을 통합적으로 형성해 가는 것이다. 이 시기에 특정 활동을 가능하게 하는 요인을 몬테소리는 '민감기'적 현상으로 설명한다.

나. 교육의 목적

몬테소리 프로그램의 교육목적은 주어진 교육환경에서 유아가 자기지향적 발달(self-development)을 위한 잠재능력을 최대한 끌어냄으로써 전인적으로 성장하도록 도와주며 인간관계 속에서 사회적 요구를 수용하면서 '정상화'되는 것을 말한다. 여기에서 '정상화'란 유아 스스로 선택한 일(활동)에 대하여 진정한 흥미와 즐거움을 가지고 집중적으로 반복하여 수행하면 유아 자신의 내적 훈련과 자신감을 발달시키게 되고 목적 지향적인 작업을 선택하게 되는 동안 즐겁고 행복하게 되는 과정을 말한다.

다시 말하면, 유아는 자기 지향적 발달과 자동교육이 가능한 자기-교수(self-teaching)를 행하고자 하는 무한한 성취욕과 능력을 지닌 존재라고 보는 유아관을 근거로 해서 이러한 능력을 최대한 밖으로 끌어내는 그 자체를 교육의 목적과 목표로 설정한 것이다.

다. 교수-학습 실천을 위한 교사의 역할

교수-학습 실천 과정은 교사중심으로 이루어지는 것이 아니고 어디까지나 유아가 학습의 중심이 되어야 한다. 이와 같은 자세가 확립되고 기본적 사명을 제대로 이행할 신념이 갖추어졌을 때 프로그램의 중심에 서서 가장 강력한 힘으로 작용하는 교사가 되는 것이다. 몬테소리 교육에서 교사의 기본 자세와 역할을 다음과 같이 말할 수 있다.

첫째, 교사는 유아의 존엄성에 대한 신념을 가져야 한다. 이것은 몬테소리 교육과정 전체의 기초가 된다. 그러므로 유아의 활동을 통제하거나 방해하지 말고 유아가 선택한 활동 속에 같이 몰입하여 사랑과 격려로 유아가 의욕을 가지고 일을 해나갈 수 있게 하고 잘못된 부분은 스스로 시행착오를 통하여 깨닫고 해결하게 함으로써 교사를 부모처럼 대하게 하여야 한다.

둘째, 교사는 관찰자로서의 역할을 해야 한다. 교사는 유아들이 주변 세계에서 발견하고 탐구하고자 하는 욕망과 능력을 바로 인식하여 유아들의 학습 활동에 나타나는 현상을 세심하게 관찰하여 유아가 자기-교수(self-teaching)의 효과를 거둘 수 있도록 도와주어야 한다.

셋째, 교사는 촉진자로서의 역할을 해야 한다. 교사는 유아의 경험적 세계를 확대해 줄 수 있는 학습방법을 제공함으로써 유아의 자연적 호기심을 학습의 기본 패턴으로 전이시킬 수 있도록 유아의 활동을 촉진(empowerment)시켜야 한다.

넷째, 교사는 유아의 발달 단계와 흥미에 맞게 준비된 환경을 최적의 시기에 제공하여야 하고 유아와 환경 사이에 상호작용이 촉진되도록 가교 역할을 해야 한다.

라. 교수-학습의 실천 요소

몬테소리 교수-학습의 실천적 힘은 준비된 환경, 구조화된 학습, 내적인 자기통제, 자동교육, 유아의 독특성과 개별성 인식, 일관성 있는 성인의 행동, 비등급화된 집단형성 등이 전제되어야 한다.

1) 교육자료에 의한 자동교육

몬테소리 교육자료는 감각교육, 근육의 협응, 언어교육을 체계적으로 유아에게 제공한다. 이 교육자료는 유아 자신의 활동이 바르게 이행되었는지의 여부를 자동적으로 알 수 있도록 고안되어 있기 때문에 교사가 일일이 교정해 줄 필요가 없다. 교육자료를 사용하는 과정에서 유아는 스스로 자기-자극을 제공받게 되고 한 가지 활동이 끝나면 개별적으로 자신의 학습 진도에 맞게 주도적으로 다른 활동을 선택하여 활동을 계속해 나간다. 이와 같은 과정에서 자동교육이 이루어지게 된다. 그리고 이 교육자료는 교육과정의 각 발달 영역에 따라 나누어진다.

2) 개별화 교육

개별화 교육은 교수방법의 특이성에 있다기보다는 유아의 학습에서 보여주는 개별성과 능력 그리고 자신만의 학습 진도에 맞추어 활동하는 것을 교사가 적극 받아들이고 존중하는 교사 자신의 자세에 있다고 할 수 있을 것이다. 따라서 유아들이 활동하는 각 교과영역에서의 유아들의 관심이나 흥미 그리고 진도가 모두 다르기 때문에 '평균적'인 비교가 불가능하고 유아의 능력을 상대적으로 평가할 수 없다는 결과를 보여준다.

3) 교육환경

몬테소리 교육 이념은 주변 환경과의 상호작용이라는 대전제가 선행되기 때문에 주변 환경과 유아의 심신이 일치될 때 유아는 '자유로움'을 맛보게 된다. 이러한 자유로운 움직임은 무한히 개방된 자유가 아니고 주어진 환경에서의 '제한된 자유성'임을 강조한다. 이것은 유아가 하나의 활동을 마치면 반드시 사용한 교구를 제자리에 가져다가 정리한 뒤에 다른 활동을 한다고 하는 기본 질서를 강조하는 것은 활동을 통하여 성취하고자 하는 질서의식과 긍정적(적극적)인 성격의 발달을 도모하고자 하는 목적에서 연유된 것이다. 만일 사용한 교구가 무질서하게 널려 있거나 불결한 상태로 방치되어 있다면 유아는 여기에서 파괴적이고 부정적인 정신을 지니게 된다고 믿는 몬테소리의 교육신념 때문에 질서정연하고 정결한 교구 관리를 하도록 강조하는 것이다.

4) 혼합 연령집단 구성

몬테소리 학급은 차별이 없는 혼합 연령집단이다. 경우에 따라서는 3세에서 5세까지의 유아들을 한 집단으로 구성하거나 6세에서 8세까지로 나누어 수업을 진행하기도 한다. 이러한 혼합 연령집단 구성은 유아가 자기보다 나이가 많은 유아들과의 상호작용 활동 속에서 기대하지 않았던 우연한 학습을 하게 되고 나이가 많은 유아들은 어린 유아들의 활동을 도와주는 과정에서 자신의 학습도 촉진할 뿐만 아니라 서로 기대하고 우애하는 마음가짐의 상호교류를 통해 마치 가정에서 한 가족과 같은 질서 속에서 안정감을 갖게 되는 장점이 있다.

5) 실제적(일상적) 생활체험

몬테소리 교육에서는 주어진 환경을 유아 스스로 다스려 가야 하기 때문에 교육하는 과정에서 유아는 실제적 생활환경에서 필요한 일들(예 : 신발끈 묶기, 빗자루로 쓸기, 물건 운반하기 등)을 감당해야 하는데 이와 같은 노작활동을 고상한 것으로 강조한다. 이러한 활동은 유아 스스로의 노력이 요구되는 일이므로 하나의 활동을 끈기 있는 자세로 완성할 때 생기는 성취감은 다음 활동을 유아가 수행해 갈 수 있는 힘으로 작용하게 된다. 이와 같은 실제 경험을 통하여 유아는 주변 환경을 스스로 다스릴 수 있는 인간으로 성장하게 되는 것이다.

마. 교육과정

몬테소리 교육과정은 실제적 학습의 내용 범위와 계열구성은 환경을 기초로 하여 다음과 같이 다섯 가지 영역으로 나누어진다.

1) 일상생활의 실제적 활동(practical activity) 영역

유아의 일상적 생활에서 이루어지는 활동으로서 독립심과 올바른 인성을 기르는

데 도움을 주는 교수로 되어 있으며 개인관리, 환경관리, 사회적 관계, 동작의 조정과 분석을 포함한다.

2) 감각활동(sensorial activity) 영역

다섯 가지 감각 영역의 발달에 도움이 되도록 고안된 교구를 사용하고 몬테소리는 이러한 감각교육이 읽기 학습이나 사고 발달의 기초가 된다고 하였다.

3) 수 활동(mathematic activity) 영역

유아들이 수에 대한 구체적인 개념에서 추상적인 개념으로 옮겨가도록 고안된 교구를 사용한다.

4) 언어활동(language activity) 영역

언어활동 영역에는 구두언어 교육과 읽고 쓰기를 위한 교육으로 나누어지는데 몬테소리는 언어발달을 자유로운 대화와 지속적인 자기표현을 통해 이룰 수 있게 하였다.

5) 문화교육(culture activity) 영역

사회 속에서 인간학습의 여러 양상, 습관, 예술, 문학들이 포함되어 있고 사진과 세계지도를 이용하여 생물, 지리, 미술, 음악에 관한 활동을 한다.

위와 같이 몬테소리 교육 프로그램 내용이 분절되어 있는데 다섯 영역의 교과를 개별적으로 나누어 교수한다는 것은 불가능하다. 왜냐하면 유아는 하나의 활동 경험을 통해 여러 영역의 교과 내용을 동시에 이해하기 때문이다. 따라서 다섯 영역의 교과 내용은 변화하고 있는 발달적 요구를 충족시킬 수 있는 단계로 나누어 평행적으로 교수되면서 유아의 발달을 통합적으로 개발시킬 수 있게 된다. 이와 같이 단계에 따라 특정 활동을 전개해 가는 과정에서 유아는 다음 활동을 위한 준비를 하게 된다. 이러한 원칙을 몬테소리는 '간접적 준비(indirect preparation)'라고 불렀다.

2. 행동주의 프로그램

행동주의 프로그램은 행동적 용어로 목표를 진술하고 학습은 세부적인 소단위 목표를 세워 단계의 순서에 따라 진행하며 계속적으로 강화를 하면서 학문적 기술에 중점을 두는 프로그램이다(Lay-Dopyera & Dopyera, 1987 : 199). 이와 같은 행동주의 프로그램의 예로는 디스타 프로그램을 들 수 있다.

디스타(DISTAR) 프로그램—버라이터-잉겔만-벡커 프로그램
(Bereiter-Engelman-Becker program)

이 프로그램은 처음에 일리노이 대학 교수 버라이터(C. Bereiter)와 잉겔만(S. Engelman)이 행동주의 이론을 바탕으로 저소득층 유아를 위한 실천적 프로그램을 만들어서 버라이터-잉겔만 프로그램(Bereiter-Engelman program, 1966)이라고 불렀다. 이 프로그램은 실험용 수준 정도로 개발된 불완전한 프로그램이라고 할 수 있었다. 그 후 버라이터가 캐나다로 옮겨가고 잉겔만이 오리건 대학으로 옮긴 후 행동주의 심리학자인 베커(Becker)와 더불어 잉겔만-베커 프로그램(Engelman-Becker program)을 완성하게 된다. 이 프로그램은 디스타 프로그램(DIATAR : Direct Instructional System for Teaching Acceleration and Remediation)으로 발전되어 공식 명칭이 되었다.

디스타 프로그램은 교사중심의 지시적 교수를 통해 초등학교 교과학습을 성공적으로 수행할 수 있도록 하는 일종의 초등학교 준비교육 프로그램의 성격을 띠고 있다. 유아의 언어(language), 읽기(Reading), 셈하기(Arithmetic)를 길러주는 대표적인 상업적 Follow-Through 프로젝트의 하나이다.

3. 열린교육 프로그램

가. 역사적 배경

개방주의 교육 사상의 선구자로서 페스탈로찌(Pestalozzi)는 당시의 형식도야 교

육체제에서 선한 유아가 경직되고 혹독한 학교교육 때문에 오히려 오염되어 간다고 비판하고 유아에 대한 사랑을 바탕으로 한 교육의 필요성을 주장하였다. 프뢰벨(Fröbel)도 발달이란 '내재적 가능성의 개화(開花 ; unfold)'라고 하고 유아의 감정과 흥미를 존중하여 자유로운 놀이를 통해 학습하도록 배려해 주어야 한다고 주장하였다. 몬테소리(Montessori)도 '발달이란 자연적인 개화 과정이며 지식은 유아의 주변 세계의 지각에 기초한다'는 입장에서 학습의 출발점은 실제 생활의 경험이 되어야 한다고 주장하였다. 미국에 건너온 이들의 자연주의 사상을 듀이(John Dewey)가 실용주의(pragmatism) 철학 속에 수용하면서 아동중심, 생활중심의 진보주의 교육(progressive education) 운동을 펼치게 되었으나 당시의 학제가 8세부터 취학하게 되어 있었기 때문에 교육운동의 대부분이 8세 이상 어린이에게 초점이 맞추어졌던 관계로 유아교육에서는 별로 빛을 보지 못하였다.

영국에서는 20세기 초 1902년 「교육법(1902 Educational Act)」이 발효되면서 의무교육 확대로 인한 교육의 질적 저하를 개선하고자 교육개혁운동(Open School Movement)이 일어났으나 유아교육기관들은 프뢰벨의 새로운 이상을 실현하지 못하고 전통적인 3R's를 중심으로 한 교육체제에 머물게 된 것이다. 이러한 교육체제에 대한 비판은 '1905년 교육법'에 의해, 5세 이하의 유아들에게 "우연한 경우를 제외하고는 3R's를 가르치는 일은 금지되어야 함"에 의해 다소 완화되었고, 1906년에 듀이의 논문집들이 출판되면서 프뢰벨에 대한 듀이의 새로운 해석이 관심을 불러 일으켰는데 이때부터 영국의 열린 학교(Open School)가 자리 잡기 시작했다. 듀이의 진보주의 교육철학을 유아교육에 적용하는 일에 아이작(S. S. Isaac, 1930)의 노력이 지대하였다. 1913년 9인 위원회(Commitee of Nine)의 보고서에서 5세 이하의 어린 유아에게는 '그 자체가 목적인 활동'이 권장되어야 하며 5세를 넘은 유아에게는 그들의 욕구에 맞는 특정한 목표가 요구된다고 하여 프뢰벨에 대한 재조명이 이루어졌을 뿐만 아니라 신 프뢰벨주의자들도 등장하게 되었다. 이와 같은 재조명의 기운은 제1차 세계대전을 전후하여 최고조에 달했고 교육의 위기를 극복하기 위해 '교육 신이상 회의(教育新理想會議)'가 조직되었다. 여기에서 유아의 개별성을 존중하고 보다 자유로운 학습환경에서 보다 나은 교육이 이루어질 수 있다는 신념을 교육계에 전달하였다.

이와 같은 교육사조의 변화는 정신분석학파인 프로이트(S. Freud)와 융(K. Jung)의 영향이 적지 않았다. 프로이트는 유아의 성적 충동이 에너지화 된다는 가설을 세우고 유아는 어른의 축소판(miniature adult)이 아님을 주장함으로써 낭만주의적 유아관을 불식시키는 데 공헌하였다. 융은 창조적 충동 억제에 대한 정신적 반발로서 반사회적 행동(anti-social behavior)의 존재를 규명하고 무의식의 세계를 제시하였다. 융의 관점에서 보면 유아교사는 부모 역할의 대행자이기 때문에 교사와 유아가 건전한 인간관계를 형성해 가는 것이 교수 행위보다 더 중요한 일이라고 하였다. 이와 같이 정신분석학파의 이론은 당시 억압적이고 처벌 위주인 전통적 교육에 대한 비판을 이론적으로 정당화시키는 데 결정적인 역할을 한 것이다.

제1차 세계대전 이후 전통적 교육의 잘못된 점을 극복하고자 하는 합의가 이루어진 분위기에서 민간 차원의 각종 실험학교들이 세워졌으나 시행착오적 단계에서 소기의 성과를 거두지 못하였다. 그러나 이와 같은 노력들이 듀이 사상을 수용한 경험을 바탕으로 오늘날 높이 평가되는 '영국유아학교(British Infant School)'이다.

위와 같은 과정을 거쳐 하나의 교육사조로서 발전해 온 개방주의, 열린교육 프로그램은 자연주의 사상과 성숙 이론의 심리학적 배경을 기초로 개발된 프로그램이라고 할 수 있다.

나. 프로그램의 성격

개방적 체제로서의 열린교육의 이론이 계속적으로 변화하고 있으나 열린교육 프로그램들은 몇 가지 공통적 요소를 가지고 있다. 스포덱에 의하면, 열린교육 프로그램은 아동중심 프로그램이며 열린교육에서의 주된 교수 전략은 아동의 능동적 탐색을 강조하는 비형식 교육이라고 하였다(Spodek & Brown, 1993). 열린교육 프로그램에서는 위에서 열거한 선구자들의 견해를 바탕으로 미래에 대비하기 위한 특정 분야의 학문적 목표의 성취를 강조하기보다는 유아로 하여금 자신에게 중요한 것이 무엇인가를 이해하도록 돕는 것을 강조하기 때문에 유아교육 프로그램을 운영하는 자세는 유아의 전인적 발달이 가장 중요한 목표가 되는 것을 명심해야 한다. 이러한 목표를 실현하기 위해서는 광범위한 목표를 설정하고 인지적 과정, 학문적 준비, 표현적 기술, 개인의 자율성에 똑같은 가치를 부여하고 프로그램을 설정한다. 또한 교수방법에서는 여러 가지 다양한 교수방법이 사용되지만 어디까지나 유아의 요구와 흥미를 바탕으로 학습이 제공되어야 하며 교사의 일방적 제시보다는 능동적 학습과 발견을 강조하는 입장에 서야 한다. 이러한 능동적 학습을 장려하기 위해서는 교실환경을 흥미 영역별로 구성하여 유아 스스로 선택하도록 하도록 하는 것이 바람직하다.

다. 주요 프로그램

1) 뱅크 스트리트 프로그램(Bank Street Program)

(1) 이론적 배경

미첼(Lucy Sprague Michell)의 제안으로 뉴욕에 교육실험국을 창설(1916년)한 것이 계기가 되어 1943년 뉴욕의 교육위원회와 뱅크 스트리트 대학과의 협력하에 만들어진 것이 뱅크 스트리트 프로그램이다. 당시의 교육 풍토는 행동주의와 인지발달 심리학자들이 정서적 발달은 도외시하고 인지발달만 강조하는 경향이었는데 이에 반기를 들고 이 프로그램에서는 교육이 기본적으로 유아의 발달단계에 적합한 학습 환경을 만들어 주는 데서 비롯되어야 한다는 입장이다. 유아에게 민주적 태도, 가치와 신념을 길러 주는 것을 중요하게 강조하고 있다(Cuffaro, Nager, & Shapiro, 2000).

시대의 흐름에 따라 오랜 전통을 가진 뱅크 스트리트 프로그램의 내용에도 변화가 있었다. 1960년대와 1970년대에 문화적 혜택을 받지 못하는 가정의 유아들에게 지적 발달을 증진시켜 주어야 한다는 소위 보상교육 운동이 일어나자 이 프로그램에서도 인지발달과 언어발달이 새롭게 강조되기 시작하면서 유아가 의미 있는 학습에 참여하고 자아능력에 대한 확신을 갖게 함으로써 자아강화 개념 또는 재개념화되는 것에 중점을 두는 쪽으로 방향을 전환하게 되었다.

뱅크 스트리트 프로그램에 대해 솨피로와 바이버 등은 다음에 제시한 세 가지 접근에 이론적인 근거를 두고 있다고 하였다(Shapiro & Biber, 1972).

첫째, 프로이트(Freud, S)와 프로이트 학파의 역동적 심리학에 기초를 두며 특히 자율적 자아형성 과정의 발달에 관심을 둔 에릭슨(Erikson)의 영향을 많이 받았다.

둘째, 삐아제와 같이 인지발달에 주된 관심을 가진 형태심리학자나 발달심리학자의 이론에 기초를 두었다. 최근에는 비고츠키(Vygotsky)의 이론이 교수-학습의 발달적 과정을 이해하기 위하여 적용되고 있다(Cuffaro, Nager, & Shapiro, 2000).

셋째, 듀이(Dewey), 존슨(Johnson), 아이작(Isaac), 미첼(Michell)과 같은 교육이론가와 교육실천가의 교육적 접근방법에 기초를 둔다.

이러한 뱅크 스트리트 프로그램은 미국에 있는 많은 프로그램 중에서도 가장 현대적 의미의 '아동중심', '아동발달'을 강조하는 듀이의 진보주의 교육이론에 뿌리를 두고 있다고 보기 때문에 성숙주의 유아교육과정 접근법에 기초한 프로그램이라고 할 수 있으며 1971년부터 학자들과 일반 교사들 사이에는 발달적-상호작용 접근법(Developmental-interaction Approach)이라고 부르기 시작하였고, 인지와 정서의 상호작용, 유아와 환경 간의 적극적인 상호작용을 중요시한다(Biber, Shapiro, & Wickens, 1971 ; Goffin, 1994 ; Nager & Shapiro, 2000).

이러한 뱅크 스트리트 프로그램에 대한 내용의 전개는 이기숙의 저술을 참고하여 전재하기로 하였음을 밝혀 둔다(이기숙, 상게서, pp.156~161).

(2) 교육목적

뱅크 스트리트 프로그램은 유아의 능력, 대인관계, 개인성, 창의성을 증진시켜 자신감 있고 발명적이며, 책임감 있고, 생산적인 인간을 육성하는 데 근본 목적을 두고 있다. 일반목표로는 능력 함양, 개별성 또는 주체성 인식, 사회화, 제 기능의 통합이라는 네 가지를 설정하고, 유치원 및 초등학교 저학년을 위한 구체적 목표를 다음과 같이 설정하고 있다.

① 능력감의 증진: 지식의 사용능력과 같은 객관적 자아감과 자아개념, 자신감, 능력감과 같은 주관적 자아감을 모두 포함

② 자아정체감 혹은 개별성: 객관적 자아개념과 현실적인 기대수준, 자율적인 선택 능력과 독립심 등을 포함

③ 사회화: 교실의 사회적 질서를 위해 개인의 충동을 조절하는 이성의 발달, 타인의 관점에 민감하고 상호 협동하는 일, 자신의 생각이나 감정해소를 위해 다

양한 의사소통 양식을 갖는 일 등을 포함

④ 기능들의 통합(내적 세계와 외부 세계의 통합, 사고와 감정의 통합 등을 포함)

위와 같은 네 가지 교육목표를 기초로 3-5세 유아를 위한 구체적 교육목표를 다음과 같이 8가지로 설정하고 있다.

① 직접적이고 신체적인 접촉을 통해 유아가 환경에 영향을 주고자 하는 욕구를 만족시킨다.

② 인지적 책략들을 이용하여 경험을 순서화할 수 있는 잠재력을 증진시킨다.

③ 주위환경에 대한 지식을 증진시킨다.

④ 놀이를 통해 경험을 통합시키도록 지원해 준다.

⑤ 충동억제를 내면화하도록 도와준다.

⑥ 발달단계에서 보이는 내적 갈등에 대처하려는 욕구를 충족시킨다.

⑦ 독특하고 능력 있는 인간으로서 자아상을 발전시키도록 조장한다.

⑧ 다양한 형태로 대인간 상호작용 할 수 있도록 지원해 준다.

(3) 프로그램의 특색

① 발달과 학습을 서로 상관된 것으로 보고 또한 발달에서 환경의 요소도 중시한다.

② 유아의 발달수준에 기초한 학습 환경을 제공한다.

③ 불우한 가정의 유아의 결핍을 두 가지로 분류하고 이를 보완하는 프로그램을 운영한다.

㉮ 언어적 · 개념적 기능의 결핍: 어휘가 부족하고, 발음 · 문법이 부정확하며, 구체적 사고 능력이 빈약한 상태를 말한다.

㉯ 인간관계를 유지하는 기술의 결핍: 유아가 자신에 대한 긍정적 자아개념이 형성되어 있지 않아 나타나는 현상을 말한다.

④ 부모의 역할을 강조함: 부모교육 프로그램을 운영한다.

(4) 교육내용

① 유아가 직접 환경과 상호작용을 할 수 있는 다양한 교구를 제공한다(Cuffaro et. al., 2000).

㉮ 읽기 교구: 유아가 직접 만든 책, 일반도서 참고도서, 교실 활동에 대한 책, 잡지, 신문

㉯ 듣기 교구: 녹음기, 이어폰

㉰ 쓰기 교구: 다양한 크기, 모양, 색깔의 종이, 다양한 필기도구, 타자기, 사진, 영사기, 글자 없는 그림책, 유아잡지, 일기, 쓰기 책

㉱ 수 교구: 유아가 만든 수 세기 교구, 상품화된 수 세기 교구, 퀴즈네어 막대, 자, 계량 컵, 타이머, 수 게임, 퍼즐

㉲ 과학 교구: 탐색하기 위한 자료(식물, 화분, 식용색소, 비누조각 등), 관찰하고 기록하기 위한 도구들(자석, 확대경, 건전지, 프리즘 등)

㉳ 미술 교구: 물감, 점토, 콜라주 재료, 그림자료, 손 인형

② 극놀이: 극놀이를 장려하여 유아의 경험을 통합한다.

③ 토의 학습: 성인과 유아, 유아와 유아 사이의 대화나 토의 등을 실시하여 상부상조적 인간관계가 형성되게 한다.

(5) 교육방법

① 다양한 감각운동, 지각적 경험을 제공하여 다양한 사고와 표현능력을 기른다.

② 학급 내에서 지켜야 할 분명한 규칙과 규율을 세우고 각자의 분명한 역할을 확립함으로써 유아가 내적 충동을 조절할 수 있게 한다.

③ 학교 안팎의 여러 가지 기능을 관찰하게 함으로써 생활 주변에서 일어나는 여러 가지 사건과 기능에 대한 이해를 도모한다. 따라서 이야기책을 통하거나 유아가 듣는 최근의 사건에 관하여 토의를 해보게 한다.

④ 타인과 원만한 인간관계를 형성하고 인간관계에서 일어나는 여러 가지 갈등을 해결할 수 있게 한다.

⑤ 유아가 자신에 대해 알고, 바르게 인식하며, 자아를 실현시킬 수 있는 경험을

제공한다. 그리하여 유아 자신이 고유하고 능력 있는 인간이라는 긍정적인 자아개념을 형성할 수 있게 한다.

⑥ 효과적인 학습을 수행하기 위하여 유아의 내적 · 외적 동기유발 방법을 사용한다. 학습에 대한 동기유발은 교사와 유아, 교육내용, 교수방법과의 연관 속에서 일어난다고 보며, 외적 동기유발보다 내적 동기유발을 강조하는 입장이다.

(6) 교사의 역할

① 활동계획을 세운다.

② 유아를 관찰 · 진단하여 개별화 교수를 한다(능력이나 발달단계에 맞게 조정하는 역할).

③ 유아의 학습 환경을 구성하는 데 도움을 주고 유아의 학습 활동에 적극적으로 참여한다.

2) 팀(TEEM: Tucson Early Education Model) 프로그램

이 프로그램 내용에 대한 설명 체계는 김숙자의 자료를 대부분 전재한 것임을 밝혀둔다(김숙자, 2000 : 159~167).

(1) 프로그램의 특성

TEEM 프로그램은 일명 Tucson 프로그램이라고도 하는데 이는 개방교육의 철학을 배경으로 하여 구성된 프로그램으로서 유아교육에 적용 가능한 대안적 접근방법이다. 유아교육은 어디까지나 교실에서 나타나는 유아의 경험을 기초로 교육이 시작되어야 한다는 과정중심의 방법론을 기초로 구성하고 있다. 그러므로 사회구성원으로서의 기능 수행에 필요한 기능과 태도에 관계되는 교육경험들을 명료화하는 것을 교육목적으로 설정하고 있다. 그러므로 이 프로그램은 사회구성원이 갖추어야 할 여러 기능과 태도를 학습하는 일과 수업하는 교실에서 나타나는 유아의 행동적 특성과 경험 그 자체를 교육내용과 교수절차로 선정하는 것이 특징이다.

(2) 프로그램의 교육목표

TEEM 프로그램은 확장된 의미에서 전인적 교육을 지향하여 다음에 열거하는 네 가지 주요 교육목적 영역 내에서 총체적인 접근방식으로 발달을 도모하려고 하는 것이다.

① 동기 영역

TEEM 교실에 준비된 자료들과 절차들은 유아로 하여금 내적 동기화에 의해서 자율적인 학습이 가능하게 되고 이로 인한 발달이 촉진되도록 계획되어 있다. 이 프로그램을 운영하는 교사는 유아가 긍정적인 태도 형성이 이루어진 바탕 위에 유아가 자율적으로 학습을 추진해 갈 수 있는 내적 동기의 일반화를 이끌어 내는 것이 교육목적이다. 또한 동기라는 교수목표에는 기대라고 하는 것이 내포되어 있다. 교사는 유아가 자신의 능력 범위 안에서 자신의 목표를 성취하기 위해 거쳐야 할 단계를 알 수 있도록 도와주어야 한다. 이렇게 해서 유아들은 자신이 설정한 목표에 도달할 수 있게 되는 것이며 이렇게 해서 유아들은 자신이 성취해야 할 목표설정과 자신이 해야 할 활동을 선택하는 과정을 통해 결과에 도달하기 위한 단계를 구체화할 수 있는 기술을 학습하게 된다.

② 언어능력 영역

언어는 의사소통의 매체임과 동시에 사고를 촉진하는 도구도 된다. 이 프로그램에서는 유아들이 언어를 바르게 사용하는 학습을 강조하는 언어 경험적 접근방식이 사용되며 유아들의 언어가 교수의 기본적인 도구로 간주된다.

③ 사고력

이 프로그램이 의미하는 지적인 기술이란 유아가 학습하는 방법을 배우는 것이다. 지적인 기술은 시각적인 구별(색채, 크기, 위치 등의 이름 또는 명칭을 구별), 청각적인 변별(크고 작은 소리, 동물 소리, 다른 자연의 소리를 인식하고 이름 짓는 것) 및 촉각적인 변별(느낌으로 직물에 대한 변별과 명칭을 아는 것을 포함)이다. 사물, 사람, 동물, 식물을 유목화하고 분류하는 능력, 같고 다른 점을 인식하고 일반화하는 능력, 인과 관계, 결과의 예측, 연역적, 귀납적 추론 등이다. 이러한 지적인 기술은 유아가 다음 단계의 학습을 할 수 있는 도구가 되는 것이다.

④ 사회적 능력과 기술 영역

언어가 유창해지고 지적 기술이 향상되면 학습에 대한 적극적인 상호작용을 가능케 하여 사회적 능력과 기술 향상에 상승효과가 나타난다. 유아들이 자신의 문화에 참여할 수 있는 기본적 능력은 학문적 기술 능력, 다른 사람과 협동하는 능력 및 민주사회 속에서 자신의 행동에 책임을 지는 능력을 말한다. 이와 같은 사회적 능력과 기술은 앞에서 말한 의사소통 기술과 함께 전체 프로그램의 통합적인 부분이다.

수학적 개념은 구체적 경험에 의한 탐구에서 시작하여 가설을 설정하고, 검증하여 최종결과를 이끌어 내는 개별적인 추론과정을 통해서 배우게 되고 구체적인 사물의 조작을 통해 자신의 경험으로 일반화된다. 이와 같은 수학적 개념의 이론적 기초는 삐아제로부터 비롯되었고 학급에서 이용하는 활동의 내용과 방법은 너필드 프로젝트(Nuffield Project)에 제시된 자료에서 크게 영향을 받은 것이다.

여기에서 각 교과 내용을 분리하여 교수되기보다는 타인과의 상호작용과 자율적인 조절과 태도 등과 관련시켜 교수되는 특징이 있다. 따라서 이 영역에서 설정되는 구체적인 교육목표의 예를 다음에 제시한다.

- 하나의 집합을 하위집합의 단위로 나누는 능력을 지닐 것이다.
- 다양한 수의 상징을 사용하여 수학적 계산을 할 수 있을 것이다.
- 읽은 이야기를 자신의 언어로 재구성하는 표현능력이 향상될 것이다.
- 첫 자음, 중간 모음, 끝 자음을 변별할 수 있을 것이다.
- 게임을 하는 동안 서로 번갈아서 하는 사회성을 보일 것이다.
- 주어진 역할에 따른 의무를 수행할 능력이 생길 것이다.

(3) TEEM 교수의 역할

이 프로그램에서 강조하는 교수방법적 구성은 유아로부터 시작되고 유아중심의 과정에서는 개별화, 모방, 만족감, 일반화 그리고 조화 등과 같은 과정적인 변인들이 우선적으로 고려된다. 그리고 이때 교사는 관찰자, 중재자, 모델, 지원자로서의 역할을 담당해야 한다.

3) 발도르프(Waldorf) 프로그램

발도르프 프로그램은 슈타이너(Steiner)의 인지학적 인간학을 배경으로 전인적인 인간교육을 추구하는 프로그램인데 독일의 발도르프 유치원에서 시행하고 있는 교육과정이다.

슈타이너(Steiner, 1998)는 자신의 연구결과를 토대로 하여 개발한 정신과학적 연구방법론을 anthroposophie(= 그리스어, anthropo(인간) + sophia(지혜)의 합성어 ; 人智學 : 인간의 참된 본질을 의식하도록 이끌어주는 학문)라고 명명하였다.

인지학적 인간학에 대하여, 곽노의(1996)는 여러 학문에 분할되어 있던 인간에 대한 지식들을 인간에 대한 포괄적인 학문 형태, 즉 '인간학'의 형태로 통합하려고 하는 접근방법이며 인지학적 인간학은 형태, 삶, 의식이라는 삼체성을 기초로 하고 있다고 하였다. 박의수(1995)는 인간의 육체, 영혼, 정신의 삼지적 구조를 통해 경험될 수 있고, 공간 · 시간 · 영원성이라는 세계 삼체성 속에 이들이 상응된다. 영혼적인 삶은 사고, 느낌, 욕구로 나누어지며 이들은 서로 상호작용을 한다. 예를 들면, 인간을 육체적 차원에서 본다면 한낱 고기 덩어리에 지나지 않을 것이고, 영혼만 존재한다면 그 존재를 인식할 수 없을 것이다. 정신작용에 의하여 육체와 영혼의 연결이 가능하고, 육체와 영혼과 정신이 통합되어 하나의 전체로 작용될 때 비로소 참다운 의미의 인간존재가 가능할 것이라고 하였다.

슈타이너는 사회적 유기체를 경제, 정치, 문화생활로 나누었다. 이들은 각기 독립적인 사회기능을 발휘하면서 서로 공존한다. 이들 각 생활조건이 합리적으로 기능이 효력을 발생할 때 이들 각 분야의 사회생활은 건강하게 발전될 수 있다. 모든 인간은 이 세 가지 사회체제 속에서 살고 있는데, 정신생활은 자유가 보장되어야 품위를 지킬 수 있고 정치 생활은 평등해야 서로 동등한 권리행사를 하게 되며 경제생활은 형제애적 협력이 이루어질 때 서로 조정하며 순환이 균형을 유지하게 되는 것이라고 하였다.

그리고 인지학은 인간의 지위를 우주세계와 현실세계의 중심에 놓고 핵심 관심사는 감각적 지각의 차원을 초월하여 지각할 수 있는 인식의 도구를 개발하는 데 있다. 다시 말하면, 인지학은 인간의 지각 가능성을 확장하려고 하는 것이며 신이 아닌 인간을 인식의 중심에 놓고 인간 속에 깃들어 있는 불가사의한 인식 능력을 파악하려고 하는 것이라고 하였다(임재택, 박재환, 상게서, p.200).

이상과 같은 인지학적 인간학을 기초로 한 발도르프 유치원은 독일 교육의 개혁을 위해 나타난 교육운동이며 독일어권 세계에서 가장 인기를 모으며 팽창하고 있는 프로그램이다.

이와 같은 발도르프 교육 프로그램을 다음에 살펴보기로 한다(곽노의, 1996; 임재택, 박재환, 2002, 재인용).

(1) 교육원리 및 목적

발도르프 교육 프로그램의 원리는 인지학적 인간학에 기초한 전인교육이며 교육목적도 전인적 인간교육을 추구하는 데 있다. 이와 같이 제시한 목적에 따라 곽노의는 구체적인 원리들을 소개하고 있다(곽노의, 1999).

① 교육의 원리

- 인간의 모든 가능성들은 내면에 집중되어 있다.
- 어린이가 행하여 얻은 경험들은 성인이 되어 행동하는 데에 영향을 준다.
- 교육의 기본원리는 사랑으로 어린이 안에 본질적인 사랑을 발달시키려는 데 중점을 둔다.
- 교육한다는 것은 학문, 예술, 종교를 배양하는 것이다.
- 어린이에게는 스스로 발전할 수 있는 시간과 공간이 필요하다.
- 놀이는 어린이의 진지한 작업이다.
- 능숙한 손가락 놀림은 활동적인 생각을 만들어 낸다.
- 교육의 중심은 유아의 자립적인 발달을 돕는 것이다.

② 교육의 단계

슈타이너의 발달 이론에서는 인간을 7년 주기의 리듬을 가지고 있으며 유아에서 청년기까지 3단계로 구분하고 각 단계마다 분명하게 구별할 수 있는 특수한 학습과 소질의 성향이 있다고 하여 다음과 같이 구분하고 있다.

- 제1단계(출생–7세) : 감정체의 탄생
- 제2단계(7–14세) : 표상력체의 탄생
- 제3단계(14세 이후) : 물리적 신체의 탄생

③ 학교 제도

위와 같은 구분에 기초하여 교육 단계를 다음과 같이 구분하고 있다.

- 3–6세를 위한 유치원 교육
- 7–14세를 위한 1~8학년 교육
- 14세 이후를 위한 9–13학년으로 구분하는 학교제도이다.

④ 학습의 기본 형태

발도르프 유치원의 학습의 기본 형태는 본보기와 모방이다.

모방은 성인의 시범적인 행동을 단순히 따라 하는 것이 아니라 어른과 유아의 내적인 유대를 의미한다. 유아가 자신의 내면에 있는 자유의지로써 자기 주변 인물들을 비교하여 자신의 삶과 본질이 일체를 이루는 경우에만 본보기와 모방 능력이 개발될 수 있다. 성인(교사)이 자신의 내적인 자유의지로 행하는 행동이 진실할 때, 이러한 어른의 존재 자체를 보면서 서로 유대감이 형성되고 유아는 이러한 내적인 유대 속에서 진정으로 자유로운 존재가 되어 자신의 능력을 나타낼 수 있다. 이때 교사는 어린이들의 개성을 존중하는 행동과 유치원의 환경구성을 통해 어린이들 내부의 모방행동과 모방학습을 자극한다. 반대로 유아는 자유롭게 놀면서 자유의지적 행동으로 어른에게 본보기를 보일 때 성인과의 상호 간에 영향을 주고받으면서 진정한 만남이 이루어지는 것이다.

(2) 교육내용

발도르프 유치원의 교육활동은 자유놀이와 서클 활동 형태로 이루어진다. 자유놀이 시간에는 다양한 예술 활동의 기회를 제공하고 서클 활동 시간에는 노래, 손가락 놀이, 이미지 게임 등 다양한 활동을 한다. 특색 있는 교육 내용만을 다음에 소개한다.

① 예술 활동

예술 활동은 예술적이고 실천적인 교육의 방향에 따라 구조화되어 있다. 활동내용은 이해하고, 분류하고, 사고하는 '두뇌적인 인간'보다는 움직이고, 사물을 만들고, 더 아름답게 하려는 '율동적인 인간', '손발을 가진 인간'을 지향하고 이러한 인간의 욕구를 만족시키고 형태화하려는 데 있다. 또 예술 활동은 인간이 보다 건전하게 자라게 되는 토양인 색채, 빛, 음, 울림, 리듬 등에 잠기면서 글자를 익히고, 수의 비밀을 알아내고, 동물과 식물이 성장하는 것을 느끼면서 인간의 행위를 이해하도록 하는 것이다.

신체표현은 단순한 신체표현과는 다른 '몸을 움직이는 놀이', 즉 오이뤼트미(eurythmy)가 있다. eurythmy(그리스어로 '아름다운 리듬')는 슈타이너(Steiner, R., 1984)에 의해 창조된 하나의 예술로서 '볼 수 있는 언어'이고 '볼 수 있는 노래'이다. 발도르프 프로그램의 가장 근본적인 목적 중에 하나는 '혼이 있는 신체의 배양'인데 eurythmy는 이 목적을 실현할 수 있는 가장 큰 가능성을 가지고 있다. 어린이가 소리와 음색에 익숙해져서 eurythmy의 몸짓으로 형상화된다면 그것은 인간의 모든 정신력과 신체가 요구하는 활동이 된다.

② 극놀이

발도르프 유치원에서는 교사의 지도하에 이야기와 극놀이가 매일 이루어진다. 한 주제에 대한 이야기를 일주일 내내 반복함으로써 공동체험과 공동행동이 가능해지고 언어발달도 촉진된다. 특히 1년이 지나는 동안에 어린이들이 수많은 활동을 배우게 되는데, 예를 들면, 씨 뿌리기로부터 수확을 거쳐 빵 굽는 것까지의 연계된 활동을 함께 함으로써 어린이들은 직관적으로 의미의 연계성을 터득하게 된다.

③ 수채화 그리기

발도르프 유치원에서 수채화 그리는 방법은 특이하다. 도화지를 먼저 물에 담근 후 일정 시간이 지난 다음 꺼내서 천으로 물기를 닦는다. 물에 젖은 붓을 물감에 찍어 그림을 그린다. 그러면 물감이 스며들면서 은은한 선을 만들며 각이 진 경계는 나타나지 않게 된다.

(3) 환경구성 및 놀이

발도르프 유치원은 모난 데가 없이 지붕, 교실, 복도 등 모든 건물이 곡선으로 되어 있다. 이것은 자연에는 각이 없고 다양한 곡선으로 이루어졌다는 데서 비롯된 사상의 표현이다. 체육장에는 모래밭, 조그만 통나무 오막살이 집, 쓰러져 있는 고목 등이 전부이고 보통 유치원에 있는 놀이터 시설(미끄럼틀, 그네, 정글짐 등)이 없다. 교실에는 전자제품(TV나 컴퓨터 등)들은 전혀 없고 대부분 자연물인 원형 그대로의 것으로 꾸며져서 어린이가 안전감을 느낄 수 있도록 분위기를 조성하고 있다.

환경구성은 유치원 교육에 중추를 이루고 있기 때문에 놀이를 통한 창의적이고 다양한 예술적 경험을 하도록 하려는 데 초점을 두고 있다.

유치원에서 사용하는 장난감은 가능한 한 완제품은 거의 사용하지 않는다. 나무토막을 다양하게 잘라놓은 것들, 다양한 형태의 재미있는 모양의 나뭇가지와 밑둥치, 나뭇잎, 밀짚, 호두, 밤, 호박씨, 복숭아씨, 양털, 조개껍질, 돌, 솔방울 등이 있다. 물론 색연필, 크레용, 물감, 붓, 조소용 점토, 그리고 예쁜 의자나 책상, 간단한 장난감 등은 있지만 그 밖에 상품화된 장난감은 없다. 그리고 놀이 도구로 만든 숟가락, 그릇, 다리미, 칼, 집 등이 있는데 모두 원목으로 수작업한 것이다. 이러한 자연적인 장난감들은 어린이의 상상력을 자극하고 촉진할 정도로 매우 단순하다. 이러한 것을 통해서 어린이는 무한히 많은 창의적인 일들을 할 수 있다. 어린이들의 놀이에서는 전혀 강제성이 없고 소집단 또는 대집단의 자유로운 놀이에서 상상적인 것들이 가장 중요시된다.

(4) 교육방법

① 혼합연령 집단구성

어린이들이 상호작용의 교제를 통해서 형제자매 관계가 생기도록 한다.

② 개별화 교육 지향

교사는 유아 개개인의 능력에 맞는 개별화 교육을 실시한다.

③ 모델링 학습

교사는 언제나 본보기의 모델로서 역할을 하고 활동은 교사의 자극으로 시작되지만 교사의 강요 없이 소집단으로 행하여진다.

④ 지속적인 담임제도

유치원에서는 3–5세의 3년 동안, 발도르프 학교의 경우는 1학년에서 8학년까지 8년간 같은 교사가 계속 담임을 맡는다. 이와 같이 한 교사에게 한결같은 지도를 받으면서 인생은 지능의 차이로 좌우되는 것이 아님을 깨닫게 되고 자기 나름대로 사회적 역할을 자각하도록 도와준다.

(5) 운영

발도르프 유치원은 자유로운 사학재단으로 운영의 형태가 독특하다. 원장, 부원장(교감)은 없고 행정가와 교육 문제를 다룰 수 있는 동료 교사들로 구성된 교사협의회에서 동료적인 경영체제를 갖는다.

① 급료는 교사들이 상하 계층적인 위계 관계가 아니기 때문에 거의 동일한 수준의 봉급을 받고, 봉급의 차이는 가족 상황 같은 다른 기준에 의해 결정된다.

② 프로그램의 운영은 독자적으로 개발하여 운영하고 국가에서 규정한 교육과정을 따르지 않기 때문에 운영의 자율성이 보장된다.

③ 재정은 학부모와 교사들이 참여하는 학부모협의회에서 결정하고 집행하는데, 수업료, 학부모의 분담금, 기부금 등으로 운영되기 때문에 국가의 간섭을 받지 않고 고도의 자율성이 유지된다.

④ 학부모협의회와 학교(교사)협의회는 교육프로그램 및 학교 발전을 위한 중요한 문제들을 심의 결정한다.

4. 구성주의 프로그램

구성주의 프로그램은 삐아제(Piaget)의 인지발달 이론을 기초로 유아의 인지적 발달에 중점을 두는 프로그램이다. 인지발달 이론에서 유아의 발달은 유전적 요인과 환경적 요인과의 상호작용의 결과의 산물이라고 보고 있다. 따라서 이 이론을 인지적 상호작용주의라고도 부르고(이기숙, 이영자, 1991), 또한 상호작용주의 프로그램이라고 한다(Decker & Decker, 1992). 이 구성주의 프로그램의 대표적인 것으로는, 프로젝트 접근법, 레지오 에밀리아 프로그램, 하이/스코프(High/Scope) 모형과 까미-드브리스(Kamii & DeVries) 프로그램이 있다.

1) 프로젝트 접근법(Project Approach)

(1) 프로젝트 접근법의 유래

프로젝트 접근법은 1920년대 듀이(John Dewey)에 의해 바람직한 어린이 교수-학습방법으로 제시하여 당시 교사들의 각광을 받았고(Katz & Chard, 1996 ; Sharan & Sharan,1992), 킬패트릭(William Kilpatrick, 1925)도 이를 소개하였다. 그 후 1960년대 뱅크 스트리트 대학(Bank Street College)에서 개발한 뱅크 스트리트 프로그램(Bank Street Program)과 영국에서 1950~1970년대 후반까지 널리 실시되었던 열린교육(Open Education)의 교수-학습방법에서 프로젝트 접근법의 연원을 찾을 수 있다.

캐츠(Katz)는 1960년대부터 열린교육에 관심을 가지고 영국의 유아학교를 참관한 바 있고 차드(Chard; Cheltenham의 Rowanfield 초등학교 교사)를 만나 프로젝트 접근법에 대한 공동연구를 하게 되었다(이기숙, 상게서, pp.176~177). 이들은 지난 20년 동안에 이루어진 연구들이 유아들의 흥미, 지식, 경험에 기초한 지적, 사회적 발달을 위한 교수-학습에 적합하고 통합적 교수-학습방법의 모범적인 사례로 평가하였다. 그리고 프로젝트 접근법에 의한 교육목표, 교육과정의 다른 부분들과의 상호 관련성, 즉, 체계적 교수와 자발적 놀이 학습 간의 균형을 이루게 하는 데 도움이 되고 프로젝트 접근법 실행에서의 교사와 유아들의 역할에 대해 소개하는 저서를 출판하고 미국과 캐나다를 중심으로 세계 각국의 유아 및 초등 교육계에 널리 소개함으로써 프로젝트 접근법을 재조명한 것이다(Katz & Chard, 1989 ; 지옥정, 1996).

여기에서 전통적으로 종래의 발달적 적합성을 강조해 오던 입장에서 사회문화적 적합성(Kostelink, 1997)의 중요성을 반영하는 것은 유아교육계가 방향 전환을 하고 있다는 것을 의미한다고 볼 수 있다(Williams, 1997). 프로그램 접근법에서 교사는 유아들의 '당면한(here and now)' 생활과 관심사를 교육에 적극적으로 반영해야 하는 '지역적으로 적합한(locally appropriate)' 교육을 추구함으로써(Chard, 1995) 사회적 발달을 위한 교수-학습에 적합한 교육과 맥을 같이 한다(이기숙, 상계서, 재인용). 이것은 유아들의 생활세계에 대한 이해를 증진시키고 계속적인 학습 성향을 강화시키는 것을 목적으로 존 듀이의 교육관과 아동관과도 맥을 같이 하는 것이다.

(2) 프로젝트 접근법의 정의와 목표

프로젝트 접근법은 다양한 주제들에 대한 유아들의 심도 있는 관찰을 통한 교수-학습방법이라고 정의할 수 있다. 프로젝트 접근법에서는 '단원'이라는 용어 대신 '주제' 또는 '프로젝트'를 사용한다(Chard, 1992). '단원'이라는 용어를 사용하는 현장에서는 교사가 활동 내용과 방법을 사전에 계획되는 특징을 가지고 있기 때문에 유아들은 한 주제와 관련된 동일한 활동을 수행하게 된다. 그러나 '프로젝트'의 목표는 교사가 제시한 문제에 대하여 정답을 구하는 것이 아니고 주제에 대한 유아의 심층적 이해를 돕기 위해 유아로 하여금 활동을 선택하게 하는 것이다. 유아들은 문제를 해결하기 위하여 대개는 선택된 주제와 관련된 소주제들을 다루는 소집단으로 나누어 협동학습을 전개하게 되는데, 이때 유아들은 협동학습을 전개하고 평가하는 과정에서 각 분야의 문제에 대해 보다 능력 있는 또래들에게서 배우게 되고(Vygotsky, 1978), 학습할 가치가 있는 주제에 대해 교사의 지도와 안내를 받으며 공동으로 연구하게 되는 목적 지향적 활동이라고 할 수 있다(Katz & Chard, 1996; Kilpatrik, 1925).

프로젝트 접근법의 주목적에 대하여 캐츠와 차드(Katz & Chard, 1989)는 '어린이의 주변세계에 대한 이해를 증진시키고 계속 학습하고자 하는 성향을 강하게 키워주는 것'이고 교육의 목표는 지식(knowledge)과 기술(skill)을 획득하고 성향(disposition)과 감정(feeling)을 배양하는 것으로 보고 다음과 같이 네 가지 목표를 제시하고 있다.

첫 번째 목표는 새로운 지식(도식, 아이디어, 사실, 개념, 정보 등)의 획득이다.

두 번째 목표는 인지적 · 사회적 · 의사소통 및 신체적 능력 발달에 필요한 기술의 획득이다.

세 번째 목표는 성향을 키우는 것이다. 여러 상황에서 겪는 경험에 대해 지속적으로 독특하게 반응하는 행동, 태도, 습관을 의미한다.

네 번째 목표는 긍정적 감정을 키워나가는 것이다. 긍정적 감정이란 수용감, 자신감, 소속감, 안정감, 유대감, 상호 의존감 등과 같이 집단생활을 하는 가운데 주관적으로 느끼는 긍정적 감정 혹은 정서적 상태를 말한다.

또한 듀이(Dewey, 1987)도 유아를 '개인적 존재'와 '사회적 존재'라는 두 가지 관점에서 분류했는데 첫째, 개인적 존재는 지성과 능력을 겸비하고 개인적인 관심을 지닌 유아를 말한다. 그러므로 개인적 존재로서의 유아를 위해 학교교육은 유아 자신의 흥미와 요구에 맞는 활동을 자유롭게 선택할 수 있어야 한다. 둘째, 사회적 존재는 주변 환경과 능동적으로 상호작용을 하는 유아를 의미한다. 교육의 대상인 유아가 사회적 개인이므로 학교교육은 사회적 생활을 보다 의미 있게 영위해 나갈 수 있도록 도와주어야 한다고 주장하였다.

(3) 프로젝트 주제 선정하기

프로젝트를 성공적으로 운영하기 위해서는 적용할 주제를 어떻게 선정하느냐 하는 것이 중요한 일인 것은 말할 필요도 없다. 대부분의 프로젝트는 한 집단의 전체적인 작업이고 대부분 선택된 주제와 관련된 소주제들을 다루는 소집단으로 나누어 실시한다. 이때 주제를 선정할 때는 다음과 같은 점이 고려되어야 할 것이다(Katz, Lilian G., &Chard, Sylvia C., 1989; 홍지연, 2002, 재인용).

- 특정 집단의 유아들의 성격
- 학교의 지역적인 상황
- 학교를 둘러싼 사회의 문화
- 지역사회와의 연관성
- 후기 학습에 대한 잠재적 공헌점의 유무

- 교사 자신의 주제에 대한 지식 여부 등

① 주제 선정 지침

이러한 주제 선정에 관해서 다시 캐츠와 차드(Katz & Chard, 1992)는 주제 선정이 학급 운영에 기여할 수 있는 것으로 보고 다음과 같이 주제 선정의 지침을 제시하고 있다.

- 유아들 자신의 일상생활이나 직접 경험과 관련된 주제
- 학교에서의 조사와 탐색에 더 적합한 주제
- 교과목의 통합이 가능한 주제
- 개념보다는 실제 사물이나 사건을 출발점으로 한 주제
- 충분한 탐색과 조사가 가능한 주제로 일주일 이상 지속 가능한 주제
- 문제해결의 기회를 제공해 주는 주제
- 유아들 간의 협동의 기회를 제공해 주는 주제
- 구성, 조사, 극놀이의 기회를 제공해 주는 주제
- 부모들이 프로젝트 활동에 기여할 수 있는 주제
- 관련된 지역 자원들을 이용할 수 있는 주제
- 주제문장은 단순히 서술적으로 하기보다는 의문문으로 하는 것이 더 효과적이다. 예를 들면, '집'이라고 하기보다는 '집은 어떻게 지어지는가?'와 같이 진술한다.
- 주제에 대한 깊은 지식은 후의 생활경험에 유용할 것이고 후의 연구에도 가치가 있을 것이다.

② 주제 선정 시 고려사항

위와 같이 프로젝트의 주제를 선정할 때 교사는 다음과 같은 점을 염두에 두어야 한다(Chard, 1992; 김숙자, 2000, 재인용).

- 유아들이 미리 알고 있는 것에서부터 시작되는가?
- 유아들이 살고 있는 세계에 대해 이해의 폭을 넓히도록 도울 수 있는가?

- 유아들이 서로 잘 이해하도록 도울 수 있는가?
- 유아들이 일상생활에서 글을 읽고 셈을 하는 것이 얼마나 가치 있는 일인지를 이해하도록 하는가?
- 유아들이 극놀이/발표 등을 위한 아이디어를 제공할 수 있는가?
- 유아들이 학교 밖에서도 아이디어나 정보를 찾도록 고무시킬 수 있는가?
- 부모와의 의사소통을 촉진할 수 있는가?

이와 같이 선정된 주제에 따라 실제 프로젝트를 실행하는 데에는 이기숙이 다음과 같이 3단계로 분류하여 서술하고 있다(이기숙, 상게서, pp.182~187).

- 제1단계: 계획 및 시작이다.
- 제2단계: 탐색과 표상활동이다.
- 제3단계: 마무리, 전시 및 평가이다.

이상에서 열거한 프로젝트 접근법은 역사적으로 볼 때 17세기부터 내려온 자연주의 사상을 배경으로 하였다고 볼 수 있다. 따라서 유아들이 경험한 내용을 토대로 활동이 시작되고 유아의 참여에 의한 활동이 전개되며 유아를 위한 활동으로 종결되는 특징을 가지고 있다(김숙자, 2000, 56).

2) 레지오 에밀리아(Reggio Emilia) 접근법

이탈리아의 북부 에밀리아 로마냐(Emilia Romagna) 지방의 소도시에서 제2차 세계대전으로 황폐한 마을을 재건하고 아동들에게 꿈을 심어주기 위하여 자선적인 경향이 없고 단순히 보호적 측면만 강조하지 않고 종교적 차별이 없이 질 좋은 교육이 보장되는 새로운 유아교육 기관을 세워 과거와는 다른 방법으로 운영해서 어린이를 진지하게 대하고 믿어보겠다는 열망을 가지고 주민들이 노력한 결과 부모들이 공동조합 형태로 유아교육기관을 설립하였다. 처음부터 원장으로 취임한 말라구찌(Loris Malaguzzi)는 시립 유아교육 체제로 전환시키고자 주민들과 함께 계속 노력한 결과 1963년 이탈리아에서는 처음으로 비종교적 유치원을 세울 권리를 인정받게 되고 최초의 시립 영 · 유아 교육(보육)기관으로 로빈슨(Robinson) 학교를 설립하게 되었다. 그 후 1967년 부모가 운영하는 모든 유아교육 기관이 레지오 에밀리아 시당국의 행정 산하에 속하게 되고 공공의 지원도 받게 되었다. 이렇게 발족시킨 유아교육 기관이 레지오 에밀리아이다. 말라구찌 원장은 출생부터 3세까지의 영아를 위한 학교와 3-6세를 위한 유아학교로 구분하고 종일제로 운영하게 되었다. 레지오 에밀리아에서는 현재 21개의 유아학교(3세부터 6세)와 13개의 영아(嬰兒) 보육원(0세부터 2세)이 있고 이를 통해서 시의 유아교육 사업이 전개되고 있는데 그 운영에 시민이나 부모가 협동으로 제휴되어 있다. 이러한 레지오 에밀리아 교육프로그램은 20여 년 전부터 유럽에서 각광을 받게 되었고 10여년 전부터는 뉴스위크지에서 1992년의 세계 최고의 유아교육 프로그램으로 선정되면서 미국에 본격적으로 소개되고 많은 학자, 교육자, 유아교육 기관장들에 의해 수용되었다. 레지오 에밀리아 교육에서 강조하는 기본 견해는 다음과 같다.

(1) 교육사상의 배경

레지오 에밀리아의 초대 원장이었던 말라구찌는 인터뷰를 통해서, 레지오 에밀리아에서 적용되는 교육철학은 어떤 한 교육자의 이론을 따르거나 어떤 한 이론을 고수하지는 않는다고 밝혔다(Edward, et al, 1993 : 75~87). 이와 같은 표명은 레지오 에밀리아의 교육사상 배경 이론이 어느 특정한 인물이나 이론을 중점적으로 적용하는 것이 아니라 많은 학자들의 교육철학과 교육이론을 광범위하게 참고하여 레지오 에밀리아 교육에 알맞도록 수정하고 절충해서 적용하고 있다는 것을 의미한다.

삐아제의 이론의 상당한 부분에 비판을 서슴지 않으면서도 아동 스스로 자신의 지식을 구성해 간다는 구성주의적 삐아제 이론을 적극 수용한다. 그리고 삐아제의 사회적 상호작용이 아동의 인지발달에 영향을 미친다는 이론과 유사한 비고츠키(Vygotsky)의 근접발달 이론에 대해서 비판적이면서도 아동 발달에 있어 개체 발생적, 계통 발생적, 그리고 사회문화적인 요인을 강조한 그의 이론을 교육에 적용하고 있다. 또한 존 듀이의 체험학습(learning by doing) 이론도 적극 수용한다.

이와 같은 교육철학을 배경으로 하여 레지오 에밀리아의 교육목적은 주체성을 가지고 언어와 행동으로 표현하며 사고하고 판단하는 총체적인 유아를 길러 내기 위해 인적 물적 상호작용을 통하여 유아, 교사, 부모의 다각적인 인간관계의 화합으로 협동정신을 추구하는 것을 목적으로 한다.

(2) 유아관

① 주체자로서의 유아

모든 아동들은 수천억 개의 뉴론(neuron)으로 이루어진 거대한 잠재 에너지, 성장에 대해 진지해지는 힘, 근거를 찾으려는 놀라운 호기심, 기다림과 기대 능력, 세상에 대해 열린 마음을 가지고 자신의 지식을 구성할 수 있는 학습 능력을 지니고 있다. 동시에 개인의 권리, 법적 권리, 공민권, 사회적 권리를 가진 주체로서 인정받을 권리를 가진 존재로서 주변의 인적 · 물적 대상과의 상호작용을 통해 자율성을 능동적으로 조직하는 참여자로서 교사, 부모와 함께 교육의 주체자가 되는 것이다.

② 협력자로서의 아동

교육에서 아동 각자는 대화를 하고 있는 또래들과 어른들(교사, 부모), 아이디어들, 사물들과 사건들과 관계를 맺으며 이와 같은 관계들과 상호작용을 기반으로 하여 자연스럽게 타인에 대해 존중감을 갖고 갈등과 실수를 용납하면서 능숙하게 상호작용하며 서로 협력하는 데에서 자신의 세상을 구성하고 동시에 세상에 의해 구성되면서 자기 자신을 구축하는 데 능숙하게 된다.

③ 전달자로서의 아동

아동은 자신만의 가치관을 가지고 새로운 것에 항상 열린 자세를 유지하며 세상을 발견하고 알고 이해하며, 호기심을 갖고, 질문을 하며 경험하고 상상할 수 있는 다양한 매개물을 이용할 권리를 가지고 의사소통을 위해 대화에 열중한다.

(3) 프로그램 운영의 특색

① 프로젝트 중심의 학습

모든 교육활동은 프로젝트 중심으로 조직되고 구성되어야 한다.

② 교육과정의 운영

유아와 교사가 모든 것을 결정하는 것이 원칙이지만, 교사는 항상 과거의 경험과 유아에 대한 지식을 가지고 예측할 수 있는 가설을 전제로 유아에게 적용할 수 있는 융통성 있는 일반적인 목표를 구상한다. 교사가 일반적인 계획을 세우지만 매년 동일한 것을 반복하지 않고 세부목표는 세우지 않는다. 또한 구체적으로 고정된 시간표를 배제하고 아동들 각자의 활동 속도에 맞추어 자유롭게 시간을 허용하고, 다양한 매체들을 이용하여 아동들의 적극적인 활동과 참여를 유도하는 환경적 자극을 제공함과 동시에 유아의 흥미를 만족시킬 수 있도록 때맞추어 순간적이고 발현적인 커리큘럼과 프로젝트를 구성하도록 한다.

③ 표상을 활용하는 다상징적 교수법

필요한 경험들은 다양한 매체를 활용하여 반복적으로 표상화시키면서 격려와 칭찬받는 과정에서 스스로 지식을 발견해 가는 학습의 활용이다.

④ 사회적 상호작용을 통한 협력 학습

유아와 유아, 유아와 교사, 유아와 부모, 유아와 지역사회 성인들과의 프로젝트 공동 참여활동을 통하여 상호 이해와 협력을 강화한다.

⑤ 대화 매체로서 기록화의 교육적 활용

아동들을 관찰하고 그 내용을 다양한 방법으로 기록함으로써 아동들의 학습 과정과 발달을 유추하고 이해할 뿐만 아니라 부모들에게 아동들의 경험을 생생하게 전달하고 아동들과 교사들의 작업 및 활동에 대한 정확한 평가를 내릴 수 있으며 다른 교사들과도 아이디어를 교환할 수 있도록 한다.

⑥ 프로젝트 파트너로서 부모의 공동 참여

부모의 참여는 필수적인 요소로서 장시간 부모를 떠나 생활하는 아동들의 학습 경험, 복지, 다른 부모들과의 교제, 교사와의 긴밀한 대화 등이 가능하도록 부모는 교사와 함께 교육의 파트너로서 참여해야 한다.

⑦ 지역사회 중심의 운영

과거, 현재, 미래에 걸쳐 지역사회의 현안 문제를 중심으로 프로젝트 활동을 함으로써 교육이 바로 산 생활체험의 학습을 이룬다.

⑧ 학습을 자극하는 물리적 환경

학교와 교실은 아름다운 곳으로 아동들의 적극적인 활동, 참여, 발견을 장려하는 공간이기 때문에 환경은 제3의 교사로서의 의미를 갖도록 구성되고 계획되어야 한다.

(4) 교사의 역할과 구성

① 파트너, 양육자, 안내자로서의 교사

영유아들의 신체와 정신을 균형 있게 발달시키는 교사들은 팀의 구성원으로서 파트너로서 함께 일하고 정보와 프로젝트를 공유하며 유아중심의 커리큘럼과 프로젝트를 구성하기 위하여 다각적 관계성 구축(Rebecca New, 1993)을 기반으로 하여 새로운 경험을 할 수 있도록 안내한다.

② 연구자로서의 교사

교사 간의 강력하고 지속적인 협동을 바탕으로 아동들의 작업과 활동을 끊임없이 해석하고 논의함으로써 아동과 자신들의 작업과 활동에 대한 이론적이고 실제적인 연구를 한다. 교사들은 일 년에 190시간을 학교 밖에서 일을 하는데 이 중 107시간을 현장 · 훈련하고 43시간은 부모와 사회 구성원들을 만나는 일을 하고, 나머지 40시간은 세미나, 워크숍, 학교모임 등으로 자신의 시간을 재교육 및 전문성 증진에 힘을 쏟고 있다.

③ 교직원의 구성

교직원의 구성은 교사 이외에, 페다고지스타, 아뜰리에스타, 사무교사, 시간제 보조교사, 영양사 등으로 되어 있으며 이들은 다양한 역할과 근무시간을 가지고 종일반을 돕는다.

㉮ 페다고지스타(Pedagogista : pedagogical coordinator ; 교육조정자)

우리나라의 유아교육 담당 장학사와 비슷한 지위와 역할을 수행하는데 우리나라와 다른 점은 행정적 지시 감독을 뺀 각 유아교육 기관에서의 유아교육 수행에 대한 조언과 교사의 전문성을 유지 · 발전시키기 위한 협력자, 조정자로서의 일을 담당한다.

㉯ 아뜰리에스타(Atelierista : teacher in art education 혹은 studio teacher ; 예술 담당 교사)

아뜰리에(atelier)를 책임지는 교사이다. 레지오 에밀리아의 아뜰리에는 세 가지 기능을 하는 곳인데, 하나는 유아들이 모든 상징적 언어를 페인팅(painting), 드로잉(drawing), 진흙 놀이와 같은 예술적 행위 등을 통해 습득하는 장소이며, 다른 하나는 아동들의 학습과정을 성인들이 이해할 수 있도록 돕는 기능을 하고, 또 다른 하나는 기록화를 위한 워크숍을 제공하는 곳이다. 이와 같이 모든 교육활동은 대외적으로 공개하고 있다.

(5) 운영체제

특수아를 포함한 모든 유아들을 대상으로 월요일부터 금요일까지 오전 8시부터 오후 4시까지 종일제로 운영하는 것을 원칙으로 하는데, 특별한 요구를 해온 가족들을 위해서 일찍 오는 경우(7시 30분)와 늦게까지 있는 경우(오후 6시 20분까지) 중에서 선택할 수 있다. 그리고 보통 9월 2일에 시작하여 이듬해 6월 30일까지 운영된다. 그러나 특별히 요구하는 가정의 자녀를 위해 7월에 각각 1개의 영 · 유아 센터와 유아학교가 개설된다.

이상과 같은 레지오 에밀리아 프로그램 연구회에서는 교사교육 등 새로운 교육방법을 계속적으로 개발하여 현장에 적용해오고 있기 때문에 많은 사람의 관심을 끌고 있다. 가장 큰 관심을 끌고 있는 부분이 상징적인 표상에 체계적인 초점을 두고 표현, 의사소통, 언어를 통합하여 총체적인 유아를 길러내기 위한 매우 혁신적이고 독특한 접근 방식이다. 또 특별하고 명료하지 않은 교육계획안을 제시하지 않은 점도 주목할 만하다.

CURRICULUM FOR EARLY CHILDHOOD EDUCATION

제 8 장

우리나라 유치원의 시작과 교육과정의 성립

이 장에서는 우리나라 유치원의 설립에서부터 법률에 근거하여 9번에 걸친 유치원 교육과정의 제정을 통한 변천과정과 현재 운영되고 있는 유치원 교육과정의 내용과 교수-학습, 평가 등을 전개하였다.

제1절 유치원의 설립과 교육과정의 제정

우리나라에 최초로 유치원이 설립되었던 사회적 배경과 발전되어 온 교육의 법률적 근거를 제시하였다.

제2절 유치원 교육과정의 변천과정

10번에 걸친 유치원 교육과정의 변천과정을 제시하였다.

제1절 유치원의 설립과 교육과정의 제정

우리나라 교육과정은 유치원 교육과정과 어린이집 표준보육과정으로 대별된다. 이 절에서는 1969년 제1차 유치원 교육과정 이래 변화되어 온 변천과정과 교육의 법률적 근거를 중심으로 살펴본다.

1. 유치원 설립의 역사적 배경

우리나라 최초의 유치원이 설립되었던 사회적 배경과 법률적 근거 즉, 유치원교육의 공교육적인 근거를 다음과 같이 제시한다.

가. 최초로 세운 유치원

우리나라 유치원은 일본과 미국을 통해서 도입되었다고 볼 수 있다. 최초로 설립된 유치원은 1897년 3월 부산에서 일본인 자녀들을 위해 세운 부산유치원이다. 이어서 1900년 인천에 인천공립유치원, 1913년 백인기에 의해 경성유치원(한국인 3명과 일본인 1명으로 된 4명의 교사와 어린이 3학급 120명)이 설립되었다.

나. 법령에 의한 유치원의 형태

1899년 일본 문부성령으로 「유치원 보육 및 설비규정」이 제정되어 '유희', '창가', '담화', '수기'의 4항목 보육과목이 발표되었고 그 후 '관찰'이 더해져서 보육의 기본 5항목이라고 부르게 되었다. 이러한 보육과목은 프뢰벨식뿐만 아니고 초등학교 교육을 의식한 것인데 보육항목 '수기(手技)'가 프뢰벨식에서의 '은물'의 중심 명제였던 것으로 프뢰벨식의 보육의 영향은 크게 남겨져 있었다.

그러나 프뢰벨주의를 먼저 도입한 미국에서 듀이의 진보주의(progressivism)에 의한 아동의 생활중심 교육사조에 이어 킬패트릭(1874~1952)이 "프뢰벨 유치원 원리의 비판적 검증"(1916)을 발표하여 프뢰벨 이론이 쇠퇴하고 진보주의 이론이 대두되었다. 일본에서도 전국에 유치원 수가 늘어남에 따라 프뢰벨주의 보육에 대한 비판이 일어났는데 일본 유아교육의 태두인 구라바시(倉橋□三)는 일본의 프뢰벨주의 유치원을 교조주의적(Froebelian orthodox)이라고 비판하고 교수-학습방법이 엄밀히 정해져 있는 '은물'을 "단순한 놀이 블록으로 삼아버렸다."고 비판하였다. 그리고 프뢰벨식의 교육내용이나 일과(日課; 교육과정)에 의문을 갖는 사람들도 늘어나게 되었다(森上史朗, 1993). 당시의 유치원 일과는 '담화의 시간', '창가의 시간', '유희의 시간' 등 초등학교 시간표와 마찬가지로 거의 30분으로 나누어 설정되었는데 이와 같은 프뢰벨주의에서 생활주의로 전환되는 것이 일본 보육의 시작이라고 할 수 있는바, 식민지 상태에 있던 우리나라도 일본 교육의 형태가 그대로 옮겨져 온 것이다.

다. 부설 유치원의 설립과 조선교육령

우리나라에서는 이화여자전문학교(당시에는 이화학당) 부설 이화유치원이 1914년에 감리교 선교사 브라운리(Brownlee; 부래운)와 클라라 하워드(Clara Howard; 허길래)에 의해 설립되어 16명의 한국 어린이로 출발하였는데 순수한 한국인 자녀만을 위한 유치원으로 발족된 것이 우리나라로서는 최초라고 볼 수 있다. 이들은 프뢰벨주의에서 탈피하여 창의성, 자발성, 사회성의 원리를 근간으로 한「개혁 유치원 교육과정」을 적용하였다. 그 후로는 선교사나 종교기관의 부설유치원과 일본인들에 의한 유치원 등이 설립되어 발전하게 되었다. 우리나라 유치원에 관한 최초의 법령은 1922년의「조선교육령(총령 제11호)」인데, 제1조에 "유치원은 연령 3세부터 7세까지의 유아를 보육하는 것을 목적으로 한다."로 시작되는 총 13조로 된「유치원 규정」의 법령이다(朝鮮教育會, 大正 11년). 그러나 일본은 제2차 세계대전으로 인한 1944년 유치원 폐지령에 의해 유아교육기관을 일단 중단하게 됨으로써 일제 식민지 상태에 있는 우리나라의 유치원들도 같은 운명에 처하게 되었다.

일제 식민지 지배하에 있던 우리나라에 유치원 교육이 도입되어 운영되는 과정에서 하나는 우리 민족의 언어와 문화를 수호하고자 하는 민족교육의 흐름이 있었고 다른 하나는 유아중심, 놀이중심의 유치원 교육의 본질적인 방식을 전개하고 발전시킨 흐름이 있었다.

라. 광복 후 유치원의 발전과 법적 근거

광복 후 미 군정을 거쳐 대한민국 정부가 수립된 후로는, 1949년 12월 31일에 교육기본법인 「교육법」이 처음으로 제정(법률 제86호)되어 유아교육에 관한 법적 근거가 마련되었다. 그 후 문교부장관에 의해, 1950년 5월 8일 「국립유치원 설치계획」이 발표(대한 교련, 1971)되었으나 6 · 25 전쟁으로 그 시행이 좌절되었고, 수복 후 1952년 4월 23일 「교육법 시행령(대통령령 제633호)」이 공포되어 설립인가, 원아 수, 보육과목, 보육일수 등이 정해져 시행할 수 있게 되었다. 그러나 전란으로 인하여 교육법과 동 시행령은 상당 기간 동안 휴문화되었고 휴전 이후에 정치적인 안정이 되지 못한 상태에서 유치원들은 교육법의 규정과는 관계없이 설립 주체 나름대로의 유치원 설립, 관리운영, 교사 채용, 교육과정 운영 등이 이루어져 왔다. 그러다가 1969년 「유치원 교육과정」이 발표되면서 유치원 교육의 기틀이 잡히기 시작하였다.

우리나라 유치원의 교육목적은, 「교육법」 제146조에 명시되었고 이어서 제147조에 5개 항목이 설정되었다. 그리고 「교육법 시행령」 제186조에 유치원의 보육과목으로, 음악, 유희, 담화, 회화, 수기 등 5개 항목이 제시된 것을 근거로 유치원들은 그 시설이나 규모, 그리고 교사의 조건에 따라 적절하게 일과를 진행시켰다.[5)]

일부 유치원들은, 이화보육학교(현 이화대학교) 발행의 『활동에 기초한 아동교육법』(1953년), 『중앙대학교 부속유치원 운영요람 및 안내서, 교육계획서』(1955년, 1964년), 대전 보육초급대학(현 배재대학교) 부속유치원의 『유치원 교육인』(1960년), 그리고 개인으로는, 이영보의 『교육일안』(1960년) 등을 각기 사용하였다.

이와 같은 자료들을 중심으로 유아들이 다양한 경험을 할 수 있게 하고 좋은 생활

---

5) 제146조. 유치원은 유아를 보육하고 적당한 환경을 주어 심신의 발육을 조장하는 것을 목적으로 한다.
제147조. 유치원 교육은 제146조의 목적을 실현하기 위하여 다음 각 호의 목표를 달성하도록 노력하여야 한다.
1. 건전하고 안전하고 즐거운 생활을 하기에 필요한 일상의 습관을 기르고 신체의 모든 기능의 조화적 발달을 도모한다.
2. 집단생활을 경험시키어 즐기며 이에 참가하는 태도를 기르며 협동 자주와 자율의 정신이 싹트게 한다.
3. 신변의 사회생활과 환경에 대한 바른 이해와 태도를 싹트게 한다.
4. 말은 바르게 쓰도록 인도하고 동화, 그림책 등에 대한 흥미를 기른다.
5. 음악, 유희, 회화, 수기 기타 방법에 의하여 창의적 표현에 대한 흥미를 기른다.

습관을 길러 바람직한 생활을 누리는 방향으로 이끌어 갔다. 한편 미국에서 개발한 유치원 교육내용을 이론구성 점검의 단계를 밟지 않고 그대로 번역해서 모방하고 답습하는 경우도 있었다.

그 당시 우리나라는 6 · 25 전쟁과 전후 복구와 정계의 혼란 그리고 5 · 16 군사 혁명을 거치는 동안의 소용돌이 속에서, 교육에 관한 후속조치를 위한 하위법이 제대로 갖추어지지 못한 채로 지내 왔다. 마침 경제성장 시대의 시작을 맞이하여 어린이집 · 유치원도 증가하고 유아기 교육이 주목을 받게 되었다. 이때 우후죽순처럼 난립된 유치원이 1958년에는 전국에 227개에 달했다(한국일보, 1958. 11. 29.). 대부분의 유치원들은 단순히 「교육법」 제147조에 명시된 목표 항목만을 기초로 교사 임의대로 교육을 행하였을 뿐, 교육내용을 구성하고 운영할 수 있는 자질을 갖추지 못하였다(김영옥 외, 1995). 이와 같은 흐름은 지식이나 기능을 일찍부터 가르치는 유치원을 낳게 하고 그 일이 조기교육 운동으로 번지게 되었다. 보육전개에 있어서도 새삼 보육교사 쪽에서 보육내용을 선택, 배열하여 단일 주제 활동중심으로 발달을 가미하였으며 초등학교의 학습내용까지도 미리 배우는 일부의 유치원도 출현하게 되었다.

이러한 상황에 대해서 뜻있는 유아교육자는 종래 어린이의 자연스러운 생활을 중심으로 한 교육내용으로 되돌려야 한다고 주장하고 특히 영역을 교과식으로 배열하는 것에 비판이 집중되었다. 또 일반인들까지도 조기 수험교육이나 초등학교의 학습내용을 앞당겨 배우는 등 유치원 · 어린이집의 교육 과열에 대한 교육내용에 대해 비판을 제기하였다. 이러한 상황 속에서 유치원 교육과정에 관한 규정이 처음으로 20년이 지나서야 제정된 것이었다.

2. 유치원 교육과정 성립의 법률적 근거

유치원 교육의 공교육적인 근거를 확실하게 하고 공교육으로서의 권위와 능률성을 보장하기 위한 법률적인 근거를 설정하기 위하여 다음과 같은 법률을 제정 · 공포함으로써 공교육제도가 확립된 것이다.

가. 대한민국헌법(1987. 10. 29. 전문 개정)

제31조 ① 모든 국민은 능력에 따라 균등하게 교육을 받을 권리를 가진다.
④ 교육의 자주성 · 전문성 · 정치적 중립성 및 대학의 자율성은 법률이 정하는 바에 의하여 보장된다.

우리나라 「헌법」 제31조에 규정한 내용을 크게 두 가지로 나눌 수가 있다. 첫째, 능력에 따라 균등하게 교육을 받을 권리(①항), 둘째, 교육의 자주성 · 전문성 · 정치적 중립성 보장(④항)이 규정되어 있다.

①항에서 "능력에 따라"라고 규정한 것은, 개인차를 고려한다는 것인데, 이 개인차라고 하는 것은 19세기부터 자유민주주의가 성장할 때의 기본 전제 가운데 하나이다. 따라서 개인차를 존중해서 그 능력을 개발하기 위한 교육은 현대 민주주의 사회에서 추구해야 되는 교육의 이상이다.

그리고 "균등하게 교육을 받을 권리"라고 하는 것은 국민이면 누구나 평등하게 교육을 받을 권리, 즉 교육권을 말하는 것인데, 이것은 구체적으로 말하면 최소 필수의 교육이 아니라, 다양한 양질의 교육과정을 선택할 권리가 보장된다는 것을 말한다. 그러므로 정부는 교육 수요자의 입장에서 학습자의 능력수준, 요구수준, 개인적 특성 등에 맞추어 공평한 장을 마련해주어야 할 의무가 있는 것이다.

다음으로, ④항에 규정한 "교육의 자주성 · 전문성 · 정치적 중립성"에서, 자주성은 교육당국의 주도적인 입장을 배제하고 학습자의 입장에서 학습권을 행사할 수 있도록 보장해야 하는 것이며, 전문성은 교사의 전문직성을 보장하고 교과 영역별로 전문성과 계속적인 수준향상을 위한 활동을 보장한다는 것이고, 정치적 중립성은 교원양성과 신분보장, 교육과정 편성 등 학습권의 요구 내용이 되는 제반 교육 행 · 재정적 수요는 정치적 입장에서 정쟁의 대상이 될 수 없다는 것을 의미하고 있다.

나. 교육기본법(1997. 12. 13. 법률 제5437호)

제2조 교육은 홍익인간의 이념 아래 모든 국민으로 하여금 인격을 도야하고 자주적 생활능력과 민주시민으로서 필요한 자질을 갖추게 하여 인간다운 삶을 영위하게 하고 민주국가의 발전과 인류공영의 이상을 실현하는 데 이바지하게 함을 목적으로 한다.

「교육기본법」은 헌법에 규정한 정신을 구현하기 위하여, 교육에 관한 국민의 권리 · 의무와 국가 및 지방 자치 단체의 책임을 정하고, 교육제도와 그 운영에 관한 기본적 사항을 규정한 것이다.

교육은 목적을 설정하고 그 목적을 달성하기 위해 계획적으로 노력하는 활동이기 때문에, 반드시 목적을 명시해야 하는 것이다. 그리고 교육목적은 교육이 안아야 할 모든 과정의 가치 척도가 되는 것이다. 우리나라 교육 전반에 걸친 포괄적인 교육이념으로 "홍익인간(弘益人間)"을 표방하였다. 이러한 교육이념을 구현하기 위하여, 광복 이후 일제 식민지하에서 자주성을 상실하고 살아왔던 과거를 청산하고 자주독립국가의 시민으로서 외세의 영향에 굴하지 않으며 자주적 정신으로 인격도야를 이루어야 한다. 또한 생활능력을 위한 직업을 선택하고 직업인으로서의 긍지를 가지고 열심히 살며 민주국가의 시민다운 자질을 연마하여 국가 발전은 물론이고 더 나아가서 인류사회가 더불어 사는 사회로 발전하는 데 주도적인 국민이 될 수 있어야 할 것이다. 홍익인간이라는 교육이념은 그 적절성과 역할에 대한 논의가 거듭되면서도 1949년부터 현재에 이르기까지 우리나라 교육의 부동의 교육이념으로 자리 잡고 있다. 유치원 및 초 · 중등학교의 교육과정에서는 이러한 교육이념을 바탕으로 좀 더 구체적으로 "추구하는 인간상"을 설정하여 교육의 방향을 정하고 있고, 각급 학교의 교육목적 및 교육목표를 설정할 때 그 지표가 되고 있다.

그리고 「교육기본법」 제3조에는 "능력과 적성에 따라 교육을 받을" 학습권이 제시되어 있고, 제4조에는 "교육의 기회 균등"을 보장하는 조항이 명시되어 있으며, 제5조에는 "교육의 자주성, 전문성 보장 및 학교 운영의 자율성 존중"에 관한 사항이 제시되어 있다. 이와 같은 규정은 국가 기준, 지역 지침, 유치원 교육과정 편성 · 운영에 있어서 중요한 근거가 되는 동시에 법적인 기준이 되는 것이다.

다. 초 · 중등교육법(1997. 12. 13. 법률 제5438호)

「초 · 중등교육법」은 「교육기본법」 제9조의 규정에 따라 유아교육 및 초 · 중등교육에 관한 사항을 정한 것이다.

1) 유치원의 교육목적

제35조 유치원은 유아를 교육하고 유아에게 알맞은 교육환경을 제공하여 심신의 조화로운 발달을 조장하는 것을 목적으로 한다.

종래의 통합된 「교육법」 제146조와 제147조에는 유치원의 교육목적과 교육목표가 제시되어 있었으나, 그 후 보통교육과정과 고등교육과정을 따로 분리하여 「교육법」을 제정하였다. 현행 「초 · 중등교육법」은 제35조에 유치원의 교육목적만을 포괄적으로 규정하였고, 이에 따른 교육 중점과 교육목표는 국가수준의 교육과정인 「유치원 교육과정」에 제시하였다. 유치원 교육목적을 규정한 조항은 유치원 교육의 특성을 나타내고 있는데, 이는 유아에게 알맞은 교육환경을 제공하여 심신의 조화로운 발달을 도모하는 데 있다.

2) 국가, 지역, 유치원 수준의 교육과정

제23조 ① 학교는 교육과정을 운영하여야 한다.
② 교육부 장관은 제1항의 규정에 의한 교육과정의 기준과 내용에 관한 기본적인 사항을 정하며, 교육감은 교육부 장관이 정한 교육과정의 범위 안에서 지역의 실정에 적합한 기준과 내용을 정할 수 있다.

국가 발전의 원동력이 되는 오늘날의 학교 교육은 거대한 공익사업이라 할 수 있다. 그리하여 어느 나라에서나 정부는 교육사업을 최우선 순위에 두어 많은 투자와 교육내용 개혁 등의 업무에 힘쓰고 있다. 현재 대부분의 국가는 학교 교육에서 다루어야 할 교육내용의 일반적, 공통적인 기준을 국가가 설정하고 있다. 우리나라도 「초 · 중등교육법」 제23조 제2항에 의거하여 유치원 및 초 · 중등 교육과정 기준 설정권을 교육부 장관에게 위임하고 있다.

국가수준에서 교육과정 기준을 설정하는 것은 ① 교육의 질적 기회 균등 보장, ② 단계별 교육 내용의 일관성과 체계성 유지, ③ 교육의 일정 수준 확보, ④ 교육의 중립성 확보 등에 기인한다고 볼 수 있다. 국가수준의 교육과정은 전국의 유치원에서 다루어야 할 공통적, 일반적인 기준이기 때문에 각 지역의 특수성이나 지역실정, 필요, 요구가 충분히 고려되어 있지는 않다. 그리하여 각 시 · 도 교육감은 교육부장관이 정한 국가수준의 교육과정 범위 안에서 그 지역의 특성, 역사, 전통, 자연, 문화 및 유아 · 교원 · 주민의 요구와 필요 등을 반영하여 각 시 · 도의 교육 중점을 특색 있게 설정하고, 유치원 교육과정 편성 · 운영 지침을 작성하여 그 지역의 유치원에 제시하도록 되어 있다. 시 · 도 교육감이 이러한 지역수준의 지침을 정할 수 있는 법적 근거가 동법 제23조 제2항에 제시된 규정이다.

「초 · 중등교육법」 제23조 제1항은 각 학교(유치원)에서 소정의 학교 교육과정을 운영해야 하는 규정으로서, 이는 단위 유치원 수준에서 지역이나 유치원의 실정에 알맞게 유치원 교육과정을 편성 · 운영하는 법적 근거가 된다. 유치원은 동법 제23조 제2항에 의거한 국가수준의 기준과 지역수준의 지침을 바탕으로 교육 일수, 교육 시간, 학급 편성, 교육내용 등에 관한 사항을 편성하여 운영하여야 한다. 유치원 교육과정은 각 유치원별로 실천 가능하게 마련한 구체적인 교육 실행 계획이므로 유아의 발달 정도, 유치원의 실정에 알맞게 구성한 연간, 주간 및 1일의 교육과정 운영 계획을 포함해야 한다.

3) 교과용 도서의 사용

> 제29조 ① 학교에서는 국가가 저작권을 가지고 있거나 교육부 장관이 감정 또는 인정한 교과용 도서를 사용하여야 한다.

우리나라의 유치원 교육에서 유아교육을 위한 교과서는 없으며, 현재 교사용 지도서로 개발되는『유치원 교육 활동지도 자료』가 있다. 이는 교과용 도서에 관한 규정 제5조에 의거하여 연구기관이나 대학 등에서 '연구 · 개발 위탁 형태'로 편찬되고 있다.

2012년 7월 10일「3–5세 연령별 누리과정」이 고시되면서 2012년 시행된 5세 누리과정이 2013년부터 3–4세까지 확대 적용하게 되었다. 이에 따라『3–4세 누리과정 교사용 지도서』를 개발하면서 2012년 2월에 개발된『5세 누리과정 교사용 지도서』도 수정 · 보완하게 되었다. 그 이후「2019 개정 누리과정」의 내용이 확정 발표되었다. 개정된 누리과정은 국정과제 '학생중심의 교육과정 개편' 정부혁신의 일환으로 유아교육 혁신방안(17.12)에서 제시한 유아 · 놀이 중심 교육과정의 개편이며 미래 핵심역량을 반영한 교육과정으로의 전환이다.

라. 초 · 중등교육법 시행령(1998. 2. 24 대통령령 제15664호)

「초 · 중등교육법 시행령」은「초 · 중등교육법」에서 위임된 사항과 그 시행에 관하여 필요한 사항을 규정한 것이다.

> 제44조 학교의 학기는 매 학년도를 두 학기로 나누되, 제1학기는 3월 1일부터 8월 31일까지 2학기는 9월 1일부터 다음 해 2월 말일까지로 한다.
> 제45조 매 학년 180일 이상
> 제48조 ① 유치원은 필요한 경우 반일제 · 시간연장제 또는 종일제로 운영할 수 있다.

학기, 수업일수, 수업 운영 방법

「초 · 중등교육법」 제44조 제1항에는 "학교의 학년도는 3월 1일부터 시작하여 다음해 2월 말일까지로 한다."고 규정되어 있다. 동법 시행령 제44조에는 매 학년도를 두 학기로 나누어 운영하도록 하고 있으며, 각 학기의 개시일과 종료일을 명시하고 있다. 한편, 매 학년의 수업 일수는 180일 이상이다. 유치원 수업 일수는 1981년 교육법 시행령이 개정될 때, 200일 이상에서 180일 이상으로 하향 조정된 후 오늘날까지 그대로 유지되어 왔다.

근래에 여성들의 사회 진출이 활발하게 이루어짐으로써 학부모와 지역 사회로부터 다양한 유치원 운영 시간과 프로그램에 대한 요구가 높아지고 있다. 이러한 요구에 의하여 「초 · 중등교육법 시행령」 제48조 제1항은 유치원이 반일제, 시간연장제, 또는 종일제의 다양한 수업을 운영할 수 있는 근거를 제시하고 있다. 현행 누리과정에서는 이에 근거하여 각 시 · 도교육청으로 하여금 시간연장제와 종일제 운영에 관한 사항을 편성 · 운영 지침에 제시하도록 하였다.

3. 유아교육진흥법(1998. 9. 17. 법률 제5567호)

「유아교육진흥법」은 유아에게 적합한 교육적 환경을 제공하여 심신의 조화로운 발달이 이루어지도록 교육함과 아울러 그 보호자의 다양한 교육 요구에 부응하기 위하여 제정되었다.

가. 유아, 유아교육, 유치원

유아교육에 관한 법적 근거는 「초 · 중등교육법」과 동법 시행령에 일부 포함되어 있다. 1982년에 새마을 유아원을 위한 근거법으로 제정되었다가 그동안 사문화된 법으로 유지되어 온 「유아교육진흥법」이 1998년에 개정되었고, 동법 제2조에는 유아, 유아교육, 유치원에 대한 정의가 명확하게 제시되었다.

나. 수업과정

제2조 이 법에서 사용하는 용어의 정의는 다음과 같다.

1. '유아'라 함은 만 3세부터 초등학교 취학 전까지의 어린이를 말한다.
2. '유아교육'이라 함은 유아를 대상으로 그 발달 특성에 적합한 교육과정을 다양한 교수 방법으로 실시하는 학교 교육을 말한다.
3. '유치원'이라 함은 유아 교육을 위하여 초 · 중등교육법에 의하여 설립 · 운영되는 학교를 말한다.

「유아교육진흥법」 제6조는 우리 사회에서 요구하는 다양한 유형의 유치원 수업과정에 대하여 정의하고 있다. 현재 일부 유치원에서 실시하고 있는 시간연장제 및 종일제 프로그램의 운영에 대하여 그 시간을 명시하고, 부모의 요구와 지역의 실정에 따라 수업과정을 선택할 수 있도록 한 것이다. 종래에는 위와 같은 구체적인 명시가 없어 교육현장에서 어려움이 있었으나 앞으로는 이에 근거하여 다양한 수업과정을 운영할 수 있게 되었다.

제6조 ① 유치원은 다음 각 호의 수업 과정을 운영할 수 있다.

1. 반 일 제 : 1일 3시간 이상 5시간 미만의 수업 과정
2. 시간연장제 : 1일 5시간 이상 8시간 미만의 수업 과정
3. 종 일 제 : 1일 8시간 이상 수업 과정

② 유아의 보호자는 필요에 따라 제1항의 규정에 의한 수업 과정을 선택할 수 있다.

제2절 유치원 교육과정의 변천과정

1969년부터 시작한 유치원 교육과정이 30년 동안에 여덟 차례나 바뀌었는데, 이것을 긍정적으로 본다면, 경제 성장이 급템포로 진행되어 가는 시대 흐름의 변화에 맞추어 개혁 의지가 투철한 발전적 시책이라고 볼 수 있겠으나, 이를 비판적 시각에서

본다면, 개정 작업의 기간이 지나치게 단기간인 데서 오는 졸속한 부분은 없는지, 개정된 교육과정 운영이 채 몸에 익혀지기도 전에 새로운 개정이 이루어짐으로써 현장 교사들은 형식적 · 관행적으로 다루고 있는 면은 없는지 염려되는 것이다. 일찍이 제1차 세계대전을 치르고 그 뒤에 다가온 경제공황의 진통을 극복하기 위해 새로운 교육체제를 구상하기 위한 「8년 연구」를 진수시킨 미국의 지혜를 배울 필요가 있는 것이다. 이 절에서는 10번에 걸친 유치원 교육과정의 변천과정을 살펴본다.

우리나라 교육과정의 변천을 보면 제1차 교육과정이 1969년, 제2차 교육과정이 1979년, 제3차 교육과정이 1981년, 제4차 교육과정이 1987년, 제5차 교육과정이 1992년, 제6차 교육과정이 2000년에 실행되었다. 2009년 3월 1일에는 2007 개정 유치원 교육과정, 2011년에 5세 누리과정, 2013년에 3-5세 누리과정이 도입되었고 현행 2019 개정 누리과정이 발표되어 오늘에 이르고 있다. 유치원 교육과정이 개정 공포된 이후, 몇 차례에 걸쳐 개정을 한 것도 각 시대의 변천과 사회문화의 구조적 변화에 따른 필연적인 요청과 필요, 그리고 유아교육 이론의 발전 등을 근거로 하여 계속적인 평가와 수정을 통한 과정이었는데 이것은 국가수준에서 유치원 교육의 질적인 발전을 도모하기 위한 계속적인 노력이라고 할 수 있을 것이다.

1. 제1차 유치원 교육과정(1969. 2. 19. 문교부령 제207호)

제1차 유치원 교육과정은, 「교육법」(1949. 12. 31. 제정) 제147조에 규정된 유치원의 교육목적에 따라 1969년 2월 19일에 문교부령 제207호로 제정 · 공포되었는데, 교육법이 제정된 이래 실로 20년 만에 이루어진 것이다. 6 · 25 종전으로 피난 갔던 도시 인구들이 귀향하여 생활이 안정되면서 50년대 후반부터 서서히 유치원이 개설되다가 60년대에 들어와서는 급격히 증가하게 되었는데(여기에는 종교기관 특히 기독교 교회와 불교 사찰의 증가로 인한 부속 유치원의 증가가 큰 비중을 차지함), 여기에 따른 시설, 교사의 자격, 교육과정 운영 등의 기본 조건이 무질서한 점이 많았다. 이러한 유치원들을 정비하기 위하여 1963년에 「유치원 시설 기준령」이 공포되었다. 이것이 유치원 교육환경 개선의 법적인 근거가 된 것이다. 이때까지의 유치원들은 대부분 체계적인 교육과정 없이 유치원 나름대로 운영해 왔는데, 제1차 유치원 교육과정이 제정 · 공포되자, 구체적으로 유치원 교육의 목표, 영역, 수업 일수, 운영기준이 제시되어 유아교육의 기틀을 잡는 획기적인 조치가 되었다.

가. 교육의 목적

제1차 유치원 교육과정 제정의 취지에서 밝힌 유치원 교육의 목적은, ① 유아의 바람직한 인격 형성을 위하여 유아의 욕구와 흥미에 알맞은 환경을 만들어 주고, ② 건강한 신체와 건전한 정신으로 생활할 수 있는 유능한 한국인 양성에 있다. 그리고 이러한 유치원 교육의 특수한 목적을 구현하기 위해서 교과중심의 교육을 피하고, 종합적인 교육을 계획 · 실천하도록 교육과정을 조직하였다(교육부 고시 1998-10호, 1998).

나. 교육과정

유치원 교육과정을 유아들이 유치원 교육을 통하여 경험하는 모든 학습 활동의 총체라고 보고, 교육과정의 구성은 '건강', '사회', '자연', '언어', '예능'의 다섯 가지 생활 영역으로 나누어 내용을 조직하였다. 따라서 이것을 근거로 유치원 교육의 구체적 목적은 '튼튼한 몸과 마음', '기초적인 생활 습관', '올바른 사회적 태도와 도덕성', '과학적이고 민주적인 사고력', '심미적 태도', '창조적인 표현 능력'을 기르고, '자연 및 사회의 제 현상에 관심을 가지는 것'으로 되어 있다.

다. 수업 일 · 시수

유치원의 교육 일수를 연간 200일 이상으로 하였고, 하루의 교육 시수는 3시간(180분)을 기준으로 하되 각 유치원에서는 기후, 계절, 유아의 발달 정도, 학습 경험, 학습 내용의 성질 등을 감안하여 실정에 맞추어 조정할 수 있도록 하였다. 그리고 교육과정의 운영에서는, 지역사회와 밀접한 관련을 가지고 각 지역의 실정에 맞는 교육과정을 창의적으로 재구성하여 시행하되 융통성을 가지고 운영하도록 하였다.

라. 교육방법

교육방법 면에서는 첫째, 유아의 흥미중심과 놀이중심 교육 둘째, 개인차에 따른 교육이 이루어지도록 강조하였는데, 이러한 유아의 학습 특성을 고려하여 ① 5개 생활 영역, ② 하루 일과의 통합적 운영, ③ 다양하고 균형 있는 활동, ④ 가정과의 긴밀한 협력 등을 강조하고 있다.

마. 교육사조 · 사회적 배경

제1차 유치원 교육과정의 특징은, 교육사상 면에서 아동중심, 경험중심 교육사상을 기초로 하고 있으며, 사회적인 면에서 본다면 당시의 군사정권이 지향하는 성장 위주의 경제 제일주의를 배경하는 입장에서, 심신이 건강한 유능한 자질을 가진 생활인을 목표로 하고 있다.

1970년대의 유아교육은 국내 유신체제의 정치적, 사회적 격동기의 영향으로 교사들은 언행에 신경을 써야 했고, 세계적으로 유아교육의 기회확대 운동으로 미국의 헤드스타트(Head Start) 운동, 영국의 플라우든 보고서(Plowden Report), 독일의 개혁 유치원 운동 등이 활발하게 전개된 시기이어서 우리나라 유치원도 직 · 간접으로 이들의 영향을 받게 된 것이다. 국내에서는 국무총리 산하의 장기 종합 교육심의회에서 마련한 '장기 종합 교육계획안(1972~1986)'에 유아교육 발전을 위한 시안이 포함되어 있었다(김종철 외, 1991).

1976년에는 초등학교에 병설 유치원이 서울에 4개소, 부산에 1개소가 설치되어 유아교육의 공교육화에 일보를 내딛게 되었으며, 이것이 근거가 되어 유아교육에 대한 국가적 관심이 증진되어 갔다.

2. 제2차 유치원 교육과정(1979. 3. 1. 문교부 고시 제424호)

제2차 유치원 교육과정은 제1차 유치원 교육과정이 제정된 지 10년 만인 1979년 3월 1일자 문교부(제424호)로 개정 · 고시되었다.

제2차 유치원 교육과정이 공포될 당시는 70년대의 유신체제 존속을 위한 배경 이념으로서 국민교육헌장에 진술된 내용을 근간으로 삼아 당시의 각급 학교 교육과정에서 국민교육헌장 이념을 강조하였는데, 여기에서 ① 국민적 자질의 함양, ② 인간교육의 강조, ③ 지식 · 기술 교육의 쇄신을 기본 방침으로 설정하였고, 이에 따른 학교교육의 일반목표로, ① 자아실현, ② 국가 발전, ③ 민주적 가치의 강조를 설정하였다. 여기에 따라, 유치원 교육과정의 목표로는 남과 잘 사귀고, 남과 더불어 생활하는 것을 즐기게 하며, 표현하는 능력, 습관, 태도를 기르고, 탐구 능력, 언어 구사력, 기초적인 운동 능력, 건강 및 안전 생활 습관을 기르는 것이었다.

가. 교육과정

제1차 유치원 교육과정에서는 교과목 형식으로 5개 생활 영역으로 분류하였는데, 제2차 교육과정에서는 전인적인 발달을 강조하는, ① 사회 · 정서 발달, ② 인지발달, ③ 언어발달, ④ 신체발달, ⑤ 건강발달이라는 5개의 발달영역으로 구분하였다.

나. 수업 일 · 시수

교육과정을 운영하기 위하여, 연간 교육 일수는 200일로 하고, 주당 교육 시간은 18~24시간, 하루 학습 시간은 3~4시간으로 하여 유아와 지역사회 및 학교의 실정에 적합한 계획과 운영을 하도록 하였다.

다. 교육방법

교육방법으로는 통합적 학습, 유아의 흥미중심, 놀이중심, 개인차에 의한 학습, 가정과의 연계 등을 운영 방침으로 제시하였다.

라. 교육과정의 특징

제2차 교육과정의 두드러진 특성은, 제1차 유치원 교육과정이 생활영역으로 분류해서 설정한 것에 반해, 5개의 발달영역으로 편성하였다는 점인데, 이것은 1970년대부터 인지발달을 강조하는 세계적 추세에 맞추어 인지발달을 강조한 것이었고, 교육과정의 흐름도 교과중심에서 경험중심을 거쳐 이때부터는 학문중심 교육과정의 시대로 진입하게 되면서 제1차 유치원 교육과정 때보다 수업 시수가 늘어나는 경향이 눈에 띈다. 그리고 이때부터 교육과정이 고시된 후에 실제 유아교육 현장에서 교육과정을 실천하는 데에 보다 많은 도움을 줄 수 있도록 하기 위해 교육과정의 내용에 맞추어 유치원 교사용 지도서를 개발하여 보급하기 시작한 것이 또 다른 특색이다. 이렇게 해서 종래의 교과주의에서는 벗어난 것을 아이들이 선택하는 즐거운 경험이나 활동보다도 종래대로의 '주안점'이나 '목표' 중심의 보육자 주도형의 보육내용의 전개가 계속되도록 하였고 교사에게 지도의 계획을 입안하고 바람직한 경험의 조직을 구성해야 할 의무를 부과한 것이다. 다만 바람직한 활동으로서 영역마다의 교육목표나 내용은 그대로인 채 실질적으로는 영역마다에 지도하는 사고방식을 갖게 된 것이다. 그 결과 보육내용이 하나의 단원, 하나의 주제 활동으로 이끌어져 보육 전개도 집단으로서의 보람을 소중하게 한 소위 일제 수업에 의한 활동주의가 확대되어 간 것이다.

그러나 유아교육에 관한 정부의 관심도를 비교할 때, 초등학교의 경우 예를 들면 1954년에 교육과정 시간 배당 기준령이 제정 · 공포되고 이에 따른 교육과정이 1955년에 처음으로 제정되었다. 이는 유아교육과정이 1963년 첫 번째 제정이 이루어졌고, 1973년에 두 번째 개정을 이룬 것과 비교해 보면 당시 문교부의 유치원 교육에 대한 관심은 별로 높지 않았으며, 각각 별도로 교육과정을 개정함으로써 연계성이 있는 교육도 생각하지 못했었음을 알 수 있다.

3. 제3차 유치원 교육과정(1981. 12. 31. 문교부 고시 제442호)

1970년대 유신체제 수호를 위한 정책 의지가 유신 말기에 강하게 반영되어 있던 기존의 교육과정을 제5공화국이 들어서면서, 각급 학교의 교육과정을 전면적으로 새롭게 개정하려는 정부의 의지가 나타난 것은 1981년 12월 31일에 문교부 고시 제

442호로 제3차 유치원 교육과정이 개정되면서이다. 이때 처음으로 유치원부터 초·중등학교 교육과정의 개정이 상호 연계성을 고려하는 내용을 포함하여 동시에 이루어졌는데, 종래와는 달리 문교부가 교육 전문 연구 기관인 한국교육개발원에 교육과정의 연구·개발을 위탁하였고, 이 연구를 위해 한국교육개발원이 주축이 되어 각 분야의 유아교육 전문가, 심리학자, 현장 교사 등을 교육과정 연구와 개발과정에 참여시켰으며, 수차례의 심의·검토를 거쳐 제3차 유치원 교육과정이 개정되었다. 이때의 개정작업은 제2차 교육과정을 개정하기보다는 수정·보완한다는 자세로 임했던 것이다.

이와 같이 유치원과 초·중등학교의 교육과정 개정을 동시에 서두르게 된 배경을 고도 경제성장 시대를 맞이해서 경제적으로 윤택하게 되며 경제가 교육을 추월해버린 것에서 찾을 수 있다. 따라서 그 풍요한 보호자들 마음속에는 '가까이에 있는 유치원에 가지 않더라도 멀리 있는 좋은 유치원에 다니는 편이 좋지 않은가'라는 의식이 점차 확산되어 가기 시작하였다. 한편으로는 유신체제에 대한 민심의 이반을 수습하고 12·12 신군부 정권의 합리적인 근거를 확립하기 위해 민주·복지·정의 사회의 건설에 적극적으로 이바지할 수 있는 자주적이고 창의적인 국민을 길러 내는 것을 정책 의지로 표방하였고 유치원 교육의 목적은 유아에게 알맞은 교육 환경을 마련해 주어 전인적으로 성장하도록 돕는 것이었다. 이러한 제3차 유치원 교육과정 개정 내용을 해설하는 『유치원 새 교육과정 개요』를 발간하여 개정에 관한 모든 내용을 수록하였다.

1980년대에 들어와서 제5차 5개년 계획이 발표되고 여기에서 아동 및 청소년 인력자원 개발을 주요 사회정책의 하나로 채택하였으며 1981년 대통령 연두교서에서 유아교육의 필요성과 중요성이 언급되었다. 1983년에 문교부에 유아교육 담당관실이 설치되고, 1985년에는 시·도 교육위원회에 유아교육 담당 장학사가 배치되면서 정부가 유아교육에 공식적으로 개입하게 되었다. 정부에서는 유아교육 사업으로 새마을 협동 유아원을 설립하고 보육과 교육기능을 확대하게 되었는데 1987년도 5세아 취원율이 57%에 달하였다.

가. 교육과정

제3차 유치원 교육과정의 내용은, 5개 발달영역으로 구성하였는데, ① 신체발달, ② 정서발달, ③ 언어발달, ④ 인지발달, ⑤ 사회성 발달로 구분하였다. 이는 제2차 유치원 교육과정의 사회 · 정서 영역을 둘로 나누어 정서 영역의 내용을 더 강조하고, 신체발달 및 건강 영역에서 건강 영역을 신체발달 영역에 포함시켜, 각 발달 영역별로 구체적인 내용을 제시한 것이다. 이러한 내용의 교육과정을 운영하기 위하여 종래의 교육과정 구성의 '기본방침', '운영지침', '지도상의 유의점'을 각각 '계획', '지도', '평가'로 재구성하였다. 운영지침으로는 융통성 있는 교육과정 운영계획, 유치원장 및 교육 자료의 확보 · 활용, 다양한 학습활동 등을 강조하였고, 발달 영역의 통합적 지도, 개인차와 흥미에 따른 놀이중심지도, 가정과의 연계지도를 제시하였다.

나. 수업 일 · 시수

연간 수업 일수를 200일로 제정한 것이 무리라고 생각하여 200일에서 180일로 축소 조정하였고, 하루 교육 시간도 3~4시간을 기준으로 하도록 하였다.

4. 제4차 유치원 교육과정(1987. 6. 30. 문교부 고시 제87-9호)

제3차 유치원 교육과정 시행과정에서 나타나는 내용 및 운영상의 문제점을 발견하여 이를 개선하기 위해 주기적인 교육과정 개정의 필요성을 인식하고, 문교부는 한국 교육개발원에 위촉하여 이 문제의 개선안을 작성하도록 하였다. 이 안은 유아교육 전문가 집단(58명)의 협의를 거쳐 수정 · 보완하게 한 후 문교부의 심의를 거친 다음, 제4차 유치원 교육과정이 1987년 6월 30일에 문교부 고시 제87-9호로 제정 · 공포되고, 1989년 3월 1일부터 시행하도록 하였다.

제4차 유치원 교육과정 개정의 구체적인 방향을 다음과 같이 설정하였는데, 교육목표의 재구성 및 조정, 교육내용 설정 및 구성의 융통성 확대, 교육자료의 풍부화 및 다양화, 평가 활동의 정상화 등이다. 이러한 개정의 방향에 따라 교육과정의 내용을 3단계로 설정하였는데, 제1단계는 교육목적으로 인격을 완성하고, 자주적 생활 능력과 민주 시민으로서의 자질을 갖추어 민주 국가 발전에 봉사하며, 인류 공영의 이상 실현에 기여하게 하도록 하는 것이었다. 제2단계는 교육목적 구현을 위한 구체적 목적인데, 이는 건강한 사람, 자주적인 사람, 창조적인 사람, 도덕적인 사람을 기르는 데 역점을 두었다. 제3단계는 구체적인 유치원 교육과정의 목표로서, 이는 건강과 안전에 대한 올바른 생활 습관과 신체의 조화로운 발달을 도모하고, 다른 사람의 말을 이해하며, 주변 현상에 대한 느낌을 표현할 수 있고, 자부심 및 가족과 이웃을 사랑할 줄 아는 마음씨를 지니게 하는 것이었다.

가. 교육과정

교육과정의 영역은 제3차와 마찬가지로 ① 신체발달, ② 언어발달, ③ 인지발달, ④ 정서발달, ⑤ 사회성발달의 5개 발달 영역이었으며, 전인 발달을 도모하는 교육을 더욱 강조하기 위하여 각 발달 영역별 내용은 제시하지 않고 교육목표의 수준만을 제시하여 교사들이 교육내용을 자율적으로 선정할 수 있도록 하였다. 이는 각 발달 영역을 교과로 잘못 인식할 수 있는 가능성을 배제하기 위한 것이었다.

나. 수업 일 · 시수

연간 교육 일수는 180일 이상, 하루 교육 시간은 3시간을 기준으로 하고, 유아, 지역사회, 유치원의 특성에 따라 조정하여 운영하도록 하였다. 구체적인 교육과정 계획, 지도, 평가 등의 운영 지침 내용은 제3차와 유사하였으며, 지도상의 유의점을 통하여 각 영역의 통합적 운영과 흥미중심, 놀이중심 교육의 중요성을 거듭 강조하였다.

5. 제5차 유치원 교육과정(1992. 9. 30. 교육부고시 제1992-15호)

제4차 유치원 교육과정이 통용되었던 시기(1990~1995년)에 이 교육과정을 제5차 유치원 교육과정으로 불렀는데, 그 이유는 이 교육과정이 개정 · 공포될 당시에 초 · 중등 교육과정이 제5차 개정이므로 여기에 맞추어 제5차로 통일하자는 교육부의 방침 때문이었다. 그런데 1992년 9월 30일 유치원 교육과정을 개정 · 공포할 당시 개정 차수에 대한 논의가 제기되어 실제적인 차수로 하기로 교육부 내부방침을 정하여 1987년의 유치원 교육과정과 1992년의 유치원 교육과정이 모두 제5차 유치원 교육과정으로 간주되는 혼돈이 야기되기도 하였다(장길호, 2001).

1991년 당시 유아교육기관은, 교육법에 근거한 유치원, 유아교육 진흥법에 근거한 새마을 유아원, 영 · 유아 보호법에 근거한 보육시설 등 세 가지 유아교육체제로 구분된다. 그 후 탁아업무를 보건사회부로 이관하면서 새마을 유아원을 어린이집이나 유치원으로 전환시킨 정부시책과 영 · 유아 보호법의 시행에 따라 1994년부터는 새마을 유아원은 존재하지 않게 되었다. 이렇게 해서 1994년 당시 1980년에 비해 공립유치원의 수가 110배로 증가하고 사립유치원은 5배로 증가하였다. 이러한 현상은 국가가 유아교육의 공교육화에 역점을 두고 있었다는 점을 알 수 있다.

1991년에 교육법이 개정되어 유치원 입학 연령이 기존의 만 4–5세에서 만 3–5세로 조정됨으로써 1992년 3월부터 만 3세 유아의 유치원 입학이 합법화되었다. 이에 따라 교육과정에 대한 재검토의 필요성이 제기되어 교육과정 개정을 위해 교육부가 역사상 처음으로 한국 유아교육학회에 연구 · 개발을 위촉하게 되었고, 동 학회에서는 전문 연구진의 연구와 수차례의 각 시도별 유치원 교육 관계자 협의회를 거쳐 제4차 유치원 교육과정의 문제점을 검토 · 보완하고 새로운 유아교육 내용을 반영하여 개정작업을 완료한 후 1992년 9월 30일에 교육부 고시 제1992–15호로 고시하였다.

가. 교육과정의 영역

제5차 유치원 교육과정은 5개 영역인, ① 건강생활, ② 사회생활, ③ 언어생활, ④ 표현생활, ⑤ 탐구생활로 구분되어 있고 이것을 다시 각각 Ⅰ수준과 Ⅱ수준으로 나누어 제시하였다. Ⅰ수준은 만 3–4세 정도의 유아들이 할 수 있는 내용을 포함하고, Ⅱ수준은 만 4–5세 유아들이 할 수 있는 내용으로 구성되었다. 이 시기의 유아들은 지적 발달이 급속하게 상승하고 상호 연관해서 통합적으로 이루어지기 때문에 초등학교에서와 같이 연령에 따른 학년별 차등을 두기 어렵다. 이들은 속진과 지진의 개인차가 심한 시기이므로 Ⅰ, Ⅱ수준을 포괄적으로 다루어 소집단 내지 개별화 교육을 통해서 발달수준에 알맞은 교육성과를 기대하는 것이다. 결국 Ⅰ, Ⅱ수준의 구별은 외형상으로 하는 것이 아니고 내용상으로 구분해서 교사가 포괄적으로 유아들을 활동하게 하는 점에서 교사들을 위한 지침이라고 할 수 있다. 재능 개발을 목표로 한 영재교육을 꿈꾸는 '나선형의 교육론'이 뒷받침된 것이라고 볼 수 있다.

그러나 결과적으로 교과적인 요소를 앞당겨 학습시켜 아이들을 효율적으로 양육한다고 하는 어린이집 · 유치원이 출현하게 되었고 속셈학원, 어린이를 위한 예능 · 체육을 빙자한 어린이 교실이 도시마다 범람하게 되었다. 그렇지만 뜻있는 교사들은 어린이 개개인에게 대응하여 어린이의 좋은 점을 살리고 아이들의 생각을 소중하게 하는 교육을 실시하고 물질적으로는 풍요하게 되었지만 정신적으로는 빈곤한 부분이 있다고 생각해서 교육을 좀 더 깊게 파고들어가 질적으로 변용된 보호기능의 내용을 전개해 가지 않으면 안 되겠다고 생각하였고 한 걸음 더 나아가 인권교육의 의식이 싹트게 된 것이다.

나. 수업 일 · 시수

유치원의 연간 교육 일수는 기존과 같이 180일 기준이며, 하루의 교육 시간도 180분을 기준으로 하되, 조정하여 운영할 수 있도록 하였다. 또, 유치원의 교수-학습방법에 대한 지침으로 교육 활동의 통합적 운영, 민주적이고 수용적인 활동 분위기 조성, 균형 있는 일과 활동, 실물을 통한 직접 경험, 부모와의 연계 등을 강조하였고, 구체적인 평가의 내용과 방법, 유의점 등에 대해서도 간략하게 제시되었다.

6. 제6차 유치원 교육과정(1998. 6. 30. 교육부고시 제1998-10호)

교육부는 제6차 유치원 교육과정의 개정을 위해 한국유아교육학회에 그 연구 개발을 위탁하였다(연구책임자: 이기숙). 한국유아교육학회는 교육과정 개정작업을 위한 기초연구로서 먼저 '제5차 유치원 교육과정 구성 및 운영의 적절성 평가 연구'를 수행하여 문제점을 발굴하고, 개정 방향을 설정하여 교육과정 개정위원회를 구성하였다(교육부, 1998). 본 위원회는 각종 전문가들에 의한 협의회, 세미나, 공청회를 거치고 각 시 · 도교육청과 유치원의 현장 검토, 심의를 거쳐 수정 · 보완하여 제6차 교육과정 개정 시안을 마련하였다. 교육부는 이를 대통령 자문기구인 교육개혁위원회에 회부하였는데 동 위원회에서는 교육과정상의 학습내용을 정선하여 70%를 감축할 것과 정선된 교육내용에 대한 수업의 내실화를 위하여 교사용 지침서 등의 교육자료를 심도 있게 개발 · 보급하도록 하였다(교육개혁위원회, 1997). 이와 같은 과정의 심의를 거쳐 1998년 6월 30일 교육부 고시 제1998-10호로 제6차 유치원 교육과정이 개정 · 공포되었는데 여기에는 각종 고시문과 교육목표, 내용, 교수-학습 및 평가로 구성되었고 2000년 3월 1일부터 시행하도록 하였다(교육부, 1998). 개정된 제6차 유치원 교육과정은 제5차 유치원 교육과정과 별로 큰 차이를 발견할 수 없을 뿐만 아니라 국가적(국가수준) 교육과정으로서, 정부로부터 수직적으로 내리는 정치적-관료적 프로그램이라고 볼 수 있으며, 교육법에 의해 무대의 구석으로 몰린 교사들에게 무리하게 억지로 밀어붙여진 것이었다고 할 수 있을 만큼 잠재적 위험성이 내포되어 있다.

만일, 제5차 유치원 교육과정에서 나타난 문제점이 발견되었거나, 시대의 변천에 따른 보완의 필요성이 있었거나 또는 양자의 이유 때문에 제6차 유치원 교육과정을 개정하기로 확정짓고 시행했는데, 이것이 유치원 교육의 기초가 되는 새로운 최선의 대안으로서의 교육과정이라고 생각될지라도, 또는 제6차 유치원 교육과정이 불충분한 계획에서 탄생된 국가수준의 교육과정 계획이었다 해도, 교사들은 행 · 재정적인 박탈감과 기타 잡다한 업무의 과중한 부담으로 인하여, 전문직성, 즉, 수업과 학습을 장기적인 관점에 서서 계통적으로 계획하기 위한 지식과 이해를 가지고, 학습계획, 강의요목(syllabus), 교육과정, 그리고 평가를 소중하게 생각하는 우수한 교사가 되기는 어려운 것이다.

그러므로 이제는 균형이 맞지 않은 교직생활을 균형 있게 바꾸는 일이야말로 당면한 과제가 아닌가 생각된다. 이 움직임은 어디까지나 교사의 질적 성장을 지향하는 것이어야 한다. 이러한 문제를 제기하는 것은 우리나라 교육계의 교사들의 실제 활동이 교사로서의 자질 향상의 열정보다는 교직에 대한 팽배해 있는 욕구불만을 안고 있다는 점에서 교사로서의 사기가 저하되었고 조금만 자극을 주어도 열등감과 피해

의식을 가지고 대응하는 등, 굴욕과 저항현상이 두드러지게 나타나고 있는 현실이다. 이러한 현상의 원인분석이 시급히 이루어진 위에 교육정책이 수립되어야 할 것이라는 관점에서, 교육활동에 영향을 미치는 문화와 사회구조의 역할을 중점적으로 분석하고 나서 국책으로서의 교육과정 계획을 다시 분석하고 개정하는 것이 중요한 일로 생각이 된다.

가. 교육과정

제6차 유치원 교육과정은 제5차와 마찬가지로 ① 건강생활, ② 사회생활, ③ 표현생활, ④ 언어생활, ⑤ 탐구생활로 되어 있고 전체적으로 제6차 교육과정은 사실상 제5차 교육과정과 비교해서 크게 달라진 것은 별로 없다. 제6차 유치원 교육과정의 특징을 보면, 첫째, 유치원이 공교육 체제로 전환되는 시점에서 개정된 점에서 의의가 있다. 그러나 다만 제5차 교육과정에서 제시했던 내용을 70% 선으로 축소 조정하였다는 점과 일부 내용을 부분적으로 개편한 점이 두드러진 특징이다. 둘째, 민주시민 교육을 외형상 강조하였다는 점이다. 그러나 구체적인 보육내용에서의 민주시민 교육을 위해 '노리는 점'이나 '목표가 체계성이 없다는 점'에서 자칫 교사의 자의적인 교육활동으로 이루어질 가능성이 많은 것이다. 그러므로 이에 맞추는 후속 수단으로 교사 재교육을 위한 국가적 차원의 계획이 수립되어야 할 것이다.

7. 2007개정 유치원 교육과정(2007. 12. 19. 교육부고시 제2007-153호)

2007 개정 유치원 교육과정은 21세기 지식정보화 시대를 주도할 "사람과 자연을 존중하고 사랑하는 한국인 육성"을 기본 방향으로 한다고 명시하였다. 이는 제6차 유치원 교육과정(1998. 6. 30. 교육부고시 제1998-10)과 비교하여 볼 때 개인과 생태계와의 관계 형성에 중심을 두는 교육관으로 전환되었음을 알 수 있다. 2007 개정 유치원 교육과정 역시 사회생활, 건강생활, 표현생활, 언어생활, 탐구생활의 다섯 가지 영

역으로 구성되어 있으며 교육내용의 준거가 내포되었음을 말해준다고 볼 수 있다.

바뀐 교육과정 내용을 예시로 들면, 제6차 교육과정에서 '개인생활'이 '나를 알고 사랑하기'로 바뀜으로써 개인생활의 교육적 준거가 유아가 자신을 긍정적으로 인식하도록 하는 데 있음을 시사하고 있다.

가. 교육과정

건강생활영역, 사회생활영역, 표현생활영역, 언어생활영역, 탐구생활영역 등은 통합적으로 운영하고 학습의 형태는 수준별 운영, 놀이중심, 생태중심, 5세 유아의 기본능력을 강조하였다

나. 수업 일 · 시수

유치원의 연간 교육 일수는 기존과 같이 180일 기준으로 하되 유아연령, 지역특성, 학부모요구, 입학초기 적응 형태에 따라 조정할 수 있으며, 하루의 교육 시간도 180분을 기준으로 하되, 연간 교육 일수는 10분의 1 범위 내에서 감축 운영이 조정 가능하도록 하였다.

8. 만 5세 누리과정(교육과학기술부고시 제2011-30호)

이 교육과정은 21세기 지식 정보화시대를 주도할 사람과 자연을 존중하고 사랑하는 한국인 육성을 기본방향으로 한다. 또한 5세 누리과정은 만 5세아에게 필요한 기본능력과 바른 인성을 기르고 민주시민의 기초를 형성하는 것을 목적으로 한다.

가. 교육과정

교육과정 구성은 건강생활, 사회생활, 표현생활, 언어생활, 탐구생활의 5개 영역으로 구성한다.

나. 수업 일수

연간교육일수는 180일, 하루 교육시간은 180분을 최소기준으로 하되, 연간교육일수 및 하루교육시간은 시 · 도교육청의 지침과 유치원 실정에 따라 자율적으로 결정한다.

9. 3-5세 누리과정(교육과학기술부고시 제2012-16호)

2011년 유치원과 어린이집을 위한 공통교육과정(5세 누리과정)이 발표되고 2012년 3월에 도입한 누리과정을 2013년에는 만 3-5세로 확대한다는 정책이 발표되었다. 우리나라의 모든 만 3-5세 유아들에게 교육과 보육과정이 통합된 국가수준 공통과정인 3-5세 연령별 누리과정이 도입되어 취학전 교육의 질을 제고하고 초기 출발점 평등을 보장할 수 있게 되었다(교육과학기술부, 보건복지부, 2012).

가. 교육과정

연령별 누리과정의 5개 생활영역은 신체운동 · 건강영역, 의사소통영역, 사회관계영역, 예술경험영역, 자연탐구영역으로 구성되었다. 학습의 형태는 통합적 운영, 수준별 운영, 놀이중심, 생태중심, 유아주도 경험을 강조하였다.

나. 수업 일 · 시수

유치원의 연간 교육 일수는 기존과 같이 180일 기준이며, 하루의 교육 시간도 180분을 기준으로 하되, 조정하여 운영할 수 있도록 하였다. 또, 운영시간은 유치원의 경우에 1일 3~5시간을 기본 교육과정 운영시간으로 하고 그 이후 시간은 종일제(방과후) 운영을 하는 반면 어린이집은 1일 12시간을 기본으로 하고 있으나 두 기관 운영 시간을 1일 3~5시간으로 편성하도록 하였다.

10. 2019 개정 누리과정(교육부고시 제2019-189호)

교육부와 보건복지부는 2019년 7월 19일 2019 개정 누리과정을 확정 · 발표하였다. 2019 개정 누리과정은 '국정과제 학생중심의 교육과정 개편' 정부혁신의 일환으로 유아교육 혁신방안에서 제시한 유아 · 놀이 중심 교육과정의 개편이다.

가. 교육과정

교육과정의 5개 영역은 유지하되 연령별 세부내용(369개)을 연령통합(59개) · 간략화하고 다양한 교육방식이 발현될 수 있도록 현장 자율성을 확대하였다. 연령별 누리과정의 5개 생활영역은 신체운동 · 건강영역, 의사소통영역, 사회관계영역, 예술경험영역, 자연탐구영역으로 구성되었다.

나. 수업 일 · 시수

유치원의 연간 교육 일수는 기존과 같이 180일 기준이며, 하루의 교육 시간도 180분을 기준으로 하되, 조정하여 운영할 수 있도록 하였다. 또, 운영시간은 유치원의 경우에 1일 4~5시간을 기본 교육과정 운영시간으로 하고 그 이후 시간은 기관의 자율성을 부여하였다.

11. 우리나라 유치원 교육과정의 변천사 요약

유치원 교육과정의 변천사를 세 가지 단계로 특징을 나누어 제시하고자 한다.

제1단계는 제1차 유치원 교육과정 제정 이전의 시기로서, 유치원의 놀이중심 교육이 전통화된 상황에서 민주시민교육은 고려되지 않은 시기였다.

제2단계는 제1차, 제2차 유치원 교육과정이 시행되었던 시기이다. 이 기간은 유신정권과 신군부가 집권한 시기로서 유신체제의 합리화와 반공체제 국가관이 강조되고 체제 수호를 위한 권위주의의 시대이었기 때문에 유치원 교육에 대한 관심이 별로 쏠리지 않은 때라고 할 수 있다. 그러므로 유치원에서의 민주시민교육은 사실상 사회영역에서 표방하는 수용적인 사회화의 수준에서 현상 유지되는 상황이었다.

제3단계는 두 가지로 나눌 수가 있는데 그 첫 단계는 제3차 교육과정의 시기이고, 그 두 번째 단계는 제4차 교육과정 이후의 시기이다. 첫 단계는 신군부가 집권하던 시기로서 당시 정권에 대항 내지 비판의 차원에서 시민단체의 정치적 활동이 도처에서 일어났던 시기이었으나 유치원 교육내용은 과거의 습관을 답습하는 교육내용에 불과했다. 두 번째 단계는 군부 정권이 물러가고 직선 총선거 체제로 정치사회가 전환되는 상황 속에서 학교 이외의 시민교육의 차원에서 민주시민교육 활동이 활발해진 시기이다. 그러나 유치원 교육과정의 내용에서 과거 어느 때보다도 민주시민교육이라는 표현은 많아졌지만 민주시민교육이 독자적인 체계로 운영되는 것은 없었다. 그러나 유아교육의 세계적인 동향에서는, 1990년대 이후, 산업사회가 야기하는 인간소외의 사회적 위기와 탈인간화라는 시대적 상황에서 인간성 회복과 아동의 친사회적 행동발달에 관심을 갖게 되면서 이 분야의 연구들이 활발하게 이루어졌다. 2000년대 이후에는 생태 중심 교육과정과 공동체 중심의 프로그램과 4차 산업에 대응하기 위한 교육과정들이 활발하게 이루어졌다. 이러한 교육사조의 흐름에 따라 변화된 제1차 교육과정에서부터 현행 교육과정을 종합해보면 다음 〈표 8-1〉과 같다.

표 **8-1** 유치원 교육내용의 변천사

구분	제1차(1969.2.19; 문교부령 제207호)	제2차(1979.3.1; 문교부고시 제424호)	제3차(1981.12.31; 문교부고시 제442호)
교육사조	• 진보주의 교육과정 (Dewey 의 경험 · 생활 · 흥미중심)	• 인지이론의 학문중심 • 조기교육의 필요성 강조	• Piaget의 인지발달론 • 인간중심 통합교육과정(다양한 아동중심주의 개방화교육)
인간상 및 교육목표	〈인간상〉 • 욕구와 흥미에 알맞은 환경조성으로 유아의 인격형성 • 건강한 신체와 건전한 정신으로 생활할 수 있는 유능한 한국인 양성 〈교육목표〉 • 튼튼한 몸과 마음, 기초적인 생활습관, 올바른 사회적 태도와 도덕성, 과학적이고 민주적인 사고력, 심미적 태도, 창조적인 표현능력을 기르고, 자연 및 사회의 제현상에 관심을 가지는 것	〈인간상〉 • 국민적 자질의 함양 • 인간교육의 강조 • 지식 · 기술교육의 쇄신 〈교육목표〉 • 자아실현 • 국가발전 • 민주적 가치의 창조	〈인간상〉 • 민주 · 복지 · 정의사회의 건설에 적극적으로 이바지할 수 있는 자주적이고 창의적인 국민을 길러내는 것 〈교육목표〉 • 유아에게 알맞은 교육환경을 마련해주어 전인적으로 성장하도록 돕는 것
영역구성	• 건강생활 • 사회생활 • 자연생활 • 언어생활 • 예능생활	• 사회 · 정서발달 • 인지발달 • 언어발달 • 신체발달 • 건강	• 신체발달 • 정서발달 • 언어발달 • 인지발달 • 사회성 발달
수업일 · 시수	• 연간 200일 • 일일 3시간	• 연간 200일 • 일일 3~4시간	• 연간 180일 • 일일 3~4시간
특징 및 변화	• 생활영역으로 구분 • 만 4세에 입학	• 발달영역으로 구분 • 만 4세에 입학	• 발달영역으로 구분 • 만 4세에 입학

구분	제4차(1987.6.30; 문교부고시 제87-9호)	제5차(1992.9.30; 교육부고시 제1992-15호)	제6차(1998.6.30; 교육부고시 제1998-10호)
교육사조	제3차와 동일	제3차와 동일	제5차와 동일
인간상 및 교육목표	〈제1단계〉 • 인격완성 • 자주적 생활능력 • 민주시민으로서의 자질을 갖추어 민주국가 발전에 봉사 • 인류공영의 이상실현에 기여 〈제2단계〉 • 건강한 사람 • 자주적인 사람 • 창조적인 사람 • 도덕적인 사람 〈제3단계〉 • 건강과 안전에 대한 올바른 생활습관 • 신체의 조화로운 발달을 도모 • 타인의 말을 이해 • 주변현상에 대한 느낌을 표현 • 자부심 • 가족과 이웃을 사랑하는 마음	〈인간상〉 • 건강한 사람 • 자주적인 사람 • 창조적인 사람 • 도덕적인 사람 〈구성의 중점〉 • 기본 생활교육 강조 • 유아의 흥미와 욕구 존중 • 개인차 인정 • 놀이중심 교육	〈인간상〉 • 전인적 성장의 기반 위에 개성을 추구하는 사람 • 기초능력을 토대로 창의적인 능력을 발휘하는 사람 • 우리문화에 대한 이해의 토대 위에 새로운 가치를 창조하는 사람 • 민주시민의식을 기초로 공동체의 발전에 공헌하는 사람 〈교육목표〉 • 몸과 마음이 건강하게 자랄 수 있는 경험을 가진다. • 기본 생활습관을 기르고, 다른 사람과 더불어 생활하는 태도를 가진다. • 생각과 느낌을 창의적으로 표현하는 경험을 가진다. • 바르게 언어를 사용하는 경험을 가진다. • 일상생활의 문제에 대하여 스스로 궁리하는 태도를 가진다.
영역구성	• 신체발달 영역 • 언어발달 영역 • 인지발달 영역 • 정서발달 영역 • 사회성발달 영역	• 전인적 발달 • 건강생활 • 사회생활 • 표현생활 • 언어생활 • 탐구생활	• 건강생활 • 사회생활 • 표현생활 • 언어생활 • 탐구생활
수업일·시수	• 연간 180일 • 일일 3~4시간	• 연간 180일 • 3시간(조정가능)	• 연간 180일 • 단일제(3~5시간) • 시간연장제(5~8시간) • 종일제(8시간 이상)
특징 및 변화	• 발달영역으로 구분 • 만 4세에 입학	• 발달영역과 생활영역을 통합한 생활영역으로 제시 • 만 3세부터 입학	• 생활영역으로 구분 • 만 3세부터 입학

구분	2007개정 유치원 (교육인적자원부고시 제2007-153)	누리과정 (교육과학기술부고시 제011-30호, 보건복지부고시 제2011-106호)	2019 개정 누리과정 (교육부고시 제2019-189호)
교육사조	5개 생활영역 강조	통합적운영 수준별 교육과정 운영	놀이 중심 유아교육과정
인간상 및 교육목표	〈구성방향〉 • 개성을 추구하고 창의적 능력을 발휘하고,진로를개척하는사람, 우리 문화 이해의 토대 위에 새로운 가치를 창조하는 사람, 공동체발전에 공헌하는 사람, 공동체발전에 공헌하는 사람을 기르는 데 역점을 둠	〈목적〉 누리과정은 만 3–5세 유아의 심신의 건강과 조화로운 발달을 도와 민주시민의 기초를 형성하는 것을 목적으로 한다 〈교육목표〉 • 기본운동능력과 건강하고 안전한 생활습관을 기른다 • 일상생활에 필요한 의사소통능력과 바른 언어사용습관을 기른다. • 자신을 존중하고 다른 사람과 더불어 생활하는 능력과 태도를 기른다. • 아름다움에 관심을 가지고 예술경험을 즐기며 창의적으로 표현하는 능력을 기른다. • 호기심을 가지고 주변세계를 탐구하며, 일상에서 수학적, 과학적으로 생각하는 능력과 태도를 기른다.	〈인간상〉 • 건강한 사람 • 자주적인 사람 • 창의적인 사람 • 감성이 풍부한 사람 • 더불어 사는 사람 〈목적〉 누리과정의 목적은 유아가 놀이를 통해 심신의 건강과 조화로운 발달을 이루고 바른 인성과 민주 시민의 기초를 형성하는 데 있다. 〈교육목표〉 • 자신의 소중함을 알고, 건강하고 안전한 생활 습관을 기른다. • 자신의 일을 스스로 해결하는 기초능력을 기른다. • 호기심과 탐구심을 가지고 상상력과 창의력을 기른다. • 일상에서 아름다움을 느끼고 문화적 감수성을 기른다. • 사람과 자연을 존중하고 배려하며 소통하는 태도를 기른다.
영역구성	• 건강생활 • 사회생활 • 표현생활 • 언어생활 • 탐구생활	• 신체운동 · 건강 • 의사소통 • 사회관계 • 예술경험 • 자연탐구	• 신체운동 · 건강 • 의사소통 • 사회관계 • 예술경험 • 자연탐구
수업일 · 시수	연간교육일수 180일 최소교육기준	두 기관의 운영시간을 3~5시간을 기준으로 편성	1일 4~5시간을 기준으로 편성
특징 및 변화	수준별 교육과정 적정화	교육과정 통합편성	• 5개 영역 내용 간략화 및 통합적 이해 • 추구하는 인간상 구현을 위한 지식, 기능, 태도 및 가치를 반영 • 유아의 실제 경험 강조 • 0~2세 보육과정 및 초등학교 교육과정의 연계성 고려

CURRICULUM FOR EARLY CHILDHOOD EDUCATION

제 9 장

우리나라 국가수준 교육과정

이 장에서는 국가수준의 교육과정을 어린이집과 유치원으로 나누어 그 내용을 전개하였다.

제1절 보육기관 표준보육과정(어린이집)

0–1세와 2세 영아를 위한 표준보육과정 각론을 제시하였다.

제2절 2019 개정 누리과정

유치원 · 어린이집 3–5세를 위한 누리과정 내용을 제시하였다.

제1절 보육기관 표준보육과정(어린이집)

1. 표준보육과정 방향

영유아를 대상으로 하는 표준보육과정은 「영유아보육법」 제29조 제2항 및 제4항에 따라 영유아보육법 시행규칙 제30조에 의해 고시되었으며 영유아보육과정의 목표, 목적, 내용 및 운영에 관련된 국가수준의 보육과정이다. 우리나라 보육은 빈민아동에 대한 구제사업의 일환으로 운영되었던 1921년 태화기독교 사회관의 탁아프로그램을 시작으로 1926년 부산의 공생탁아소와 대구의 은총탁아소가 출발점이다. 해방이후에는 피난민이 집중되어 있던 부산에 시립탁아소들이 운영되었는데 주로 전쟁고아나 미아 등 보호가 필요한 아이들을 민간단체들에 의해 구호적인 성격을 띤 교육과정이었다.

2. 표준보육과정의 변천

표준보육과정이란 어린이집의 보육목적과 어린이집에서 운영해야 할 보편적인 보육내용을 제시한 것이다. 표준보육과정의 제정으로 모든 영아와 유아들은 보편적인 보육내용을 경험하고 기준 없이 천차만별로 이루어지는 보육과정이 정비되어 질 높은 보육과정으로 변화되고 있다.

1) 1차 표준보육과정

2007년 1월에 개발 · 고시되었다. 이 보육과정은 보육내용과 교사지침을 고시하였고 현장에 적용할 수 있는 연령별 내용과 교사교육을 위한 영상 자료를 함께 개발하였다. 기본생활, 신체운동, 의사소통, 사회관계, 자연탐구, 예술경험의 6개 영역으로 구성되었다.

2) 2차 표준보육과정

2차 표준보육과정은 교사의 이해도를 높이고 현장의 혼란을 줄일 수 있는 방법을 수정 · 보완하여 2010년 제2차 표준보육과정을 고시하였다. 개정된 내용은 만 2세 미만의 수준을 6개월 단위로 구분하여 1–4수준으로 세분화하였고 총론을 추가하여 표준보육과정의 방향성과 각 6개 영역의 기초를 강화하였다.

3) 3차 표준보육과정

3차 표준보육과정은 2013년 1월경에 개정 · 고시되었다. 2013년에 확대 시행되는 만 3–5세 누리과정에 맞추어 제2차 내용을 개편하였고 단계별 연계성을 고려하여 수준별 내용을 강화하였다.

4) 4차 표준보육과정(2020.9.1.)

제4차 표준보육과정은 개정 누리과정과 같이 놀이중심, 전인발달 및 창의성 발달을 교육방향으로 하고 있으며 영역별 목표 및 내용에서 세부내용이 삭제되어 2020년 9월 1일 개정 · 고시되었다.

3. 표준보육과정의 내용

이 절에서는 0–1세와 2세 영아를 위한 국가수준 표준보육과정(보건복지부 고시 제2020-75호)의 구체적인 내용을 살펴본다.

2020년 4월 보건복지부는 「영유아보육법」 제29조 제2항, 「영유아보육법 시행규칙」 제30조 및 별표8의 4에 의한 「제3차 어린이집 표준보육과정 고시(보건복지부 고시 제2013-8호, 2013.1.21., 일부개정)」를 개정하였다. 고시명 “제3차 어린이집 표준보육과정 고시”를 “제4차 어린이집 표준보육과정 고시”로 하고 제4차 어린이집 표준보육과정은 2020년 9월 1일부터 시행되었다.

가. 표준보육과정의 성격

어린이집 표준보육과정(이하, '표준보육과정'이라 함)은 0–5세 영유아를 위한 국가 수준의 보육과정이며 0–1세 보육과정, 2세 보육과정, 3–5세 보육과정(누리과정)으로 구성한다.

가. 국가 수준의 공통성과 지역, 기관 및 개인 수준의 다양성을 동시에 추구한다.
나. 영유아의 전인적 발달과 행복을 추구한다.
다. 영유아 중심과 놀이 중심을 추구한다.
라. 영유아의 자율성과 창의성 신장을 추구한다.
마. 영유아, 교사, 원장, 부모 및 지역사회가 함께 실현해 가는 것을 추구한다.

나. 총론

1) 표준보육과정의 구성 방향

(1) 추구하는 인간상

표준보육과정이 추구하는 인간상은 다음과 같다.
가. 건강한 사람
나. 자주적인 사람
다. 창의적인 사람
라. 감성이 풍부한 사람
마. 더불어 사는 사람

(2) 목적과 목표

표준보육과정의 목적은 영유아가 놀이를 통해 심신의 건강과 조화로운 발달을 이루고, 바른 인성과 민주 시민의 기초를 형성하는 데에 있다.

이를 실현하기 위한 목표는 다음과 같다.

가. 0–2세 보육과정 목표

1) 자신의 소중함을 알고, 건강하고 안전한 환경에서 즐겁게 생활한다.
2) 자신의 일을 스스로 하고자 한다.
3) 호기심을 가지고 탐색하며 상상력을 기른다.
4) 일상에서 아름다움에 관심을 가지고 감성을 기른다.
5) 사람과 자연을 존중하고 소통하는 데 관심을 가진다.

나. 3–5세 보육과정 목표

1) 자신의 소중함을 알고, 건강하고 안전한 생활 습관을 기른다.
2) 자신의 일을 스스로 해결하는 기초능력을 기른다.
3) 호기심과 탐구심을 가지고 상상력과 창의력을 기른다.
4) 일상에서 아름다움을 느끼고 문화적 감수성을 기른다.
5) 사람과 자연을 존중하고 배려하며 소통하는 태도를 기른다.

(3) 구성의 중점

표준보육과정 구성의 중점은 다음과 같다.

가. 영유아는 개별적인 특성을 지닌 고유한 존재임을 전제로 구성한다.

나. 0–5세 모든 영유아에게 적용할 수 있도록 구성한다.

다. 추구하는 인간상 구현을 위한 지식, 기능, 태도 및 가치를 반영하여 구성한다.

라. 표준보육과정은 다음의 영역을 중심으로 구성한다.

1) 0–1세 보육과정과 2세 보육과정은 기본생활, 신체운동, 의사소통, 사회관계, 예술경험, 자연탐구의 6개 영역을 중심으로 구성한다.
2) 3–5세 누리과정은 신체운동 · 건강, 의사소통, 사회관계, 예술경험, 자연탐구의 5개 영역을 중심으로 구성한다.

마. 0–5세 영유아가 경험해야 할 내용으로 구성한다.

바. 초등학교 교육과정과의 연계성을 고려하여 구성한다.

2) 표준보육과정의 운영

(1) 편성 · 운영

다음의 사항에 따라 표준보육과정을 편성 · 운영한다.

가. 어린이집의 운영 시간에 맞추어 편성한다.

나. 표준보육과정을 바탕으로 각 기관의 실정에 적합한 계획을 수립하여 운영한다.

다. 하루 일과에서 바깥 놀이를 포함하여 영유아의 놀이가 충분히 이루어지도록 편성하여 운영한다.

라. 성, 신체적 특성, 장애, 종교, 가족 및 문화적 배경 등에 따른 차별이 없도록 편성하여 운영한다.

마. 영유아의 발달과 장애 정도에 따라 조정하여 운영한다.

바. 가정과 지역사회와의 협력과 참여에 기반하여 운영한다.

사. 교사 연수를 통해 표준보육과정의 운영을 개선할 수 있도록 한다.

(2) 교수 · 학습

교사는 다음 사항에 따라 영유아를 지원한다.

가. 영유아의 의사 표현을 존중하고 민감하게 반응한다.

나. 영유아가 흥미와 관심에 따라, 놀이에 자유롭게 참여하고 즐기도록 한다.

다. 영유아가 놀이를 통해 배우도록 한다.

라. 영유아가 다양한 놀이와 활동을 경험할 수 있도록 실내외 환경을 구성한다.

마. 영유아와 영유아, 영유아와 교사, 영유아와 환경 사이에 능동적인 상호작용이 이루어지도록 한다.

바. 각 영역의 내용이 통합적으로 영유아의 경험과 연계되도록 한다.

사. 개별 영유아의 요구에 따라, 휴식과 일상생활이 원활히 이루어지도록 한다.

아. 영유아의 연령, 발달, 장애, 배경 등을 고려하여 개별 특성에 적합한 방식으로 배우도록 한다.

(3) 평가

평가는 다음 사항에 중점을 두고 실시한다.

가. 표준보육과정 운영의 질을 진단하고 개선하기 위해, 평가를 계획하고 실시한다.

나. 영유아의 특성 및 변화 정도와 표준보육과정의 운영을 평가한다.

다. 평가의 목적에 따라 적합한 방법을 사용하여 평가한다.

라. 평가의 결과는 영유아에 대한 이해와 표준보육과정 운영 개선을 위한 자료로 활용할 수 있다.

다. 0–1세 영역별 목표 및 내용

1) 기본생활

(1) 목표

건강하고 안전한 일상생활을 경험한다.

1) 건강한 일상생활을 경험한다.

2) 안전한 일상생활을 경험한다.

(2) 내용

내용범주	내용
건강하게 생활하기	• 도움을 받아 몸을 깨끗이 한다. • 음식을 즐겁게 먹는다. • 하루 일과를 편안하게 경험한다. • 배변 의사를 표현한다.
안전하게 생활하기	• 안전한 상황에서 놀이하고 생활한다. • 안전한 상황에서 교통수단을 이용해 본다. • 위험하다는 말에 주의한다.

2) 신체운동

(1) 목표

감각으로 탐색하고 신체활동을 즐긴다.

1) 감각 탐색을 즐긴다.

2) 신체활동을 즐겁게 경험한다.

(2) 내용

내용범주	내용
감각과 신체 인식하기	• 감각적 자극에 반응한다. • 감각으로 주변을 탐색한다. • 신체를 탐색한다.
신체활동 즐기기	• 대소근육을 조절한다. • 기본 운동을 시도한다. • 실내외 신체활동을 즐긴다.

3) 의사소통

(1) 목표

의사소통 능력의 기초를 형성한다.

1) 일상생활에서 듣고 말하기를 즐긴다.

2) 읽기와 쓰기에 관련된 관심을 가진다.

3) 책과 이야기에 관심을 가진다.

(2) 내용

내용범주	내용
듣기와 말하기	• 표정, 몸짓, 말과 주변의 소리에 관심을 갖고 듣는다. • 상대방의 이야기를 들으면서 말소리를 낸다. • 표정, 몸짓, 말소리로 의사를 표현한다.
읽기와 쓰기에 관심 가지기	• 주변의 그림과 상징에 관심을 가진다. • 끼적이기에 관심을 가진다.
책과 이야기 즐기기	• 책에 관심을 가진다. • 이야기에 관심을 가진다.

4) 사회관계

(1) 목표

나를 인식하고, 친숙한 사람과 관계를 맺는다.

1) 나를 고유한 존재로 안다.

2) 안정적인 애착을 형성하고, 또래, 교사와 함께 지낸다.

(2) 내용

내용범주	내용
나를 알고 존중하기	• 나를 인식한다. • 나의 욕구와 감정을 나타낸다. • 나와 친숙한 것을 안다.
더불어 생활하기	• 안정적인 애착을 형성한다. • 또래에게 관심을 가진다. • 다른 사람의 감정과 행동에 관심을 가진다. • 반에서 편안하게 지낸다.

5) 예술경험

(1) 목표

아름다움을 느끼고 경험한다.

1) 자연과 생활에서 아름다움에 관심을 가진다.

2) 예술적 경험을 표현한다.

(2) 내용

내용범주	내용
아름다움 찾아보기	• 자연과 생활에서 아름다움을 느낀다. • 아름다움에 관심을 가진다.
창의적으로 표현하기	• 소리와 리듬, 노래로 표현한다. • 감각을 통해 미술을 경험한다. • 모방 행동을 즐긴다.

6) 자연탐구

(1) 목표

주변 환경과 자연에 관심을 가진다.

1) 일상에서 탐색을 즐긴다.
2) 주변 환경을 탐색한다.
3) 생명과 자연에 관심을 가진다.

(2) 내용

내용범주	내용
탐구 과정 즐기기	• 주변 세계와 자연에 대해 호기심을 가진다. • 사물과 자연 탐색하기를 즐긴다.
생활 속에서 탐구하기	• 친숙한 물체를 감각으로 탐색한다. • 물체의 수량에 관심을 가진다. • 주변 공간과 모양을 탐색한다. • 규칙성을 경험한다.
자연과 더불어 살기	• 주변의 동식물에 관심을 가진다. • 날씨의 변화를 감각으로 느낀다.

라. 2세 영역별 목표 및 내용

1) 기본생활

(1) 목표

건강하고 안전한 생활습관의 기초를 형성한다.

1) 건강한 생활습관의 기초를 형성한다.
2) 안전한 생활습관의 기초를 형성한다.

(2) 내용

내용범주	내용
건강하게 생활하기	• 자신의 몸을 깨끗이 해 본다. • 음식에 관심을 가지고 즐겁게 먹는다. • 하루 일과를 즐겁게 경험한다. • 건강한 배변 습관을 갖는다.
안전하게 생활하기	• 일상에서 안전하게 놀이하고 생활한다. • 교통수단을 안전하게 이용해 본다. • 위험한 상황에 대처하는 방법을 경험한다.

2) 신체운동

(1) 목표

감각을 활용하고, 신체활동을 즐긴다.

1) 감각을 활용하고, 신체를 인식한다.

2) 신체활동을 즐긴다.

(2) 내용

내용범주	내용
감각과 신체 인식하기	• 감각 능력을 활용한다. • 신체를 인식하고 움직인다.
신체활동 즐기기	• 대소근육을 조절한다. • 기본 운동을 즐긴다. • 실내외 신체활동을 즐긴다.

3) 의사소통

(1) 목표

의사소통 능력과 상상력의 기초를 형성한다.

1) 일상생활에서 듣기와 말하기를 즐긴다.

2) 읽기와 쓰기에 관심을 가진다.

3) 책과 이야기에 재미를 느낀다.

(2) 내용

내용범주	내용
듣기와 말하기	• 표정, 몸짓, 말에 관심을 갖고 듣는다. • 상대방의 이야기를 듣고 말한다. • 표정, 몸짓, 단어로 의사를 표현한다. • 자신의 요구와 느낌을 말한다.
읽기와 쓰기에 관심 가지기	• 주변의 그림과 상징, 글자에 관심을 가진다. • 끼적이며 표현하기를 즐긴다.
책과 이야기 즐기기	• 책에 관심을 가지고 상상한다. • 말놀이와 이야기에 재미를 느낀다.

4) 사회관계

(1) 목표

나를 알고, 다른 사람과 더불어 생활하는 경험을 한다.

1) 나를 알고 긍정적으로 여긴다.

2) 다른 사람과 즐겁게 지내기 위한 태도를 기른다.

(2) 내용

내용범주	내용
나를 알고 존중하기	• 나와 다른 사람을 구별한다. • 나의 감정을 표현한다. • 내가 좋아하는 것을 한다.
더불어 생활하기	• 가족에게 관심을 가진다. • 또래와 함께 놀이한다. • 다른 사람의 감정과 행동에 반응한다. • 반에서의 규칙과 약속을 알고 지킨다.

5) 예술경험

(1) 목표

아름다움을 느끼고 즐긴다.

1) 자연과 생활에서 아름다움을 느끼고 관심을 가진다.

2) 예술을 통해 자유롭게 표현한다.

(2) 내용

내용범주	내용
아름다움 찾아보기	• 자연과 생활에서 아름다움을 느끼고 즐긴다. • 아름다움에 관심을 갖고 찾아본다.
창의적으로 표현하기	• 익숙한 노래와 리듬을 표현한다. • 움직임과 춤으로 자유롭게 표현한다. • 미술 재료와 도구로 표현해 본다. • 일상생활 경험을 상상놀이로 표현한다.

6) 자연탐구

(1) 목표

주변 환경과 자연을 탐색하는 과정을 즐긴다.

1) 일상에서 탐색하는 과정을 즐긴다.

2) 주변 환경에 관심을 가지고 탐색한다.

3) 생명과 자연에 관심을 가진다.

(2) 내용

내용범주	내용
탐구 과정 즐기기	• 주변 세계와 자연에 대해 호기심을 가진다. • 사물과 자연을 반복하여 탐색하기를 즐긴다.
생활 속에서 탐구하기	• 친숙한 물체의 특성과 변화를 감각으로 탐색한다. • 물체의 수량에 관심을 가진다. • 주변 공간과 모양을 탐색한다. • 규칙성에 관심을 가진다. • 주변 사물을 같고 다름에 따라 구분한다. • 생활 도구에 관심을 가진다.
자연과 더불어 살기	• 주변의 동식물에 관심을 가진다. • 날씨와 계절의 변화를 감각으로 느낀다.

제2절 2019 개정 누리과정

1. 2019 개정 누리과정의 주요 특성

2019 개정 누리과정은 다음과 같은 특성을 가진다.

가. 유아 중심 · 놀이 중심을 추구

「2019 개정 누리과정」은 유아교육의 기본 정신인 '놀이'를 중심으로 유아들의 배움을 지원하는 유아 중심 · 놀이 중심 교육과정을 재정립하고자 '자유놀이'를 강조하고, '놀이시간을 충분히 편성'하는 등의 문장을 명시하였다. 이를 통해 정부의 교육혁신 방향에서 강조하는 놀이와 쉼, 학습자를 중심으로 하는 교육의 방향을 통일감 있게 추진하고자 하였다.

나. 누리과정 성격을 공통의 교육과정으로 명시

「2019 개정 누리과정」의 가장 큰 노력 중의 하나는 누리과정의 성격을 '국가수준에서 고시한 공통의 교육과정'으로 명시한 부분이다. 누리과정을 공통의 교육과정으로 명시함으로써 그동안 유치원의 교육과정과 어린이집의 보육과정이라는 차원에서 가져온 현장의 혼란을 최소화하고자 하였다. 또한, 어린이집과 유치원에 다니는 3–5세 유아들에게 양질의 교육과정을 제공하고, 경험의 격차를 해소하고자 하는 노력이 보다 명시적으로 이루어질 수 있게 되었다.

다. 추구하는 인간상을 명시하며 총론의 구성 체계 확립

「2019 개정 누리과정」에서는 「3–5세 연령별 누리과정」에서 누락되었던 인간상을 초 · 중등학교 교육과정의 인간상과 연계성을 고려하여 명시하였다. 이는 누리과정이 교육과정으로서 전체 구성 체계를 확립하고자 한 것이며, 동시에 21세기 미래지향적 인간을 길러내기 위한 핵심역량을 반영하여 인간상을 제시한 2015 초 · 중등학교 교육과정과 연계성 측면이 적극 반영된 것이다.

라. 기존 누리과정 구성 체계 유지 및 5개 영역 내용 간략화

유아 중심 및 놀이 중심을 강조한 「2019 개정 누리과정」이 현장에 안정적으로 실행될 수 있도록 「3-5세 연령별 누리과정」의 기본 구성 방향과 구성 체계를 가능한 유지하고자 하였으며, 이에 따라 신체운동 · 건강, 의사소통, 사회관계, 예술경험, 자연탐구의 5개 영역의 명칭을 그대로 유지하였다. 그러나 5개 영역의 내용구성에 있어서 기존의 「3-5세 연령별 누리과정」이 유아의 연령별로 내용을 구성하였다면, 「2019 개정 누리과정」에서는 3-5세 '유아가 경험해야 할 최소한의 내용'으로 구성하였으며, 내용범주를 영역별 3개 정도로 조정하고 특히 연령별로 제시한 세부내용의 핵심요소를 내용과 통합 조정하여 59개의 내용으로 간략화 하였다.

마. 누리과정 실행력과 현장의 자율성 강조

「2019 개정 누리과정」 총론에서 놀이 중심의 누리과정을 실행하는 데 어려움을 주는 용어 등을 조정하여 현장에서 유아가 중심이 되고 놀이가 살아나는 누리과정이 실행될 수 있도록 최대한 교사의 자율권을 지원하고자 하였다. 또한 5개 영역의 내용을 간략히 하고 경험과 놀이를 강조하여 현장교사가 교사용 지도서가 아닌 고시문을 통해 보다 수월하게 교육과정을 실행할 수 있도록 누리과정 실행력 고취에 중점을 두었다.

바. 평가의 간략화

누리과정의 평가는 평가의 목적, 평가의 대상, 평가의 방법, 그리고 평가의 활용을 기본 원리로 하는 간략한 문구로 기술하고자 하였으며, 이를 통해 유아에 대한 이해와 누리과정 운영개선을 위한 현장 중심의 자율적 평가가 실행될 수 있도록 지원하고자 하였다.

2. 누리과정의 성격

누리과정은 3-5세 유아를 위한 국가 수준의 공통 교육과정이다.

가. 국가 수준의 공통성과 지역, 기관 및 개인 수준의 다양성을 동시에 추구한다.
나. 유아의 전인적 발달과 행복을 추구한다.
다. 유아 중심과 놀이 중심을 추구한다.
라. 유아의 자율성과 창의성 신장을 추구한다.
마. 유아, 교사, 원장(감), 학부모 및 지역사회가 함께 실현해가는 것을 추구한다.

3. 총론

가. 누리과정의 구성방향

1) 추구하는 인간상

누리과정이 추구하는 인간상은 다음과 같다.

가. 건강한 사람
나. 자주적인 사람
다. 창의적인 사람
라. 감성이 풍부한 사람
마. 더불어 사는 사람

2) 목적과 목표

누리과정의 목적은 유아가 놀이를 통해 심신의 건강과 조화로운 발달을 이루고 바른 인성과 민주 시민의 기초를 형성하는 데에 있다.

이를 실현하기 위한 목표는 다음과 같다.

가. 자신의 소중함을 알고, 건강하고 안전한 생활 습관을 기른다.
나. 자신의 일을 스스로 해결하는 기초능력을 기른다.
다. 호기심과 탐구심을 가지고 상상력과 창의력을 기른다.
라. 일상에서 아름다움을 느끼고 문화적 감수성을 기른다.
마. 사람과 자연을 존중하고 배려하며 소통하는 태도를 기른다.

3) 구성의 중점

누리과정 구성의 중점은 다음과 같다.

가. 3–5세 모든 유아에게 적용할 수 있도록 구성한다.
나. 추구하는 인간상 구현을 위한 지식, 기능, 태도 및 가치를 반영하여 구성한다.
다. 신체운동 · 건강, 의사소통, 사회관계, 예술경험, 자연탐구의 5개 영역을 중심으로 구성한다.
라. 3–5세 유아가 경험해야 할 내용으로 구성한다.
마. 0–2세 보육과정 및 초등학교 교육과정과의 연계성을 고려하여 구성한다.

나. 누리과정의 운영

1) 편성 · 운영

다음의 사항에 따라 누리과정을 편성 · 운영한다.

가. 1일 4–5시간을 기준으로 편성한다.
나. 일과 운영에 따라 확장하여 편성할 수 있다.
다. 누리과정을 바탕으로 각 기관의 실정에 적합한 계획을 수립하여 운영한다.
라. 하루 일과에서 바깥 놀이를 포함하여 유아의 놀이가 충분히 이루어지도록 편성하여 운영한다.

마. 성, 신체적 특성, 장애, 종교, 가족 및 문화적 배경 등으로 인한 차별이 없도록 편성하여 운영한다.

바. 유아의 발달과 장애 정도에 따라 조정하여 운영한다.

사. 가정과 지역사회와의 협력과 참여에 기반하여 운영한다.

아. 교사 연수를 통해 누리과정의 운영이 개선되도록 한다.

2) 교수 · 학습

교사는 다음 사항에 따라 유아를 지원한다.

가. 유아가 흥미와 관심에 따라 놀이에 자유롭게 참여하고 즐기도록 한다.

나. 유아가 놀이를 통해 배우도록 한다.

다. 유아가 다양한 놀이와 활동을 경험할 수 있도록 실내외 환경을 구성한다.

라. 유아와 유아, 유아와 교사, 유아와 환경 간에 능동적인 상호작용이 이루어지도록 한다.

마. 5개 영역의 내용이 통합적으로 유아의 경험과 연계되도록 한다.

바. 개별 유아의 요구에 따라 휴식과 일상생활이 원활히 이루어지도록 한다.

사. 유아의 연령, 발달, 장애, 배경 등을 고려하여 개별 특성에 적합한 방식으로 배우도록 한다.

3) 평가

평가는 다음 사항에 중점을 두고 실시한다.

가. 누리과정 운영의 질을 진단하고 개선하기 위해 평가를 계획하고 실시한다.

나. 유아의 특성 및 변화 정도와 누리과정의 운영을 평가한다.

다. 평가의 목적에 따라 적합한 방법을 사용하여 평가한다.

라. 평가의 결과는 유아에 대한 이해와 누리과정 운영 개선을 위한 자료로 활용할 수 있다.

다. 영역별 목표 및 내용

1) 신체운동 · 건강

(1) 목표

실내외에서 신체활동을 즐기고, 건강하고 안전한 생활을 한다.

1) 신체활동에 즐겁게 참여한다.

2) 건강한 생활습관을 기른다.

3) 안전한 생활습관을 기른다.

(2) 내용

내용범주	내 용
신체활동 즐기기	신체를 인식하고 움직인다.
	신체 움직임을 조절한다.
	기초적인 이동운동, 제자리 운동, 도구를 이용한 운동을 한다.
	실내외 신체활동에 자발적으로 참여한다.
건강하게 생활하기	자신의 몸과 주변을 깨끗이 한다.
	몸에 좋은 음식에 관심을 가지고 바른 태도로 즐겁게 먹는다.
	하루 일과에서 적당한 휴식을 취한다.
	질병을 예방하는 방법을 알고 실천한다.
안전하게 생활하기	일상에서 안전하게 놀이하고 생활한다.
	TV, 컴퓨터, 스마트폰 등을 바르게 사용한다.
	교통안전 규칙을 지킨다.
	안전사고, 화재, 재난, 학대, 유괴 등에 대처하는 방법을 경험한다.

2) 의사소통

(1) 목표

일상생활에 필요한 의사소통 능력과 상상력을 기른다.

1) 일상생활에서 듣고 말하기를 즐긴다.

2) 읽기와 쓰기에 관심을 가진다.

3) 책이나 이야기를 통해 상상하기를 즐긴다.

(2) 내용

내용범주	내 용
듣기와 말하기	말이나 이야기를 관심 있게 듣는다.
	자신의 경험, 느낌, 생각을 말한다.
	상황에 적절한 단어를 사용하여 말한다.
	상대방이 하는 이야기를 듣고 관련해서 말한다.
	바른 태도로 듣고 말한다.
	고운 말을 사용한다.
읽기와 쓰기에 관심 가지기	말과 글의 관계에 관심을 가진다.
	주변의 상징, 글자 등의 읽기에 관심을 가진다.
	자신의 생각을 글자와 비슷한 형태로 표현한다.
책과 이야기 즐기기	책에 관심을 가지고 상상하기를 즐긴다.
	동화, 동시에서 말의 재미를 느낀다.
	말놀이와 이야기 짓기를 즐긴다.

3) 사회관계

(1) 목표

자신을 존중하고 더불어 생활하는 태도를 가진다.

1) 자신을 이해하고 존중한다.

2) 다른 사람과 사이좋게 지낸다.

3) 우리가 사는 사회와 다양한 문화에 관심을 가진다.

(2) 내용

내용범주	내 용
나를 알고 존중하기	나를 알고 소중히 여긴다.
	나의 감정을 알고 상황에 맞게 표현한다.
	내가 할 수 있는 것을 스스로 한다.
더불어 생활하기	가족의 의미를 알고 화목하게 지낸다.
	친구와 서로 도우며 사이좋게 지낸다.
	친구와의 갈등을 긍정적인 방법으로 해결한다.
	서로 다른 감정, 생각, 행동을 존중한다.
	친구와 어른께 예의바르게 행동한다.
	약속과 규칙의 필요성을 알고 지킨다.
사회에 관심 가지기	내가 살고 있는 곳에 대해 궁금한 것을 알아본다.
	우리나라에 대해 자부심을 가진다.
	다양한 문화에 관심을 가진다.

4) 예술경험

(1) 목표

아름다움과 예술에 관심을 가지고 창의적 표현을 즐긴다.

1) 자연과 생활 및 예술에서 아름다움을 느낀다.

2) 예술을 통해 창의적으로 표현하는 과정을 즐긴다.

3) 다양한 예술 표현을 존중한다.

(2) 내용

내용범주	내 용
아름다움 찾아보기	자연과 생활에서 아름다움을 느끼고 즐긴다.
	다양한 예술적 요소에 관심을 갖고 찾아본다.
창의적으로 표현하기	다양한 노래를 즐겨 부른다.
	신체, 사물, 악기로 간단한 소리와 리듬을 만들어 본다.
	신체나 도구를 활용하여 움직임과 춤으로 자유롭게 표현한다.

내용범주	내 용
창의적으로 표현하기	다양한 미술 재료와 도구로 자신의 생각과 느낌을 표현한다.
	극놀이로 경험이나 이야기를 표현한다.
예술 감상하기	다양한 예술을 감상하며 상상하기를 즐긴다.
	서로 다른 예술 표현을 존중한다.
	우리나라 전통 예술에 관심을 갖고 친숙해진다.

5) 자연탐구

(1) 목표

탐구하는 과정을 즐기고, 자연과 더불어 살아가는 태도를 가진다.

1) 일상에서 호기심을 가지고 탐구하는 과정을 즐긴다.
2) 생활 속의 문제를 수학적, 과학적으로 탐구한다.
3) 생명과 자연을 존중한다.

(2) 내용

내용범주	내 용
탐구과정 즐기기	주변 세계와 자연에 대해 지속적으로 호기심을 가진다.
	궁금한 것을 탐구하는 과정에 적극적으로 참여한다.
	탐구과정에서 서로 다른 생각에 관심을 갖는다.
생활 속에서 탐구하기	물체의 특성과 변화를 여러 가지 방법으로 탐색한다.
	물체를 세어 수량을 알아본다.
	물체의 위치와 방향, 모양을 알고 구별한다.
	일상에서 길이, 무게 등의 속성을 비교한다.
	주변에서 반복되는 규칙을 찾는다.
	일상에서 모은 자료를 기준에 따라 분류한다.
	도구와 기계에 대해 관심을 가진다.
자연과 더불어 살기	주변의 동식물에 관심을 가진다.
	생명과 자연환경을 소중히 여긴다.
	날씨와 계절의 변화를 생활과 관련짓는다.

CURRICULUM FOR EARLY CHILDHOOD EDUCATION

제 10 장

영유아 평가 방향 및 국가수준 평가 인증

이 장에서는 영유아를 이해하기 위한 평가 방향과 국가수준 교육과정의 질 관리를 위하여 주기적으로 평가하고 있는 평가인증제도 내용을 제시하였다.

제1절 영유아 평가 방향

교사가 영유아를 평가하고자 할 때 고려할 사항은 왜 평가를 하는가?에 대한 답을 얻는 것이다. 유아교육기관에서 일어나고 있는 여러 상황들에 대한 평가는 전인적인 성장과 발달의 변화수준을 점검하고 조절하는 질적 평가를 기본 방향으로 제시하였다.

제2절 영유아 평가 방법

영유아 평가방법은 유아교육기관에서 활용되고 있는 다양한 수행평가 방법들을 제시하였다.

제3절 교육과정의 평가

교육과정의 평가는 유아교육기관에서 계획부터 운영절차에 대한 전반적인 평가 내용을 제시하였다.

제4절 교육부 유치원 평가

교육부 관할의 유치원 평가인증제도에 관한 내용을 제시하였다.

제5절 보건복지부 어린이집 평가제

보건복지부 관할의 어린이집 평가제도 및 방향과 내용을 제시하였다.

제1절 영유아 평가 방향

유아교육에 있어 교육평가는 교사에게 정보를 제공하고 학습과 발달을 지원하고 부모와의 상담 시 유용한 자료를 활용할 수 있다. 또한 교육프로그램의 목적이 적합한지의 여부를 확인할 수 있다.

이 절에서는 영유아 평가 방향에 대한 이해를 돕기 위해 평가 목적, 영유아 평가 방향, 영유아 행동 이해에 대하여 살펴본다.

1. 평가 목적

교사가 유아를 평가하고자 할 때 제일 먼저 고려해야 할 사항은 평가의 목적을 확인하는 일이다. 교육과정 계획은 평가에서 시작하고 평가에서 끝난다는 주장이 있다. 이것을 그 자체로 하나의 평가모형이라고 말할 수 있는가 없는가 하는 것은 의심스럽다. 오히려 명확하고 한정적으로 평가될 수밖에 없는 학습목표를 가진 목표모형의 일종으로 생각하는 편이 타당할지도 모른다.

그러나 계획이라고 하는 관점에서 본다면, 이 평가를 기초로 하는 접근법이 갖는 몇 가지의 특징은 검토해 볼 만하다.

평가에서는 교사와 학습자의 양편에 무엇인가 해야 할 것을 명료하게 나타낸다고 하는 이점(利點)이 있다고 말할 수 있다. 다만 평가 쪽을 교육과정의 근본적인 목적보다 중시하게 되면, 그것은 본말전도(本末顚倒)의 현상이라고 할 수 있을 것이다. 다시 말하면 반드시 학습해야 할 중요한 것보다는 테스트하기 쉬운 것을 선택하고 그 결과 형편이 좋은 것이 평가대상이 된다고 하는 함정이 도사리고 있는 것이다. 평가가 작금(昨今) '고액(高額) 과외(課外)와 관계되는 평가(high stakes assessment)'로 인식되어 있는 경우가 있는데 이럴 때 그 평가의 본질이 왜곡되는 것은 생각보다는 훨씬 큰 문제가 되는 것이다. 학생이 부정행위를 저지르거나 교사가 본래의 목적을 망각하고 '테스트를 위해 가르치는' 혹은 '좋은 결과(점수)'를 내기 위해 가르친다고 하는 일이 되지 말라는 법이 없다.

여기서부터 간과할 수 없는 하나의 극히 중요한 논점은, 경우에 따라서는 내용으로부터의 접근법만은 예외로 하더라도 다른 모든 접근법에서는 '왜?'라고 하는 기본적인 물음이 제기되어야 한다. 그럼에도 불구하고 대부분의 경우 바로 '왜?'라는 제1단계를 간과하고 있다. 이것은 내용, 과정 혹은 목표를 가치 또는 원리에 근거한 고차원의 목적으로 정당화(justificaton)하는 것에 불과하다. 내용으로부터의 접근법은 예외일지도 모른다고 하는 것은 전통주의자에게 '왜?'라는 물음 같은 것은 필요치 않음을 의미한다. 왜냐하면, 학교의 교육과정은 몇 세기를 거쳐 지금과 같은 체제를 갖추게 된 것이고, 그대로의 형태로 받아 이어져 올 수밖에 없는 것이라고 주장하는 자가 있기 때문이다. 그러나 그와 같은 사고방식은 이성적인 것이 아니다. 많은 저서에서 '교육과정이 갖는 양자의 시간적 격차(timelag), 또는 관성'이라는 현상이 언급되고 있다. 그것은, 교육과정이 다른 사회적 · 기술적 변화에 따라갈 수가 없는 경향 때문이라는 것을 지적하고 있다.

위에서 말한 접근법은 어느 것이나 완전하다고는 말할 수는 없는 것이다. 왜냐하면 중요한 제1단계가 빠져 있기 때문이다. 제1단계란 교육과정이 구성되는 최초의 기본적인 의문 '왜?'라고 하는 근거 제시의 요구라고 할 수 있다. 즉, 그 내용, 과정, 목표는 도대체 어디에서 도출될 것인가? 그것들은, 어떻게 정당화가 되는가? 이와 같은 결정의 배후에 있는 원리나 가치는 어떤 것인가? 하는 의문의 제기인 것이다.

한편, 교육에는 정점이 없다. 가능한 한 엄밀성을 요구하는 일은 있어도, 모든 목표를 완전히 엄밀하게 정의하거나, 미리 설정하는 일은 불가능하다. 좋게 하는 방식과 나쁘게 하는 방식을 나타내는 기준은 있어도 반드시 유일한 정답이나 바르게 하는 방식은 있을 리가 없다. 잘 실행되었는가, 보다 높은 성취도가 얻어졌는가 하는 것은 어느 정도까지는 판단이나 측정도 가능할 것이다. 그러나 그것은 훈련의 경우만큼 정확하지도 확실하지도 않다. 사실, 불확실하거나 애매함에 대해서 관용함으로 인해, 교육의 목적이 보다 잘 촉진되는 경우도 있다. 가령 한 학생이, 6 · 25 전쟁의 발발은 1948년이라고 대답하였다고 하자. 확실히 그것은 틀렸겠지만 전쟁의 불씨가 언제 시작했는가에 관해서는, 의연히 논의의 여지가 남겨져 있다. 또한 6 · 25 전쟁의 원인을 논의하려고 하면, 한층 더 불확실성이 증폭된다. 그래서 언제나 유일한 정답이 준비되어 있을 수가 없다는 것이다. 그 한 원인은 역사상의 중요한 사건을 유일한 원인이나 사건과 연결 지을 수는 없는 것 때문이다. 또한 평가에 있어서는 해석(interpretation), 기호(嗜好:taste), 맵시(style) 등의 말은 소총으로 표적을 겨냥해 쏘기보다 훨씬 취급하기가 어렵다. 이것이 공적시험(公的 試驗 : 수능시험 같은)이 안고 있는 어려움의 하나이고 이것이 시험의 결과나 수준에 관한 논의에 관하여 매년 논란이 일고 있으며 이에 대한 논의가 되고 있는 이유이기도 하다.

2. 평가 방향

평가는 구체적인 상황에 따라 다양한 활동으로 진행되는 모든 상황에 대하여 적용 가능한 보편적인 평가의 절차를 규명해 내기는 쉽지 않다. 유아교육기관에서 일어나는 갖가지 일들에 대한 평가는 유아의 생활 변화, 즉 전인적인 성장과 발달의 변화수준을 점검하는 질적 평가를 기본 방향으로 설정하여야 한다. 이와 같은 맥락에서 국가수준의 제4차 표준보육과정, 2019 개정 누리과정은 교육과정 영역별 목표와 내용을 준거로 하여 영유아의 발달 성취 정도를 절대평가하도록 하고 있다. 평가를 실행할 때 다음 사항에 유의하여야 한다.

가. 영유아의 생활 전반에 걸쳐 이루어지는 건강, 기본생활습관, 정서적 안정감, 사회적 적응, 창의적 표현, 의사소통 능력 및 탐구심 등에 중점을 둔다.

나. 관찰, 일화기록, 작품분석, 면담 등 다양한 방법을 사용한다.

다. 영유아 개인의 발달 특성 및 정도를 파악하여 그 결과를 문장으로 기술한다.

표 10-1 유치원 평가와 어린이집 평가인증

유치원 평가	어린이집 평가인증
제1주기(2008~2010)	제1차 평가인증((2006~2009)
제2주기(2011~2013)	제2차 평가인증(2010~2017)
제3주기(2014~2016)	3차 지표 시범사업(2014~2017)
제4주기(2017~2019)	제3차 평가인증(2017~ 현재)

라. 생활지도의 평가는 영유아의 전인적인 성장, 효율적인 교육 과정 운영, 부모 면담, 생활기록부 작성 등을 위한 기초 자료로 활용한다.

3. 영유아 행동 이해

영유아 개개인의 인격을 소중히 여기고 그들의 놀이를 지켜보며 그들의 발달을 돕고자 하는 교육을 실시하려는 교사는 있을 수 있지만, 영유아들의 관심과 흥미를 무시하고 일방적으로 활동이나 과제를 밀어붙이는 것이 좋은 교육이라고 생각하는 교사는 아무도 없을 것이다.

하지만 현장을 들여다보면 결과적으로는 밀어붙이기 교육이 되어버리는 경우가 종종 있다. 그것은 유아들의 성장이나 발달을 보다 풍요롭게 하고자 하는 교사의 소망이 무리한 과제를 떠안겨주거나 지나치게 지도하는 일이 있기 때문이다. 또한 교사의 지시에 따라 활동을 하는 경우도 있기 때문에 이것은 지도와 돕는 일 간의 틈새가 생겨 교사의 주관이 흔들리고 있다는 것이다. 따라서 교사의 주관과 교육신념이 흔들리지 않으려면 다음과 같은 신념을 가져야 할 것이다.

가. 영유아를 이해하기 위해서는 특정 유아를 대상으로 삼지 말고 모든 아동을 대상으로 한다.

나. 인도주의에 입각하고 개인의 개성을 존중하는 신념을 가져야 한다.

다. 영유아를 이해하기 위해서는 지속적이고 적극적인 관심을 가져야 한다.

라. 영유아를 전인적으로 이해해야 한다.

마. 영유아를 이해하기 위해서는 과학적이고 구체적이고 종합적인 자료에 의해 이해한다.

따라서 영유아를 이해하기 위한 방향으로는 종적인 이해와 횡적인 이해, 개연적 이해 세 가지를 들 수 있다. 종적인 이해는 시간의 흐름에 따라 변화되는 것을 의미한다. 예컨대 유아의 성장과 발달에 대해 이해하는 것이다. 횡적인 이해는 유아를 둘러싸고 있는 환경과 개인 상황을 이해하는 것이다. 마지막으로는 개연적 이해이다. 이는 영유아가 가지고 있는 그 개연성으로 보아 어떠한 방향을 취할 것인가 하는 것은 앞으로의 가능성에 대한 교사로서의 예견적 이해를 말한다.

제2절 영유아 평가 방법

영유아 평가 방법으로는 표준화 검사도구와 비표준화 검사도구 방법이 있다. 영유아를 위한 평가는 두 가지 사항을 고려해야 한다. 첫째, 자료수집을 위해서는 영유아에 관한 정보는 객관적으로 수집하고 수집된 자료는 문제해결을 위해 사용해야 한다. 둘째, 자료의 정보를 얻는 데 한 가지 방법에 의존하지 말고 여러 가지 방법으로 수집한다. 즉, 영유아 가정환경, 지적능력 건강상태, 흥미, 적성, 인성, 주변생활환경, 장래희망 등에 대한 자료를 통해 정보를 수집할 수 있다. 이 절에서는 표준화 검사도구를 간단하게 살펴보고, 비표준화 검사방법에 대해 구체적으로 살펴본다.

1. 표준화 검사

표준화 검사는 검사를 통하여 학습의 결과를 평가하는 방법으로 많이 활용되고 있다. 국내에서는 '사회정서발달 평정척도', '진단검사', '사회성숙도검사' 등이 있다. 표준화 검사란 어느 누가 해도 동일한 해석이 나오는 것이다.

가. 지능검사

이 검사내용은 언어검사6, 동작성 검사6, 총 12개로 되어 있다. 이 검사도구는 5-15세 대상으로 사용 가능하다.

나. 고대비네검사

프랑스에서 개발한 지능검사를 우리나라에서 수정하여 사용해 오고 있으며 4-14

세 대상으로 사용 가능하다.

2. 비표준화 검사

비표준화된 관찰법에는 평정척도법, 체크리스트, 일화기록법, 질문지법, 면접법, 사회성측정법, 포트폴리오방법 등이 있다.

가. 평정척도법

일반적으로 평정척도법이란, 어떤 특성이나 특질 혹은 성격을 미리 정해진 범주에 따라 평가할 때 사용되는 관찰도구이기 때문에 어떤 행동의 특성 유무를 표시하는 데 행동의 질적인 특성을 알고자 할 때 유용하다.

1) 평정척도의 종류

(1) 기술평정척도

행동의 한 차원을 연속성 있는 몇 개의 범주로 나누어 기술하고 관찰자로 하여금 대상의 행동을 가장 잘 나타내는 진술문을 택하게 하는 방법이다.

(2) 숫자평정척도

각 척도치에 숫자를 부여함으로써 연구하는 방법이다.

(3) 도식평정척도

관찰자의 판단을 돕기 위해 기술적인 유목에 선을 첨가시킨 형태를 말한다.

2) 평정척도의 장점과 단점

(1) 장점

첫째, 시간이 많이 들지 않고 많은 발달영역을 한꺼번에 평가할 수 있다.

둘째, 사용하기가 편리하다.

셋째, 체크리스트와는 달리 행동의 질을 평가한다.

넷째, 일과 중 교사의 편리한 시간에 기록할 수 있다.

(2) 단점

첫째, 관찰자가 나타내고자 하는 것을 정확하고 객관적으로 적은 항목을 개발하는 것이 쉽지 않다.

둘째, 개인의 편견이 개입될 여지가 많다(후광효과, 중앙집중오류).

셋째, 각 행동이 관찰되는 상황 설명 없이 단지 행동의 수준만을 기록하게 된다.

표 10-2 평정척도법(숫자평정척도) 관찰양식(예)

<table>
<tr><th colspan="6">관찰기록표 (3세용)</th></tr>
<tr><td>이름</td><td>(남,여)</td><td>학급명</td><td></td><td>관찰자</td><td></td></tr>
<tr><td>생년월일</td><td></td><td>관찰일시</td><td colspan="3">년 월 일</td></tr>
<tr><td colspan="6">* 유아의 행동과 가장 일치하는 정도에 동그라미 하세요.</td></tr>
<tr><td>문항</td><td>아주 못함</td><td>못함</td><td>보통</td><td>잘함</td><td>아주 잘함</td></tr>
<tr><td>1. 자기 물건을 스스로 정리한다.</td><td></td><td></td><td></td><td></td><td></td></tr>
<tr><td>2. 줄을 서서 기다릴 수 있다.</td><td></td><td></td><td></td><td></td><td></td></tr>
<tr><td>3. 친구에게 양보할 수 있다.</td><td></td><td></td><td></td><td></td><td></td></tr>
<tr><td>4. 바깥놀이에서 규칙을 지킬 수 있다.</td><td></td><td></td><td></td><td></td><td></td></tr>
<tr><td>5. 교실에서 작은 소리로 말을 할 수 있다.</td><td></td><td></td><td></td><td></td><td></td></tr>
</table>

출처: 김지은, 김진숙(2006). 유아관찰 및 평가.

나. 체크리스트

교사나 관찰자가 단순히 어떤 기술이나 행동 혹은 발달 특성이 나타나는지를 알고 싶을 때 쓰이는 방법이다.

체크리스트를 사용할 때 크게 두 가지의 목적이 있다.

첫째, 관찰하고자 하는 대상의 현재 상태를 평가하고자 할 때 사용된다.

둘째, 시간에 따른 발달의 변화를 알고자 할 때도 사용된다.

이 방법에서는 미리 정해져 있는 항목에 사실 여부에 따라 표시를 하는 것이다.

표 **10-3** 사회성 발달 체크리스트(예)

사회성 발달 체크리스트			
관찰유아:	생년월일:	성별: 남 · 여	
관 찰 자:	관 찰 일:		
* 체크리스트에 있는 행동이 나타나면 V로 표시한다.		예	아니오
1. 친구들과 함께 놀이를 한다.		( )	( )
2. 다양한 놀이에 참여한다.		( )	( )
3. 친하게 지내는 친구가 많다.		( )	( )
4. 친구에게 놀이를 하자고 제안한다.		( )	( )
5. 새로운 교구에 흥미를 보인다.		( )	( )
6. 새로운 환경에 적응을 한다.		( )	( )
7. 이미 진행되고 있는 놀이에 자연스럽게 끼어든다.		( )	( )
8. 친구의 놀이나 행동을 방해하지 않는다.		( )	( )
9. 문제 상황이 생기면 말로 해결한다.		( )	( )
10. 다른 친구의 물건을 사용할 때 허락을 구한다.		( )	( )
11. 자기보다 약한 친구를 도와준다.		( )	( )
12. 친구가 도와주면 '고맙다'라고 말한다.		( )	( )
13. 집단생활에서 여러 친구들과 협동한다.		( )	( )
14. 친구와 약속을 지킨다.		( )	( )
15. 친구들이 좋아한다.		( )	( )
16. 집단생활에서 규칙을 지킨다.		( )	( )
17. 새로운 활동에 적극적으로 참여한다.		( )	( )
18. 차례를 잘 지키고 잘 기다린다.		( )	( )
19. 내 물건과 다른 사람의 물건을 구별하여 사용한다.		( )	( )

사회성 발달 체크리스트		
20. 활동에 자신감을 갖고 참여한다.	( )	( )
21. 교사와 관계가 능동적이다.	( )	( )
22. 교사와 상호작용을 잘한다.	( )	( )
23. 친구들의 이름을 알고 가끔 친구에 대해 이야기한다.	( )	( )
24. 다른 유아와의 문제해결을 위해 교사가 다른 성인들의 도움을 요청한다.	( )	( )

출처: 조순옥 외(2010). 유아사회교육.

다. 일화기록법

1) 일화기록의 개념

표본식 기술이 상황이나 행동의 일부가 아닌 전체를 기록하는 데 비해 일화기록은 한 가지 행동이나 상황에 초점을 맞추어 기록한다. 우리가 일기나 신문기사 쓰듯이 사실적으로 무슨 상황이 언제, 어디서, 어떻게 일어났으며 유아가 그 상황에서 무슨 말을 하고 행동했는지를 적는 것이다.

2) 일화기록의 장점과 단점

(1) 장점

첫째, 유아들이 어떻게 말하고 행동했는지에 집중적으로 초점을 맞춤으로써 좀 더 명확하고 분명하게 보고 들은 것을 기록으로 남길 수 있다.

둘째, 시간에 관계 없이 아무 때나 기록할 수 있다.

(2) 단점

첫째, 시간이 지난 후 적게 되는 경우 관찰자의 편견이 들어가거나 잊어버리는 경우가 생긴다.

둘째, 표본식 기술에 비해 상황묘사가 적다.

일화기록 일지(예 1)

관찰아동	수선화	연령 (5세)	성별 (남)
관 찰 일	20○○. 5. .	관 찰 자	교 사
장 면	기본생활습관	관찰장소	교 실
시 간	오전 10시 00분~오후 1시 00분		

관찰된 행동

자유놀이 시간이 주어지자 동물 모형 놀이를 선택해 의자에 앉는다.
도형 블록을 길게 나열하여 도로의 모형을 만든다.
동물 모형 바구니에서 공룡의 종류만을 골라 한 줄로 나열한다.

"우리 같이 하자."라며 H를 오라고 손짓한다.
H가 다가와 의자에 앉자 꾸며 놓은 것들에 대해 이야기 해 준다.
각자 선택한 공룡으로 이야기를 나누다가 길의 모형을 가리키며
"고속도로에 공룡이 나타났어."라고 말한다.
자동차를 올려 속력을 내는 시늉을 한다.
자동차와 공룡이 부딪치자 "여기서 교통사고가 났어."라고 표현한다.
자동차와 공룡을 계속 충돌시키며 놀이를 진행한다.

개인적 해석

▪ **유아가 보이는 행동 특성**

이 시기는 많은 친구들과 어울리는 것을 즐기고 자신들끼리 놀이하는 방법을 개발하기도 합니다. 친구들과 어울리는 것은 운동능력과 지적인 능력을 향상시킬 뿐만 아니라 양보하는 것을 배우게 되어 자기 통제력을 키우게 됩니다. 서로 양보하거나 조정하고 규칙에 따르는 과정을 통하여 또래 집단에 적응해 나갈 수 있도록 도와주어야 함을 시사하고 있습니다.

일화기록 일지(예 2)

관찰아동	민들레	연령 (5세)	성별 (남)
관 찰 일	20○○. 5. .	관 찰 자	교 사
장 면	블록영역	관찰장소	교 실
시 간	오전 10시 00분~오후 1시 00분		

관찰된 행동

자유놀이 시간 주위를 한참 동안 배회하다가 친구들이 블록으로 왕관을 만들어 쓰고 다니는 것을 유심히 관찰한다.
같은 블록으로 왕관을 만들어 S에게 씌워준다.
벨트와 칼을 만들어 자신이 쓴다.
교구대와 벽돌 블록으로 J와 성을 만든다.
Y와 함께 성 안으로 들어가 본다.
"조금 좁다."라고 말하며 교구대를 이동시킨다.

"우리 다시 만들자."라고 친구에게 제의한다.
친구가 "좋아."라고 표현하자 다른 형태로 만들어 본다.
J가 다가와 벽돌을 가져가자 "우리가 지금 쓰고 있어."라고 말한다.
그래도 J가 계속 가져가는 행동을 보이자 울음을 터트린다.
그리고 교사에게 다가와 "친구가 벽돌을 뺏어가요."라고 말한다.

개인적 해석

유아가 보이는 행동 특성

유아들이 친구를 사귀는 방법은 대부분의 경우 "S야, 나랑 블록놀이하자."는 외침을 듣고 계속해서 미소 짓고 웃는 것처럼 간단합니다. 그러나 이렇게 평화로운 태도로 다른 친구들과 접촉하는 방식에 익숙하지 않는 유아는 친구들의 놀잇감을 빼앗거나 공간을 넓게 차지하려고 밀치는 등의 공격적인 행동을 보입니다. 성인은 친구와의 상호작용에 있어서 참여하는지 그렇지 못하는지 관찰하고 도움을 주어야 함을 시사하고 있습니다.

라. 질문지법

1) 질문지법의 개념

어떤 문제나 사물에 관해 연구하고자 할 때, 연구할 사항을 알아보기 위하여 만든 일련의 문항들을 체계적으로 조직하여 작성한 것으로 피험자가 그 물음이나 사실에 대하여 자기의 의견이나 관계되는 사실의 대답을 기술하도록 하는 방법이다. 질문지를 작성하는 요령은 목적과 용도를 분명히 한다. 애매한 표현은 피하고 분명한 용어를 사용과 사실대로 표현할 수 있도록 한다.

2) 질문지의 유형

(1) 자유응답형

자유기술 형식으로 개인의 의견이나 생각을 진술할 수 있기 때문에 연구 예비조사 시 사용한다. 또한 자유응답형 질문지의 장점으로는 다양한 반응과 심층적인 반응을 구할 수 있다. 단점으로는 반응의 종합이 곤란하고 표현능력에 따라서 변동이 심하다. 또한 연구자가 조사하려고 하는 목적, 용도에서 다소 이탈된 응답이 나올 가능성이 크다.

(2) 선택형

한 문장에 두 개 이상의 답지를 주고 그 가운데서 응답자로 하여금 적당한 답지를 선택하도록 하는 것이다.

(3) 검목표

어떤 한 문제에 대하여 10정도의 항목을 제시하고 무제한으로 해당 사항을 체크하는 방식이다.

(4) 평정척도법

조사대상자에게 미리 정해놓은 척도에 따라 평정하도록 요구하는 방법이다.

(5) 등위법

질문내용을 일정 기준에 따라 평정하도록 요구하는 방법이다.

마. 면접법

1) 면접법의 개념

언어의 상호작용을 매개로 하여 피면접자로부터 연구목적에 부합되는 여러 가지 정보 수집을 의미한다.

2) 면접의 종류

일반적으로 면접법의 종류에는 구조적인 면접법과 비구조적 면접법 등으로 나눌 수 있다.

(1) 구조화된 면접

사전에 치밀한 계획을 세워 면접을 진행시키는 것을 의미하고 면접자에게 전혀 융통성을 주지 않고 면접 계획에 따라 진행시키는 것이 특징이다.

① 장점

첫째, 정보를 비교할 수 있다.

둘째, 신뢰도가 높다.

셋째, 미숙한 면접자도 실시할 수 있다.

② 단점

첫째, 질문어구나 언어 구성에서 오는 오류를 범할 수 있다.

둘째, 융통성이 없기 때문에 표현되는 외적인 것만을 측정할 수 있다는 한계가 있다.

(2) 비구조화된 면접

면접계획을 세우되 면접목적만을 명백히 하고 방법은 면접자에게 일임하는 방법이다. 또한 면접의 분위기가 아주 자유롭기 때문에 심층적인 정보도 얻어 낼 수 있다.

① 장점

첫째, 면접에서 목적하는 바의 정보를 얻을 수 있다.

둘째, 면접상황에 따라 융통성 있는 면접을 할 수 있다.

② 단점

첫째, 면접 시 고도의 기술이 필요하다.

둘째, 면접의 표준화가 곤란하다.

표 10-4 교과교재 평가 체크리스트(예)

유아		생년월일		성별	
평가자		평가일			
면담장면	이야기 나누기				
면담내용	교사: 누군가에게 도움을 청하고 싶을 때 뭐라고 말하면 좋을까? ○○: 도와달라고 말해요. 교사: 그냥 "도와줘"하고 말하면 친구가 도와줄까? ○○: 안 도와주고 그냥 가요. 교사: 그럼 친구에게 어떻게 말하면 도와줄 것 같으니? ○○: 필요하니까 도와달라고 해요. 교사: 조금만 더 자세히 이야기 해 볼래? ○○: 내가 혼자 퍼즐을 못 맞추니까 도와줘. 교사: 네가 혼자 어려운 것을 말하고 도움이 필요하다고 말하겠다는 것이니?				

출처: 박찬옥 외(2010). 유아사회교육.

바. 사건표집법

관찰하고자 하는 사건이나 행동이 일어나기 전의 상황, 사건이나 행동 그 자체, 그리고 사건이나 행동이 일어난 후의 결과를 순서대로 적는 것이다.

1) 사건표집법의 장점과 단점

① 장점

첫째, 사건표집은 질적인 정보를 제공해 준다.

둘째, 어떤 행동의 전후좌우 사정을 기록하여 관찰된 행동의 배경을 알 수 있다.

② 단점

첫째, 시간과 돈이 많이 든다.

둘째, 평가시 주관자의 입장에서 관찰하게 된다.

표 10-5 ABC 사건표집(예)

ABC 사건표집의 예			
관찰아동: 학급전체	생년월일: ○○○○.12.1		성별: 남 · 여
관 찰 자: 김○○(학급담임)	관 찰 일: 20○○.4.10~4.14		
월 일	사건 전	사전(갈등상황)	사건 후
4월 10일	간식을 먹고 동화를 듣기 위해 모이자는 교사의 지시가 있었음	형신이와 민용이가 의자를 들고 뛰어와 바깥 출입문과 가장 가까운 곳에 앉음	동화를 들려주고 나서 바깥놀이를 나가도록 함
4월 11일	간식을 먹고 이야기나누기를 위해 모이자는 교사의 지시가 있었음	경민이와 선영이가 의자를 가지고 문제의 자리로 가자 형신이와 민용이가 자기 자리라고 주장하여 갈등이 생김	먼저 온 경민이와 선영이가 자리에 앉도록 함
4월 12일	간식을 먹고 동화를 듣기 위해 모이자는 교사의 지시가 있었음	형신이와 선영이가 의자를 가지고 뛰어오고 있고 순호가 앉으려고 함	이야기 나누기가 끝나고 바깥놀이를 나가도록 함
4월 13일	간식을 먹고 작업 설명을 위해 모임	자리를 놓고 갈등이 생기지 않음	먼저 온 사람이 자리에 앉음. 동화가 끝나고 바깥놀이를 함
4월 14일	간식을 먹고 노래를 부르기 위해 모임	민용이와 경민이가 자리를 놓고 다툼	작업 설명이 끝나고 분단별로 작업을 함
요약 및 해석	• 이상의 관찰기록을 보면 교사는 집단 활동을 하기 전에 간식을 먹고 있고 자리다툼이 일어날 때 그 자리에 먼저 온 아이 순서대로 자리에 앉게 하는 것을 볼 수 있다. • 또한 집단활동이 끝나면 바깥놀이를 갈 때는 갈등이 생기지만 실내에 그대로 머무르는 경우에는 갈등이 생기지 않았다. • 이는 유아들의 자리 다툼과 바깥놀이가 연관이 있음을 시사해 주는 것이다. 교사는 바깥놀이를 하기 직전에 어떤 일이 벌어지는지 계속해서 관찰하기로 했다.		
결과	ABC 사건표집법을 계속한 교사는 바깥놀이를 위해 아이들을 내보낼 때 출입구에 가까이 앉은 순서대로 보내는 습관이 있음을 발견하였다. 따라서 바깥놀이를 빨리 나가고자 하는 형선, 민용이 등을 중심으로 출입구 가까운 자리에 앉으려는 갈등이 발생한 것이다.		

출처: 김희진 외(2001); 조순옥 외(2010) 재인용. 유아사회교육.

사. 시간표집법

1) 시간표집법의 개념

미리 선정된 행동을 정해진 시간 동안 관찰하며 관찰이 한 번에 끝나는 것이 아니라 시간 간격에 맞추어 여러 번 반복된다. 따라서 관찰하고자 하는 행동을 보기 위해 미리 시간의 단위를 정하는 것이다.

2) 시간표집 장점과 단점

(1) 장점

첫째, 관찰하고자 하는 시간의 한계가 분명하고 관찰하려는 행동에 대한 정의가 분명하기 때문에 신뢰도와 객관도가 높다.

둘째, 한꺼번에 많은 수의 유아를 관찰할 수 있기 때문에 자료수집에서 효율적인 방법이다.

셋째, 관찰을 부호화하여 기록하기 때문에 관찰결과를 해석할 때 서술식 방법보다 시간이 적게 걸린다.

넷째, 빠르게 일어나는 행동을 체계적으로 관찰하는 데 가장 적합한 방법이며 집단 전체를 관찰할 수 있다.

(2) 단점

첫째, 자주 일어나는 행동에 적합하다.

둘째, 외적인 행동의 측정은 가능하나 그렇지 않은 아동 내면의 감정이나 생각들은 관찰할 수 없다.

셋째, 특수한 행동에만 초점을 두어 관찰하므로 사건의 전모나 사건이 일어난 순서 등을 알 수 없다.

표 10-6 공격적 행동 시간표집법(예)

<table>
<tr><td>관찰유아</td><td colspan="2">○○○</td><td>생년월일</td><td colspan="2">20○○.04.26.(5년 5개월)</td><td>성별</td><td>남</td></tr>
<tr><td>관 찰 자</td><td colspan="2">바다반-○○○</td><td>관찰일시</td><td colspan="4">20○○.06.30(AM 10:00~10:10)</td></tr>
<tr><td>관찰장면</td><td colspan="7">바다반 교실(자유선택활동 시간)</td></tr>
<tr><td rowspan="2">시간</td><td colspan="2">공격적 행동</td><td colspan="2">친사회적 행동</td><td rowspan="2" colspan="3">관찰내용</td></tr>
<tr><td>욕하기</td><td>놀잇감 뺏기</td><td>양보하기</td><td>말로 표현하기</td></tr>
<tr><td>10:00~10:01</td><td>V</td><td></td><td></td><td></td><td colspan="3">△△가 블록을 주지 않겠다고 하자 큰 소리로 욕을 한다. △△는 ○○을 쳐다보다가 다시 놀이한다.</td></tr>
<tr><td>~10:02</td><td></td><td></td><td></td><td></td><td colspan="3"></td></tr>
<tr><td>~10:03</td><td></td><td></td><td></td><td></td><td colspan="3"></td></tr>
<tr><td>~10:04</td><td></td><td>V</td><td></td><td></td><td colspan="3">△△를 보고 있던 ○○이 △△가 쥐고 있던 블록을 빼앗으며 욕을 한다.</td></tr>
<tr><td>~10:05</td><td></td><td>V</td><td></td><td></td><td colspan="3"></td></tr>
<tr><td>~10:06</td><td></td><td></td><td></td><td></td><td colspan="3"></td></tr>
<tr><td>~10:07</td><td></td><td>V</td><td></td><td></td><td colspan="3"></td></tr>
<tr><td>~10:08</td><td></td><td></td><td></td><td></td><td colspan="3"></td></tr>
<tr><td>~10:09</td><td></td><td></td><td></td><td></td><td colspan="3"></td></tr>
<tr><td>~10:10</td><td></td><td></td><td></td><td></td><td colspan="3">△△가 "같이 놀자"라고 말하자 쥐고 있던 블록을 돌려주고, 벽돌블록을 가져다가 "너 필요해?"라고 묻는다.</td></tr>
<tr><td>~10:11</td><td></td><td></td><td>V</td><td></td><td colspan="3"></td></tr>
<tr><td>의견</td><td colspan="7">○○는 친구들과 놀이를 할 때 놀잇감을 달라는 말을 하기보다는 상대방의 놀잇감을 빼앗는 행동을 하여 또래로부터 거부된다. 또래 친구들이 ○○가 원하는 대로 해주지 않을 때 큰 소리로 욕을 한다. 그러나 상대방이 호의를 베풀 경우, 놀잇감을 양보하는 행동이 나타난다.</td></tr>
</table>

출처: 박찬옥 외(2010). 유아사회교육.

아. 포트폴리오

1) 포트폴리오의 개념

포트폴리오란 유아의 노력, 진보, 성취를 보여주는 작품들을 수집하고 학문적 진보를 평가하는 수단으로서 수행에 기초한 평가(performance-based assessment) 형태이다. 단순히 아동의 활동작품을 한 파일 안에 넣은 것이 아니라 조직화된 자료수집물로 유아와 교사, 부모, 미래에 이 학생을 담당할 교사가 학생의 장기간에 걸친 성취나 기술, 태도 흥미 등을 확신하고 보고하는 데 사용되는 모든 과정과 산출물을 말한다. 유아교육기관에서 포트폴리오를 할 경우 다음과 같은 내용들을 숙지해야 한다.

첫째, 여러 가지 영역에 걸쳐 유아가 결과물에 대해 얼마만큼 노력했는지, 전과 비교했을 때 얼마만큼 나아졌는지 그리고 얼마나 성취했는지를 잘 보여주는 자료들을 모은다.

둘째, 유아들의 발달과정을 이해하기 위해 유아들의 작품, 교육활동 기록과 사진 등을 객관적인 도구에 의해 준비한다.

셋째, 유아에게 나타나는 부족한 영역의 보완점을 분석한다.

2) 포트폴리오의 장점과 단점

(1) 장점

첫째, 유아의 문제해결력과 창의력을 계발시켜준다.

둘째, 학습결과와 과정을 평가할 수 있다.

셋째, 유아가 무엇을 알고 있으며 무엇을 할 수 있는지 유아가 어떻게 적용하는지 등에 관한 정보를 얻을 수 있다.

넷째, 자신의 수행능력에 대한 판단을 내리도록 배우게 된다.

다섯째, 실생활의 맥락에서 수행능력에 대한 복합적이고 종합적인 관점을 제공해준다.

여섯째, 교사 유아 간의 상호작용에 도움이 된다.

일곱째, 교사와 부모 간의 긍정적인 관계를 가진다.

(2) 단점

첫째, 포트폴리오 사용이 드는 비용은 표준화 검사보다 유아 1인당 2~3배가 비싸다.

둘째, 평가를 준비하고 교육방법을 수정하는 데 많은 시간이 소요된다.

셋째, 심리측정 능력이 전통적인 표준화 검사와 어울리기 어렵기 때문에 일반화가 어렵다.

넷째, 신뢰도와 타당도가 결여되어 있다.

다섯째, 평가과정에서 인종, 성 등에 관한 편견이 작용할 수 있다는 문제점도 제기된다.

3) 포트폴리오 평가 사례

다음 포트폴리오 사례는 행복한울타리유치원 원장과 학부모의 동의를 얻어 국가수준 교육과정인 3–5세 누리과정 내용에 준한 각 5개 영역 평가내용과 방법을 〈표 10–7〉에 기술하였다.

표 10-7 영역별 평가

영역	평가목적	평가내용	평가방법	
			영역별	공통
신체운동 · 건강	기본운동능력과 건강하고 안전한 생활습관을 기른다.	• 기구를 이용하여 신체활동하기 • 신체 협응 능력 기르기	• 신체검사 • 기초체력검사 • 연령별 급수제	
의사소통	일상생활에 필요한 의사소통 능력과 바른 언어사용 습관을 기른다.	• 이야기 듣고 이해하기 • 느낌, 생각, 경험 말하기 • 책읽기에 관심 가지기 • 쓰기에 관심 가지기	• 흥미영역에서의 또래 간 상호작용 관찰 기록 • 가정연계독서확장 활동 발표(사진, 관찰기록) • 내 이름, 친구 이름 읽고 쓰기	

<table>
<tr><th rowspan="2">영역</th><th rowspan="2">평가목적</th><th rowspan="2">평가내용</th><th colspan="2">평가방법</th></tr>
<tr><th>영역별</th><th>공통</th></tr>
<tr><td>사회관계</td><td>자신을 존중하고 다른 사람과 더불어 생활하는 능력과 태도를 기른다.</td><td>• 나의 일 스스로 하기
• 친구와 사이좋게 지내기
• 친구와 협력하기</td><td>• 자유선택활동 계획 및 평가 누가 기록지
• 교우도 검사
• 인성덕목평가표
• 협력적 역할 수행 관찰</td><td rowspan="3">• 유아성장발달책임교육을 위한 기초조사(학부모)/개인별기록(교사)/3자면담기록지(학부모, 교사, 유아)
• 일화기록지
• 누리과정영역별 발달 평가</td></tr>
<tr><td>예술경험</td><td>아름다움에 관심을 가지고 예술 경험을 즐기며, 창의적으로 표현하는 능력을 기른다.</td><td>• 음악으로 표현하기
• 미술활동으로 표현하기
• 창의적으로 표현하기</td><td>• 관찰, 체크리스트, 작품화일</td></tr>
<tr><td>자연탐구</td><td>호기심을 가지고 주변 세계를 탐구하며, 일상생활에서 수학적, 과학적으로 생각하는 능력과 태도를 기른다.</td><td>• 수와 연산의 기초개념 알기
• 탐구하는 태도</td><td>• 제시된 문제 상황에 수학적, 과학적 지식을 적용, 추론, 확장할 수 있는 실험 및 활동지, 사진자료, 면접, 관찰기록지</td></tr>
</table>

출처: 행복한울타리 유치원 영역별 평가자료.

4) 포트폴리오 활용방법

위의 행복한울타리유치원 포트폴리오 평가 방법은 다음과 같이 활용하고 있다.

첫째, 교사는 각 영역별로 유아들이 활동한 결과물을 모을 때 일정한 시간과 자료를 소중히 다룬다.

둘째, 유아들이 만든 작품에 격려와 칭찬을 아끼지 않는다.

셋째, 학기초(진단평가)와 학기말(총괄평가)을 비교하여 격려한다.

넷째, 다른 친구의 결과물과 비교하지 않는다.

다섯째, 평가결과는 학부모 상담 시 자료로 활용한다.

자. 놀이 및 유아관찰기록

2019 개정 누리과정은 놀이중심의 교육과정 운영을 강조하며 교육계획안을 작성하는 것을 벗어나 놀이를 관찰하고 기록을 통해 교육과정을 평가하도록 하고 있다.

누리과정 포털사이트인 '아이누리–나눔누리–유아 관찰 및 기록'의 예시를 참고하여 교육과정을 운영할 수 있다.

제3절 교육과정의 평가

유아교육과정의 평가는 교육과정 시행의 성과를 확인하고 그 성과를 낳는 원인을 분석하기 위해 시행하는 것이다. 이 절에서는 교육과정 평가의 목적, 평가 절차, 유아교육과정 평가 방향에 대하여 살펴본다.

1. 교육과정 평가의 목적

데커(Decker) 등은 유아교육과정의 평가목적을 첫째, 유아교육과정이나 유아교육 프로그램의 철학이나 기본 가정의 변화를 결정하고 둘째, 유아교육과정이나 유아교육 프로그램에 대한 유아들과 교사들의 요구를 확인하고 셋째, 유아교육과정이나 유아교육 프로그램의 수정 · 보완의 방향과 내용을 파악하고 넷째, 지역사회와 관계 인사 및 기관에 유아교육과정 혹은 유아교육 프로그램의 현황과 문제를 홍보하는 등 일련의 활동을 통해 장차 보다 질 높은 유아교육과정 혹은 유아교육 프로그램을 구성 · 운영하는 데 있다고 하였다(Decker & Decker, 1976; 임재택 · 박재환 재인용). 따라서 유아교육기관 교육활동이 실제로 바람직한 결과를 가져왔는가에 대한 평가와 더불어 보다 효과적인 교육의 성과를 얻기 위해 개선되어야 할 점을 환류(還流: feed-back)시켜 반성해보는 절차가 필요하다. 이렇게 얻어진 평가 결과를 가지고 더 나은 선택을 하기 위한 다른 프로그램과의 비교 또는 이 프로그램의 질적 개선이나 계속 사용할 것인가의 여부 등을 결정하는 데 도움을 줄 것을 기대한다. 이러한 목적을 위해서 유치원 교사는 교수–학습과정에서 실시할 수 있는 평가 방법을 채택해야 할 것이다.

2. 평가의 절차

하우스(House, E. R.)는 평가 모형을 다음과 같이 8개의 범주로 분류하고 있다. 첫째 체제분석 모형, 둘째 행동목표 모형, 셋째 의사결정 모형, 넷째 탈 목표 모형, 다섯째 비평 모형, 여섯째 자격 인정 모형, 일곱째 대항 모형, 여덟째 실행과정 모형이다. 여기에서 교사가 의도적으로 상황중심 교육과정을 운영함에 있어서 그 성실성을 평가하는 데에는 행동목표 모형이 적합하다고 하였다(House, 1978). 이와 같은 평가 모형의 절차에 대하여 일찍이 타일러(Tyler, 1949)는 교육 프로그램 내지 교육과정 평가에 대해 다음과 같은 7단계를 제시하고 있다. 1단계 일반적 목표의 설정, 2단계 목표의 세분화, 3단계 행동적 용어로 목표 정의, 4단계 목표 성취가 드러날 상황의 발견, 5단계 평가도구의 개발 혹은 선택, 6단계 학생들의 성취 자료의 수집, 7단계 행동적으로 진술된 목표와 수집된 자료와의 비교이다. 이와 같은 절차를 참고하여 상황중심 교육과정 운영의 평가 절차를 다음 〈그림 10-1〉과 같이 제시한다.

그림 10-1 상황중심 교육과정의 평가 절차

가. 필요성 확인

유치원에서 실시할 교육과정의 편성 · 운영을 위한 필요성을 확인하고 그 교육과정에 대한 방향을 결정하는 단계이다.

나. 교육과정 계획에 대한 평가

교육과정 평가영역과 내용을 선정한 후에는 자료 수집을 위해 어떤 방법으로 평가할지 결정하는 것이 중요하다. 이때 평가하려는 내용이 잘 드러나고 변별해 내는 방법을 선택하는 것이 가장 중요하다.

1) 교육과정 계획이 잘 되었는지 평가한다.
2) 교수–학습과정을 평가한다.
3) 학부모와 지역사회에서의 인식과 협조의 가능성을 평가한다.

다. 형성평가

현재 운영해 온 교육과정의 적절성을 규명하고 다음 절차에 따라 현재의 교육과정을 개선해 나간다.

1) 평가자(교사 자신, 다른 교사, 외부인 등)를 누구로 할 것인가를 결정한다.
2) 평가의 범위와 내용을 결정한다.
3) 활동의 목표를 자세히 기술하고 그 성취도를 점검한다.
4) 평가 결과를 교육과정 계획자와 교직원에게 보고하고 개선 방향을 협의한다.
5) 평가도구를 선택한다.

라. 총괄평가

현재 실시해 온 교육과정 전체의 효과를 다음 절차에 따라 종합적으로 검증한 후 현재의 교육과정에 대한 존폐 여부를 최종적으로 결정하는 것이다.

1) 측정 가능한 준거를 설정하고 평가도구를 선택하거나 작성한다.
2) 분석요인, 교육과정 계획, 형성평가의 결과를 해석한다.
3) 교육과정 운영 결과에 대한 관계 기관의 조언과 학부모의 의견을 청취하여 교육과정의 개선을 위한 자료로 삼는다.

3. 유아교육과정 평가 방향

교육과정을 통해 유아들을 평가할 때는 암기된 지식의 양을 측정하는 것은 부적절하고 의미가 없다. 그러므로 유아들의 실제 활동을 통해서 제기된 문제와 문제해결 과정에 필요한 정보나 지식, 유아의 수준에서 증거를 모으고 해석하는 능력 등에 관한 이해의 정도와 느낌의 상태, 문제해결 과정에 필요한 지식 숙달과정을 측정하는 것이 현실적이다.

지금까지 시행되어 온 평가 방법을 질적 평가와 양적 평가의 범주에 속한 각종 표준화된 진단평가, 형성평가, 총괄평가, 교사 제작 검사 등을 적용하여 결과를 판정하는 것과 실제적인 현장 확인 방법으로 관찰법, 토의, 면접 그리고 사례에 대한 협의, 사례연구, 자서전적 기술, 평정척도, 일화기록 등 다양한 방법을 사용해 오고 있다. 근래에는 수행평가(assessment) 방식의 하나인 포트폴리오의 활용이나 구성주의적 입장에서 가드너(Gardner) 등이 권장하는 프로젝트 스펙트럼 접근법의 평가 등, 소위 대안적 평가들이 등장하고 있다.

이와 같은 측정 결과는 환류(feedback)시켜 프로그램 모형의 목적에서부터 교수-학습 방법까지 설정된 각 단계의 적절성 여부를 판단하는 데 도움이 되도록 해야 한다.

제4절 교육부 유치원 평가

이 절에서는 유치원의 운영 개선을 지원하고 우수사례 공유를 통한 유치원의 질적 향상과 경쟁력 제고를 위해 국가 차원에서 실시되고 있는 유치원 평가에 대해 살펴본다.

1. 평가방향

「유아교육법」 제19조 제1항에 교육부장관은 유아교육의 효율적 수행을 위하여 필요한 경우 유치원 운영실태 등에 대한 평가를 실시할 수 있다. 이러한 평가 방향은 유치원 설립인가제와 시 · 도 교육청별로 장학지도를 통해 일정 수준의 질적 관리 및 유지가 될 수 있도록 행 · 재정 지원을 통해 운영되고 있다.

2. 평가 내용

가. 법적 추진 근거

유아교육법 제19조

○ 제19조(평가)

① 교육감은 유아교육을 효율적으로 하기 위하여 필요하면 유치원 운영 실태 등에 대한 평가를 실시할 수 있다.

② 교육부장관은 필요한 경우 각 시 · 도 교육청의 유아교육 전반에 대한 평가를 실시할 수 있다.

③ 제1항과 제2항에 따른 평가를 실시한 경우 교육부장관 및 교육감은 평가의 결과를 공개하여야 한다.

④ 제1항과 제2항에 따른 평가의 대상 · 기준 및 절차와 제3항에 따른 평가결과의 공개 등에 필요한 사항은 대통령령으로 정한다.

나. 평가 대상 및 평가 주기

1) 평가 대상: 국립 · 공립 · 사립 유치원

2) 평가 주기 : 3년

1주기	2주기	3주기	4주기	5주기
2008~2010	2011~2013	2014~2016	2017~2019	2020 ~ 2022

다. 평가 목적 및 기본방침

1) 평가 목적

(1) 유치원의 운영체계 구축 및 유치원 교육서비스의 질적 수준 제고

- 유치원 운영 전반을 체계적 · 종합적 점검으로 유치원 교육의 질 제고
- 교사의 업무부담 경감, 수업능력 향상을 지원할 수 있는 원장의 역량 제고
- 평가 결과 환류 및 맞춤형 지원을 통해 유치원 운영 개선

(2) 누리과정 질적 제고 및 학부모 만족도 제고

- 평가 결과 공개와 개선 사항 홍보를 통해 유치원의 질 관리 및 정보 제공
- 자율적 운영실태 진단과 개선을 통해 유치원의 자긍심 고취

(3) 유 · 보 통합과 연계 추진

- 유치원 · 어린이집 평가체계 통합지표 반영

2) 기본방침

(1) 교육부와 시교육청, 직속지관의 역할 분담

- 교육부: 통합 평가지표 제공, 매뉴얼 제공
- 시교육청: 유치원 평가 기본계획 수립
- 유아교육진흥원: 평가 세부계획 수립 · 시행, 평가위원회 구성 · 운영, 평가위원 연수, 평가 대상 실무자 연수, 평가 결과 DB입력, 사례집 보급, 평가 성과 홍보 등

(2) 평가 방법 개선으로 현장 부담 경감 및 객관성과 신뢰성 제고

- 현장의 평가 부담 최소화
- 자체평가보고서, 기타사항 등을 종합하여 평가: 정량평가 방법을 도입하여 객관성과 예측 가능성 제고
- 현장평가는 시교육청 및 지역 주관 장학, 교수 · 학습 컨설팅 장학, 각종 점검 등으로 대체

(3) 평가 결과는 공개로 유치원의 질 관리 및 정보 제공

- 평가 결과 공개를 통해 학부모가 알고자 하는 유치원의 정보 제공: 유치원 알리미(평가 실시 여부 공개/ 등급은 비공개-유치원 기본 정보, 평가결과)

(4) 자체평가 및 결과 활용을 강화하여 유치원의 질 향상 유지

- 매년 자체평가를 내실화하여 유치원의 자발적인 개선 유도: 유치원은 매년 자

체평가를 실시하고 연도별 결과 분석 및 환류 과정을 통해 점진적인 유치원 교육서비스 향상

- 평가 결과를 연계한 맞춤형 컨설팅 장학을 활성화하여 유치원 운영 개선

3) 평가 방법

(1) 서면평가: 유치원 교육계획서와 유치원 자체평가보고서만 제출한다.

(2) 현장평가: 권역별로 동시에 시행하여 추진 시기에 따른 차이를 최소화한다.

서류에 의한 확인 평가를 지양하여 평가 부담을 최소화하고, 유치원 교육의 전반적인 현재 운영 상태를 총체적으로 평가한다.

3. 유치원 평가 국가 공통지표

평가 영역 및 내용은 공통지표와 자체 지표로 이원화하여 실시한다. 제5주기는 3개 영역, 11개 지표, 41개 항목을 포함하고 있다. 유치원 평가 주요 내용의 변화는 〈표 10-8〉과 같다.

표 10-8 제5주기 유치원 평가 주요 내용

<table>
<tr><th colspan="3">제4주기('17~'19년)</th><th colspan="3">제5주기('20~'22년)</th></tr>
<tr><th>평가영역
(항목)</th><th>평가지표</th><th>항목수</th><th>평가영역
(항목)</th><th>평가지표</th><th>항목수</th></tr>
<tr><td rowspan="4">Ⅰ.
교육과정
17(18)</td><td>1-1. 교육 계획 수립</td><td>3</td><td rowspan="7">Ⅰ.
유아중심
교육과정
및
방과후과정
16(17)</td><td rowspan="3">1-1. 유아·놀이 중심 교육 과정 편성·운영 및 교수-학습지원</td><td rowspan="3">6(7)</td></tr>
<tr><td>1-2. 일과 운영</td><td>3(4)</td></tr>
<tr><td>1-3. 교수·학습 및 평가</td><td>4</td></tr>
<tr><td>1-4. 교사-유아 상호작용</td><td>7</td><td rowspan="2">1-2. 유아·교육과정 평가 및 환류</td><td rowspan="2">4</td></tr>
<tr><td rowspan="3">Ⅱ.
교육환경
및</td><td>2-1. 실내 공간 구성</td><td>3</td></tr>
<tr><td>2-2. 실외 공간 구성</td><td>3</td><td>1-3. 교원의 전문성 신장 지원</td><td>4</td></tr>
<tr><td>2-3. 기관 운영</td><td>3</td><td>1-4. 돌봄과 쉼이 있는 방과후과정</td><td>2</td></tr>
</table>

제4주기('17~'19년)

평가영역 (항목 0	평가지표	항목수
운영관리 (13)	2-4. 가정 및지역사회와의 연계	2
	2-5. 방과후과정	2
Ⅲ. 건강 · 안전 (11)	3-1. 실내외 공간의 청결 및 안전	2
	3-2. 급 · 간식	2
	3-3. 건강증진을 위한 교육 및 관리	2
	3-4. 안전 교육 및 대책	5
Ⅳ. 교직원 (7)	4-1. 원장의 리더십	2
	4-2. 교직원의 근무 여건	3
	4-3. 교직원의 전문성 제고	2
총계	16개	48 (49)

제5주기('20~'22년)

평가영역 (항목 0	평가지표	항목수
Ⅱ. 민주적 유치원 운영 (15)	2-1. 우리 유치원의 비전 공유	3
	2-2. 참여와 소통의 교육 자치	8
	2-3. 협력 공동체 형성	4
Ⅲ. 안전하고 쾌적한 교육환경 및 유아를 위한 건강 · 안전 (10)	3-1. 안전한 시설설비와 쾌적한 공간	3
	3-2. 안심하고 믿을 수 있는 급 · 간식 환경	2
	3-3. 유아와 교사를 위한 건강 및 안전 증진	3
	3-4. 안전한 등 · 하원	2
총계	11개	41 (42)

제5절 보건복지부 어린이집 평가제

어린이집 평가제도는 보육 · 양육에 대한 사회적 책임 강화 실현 및 안심 보육환경 조성을 위해 국가 차원에서 모든 어린이집을 주기적으로 평가하여 상시적인 보육서비스 질을 확보하고자 하는 제도이다.

평가대상	「영유아보육법」에 따라 설치한 모든 종일제 어린이집(방과후 전담 어린이집 제외)
평가내용	「영유아보육법」 제30조 제1항과 관련된 평가지표
평가과정	3단계(기본사항 확인 및 자체점검, 현장평가, 종합평가)
수수료	참여수수료 전액 국가부담

1. 내용

가. 법적 추진 근거

영유아보육법 제30조

제30조(어린이집 평가)

① 보건복지부장관은 영유아의 안전과 보육서비스의 질 향상을 위하여 어린이집의 보육환경, 보육과정 운영, 보육인력의 전문성 및 이용자 만족도 등에 대하여 정기적으로 평가를 실시하여야 한다.

② 보건복지부장관은 제1항에 따른 평가 결과에 따라 어린이집 보육서비스의 관리, 보육사업에 대한 재정적 · 행정적 지원 등 필요한 조치를 할 수 있다.

③ 보건복지부장관은 제1항에 따른 어린이집 평가등급 등 평가 결과를 공표하여야 한다.

④ 보건복지부장관은 제1항에 따라 평가를 받은 어린이집에 다음 각 호의 어느 하나에 해당하는 사유가 발생한 경우에는 그 평가등급을 최하위등급으로 조정하여야 한다.

1. 거짓이나 그 밖의 부정한 방법으로 평가를 받은 경우
2. 어린이집의 설치 · 운영자가 이 법을 위반하여 금고 이상의 형을 선고받고 그 형이 확정된 경우
3. 제40조제2호 또는 제3호에 따라 보조금의 반환명령을 받았거나 제45조, 제45조의2 또는 제46조부터 제48조까지의 규정에 따른 행정처분을 받은 경우로서 보건복지부령으로 정하는 경우
4. 어린이집의 대표자 또는 보육교직원이 「아동복지법」 제17조를 위반하거나 「아동 · 청소년의 성보호에 관한 법률」 제2조제2호의 아동 · 청소년대상 성범죄를 저지른 경우

⑤ 보건복지부장관은 제1항에 따라 평가를 받은 어린이집의 보육서비스의 질 관리를 위하여 필요한 경우 확인점검을 실시하여 제1항의 평가등급을 조정할 수 있다.

⑥ 제1항, 제3항 및 제5항에 따른 평가시기 및 방법, 확인점검의 대상 및 방법, 그에 따른 평가등급 결정 · 조정, 평가결과 공표의 내용 및 방법 등 필요한 사항은 보건복지부령으로 정한다.

나. 평가인증제도의 추진배경

최근 여성의 경제활동 증가와 아이 양육의 어려움들이 증가하면서 저출산 문제가 심화되었고 그로 인해 영유아 보육 및 교육에 대한 사회적 관심과 요구가 증가하였다. 정부에서는 이러한 사회적 요구에 따라 1991년 「영유아보육법」을 제정하고 어린이집 확충 계획을 추진하였다. 개인뿐 아니라 국가 경쟁력 차원에서도 영유아에 대한

투자의 중요성이 강조되고 있는 것이다.

이러한 시대적 흐름과 함께 어린이집 질적 수준 관리에 대한 필요성이 제기됨에 따라 정부에서는 2003년 '어린이집 평가인증제 모형' 개발 및 2004년 「영유아보육법」 제30조에 '어린이집 평가인증'의 법적 근거를 마련하고 2005년 시범운영을 거쳐 2006년도부터 평가인증제도를 본격적으로 확대 시행하기에 이르렀다. 과거 보육정책이 공급자, 어린이집 이용 영유아중심이었다면 현재 추진하고 있는 보육정책은 수요자, 모든 영유아를 대상으로 하는 정책으로 패러다임이 변화되고 있다.

평가인증제도는 일정한 기간을 주기로 하여 점진적으로 보육의 질적 수준을 향상시켜 나갈 수 있도록 중장기적인 계획을 가지고 시행되었다. 2006년부터 2009년까지 제1차 시행시기를 마치고, 2010년부터 제2차 평가인증이 시행되었다. 또한 2014년 11월부터는 3차 지표를 적용하는 어린이집 평가인증 지표 및 운영체계 개선 시범사업을 함께 진행되었다(보건복지부, 한국보육진흥원, 2017).

다. 평가인증제도의 목적

어린이집 평가인증은 다음과 같은 목적을 가진다(보건복지부, 한국보육진흥원, 2017).

첫째, 보육서비스의 질적 수준을 향상시켜 영유아가 안전한 보육환경에서 건강하게 양육될 권리를 보장할 수 있도록 한다.

둘째, 어린이집이 보육서비스의 질적 수준을 높이고자 준비하고 노력하는 과정을 통해 원장과 보육교직원의 전문성이 증진되도록 한다.

셋째, 보육서비스의 질적 수준에 대한 정보를 제공해 부모들이 합리적으로 어린이집을 선택할 수 있도록 한다.

넷째, 보육정책 수립의 주체인 정부가 보육현장을 효율적으로 지원하고 관리하는 체계를 확립한다.

라. 운영체계

그림 **10-2** 어린이집 평가인증 운영체계

1) 평가지표 : 4영역 18지표 59항목(영유아 권리 존중, 급 · 간식 위생, 안전분야 필수지표 (요소) 확대)

2) 평가등급 : 4등급(A, B, C, D)으로 구분하며, A, B등급은 3년, C, D등급은 2년의 평가주기를 부여

	등급 구분(정의)	등급부여기준	주기
A	국가 평가에서 제시하고 있는 기준을 모든 영역에서 충족함	4개 영역 모두 '우수'인 경우 (필수 지표 및 요소 충족)	3년
B	국가 평가에서 제시하고 있는 기준을 대부분 충족함	'우수' 영역이 3개 이하이며 '개선필요' 영역이 없는 경우	
C	국가 평가에서 제시하고 있는 기준 대비 부분적으로 개선이 필요함	'개선필요' 영역이 1개 있는 경우	2년
D	국가 평가에서 제시하고 있는 기준 대비 상당한 개선이 필요함	'개선필요' 영역이 2개 이상인 경우	

3) 결과공표 : 통합정보공시 홈페이지(www.childinfo.go.kr)를 통해 공개

구분		결과공표
평가제 시행 이후 평가정보	평가결과 A~D등급	A등급/B등급/C등급/D등급
	평가 이후 법 위반 · 행정처분 발생	D등급(등급조정)*
	신규개원	–
평가제 시행 이전 인증정보	미인증(평가참여 이력 없음)	–
	인증유지	(평가제 결과 확정 이전까지 기존 공표내용 유지)
	인증취소 · 인증종료 · 인증유효기간 만료	인증취소 · 인증종료 · 인증유효기간 만료

* 'D등급(등급조정)'은 통합정보공시 홈페이지에 최하위 등급 조정에 포함되는 사유 안내

4) 평가 후 관리

(1) 연차별 자체점검

평가결과 A, B등급 어린이집은 평가주기 동안 스스로 보육서비스의 질적 수준을 점검하여 개선 · 보완하도록 매년 자체점검을 실시하고 그 결과를 제출한다.

(2) 사후방문지원

평가결과 C, D등급 어린이집을 대상으로 개선이 필요한 지표, 보육과정 운영 등 어린이집 운영 전반에 대한 방문지원(컨설팅), 교육 및 정보 제공 등을 지원한다.

(3) 평가 관련 보육교직원 교육, 정보 제공

보육교직원을 대상으로 평가지표 관련 지식과 정보를 교육(온라인 포함) 등을 통해 제공한다.

(4) 평가받은 어린이집 중 일부를 불시 방문하여 보육서비스의 질 유지 수준 확인

- 대상 : 평가내용과 관련된 민원 발생, 법 위반 및 행정처분, 연차별 자체점검보고서 미제출, 평가 이후 대부분의 교사가 이직한 어린이집, 정보공시 부실 어린이집, 필수요소(3영역) 일정기준 미충족 어린이집 등을 점검한다.

(5) 최하위 등급 조정

평가받은 어린이집에서 법 위반 및 행정처분 등이 발생한 경우 기존 평가등급을 최하위 D등급으로 조정한다.

(6) 평가주기조정관리

평가받은 어린이집에서 변경인가 등 평가주기 조정사유가 발생한 경우 해당 어린이집의 평가주기를 조정한다.

참고문헌

곽노의(1996). 「발도르프 유치원 교육이론과 활동」, 한국유아교육학회, 유아교육연구, 16(1), 5~22.

곽노의(1999). 자유발도르프 유아교육. 밝은 누리.

곽병선(1983). 교육과정. 배영사.

교육과학기술부, 보건복지부(2013). 3-5세 연령별 누리과정 해설서. 교육과학기술부.

교육과학기술부 · 한국교육개발원(2014). 2013 교육통계연보. 한국교육개발원.

권미경(2017). 저출산 극복, 지원정책을 넘어선 양육친화적 사회분위기 조성이 필요하다. 육아정책연구소.

김정환(1989). 「페스타로찌」, 한국교육학회 교육사연구회(편저), 교육사상가 평전. 167~182. 교학연구사.

김경중 · 김용숙(1996). 상황중심 유아교육프로그램Ⅰ. 형설출판사.

김경중 · 김용숙(1996). 상황중심 유아교육프로그램Ⅱ. 형설출판사.

김수천(2003). 교육과정과 교과. 교육과학사.

김숙자(2000). 유아교육과정. 문음사.

김용숙(2006). 유아교육과정. 서현사.

김은영 · 김길숙 · 이연주(2016). 유치원과 어린이집 통합에 대비한 교사 자격 제도 개선 방안: 교사양성기관 교수 인식을 중심으로. 한국교원교육연구, 30(2), 141-160.

김은영 · 장혜진 · 조혜주(2013). 영유아 교사 복지 실태와 개선 방안. 육아정책연구소 2013-13.

김종서 외(1983). 교육과정. 서울대학교 출판부.

김지은 · 김진숙(2006). 유아관찰 및 평가. 양서원.

김호권 · 이돈희 · 이홍우(1985). 현대교육과정론. 교육출판사.

문무경(2016). 지속가능발전을 위한 우리나라 육아정책의 과제 : 푸트라자야 선언문을 중심으로. 육아정책연구소.

박의수(1995).「발도르프 교육과정과 운영방법」, 교육철학, 13, 121~138.

박지현(2017). 유보통합에 대한 유치원과 어린이집 원장의 인식. 중앙대학교 교육대학원 석사학위논문.

박진아(2015). 영유아 교육 · 보육 통계 통합 생산을 위해. 육아정책연구소.

박찬옥 · 노영희 · 김정미(2005). 「유아교육 프로그램의 연구 동향」, 한국유아교육의 미래를 위한 새로운 지평. 한국유아교육학회 2005 정기 학술대회논문, 91~107.

박찬옥 · 서동미 · 엄나은(2010). 유아사회교육. 정민사.

반운경(1981). 유아교육 교수방법에 따른 효율성에 관한 연구. 이화대학교 석사학위논문.

보건복지부(2017). 2016년도 성과관리 시행계획. 보건복지부.

보건복지부, 한국보육진흥원(2017). 어린이집 평가인증 안내 : 3차 지표 시범사업용. 보건복지부, 한국보육진흥원.

성영철 · 김경철(2017). 5세 누리과정 교사용 지도서에 나타난 반편견 교육 관련 내용 분석. 미래유아교육학회지, 24(4), 1-24.

육아정책연구소(2014). 유아교육과 보육의 협력모델 적용 시범 연구(Ⅵ) : 2014 영차 프로젝트 정책 세미나. 육아정책연구소.

육아정책연구소(2016). 유보통합 정착을 위한 실행 방안 연구. 육아정책연구소.

이경섭(감역) 외(1997). 학교교육과정론. 교육과학사.

이귀윤(1996). 교육과정연구. 교육과학사.

이기숙 · 이영자(1991). 유아교육 프로그램 : 이론과 적용 실제. 교문사.

이기숙(1992). 유아교육과정. 교문사.

이기숙(2002). 유아교육과정. 교문사.

이대균(1997). 아동중심 교육철학에 기초한 세 가지 교수방법의 비교연구. 열린유아교육연구, 2(2), 69~88.

이미화 · 최윤경 · 유해미 · 이혜민(2013). 보육 · 유아교육 통합 관련 학부모 인식조사 연구. 보건복지부 · 육아정책연구소.

이영준(1997). 유아교육 프로그램 분석에 관한 연구, 유아교육논집, 7, 35~59.

이은해 · 이기숙(1983). 유아교육 프로그램 유형에 따른 효율성에 관한 연구. 교육학연구, 21(2).

이홍우(1984). 교육의 목적과 난점(제5판). 교육과학사.

이홍우(1992). 증보 교육과정탐구. 박영사.

임소민(2017). 유보통합 방식에 대한 유치원 교사와 어린이집 교사의 인식 연구. 부산교육대학교 교육대학원 석사학위논문.

임재택(1992). 현대 유아교육과정. 양서원.

임재택 · 박재환(2002). 유아교육과정. 양서원.

장석환(2014). 유아교육 · 보육 통합 추진 현황 및 방향. 육아정책연구소.

장영희(1998). 유아교육. 서울대학교 교육연구소 편, 教育學 대백과사전. 하우동설.

조순옥 · 이경화 · 배인자 · 이정숙 · 김정원 · 민혜영(2010). 유아사회교육. 창지사.

조영태(1995). 교육과정의 새로운 模型 : 스텐하우스의『연구 모형』에 대한 검토. 교육과정연구 제13집, 137~157.

지옥정(1996). 프로젝트 접근법이 유아의 학습준비도, 사회 · 정서 발달, 자아개념 및 프로젝트 수행능력에 미치는 효과. 한국교원대학교 대학원 박사학위논문.

지옥정(2002). 프로젝트 접근법 연구동향과 적용현황 및 과제. 영유아교육연구, 5, 101−121.

한준상 · 김종량 · 김명희(공역)(2001). 교육과정논쟁. 33~44. 집문당.

홍용희(1987). 유아발달에 미치는 효과로서 본 두 가지 교수방법. 이화여자대학교 대학원 박사학위 논문.

홍지연(2002). 영유아 교육 프로그램. 창지사.

Almy, M.(1975). *The Early Childhood Education at Work*. New York : McGraw−Hill.

Bantock, G. H.(1968). *Culture, Industrialization and Education. London* : RKP.

Bantock, G. H.(1980). *Dilemmas of the Curriculum*. New York : John Wiley & Sons.

Beauchamp, George A.(1964). *The Curriculum of the Elementary School*. Boston : Allyn & Bacon.

Biber, B., Shapiro, E., & Wickens, D.(1971). *Promoting Cognitive growth : A Developmental−Interaction Point of View*. Washington DC : National Association for the Education of Young Child.

Bissell, J. S.(1973). The cognitive effects of preschool programs for disadvantaged children. In J. L. Frost(Ed.), *Revisiting Early Childhood Education Readings*. New York : Holt, Reinhart and Winston, Inc., 223−240.

Bloom, B. S. (ed.)(1956). *Tasonomy of Educational Objectives, Handbook I : Cognitive Domain*. New York : Longmans, Green.

Bobbitt, F.(1918). *The Curriculum*. Houghton Mifflin.

Bowen, J.(1975). A History of Western Education (II). London : Methuen & Co. Ltd. p.348.

Brady, L.(1983). *Curriculum Development in Australia*. Sydney : Prentice−Hall.

Bruner, J. S.(1960). *The Process of Education*. Harvard University Press, Cambridge, Mass.

Bruner, J. S.(1966). *Toward a Theory of Instruction*. Cambridge : Harvard Univ. Press.

Butts, R. Freeman(1955). *A Cultural History of Western Education*. McGraw−Hill Book Company, Inc. p. 186.

Chard, C. S.(1992, 1994). 프로젝트 접근법 : 교사를 위한 실행 지침서. 창지사.

Chard, C. S.(1995). 프로젝트 접근법. Workshop 자료집 중앙대학교 유아교육과 초청세미나 자료.

Crosby, Muriel.(1964). *Curriculum Development for Elementary Schools in a Changing Society*. Boston : D. C. Heath, and Co.

Cuffaro, K., Negar, M., & Shspiro, K.(2000). The Developmental-interaction Approach at Bank Street College of Education, In J. L. Roopnarine, & J. Johnson(Eds.), *Approach to Early Childhood Education*. NJ : Merrill/Prentice Hall. 263~276.

Decker, C. A., & Decker, J. R.(1976). *Planning and Administering Early Childhood Programs*. Columbus, OH : Charles E. Merrill Publishing Co.

Doll, R. C.(1961). *Curriculum Improvement : Decision-Making and Process*. Boston : Allyn and Bacon.

Edwards, Carolyn, Gandini, Lella, & Forman, George (eds.)(1993). *The Hundred Language of Children : The Reggio Emilia Approach to Early Childhood Education*. Norwood, New Jersey : Ablex Publishing Corperation. 75~87.

Eisner, E. W., & Vallance, E.(1974). *Conflicting Conception of Curriculum*. CA : McCut-chan.

Eisner, E.(1965). "Levels of Curriculum and Curriculum Research". *The Elementary School Journal*, 66(3), 156.

Elkind, D.(1978). *Miseducation*. New York : Alfred A. Knoff, Inc.

Gettman, D.(1987). *Basic Montessori : Learning activities for under fives*. N. Y. : St. Martin's Press.

Goffin, S. G.(1994). *Curriculum Models and Early Childhood Education : Apprasing the Relationship*. Upper Saddle River, NJ : Merrill/Prentide Hall.

Goodlad, J. I.(1966). *The Development of a conceptual System for Dealing with Problems of Curriculum Instruction*. Los Angeles : University of California.

Hildebrand, V.(1986). Introduction to early childhood education, *Early Childhood Research Quarterly*, 6, 183~97.

Hirst, P.(1986). *"The Contribution of Philosophy to the Study in the Curriculum" in J. Kerr (ed.), Changing the Curriculum*. London : University of London Press.

House, Ernest R.(1978). Assumptions underlying evaluation models. *Educational Researcher, 7*(3), 4~12.

Hunt, J. McV.(1961). The Child, Yesterday, Today and Tomorrow. *Young Children, 42*, 6~11.

Isaac, S. S.(1930). *Intellectual growth in children*. London : Norton.

Johnson, Jr Mauritz(1967). "Definitions and Models of Curriculum Theory", *Educational Theory*, (April), 127~140.

Katz, Lilian G., & Chard, Sylvia C.(1996). 유아들의 마음 사로잡기. 이윤경 · 석춘희(공역). 이화대학교 출판부.

Kilpatrik, H. W.(1925). *Foundation of Methods : Informal Talks on Teaching*. New York Macmillan.

Kliebard, Herbert M.(1982). Curriculum Theory as Metaphor, *Theory into Practice*, 21(1), 11-17.

Kohlberg, L. & Mayer, R.(1972). Development as the aim of education. *Harvard Educational Review, 42.*

Kostelink, M. J.(1997). What it means to be developmentally appropriate. 연세대학교 생활과학대학 생활과학 연구소 초청 세미나 자료. 이기숙, 상계서, 재인용.

Krug Edward(1957). *Curriculum Planning,* Rev. ed. New York : Harper & Brothers.

Lawton, D.(1989). *Education, Culture and the National Curriculum*. Hodder and Stoughton.

Lay-Dopyera, M. L., & Dopyera, J. E.(1987). *Becoming a Teacher of Young Children*. New York : Random House.

Lazar, I.(1983). Discussion and implication of the finding. In Consortium for Longitudinal Studies, *As the twig is bent · · · Lasting Effects of Preschool Programs*. Hillsdale, NJ : Erlbaum.

Leeper, S. H., Skipper, D. S., Witherspoon, R. L.(1979). *Good School for Young Children*. New York : Macmillan Publishing Co.

Lorenz, K.(1957). Companionship in bird life. In C. H. Schiller(Eds.), *Instinctive behavior*. New York : International University Press.

Macdonald, J.(1965). "Educational Models for Instruction", in *Theories of Instruction*, Macdonald, J. and Leeper, R. (ed.). Washington, D.C. : Association for Supervision and Curriculum Development.

Mager, R. F.(1962). *Preparing Instructional Objectives*. Palo Alto, CA : Fearon Publishers.

Mann, J.(1971). "The Curriculum Walker", quoted in "In Search of Ambiquity" by Mills, P., *Educational Leadership*(April), 131.

Mayer, R. S.(1972). A comparative analysis of preschool curriculum model. In R. M. Anderson & H. G. Shanel (Eds.) *As the twig is bent : Readings in early childhood education*. Boston : Moughton Mifflin Co.

Mayer, R. S.(1972). A comparative analysis of preschool curriculum model. In R. M.

Anderson & H. G. Shanel (Eds.) *As the twig is bent : Readings in early childhood education*. Boston : Moughton Mifflin Co.

McCarthy, M. A. & Houston, J. P.(1980). *Fundamentals of early childhood education*. Winthrop Publishers.

McNeil, J. D.(1977). *Curriculum : A Comprehensive Introduction*, Boston : Little, Brown and Co.

Montessori, Maria(1967). *Maria Montessori : The Discovery of the Child*. Fides Publishers, Inc.

NAEYC(1991). Guidelines for appropriate curriculum content and assesment in programs serving children ages 3 through 8. *Young Children, 21*.

Nager, N., & Shapiro, E. (Eds.).(2000). *Revisiting Progressive Pedagogy : The Developmental-Interaction Approach*. Albany, NY : SUNY Press.

Nicholls, A. and Nicholls, A. H.(1978). *Developing a Curriculum : A Practical Guide* 2nd eds. London : George Allen & Unwin.

OECD(2012). Starting Strong Ⅲ : A Quality Toolbox for Early childhood education and care. Paris, France : OECD.

Peters, R. S.(1966). *Ethics and education*. London : Allen and Unwin.

Phenix, P.(1958). *Curriculum, Philosophy of Education*, New York : Holt Rinehart & Winston.

Pinar, W. F.(1975). "Sanity, Madness and the School", in *Curriculum Theorizing : The Reconceptualists*, Pinar, W. (ed.). Berkeley : McCutchan.

Pinar, W. F.(1978). "Notes on the Curriculum Field 1978", *Educational Researcher*, 7(8), 5-12.

Pinar, W. F.(1978). "The Reconceptualisation of Curriculum Studies", *Journal of Curriculum Studies, 10*(3), 205~214.

Pinar, William and Grumet Madeline R.(1981). *Theory and Practice and the Reconceptualization of Curriculum, Studies in Rethinking Curriculum Studies*, L. Barton and M. Lawer, ed. New York : Halsted Press, John Wiley & Sons.

Ragan, William B.(1960). *Modern Elementary Curriculum*, rev. ed. New York : Holt, Rinehart and Winston Inc.

Rebecca, New(1993). Cultural Variations on Developmentally Appropriate Practice : Challenges to Theory and Practice. In Carolyn Edwards, Lella Gandini, & George Forman (eds.), The Hundred Languages of Children : *The Reggio Emilia Approach to Early Childhood Education*. Norwood, New Jersey : Ablex Publishing Corporation.

215~231.

Rousseau, J. J.(1760) : 참교육가이드(엮음)(2003). 에밀, 어린이교육학 시리즈. 산수야.

Saylor, J. G., Alexander, W. and Lewis, A. J.(1981). *Curriculum Planning for Better Teaching and Learning, 4th edn*. New York : Holt Rinehart & Winston.

Saylor, J. Galen(1966). Curriculum Planning for Modern Schools, New York : Holt Rinehart & Winston.

Schwab, J. J.(1969). "The Practical : A Language for Curriculum", *School Review* (Nov.). 1–12.

Schwartz, S. L., & Robinson, N. F.(1982). *Designing Curriculum for Early Childhood*. Boston, Mass : Allyn & Bacon.

Sharan, S., & Sharan, Y.(1992). *Expanding Cooperative Learning through Group Investigation*. New York : Teachers College Press.

Skilbeck, M.(1976). *School–based Curriculum Development and Teacher Education*. Mimeograph, OECD.

Skilbeck, M.(1984). *School–based Curriculum Development*. London : Harper Row.

Smith, B. Othanel, Stanley William O, and Shores, J. Harlan(1957). *Fundamentals of Curriculum Development*. rev. ed. New York : World Book Co.

Spears Harold(1951). *The Teacher and Curriculum Planning*. New York : Prentice–Hall, Inc.

Spodek, B.(1991). Early childhood curriculum and cultural definitions of knowledge. In B. Spodek and O. Saracho(Eds.), *Issues in early childhood curriculum : Year book in early childhood education*(Vol. 2). New York : Teachers College Press.

Spodek, B., & Brown, P. C.(1993). *Handbook of Research on the Education of Young Children*, New York : Macmillan.

Spodek, B., Saracho, O. N. & Davis, M. D.(1987). *Foundations of early childhood education : teaching three–, four–, and five–year–old children*. Englewood Cliffs, NJ Prentice–Hall.

Steiner, Rudolf.(1984). *An Introduction to Eurythmy*. Hudson, New York : Anthroposophic Press.

Steiner, Rudolf.(1998). In Roberto Trostli (ed.). *The Foundation of Waldorf Education*. Hudson, New York : Anthroposophic Press.

Stenhouse, M.(1975) "Some limitations on the use of objectives". *Padagogica Europaea*, 6, 73~83.

Taba, H.(1962). *Curriculum Development : Theory and Practice*. New York : Harcourt,

Brace & World.

Tanner, D. & Tanner, L. N.(1980). *Curriculum Development : Theory into Practice, 2nd edn.*. New York : MacMillan.

Taylor, B. J.(1993). *Early Childhood Program Management*. New York : MacMillan Publishing Company.

Tyler, R. W.(1949). *Basic Principles of Curriculum and Instruction*. The University of Chicago Press.

Vygotsky, S. L.(1978). *Mind in Society*. Cambridge, MA : Harvard University.

Walker, D. F. & J. F. Soltis(1986). *Curriculum and Aims*. New York : Teachers College Press, Colombia University.

Walker, D. F.(1971). "A Naturalistic Model for Curriculum Development", *School Review* 80, 1, pp. 51~65.

Weikart, D. P.(1972). Relationship of curriculum, teachers, and learning in preschool education. In J. C. Stanley (Ed.) *Preschool programs for the disadvantaged : five experimental approachs to early childhood education*. Baltimore : The Johns Hopkins University Press.

Wheeler, D. K.(1974). *Curriculum Process*. London : University of London Press.

Williams, L. R.(1987). Determining the curriculum. In C. Seefeldt(Ed.) *The early childhood curriculum : A review of current research*. New York : Teachers College Press.

Williams, L. R., & Fromberg, D. P.(1992). *Encyclopedia of Early Childhood Education*. New York : Garland.

Williams, R. L.(1997). Developmentally appropriate practice in early childhood education : Changing visions. 이화대학교 사범대학 유아교육과 초청 세미나 자료. 이기숙, 상게서, 재인용.

Zais, R. S.(1976). *Curriculum : Principles and Foundations*. New York : Harper & Row

二宮敬(1984). エラスムス. 人類 知的 遺産 講談社. 380~383.

シュプランガー,(Spranger E.)(1983).『フレーベルの 思想界より』, 小笠原道雄・鳥光美緒(訳). 玉川大學出版部.(Bolnow, 1973, 인용)

ペィリー,(Paley, V., 1991). ウォーリーの物語 — 幼稚園の會話(ペィリ-の本 幼兒教育記錄 1) 佐藤學 監修, 卜部千惠子(訳). 世織書房.

찾아보기

ㅈ

ㅊ

ㅌ

ㅍ

ㅎ

N

저자 소개

김 용 숙

한남대학교 대학원 교육학 박사
우석대학교 부설아동복지 연구소 연구원
우석유치원 · 우석어린이집 원장
현, 중부대학교 유아교육학과 교수

저서 및 논문

– 저서 –

상황중심 유아교육과정 Ⅰ(2인공저)
상황중심 유아교육과정 Ⅱ(2인공저)
행사중심 유아교육 프로그램
지혜가 자라는 유치원
보육과정
유아교육과정

– 논문 –

유치원 민주시민교육 모형계발 연구
인형극활동이 유아의 친사회적인 행동에 미치는 영향
인성교육에 대한 영유아교사의 인식 및 실태 연구
유아교사가 인식하고 있는 유아동작교육
구성주의 교수법에 관한 동향 연구
판게임의 유형에 따른 유아의 조망수용 능력과 자기조절능력과의 차이분석
유아의 놀이성과 정서지능의 관계에서 유아성격의 매개효과 등

박 지 영

전남대학교 대학원 교육학 박사
우석대학교 부속 어린이집 교사
현, 서정대학교 유아교육과 교수

저서 및 논문

– 저서 –

유아생활지도 및 상담
유아놀이지도
창의융합교육의 이론과 실제

– 논문 –

유아 의사결정력과 자기주도학습능력 간의 관계 연구
유아용 5요인 성격검사 개발 및 타당화 연구
영아교사와 유아교사 간의 인식 비교를 통한 효율적인 상호작용과 수업역량 강화
예비유아교사의 성취동기와 스트레스 대처방식이 사회문제해결력에 미치는 영향
유아 성격이 누리과정 영역별 발달에 미치는 영향
대학생 핵심역량이 창의융합역량에 미치는 영향과 코칭역량의 매개효과
예비보육교사의 핵심역량이 놀이성에 미치는 영향

제2판

유아교육과정

1판 1쇄 발행 2018년 8월 25일
2판 1쇄 발행 2021년 2월 5일

지 은 이 | 김용숙 박지영

발 행 인 | 박철용
발 행 처 | 양서원
주 소 | 경기도 파주시 직지길 522 파주출판도시
전 화 | 031-955-8000(代)
팩 스 | 031-955-8005
홈페이지 | www.yswpub.co.kr
이 메 일 | yswgroup@naver.com
출판등록 | 1987년 11월 24일 제406-2003-037호

ISBN 978-89-994-1092-5

정가 19,000원